금융법

정순섭

FINANCIAL LAW

弘文社

서 문

오늘날 기업은 물론 다양한 경제주체들이 경제활동에 필요한 투자나 위험관리, 또는 비현금지급 등 다양한 금융기능을 활용하고 있다. 예금이나 대출과 같은 전통적인 금융거래에서 나아가 증권이나 파생상품을 투자를 위하여 적극적으로 활용하고 보험상품이나 파생상품을 통하여 위험관리를 시도하기도 한다. 금융법은 이러한 다양한 금융현상을 규율대상으로 하는 법이다.

금융법을 처음 공부하는 초심자의 입장에서 접근하기 쉬운 교재를 찾는 것은 쉽지 않다. 로스쿨에서 금융법 강의의 수강생을 포함하여 금융법을 처음 대하는 실무가와 법조인을 위한 교재로 쓰인 이 책은 금융규제에서 출발하여 금융거래와 금융시장제도를 공부하는 차례로 구성되어 있다. 초심자의 시각에서 금융을 법적 관점에서 쉽게 이해할 수 있도록 주의를 기울였다. 제1편 총설에서는 주로 금융에서의 법의 역할을 금융과 법적 환경이라는 관점에서 정리하였다. 제2편 금융규제와 법은 금융규제의 기본원칙과 내용을 설명하였다. 제3편 금융거래와 법에서는 대표적인 금융거래인 지급거래, 여신거래, 수신거래, 증권거래, 위험관리거래를, 그리고 제4편 금융시장의 기초에서는 금융시장제도와 금융분쟁해결제도 그리고 국제금융제도를 정리하였다. 제5편 새로운 발전에서는 핀테크와 금융과 위험의 관리를 살펴보았다.

이 책의 성격상 은행법과 자본시장법 그리고 신탁법 등 필자가 발표한 기존 연구서와 논문에 기초하고 있는 부분이 적지 않음을 미리 밝혀둔다. 이 책에서는 가급적 간략히 서술하고 상세한 내용은 전문서를 참고하도록 하였다. 금융법은 다른 분야도 그렇겠지만 새로운 변화가 매우 빠르게 수용되고 있다. 금융법에 관한 공부가 반드시 법률문제에 한정될 수 없다는 사실이 더욱 강조되어야 할 시기라고 생각한다. 이 책의 설명은 2023년 8월 14일 현재의 법령을 기초로 한 것이다.

이 책을 쓰는 데도 많은 분들의 도움을 받았다. 먼저 필자가 이 책을 쓰는 가운데 불의에 입게 된 무릎의 상처를 치료하는 데 열과 성을 아끼지 않으신 가톨릭대 여의도성모병원의 이동환 교수님께 특별한 감사의 말씀을 전하고 싶다. 서울고등법원의 김상철 고법판사와 고려대 법대의 류경은 교수, 서울법대의 이정수 교수와 정준혁 교수, 그리고 서울시립대의 임정하 교수는 세심하게 원고를 읽어 주었다. 서울법대 대학원의 신두섭 변호사는 법령 확인과 색인 작성에도 많은 도움을 주었다. 이 책의 출판을 흔쾌히 허락해 주신 홍문사 임권규 사장님께도 깊이 감사드린다. 그리고 항상 믿음과 지원을 아끼지 않는 아내 신정완과 딸 정유진에게도 다시 한 번 고마움을 표한다.

2023. 8.

정 순 섭

차 례

제1편 총 설

CHAPTER 03 금융과 금융법 및 금융감독

제 2 편 금융규제와 법

CHAPTER 06 금융규제의 기본원칙

CHAPTER 07 진입규제

CHAPTER 09 영업행위규제

제3편 금융거래와 법

CHAPTER 10 지급거래

CHAPTER 12 수신거래

CHAPTER 13 증권거래

CHAPTER 14 위험관리거래

제 4 편 금융시장기초

CHAPTER 15 금융시장제도

CHAPTER 16 금융분쟁해결제도

CHAPTER 17 국제금융제도

제5편 새로운 발전

CHAPTER 18 핀테크

CHAPTER 19 금융과 위험의 관리

법령약어표

가상자산 이용자 보호 등에 관한 법률	[가상자산법]
금융복합기업집단의 감독에 관한 법률	[복합법, 복합]
금융산업의 구조개선에 관한 법률	[금산법, 금산]
금융소비자의 보호에 관한 법률	[금융소비자법, 금소]
금융실명거래 및 비밀보장에 관한 법률	[금융실명법]
금융위원회의 설치 등에 관한 법률	[금융위법]
금융혁신지원 특별법	[금융혁신법, 혁신]
금융회사의 지배구조에 관한 법률	[지배구조법, 지배]
대부업 등의 등록 및 금융이용자 보호에 관한 법률	[대부업법, 대부]
보험업법	[보험]
상법	[상]
신용정보의 이용 및 보호에 관한 법률	[신용정보법]
신용협동조합법	[신협]
약관의 규제에 관한 법률	[약관]
여신전문금융업법	[여전법, 여전]
온라인투자연계금융업 및 이용자 보호에 관한 법률	[온투법, 온투]
외부감사 및 회계 등에 관한 규정	[외감]
유사수신행위의 규제에 관한 법률	[유사수신법]
예금자보호법	[예보]
인터넷전문은행 설립 및 운영에 관한 특례법	[인터넷은행법]
자본시장과 금융투자업에 관한 법률	[자본시장법, 자본]
자산유동화에 관한 법률	[자산유동화법, 유동]
전자금융거래법	[전금]
정보통신망 이용촉진 및 정보보호 등에 관한 법률	[정통망법]
주식 · 사채등의 전자등록에 관한 법률	[전자증권법]
특정금융거래정보의 보고 및 이용 등에 관한 법률	[특정금융정보법]

제1편 총 설

CHAPTER

01 서 설

제 1 절 서 언[1)]

금융은 자금의 흐름이다. 이를 통하여 투자나 위험관리 또는 비현금 지급, 그리고 자본조달과 같은 다양한 금융기능을 수행한다. 이와 같은 **금융의 기능적 이해**는 법적 분석방법으로도 매우 유용하다. 투자는 증권을 통하여 주로 이루어진다. 일정한 수익을 목적으로 하는 점에서 예금도 경제적으로는 투자로 볼 수 있다. 다양한 재무적 또는 비재무적 위험의 관리는 보험상품과 파생상품을 주로 이용한다. 파생상품은 순수한 투기목적으로도 이용될 수 있다. 이 점에서 위험관리상품으로서의 보험상품과 파생상품의 규제는 상당히 달라진다. 비현금지급기능은 현금이 아닌 다양한 지급수단을 이용하여 재화나 용역의 구매대금지급이나 단순송금을 위하여 이루어진다. 현재 새로운 기술의 발전이 금융기능에 가장 활발하고 근본적으로 영향을 미치는 분야는 지급이라고 할 수 있다. 그동안 국내에서는 지급에 관하여 많은 금융법 논의가 이루어지지 못하였다. 나아가 여기에 대출을 포함한 여신이나 자산운용(투자관리)도 금융기능으로 추가할 수 있다. 자금수요자의 관점에서는 주식이나 사채의 발행이나 대출을 통한 자본조달기능이 중요할 것이다. [1-1]

법적 관점에서 금융에 접근하는 방법에는 세 가지가 있다. 첫째, 다양한 금융상품의 법적 구조를 분석하는 것이다. 둘째, 금융회사(금융기관 또는 금융업자)[2)]의 건전성 [1-2]

1) 금융시장과 법의 관계에 관한 총론적 설명으로는, 정순섭, 『은행법』, 지원출판사, 2017, 제1장 서설(이하 "정순섭, 은행"); 김건식 · 정순섭. 『자본시장법』, 박영사, 2023, 제1장 서설(이하 "정순섭, 자본").

2) 금융업을 영위하는 자를 '금융회사'나 '금융기관' 또는 '금융업자'라고 한다. 이 책에서는 지배구조법의 용어례에 따라 금융회사라는 용어를 주로 사용한다. 물론 금융업의 영위주체 중에는 회사가 아닌 경우도 존재한다. 따라

유지와 금융소비자에 대한 부당한 영업행위의 방지라는 관점에서 적절한 법적 규제 방안을 찾는 것이다. 셋째, 금융회사가 금융소비자[3]와 금융상품이나 그 밖의 금융거래를 할 때 그 법률관계를 파악하고 당사자들의 권리의무를 분석한 후 적용법리를 확인하는 것이다. 금융소비자 사이의 거래도 마찬가지이다. 둘째의 접근을 금융규제법, 셋째의 접근을 금융거래법이라고 한다. 첫째의 접근은 금융규제법과 금융거래법의 출발점이 된다. 이와 같이 금융법은 금융규제법과 금융거래법으로 구분된다(제3절 금융규제법과 금융거래법).

[1-3] 우리나라에서 금융법에 대한 연구는 해석법학적 방법론에 기초하여 금융상품이나 금융거래의 법적 구조와 성질을 분석하는 것이 일반적이다. 새로운 형태의 금융상품이 등장하면 기존의 금융법상 규정되어 있는 금융상품에 해당하는 것인지를 확인하고 해당하지 않으면 이를 발행할 수 없다거나 금융회사가 업무로 취급할 수 없다는 결론을 매우 쉽게 그러나 확신을 가지고 내리게 된다. 이러한 접근이 금융소비자의 보호에 기여할 수 있다는 인식이 학계와 실무계에 두루 자리잡은 결과라고 생각된다. 그러나 그 금융상품이 금융회사나 금융소비자 또는 전체 금융시스템에 미치는 긍정적 또는 부정적 영향에 대한 분석은 오히려 부차적인 것이 된다. 이러한 형식론적인 접근은 금융법의 존재이유에 대한 근본적인 의문을 갖게 한다. 다른 법분야도 마찬가지이겠지만 **금융에서 법이 담당하는 역할**을 확인할 필요가 있는 이유이다.

[1-4] 그러면 첫째, 금융에서 법이 담당하는 역할은 무엇인가? 제2절 금융과 법에서 살펴본다. 둘째, 나아가 금융에 대한 법적 접근으로서의 금융규제법과 금융거래법은 무엇이 다른가? 제3절 금융규제법과 금융거래법에서 설명한다. 그리고 셋째, 연구자나 실무가의 관점에서 금융법을 연구하고 학습하는 목적은 무엇인가? 제4절 금융법의 연구목적에서 정리한다. 이하 차례대로 살펴본다.

서 금융기관이나 금융업자라는 용어도 함께 사용한다.

3) 금융회사가 업무로서 수행하는 거래의 상대방을 금융상품이나 거래의 종류를 불문하고 금융소비자라고 한다. 금융소비자는 예금자, 투자자, 보험계약자 등을 모두 포함하는 용어이다.

제 2 절 금융과 법

Ⅰ. 금융법의 의의와 구조

금융법은 **금융에 적용되는 법률의 총체**를 말한다. 금융법은 단일한 법률로 제정 [1-5]
되어 있는 민법이나 상법과 달리 단행법으로 존재하지 않는다. 사법과 공법을 모두 포함하여 금융을 규율하는 법률을 모두 그 대상으로 하고 있다. 금융법을 처음 공부하는 학생들이 자주하는 질문 중 하나는 금융법을 공부하기 위하여 어떤 법률을 공부해야 하는지이다. 사법의 기초인 민법은 당연한 것이고 그 외에도 은행법이나 자본시장법 또는 보험업법만을 공부하는 것으로 금융법의 모든 분야를 이해할 수 없는 것은 명백하다.

금융거래는 계약이나 신탁의 형태를 취하고 있다. 거래소 등 금융시장인프라를 [1-6]
포함한 금융업의 수행주체나 금융거래의 상대방도 대부분 회사형태를 취한다. 금융거래의 가장 중요한 위험인 신용위험이 극단적인 형태로 발현되는 것이 채무자회생 및 파산에 관한 법률("채무자회생법" 또는 "도산법")상 회생이나 파산이다. 오늘날의 금융시장은 이미 국경이 규제단위로서의 법적 의미를 상실한 상황에서 금융에서의 국제적 시각이 매우 중요하다. 이미 국제화된 금융시장을 각국의 국내법으로 규율하기에는 한계가 있을 수밖에 없다는 것이다. 따라서 오늘날 금융법에 대한 효과적인 이해를 위해서는 금융규제법 이외에 신탁법, 회사법과 도산법 그리고 국제사법에 대한 연구가 병행될 필요가 있다. 예컨대 전자증권에 기반한 증권결제제도를 정확히 파악하기 위해서는 일반사법은 물론 증권법과 함께 국제사법적 접근이 반드시 필요하다. **금융에 관한 법적 분석을 위해서는 금융법은 물론 민법이나 상법과 함께 신탁법, 도산법, 국제사법에 대해서도 어느 정도의 이해가 필요하다는 것이다.**

Ⅱ. 금융에서 법의 역할

1. 의 의

[1-7] 금융에서 법의 역할은 무엇일까. 첫째, 금융상품이나 금융거래를 설계하는 기본수단의 제공, 둘째, 계약비용의 절감, 셋째, 예측가능성과 법적 확실성의 제공의 세 가지를 생각할 수 있다. 이하 차례대로 살펴본다.

2. 금융상품이나 금융거래의 설계수단의 제공

[1-8] 일반적으로 금융상품이나 금융거래는 계약의 형태를 취한다. 예금이나 대출을 비롯한 대부분의 금융상품이나 금융거래는 계약을 통하여 만들어진다. 이와 함께 신탁법상 신탁이나 상법상 회사와 같은 다양한 구조를 취할 수도 있다. 투자신탁이나 특정금전신탁, PEF 등은 대표적인 사례이다. 신탁은 수익증권이라는 금융상품의 제조는 물론 신탁재산의 독립성이라는 고유한 법리를 활용하여 담보신탁과 같이 담보적 기능을 만들 수도 있다. 신탁과 계약의 관계에 대해서는 뒤에서 살펴본다([4-7]).

[1-9] 금융상품이나 금융거래를 통하여 당사자들이 얻고자 하는 목적은 당사자들의 권리와 의무를 통하여 달성된다. 예컨대 보험계약은 보험사고라는 위험의 관리를 위한 상품이다. 보험계약자가 보험료납부의무에 따라 납부한 보험료로 조성된 기금을 보험회사가 운용하고, 보험사고가 발생한 경우 보험계약자가 가지는 보험금청구권을 통하여 보험금이 지급됨으로써 그 목적이 달성된다. 예금계약은 이자의 수취라는 형태로 이익을 취득하기 위한 금융상품이다. 예금자가 은행과 예금계약을 체결하고 금전을 예입하면 은행은 그 예입한 금전(원본)에 사전에 약정된 금리에 따라 산출된 이자를 합산한 원리금을 반환할 의무를, 그리고 예금자는 그 원리금을 대상으로 예금반환청구권을 가진다. 이와 같이 금융법은 **금융상품이나 금융거래를 설계하는 기본수단을 제공**한다.

3. 당사자의 의사실현을 위한 계약비용 절감

금융거래의 당사자들은 그들이 원하는 효과를 달성하기 위해서 자유롭게 계약을 체결할 수 있다. 이를 계약자유의 원칙이라고 한다. 문제는 계약체결에 소요되는 시간과 비용이다. 계약당사자들은 자신의 의사를 관철하기 위해 최선의 노력을 다할 수밖에 없을 것이기 때문이다. 법은 이러한 상황에서 **당사자들이 일일이 계약상 합의를 위하여 노력할 때 필요한 시간과 비용을 줄일 수 있도록 완비된 제도**를 갖추고 있는 경우가 많다. [1-10]

예컨대 금융상품이나 금융거래를 설계할 때 필요에 따라 고객재산을 금융회사에 이전하면서 당사자의 신용위험으로부터 격리시킬 필요가 있다. 위에서 본 바와 같이 이러한 목적을 계약을 통하여 달성하는 것도 불가능하지는 않다. 그러나 신탁재산의 독립성과 같은 신탁법리를 활용하면 추가적인 계약비용을 들이지 않으면서 같은 목적을 달성할 수 있다. 신탁법상 신탁재산에 대해서는 일정한 예외적인 경우를 제외하고는 강제집행, 담보권 실행 등을 위한 경매, 보전처분 또는 국세 등 체납처분을 할 수 없다(신탁 22조 1항 본문). 또한 개별법상 특칙을 두어 동일한 법적 효과를 부여할 수도 있다. 자본시장법은 고객이 증권회사에 맡긴 투자자예탁금을 예치기관에 별도예치하게 하고, 그 예탁금에 대한 예치기관의 상계 등의 권리행사를 금지하고 있다(자본 74조). 경우에 따라 관련당사자가 부담하는 채무에 대한 책임재산을 한정할 수도 있다. 예컨대 투자신탁에서 투자신탁의 집합투자업자와 그 투자신탁재산을 보관 · 관리하는 신탁업자는 투자대상자산의 취득 · 처분 등을 한 경우 그 투자신탁재산을 한도로 하여 그 이행 책임을 부담한다(자본 80조 2항 본문). [1-11]

4. 예측가능성과 법적 안정성의 제공

금융법은 금융회사가 금융소비자를 대상으로 **금융업무를 수행할 때 준수해야 할 행위기준을 제시함으로써 금융에서의 예측가능성과 법적 안정성을 부여**한다. 실무계에서 자주 이야기하는 것은 법령이나 감독규정 등으로 구성되는 행위기준 자체나 그에 대한 금융당국의 유권해석이 지나치게 자주 변경될 경우[4]의 불확실성이다. [1-12]

4) 영화 카사블랑카에서 프랑스 당국의 도박규제에 대한 입장변화를 고려하여 '카사블랑카 패러다임'이라는 재미

이러한 현상이 일반화되면 시장참여자들은 가장 보수적인 방향으로 그 기준을 해석하게 되어 금융거래를 위축시키게 되는 것이다(거래위축효과, chilling effect).

[1-13] 이와 같은 법적 불확실성은 법적 위험의 원인이 된다. 법적 위험은 "법률상 이유로 금융계약의 효력이 인정되지 않음으로써 손실을 입게 될 위험"을 말하는 집행위험(enforcement risk)과 "금융규제에 위반하는 행위를 함으로써 제재의 대상이 되거나 평판이나 명성의 훼손 그 밖의 불이익을 입을 위험"인 규제위험 또는 평판위험(regulatory or reputation risk)을 의미한다.[5] 금융에서 특히 법적 불확실성이 크게 문제되는 이유는 규제가 매우 자주 신설 · 변경 · 폐지되고, 그에 따라 금융당국의 해석도 달라질 수 있다는 점이다. 이러한 변경에 내용과 절차의 양면에서 일정한 기준을 주어 최소한의 예측가능성과 법적 안정성을 확보하는 것이 금융에서 법의 역할이라고 할 수 있다. 이러한 관점에서 금융당국의 금융규제의 일관성을 확보하기 위하여 「금융규제 운영규정」이 국무총리훈령으로 제정되어 있다.

Ⅲ. 금융에 대한 이해와 금융에 대한 법의 적용

[1-14] 금융상품의 법적구조 분석은 금융상품의 위험수익구조에 대한 어느 정도의 이해를 요구한다. 예컨대 증권이나 파생상품의 가격산정에 관한 수학적 정확성까지 모두 갖출 필요는 없지만, 평가의 기초이론은 알아두는 것이 유용하다. 금융회사에 대한 규제방안을 찾는 것도 효율성과 안전성의 관점에서 특정한 금융회사의 기능과 위험을 분석할 수 있는 능력을 요구한다. 금융법이 난해하다는 평가를 받는 이유는 법리 자체가 아니라 이와 같은 금융상품의 구조나 금융회사의 기능과 위험을 이해하는 것이 어렵기 때문이다.

[1-15] 정보통신기술의 발전과 금융경제학의 이론적 성과의 산물인 파생상품은 일부 전문가를 제외하고는 그 구조를 이해하는 것 자체가 커다란 도전이다. 금융은 기술을 기반으로 상품으로 만들어지고 거래된다. 최근의 기술발전은 전통적인 금융기능을

있는 말로 부르기도 했다. Michael S. Bennett and Michael J. Marin, "The Casablanca Paradigm: Regulatory Risk in the Asian Financial Derivatives Markets", Stanford Journal of Law, Business & Finance Vol.5, 1999, pp. 1−44.

5) 정순섭, 은행, 168−170면.

분해하여 재결합함으로써 새로운 금융상품이나 거래기법을 만들고 있다. 예컨대 핀테크나 빅테크라고 불리는 기업들은 금융소비자 또는 거래자의 편리성과 효율성을 높이지만 이로 인하여 금융을 이해하기는 더욱 어려워지고 있다.

금융상품의 이러한 복잡화현상에 대한 규제상 대응도 변화하고 있다([9-3]). 첫째, 최초 금융거래는 일반사법상 당사자자치의 원칙에 따라 법령상 요구되는 정보가 공시되면 그에 기초하여 거래하고, 그 결과는 자기책임의 원칙에 따라 스스로 부담하는 구조를 취하였다. 둘째, 금융상품이 점점 복잡화되고 다양화하면서 적합성원칙이나 설명의무와 같은 행위규제가 등장하였다. 적합성원칙(suitability rule)은 금융회사가 거래상대방인 고객의 위험감수능력을 파악(고객숙지의무, Know your customer)하고, 거래대상상품의 위험도를 평가(상품숙지의무, Know your product)한 후 고객의 위험감수능력에 비추어 적합하지 않은 위험한 금융상품은 권유해서는 안 된다는 것이다. 설명의무는 거래대상인 금융상품의 중요사항을 고객이 투자판단에 활용할 수 있도록 설명해야 한다는 것이다. 셋째, 전통적인 규제가 금융상품이 제조되어 판매되는 단계에 개입하는 것이라면 제조 그 자체를 규제의 대상으로 하자는 접근도 나타나기 시작했다. 금융상품승인이 대표적이다. 아직 금융상품의 제조 자체를 국가가 승인하는 제도를 채택한 국가는 없다. 우리나라의 자본시장법에서 짧은 기간 동안 채택했다 폐지된 장외파생상품사전심의제는 비슷한 취지의 접근이라고 할 수 있다. [1-16]

파생상품의 등장은 이러한 추세의 강화에 결정적으로 기여하였다. 국내에서 문제된 사례 중에서도 애초에 그 금융상품 자체를 고객이 이해할 수 있는지 의문스러운 경우도 적지 않았다. 공모펀드로 판매된 우리파워인컴펀드사례는 대표적이다(대법원 2011. 7. 28. 선고 2010다101752 판결 등).[6] 경우에 따라 이러한 상품을 제조한 금융회사의 담당자가 그 구조와 위험을 이해하고 있는지 의문스러운 경우도 없지 않았다. 금융회사 스스로 금융상품의 구조와 위험을 파악하려는 노력을 하지 않은 채 금융상품을 판매하는 경우에는 금융회사로서의 가장 기본적인 의무인 상품숙지의무에 위반한 것으로 보아야 한다([9-19]). [1-17]

도대체 금융이 왜 이렇게까지 복잡해져야 하는지 회의론도 있다. 금융상품의 복 [1-18]

6) 대상상품은 "112종목의 해외 특정 주식의 가격을 기초자산으로 한 롱숏 주식디폴트스왑(long/short Equity Default Swaps 또는 long/short EDS) 포트폴리오와 담보채권을 주요자산으로 하여 손실부담순위에 따라 발행된 합성부채담보부증권(Synthetic Collateralized Debt Obligation)"의 분기별 확정수익금과 만기상환금이 그대로 반영된 공모펀드이다. 상당한 수준의 금융전문성을 가진 경우에도 이해하기 어려운 구조라고 평가된다.

잡성에 대해서는 금융혁신의 부산물이라는 견해와 고의적으로 금융상품의 불투명성을 증대시키는 수단이라는 견해가 있다.[7] 결국 앞으로의 금융법은 적어도 일반금융소비자를 대상으로 하는 경우에는 고객이 원하는 금융기능을 수행하기에 필요한 정도의 상품만 판매할 것을 요구하는 방향으로 변화될 것으로 본다. 이들 거래자들이 원하는 금융기능에는 큰 변함이 없기 때문이다. 전통적인 합리적인 투자자의 가설과 공시주의에 기초한 당사자대등의 원칙은 고객의 금융거래목적에 필요한 범위에서 상품이 만들어졌을 때에만 적용되어야 할 것이다.[8]

제 3 절 금융규제법과 금융거래법

[1-19] 금융산업은 대표적인 규제산업으로서 국가에 의한 직접적인 규율의 대상이 되고 있다. 금융이 가지는 산업으로서의 중요성과 국가경제에 미치는 영향을 고려하면 이를 전혀 규제하지 않는 것은 비현실적이다. 금융당국 또는 중앙은행의 독립성, 자율규제나 금융회사의 자율경영 등은 중요한 가치이다. 그러나 국가의 개입으로부터 온전히 자유로운 금융기능은 이론상으로만 가능할 뿐이다. 금융규제법은 주로 금융소비자보호와 금융시스템의 안정성이라는 규제목적을 위하여 국가가 금융시장참여자를 대상으로 수행하는 다양한 규제작용을 대상으로 한다. 분산원장기술(Distributed Ledger Technology, DLT), 특히 공개형 블록체인을 금융거래에 활용하는 데 많은 저항감이 표현되는 것은 이러한 이유도 중요하게 작용한 것으로 본다.

[1-20] 투자나 위험관리 또는 비현금지급과 같은 금융기능을 추구하여 다양한 금융상품을 직접 또는 간접으로 거래하는 개인이나 기업 또는 정부를 포함한 경제주체는 법률상 계약의 당사자가 된다. 금융상품이나 금융거래의 형태에 따라 예금과 같이 예금자가 은행과 같은 중개기관을 통하여 간접적으로 최종적인 자금수요자인 차입자의 위험에 노출되기도 하지만("간접금융"), 증권과 같이 발행인과 투자자가 직접적인 법

7) 권세훈, "ELS 금융상품의 복잡성 진화와 금융소비자보호", 경제발전연구 제25권 제4호, 2019, 75－103면.
8) 이러한 접근을 확인할 수 있는 것으로 영국의 최근 규제변화를 들 수 있다. Financial Conduct Authority, A new Consumer Duty: Feedback to CP21/36 and final rules, Policy Statement PS22/9, July 2022.

률관계를 형성하기도 한다("직접금융").[9] 거래당사자의 입장에서 중요한 것은 원하는 경제적 효과를 법률상 확실하게 보장받는 것이다. 금융거래법은 당사자의 관점에서 금융거래의 법적 효력 등에 관한 법적 불확실성 또는 법적 위험을 예측가능한 범위로 통제하는 것을 목적으로 한다.

이와 같이 금융법은 규제와 거래의 양면을 포함한다. 전통적인 공법과 사법의 [1-21]
분류에 따르면 금융규제법은 공법, 그리고 금융거래법은 사법에 속한다. 그러나 공법과 사법의 구분 자체가 모호화되고 있고, 일반사법상 당사자간의 권리의무에 관한 규칙이 금융규제법상 규제원칙으로 규정되기도 하는 상황임도 유의해야 할 것이다. 예컨대 금융소비자법상 적합성원칙이나 설명의무는 일반사법상 당사자간의 일반적 보호의무를 근거로 대법원에서 인정되어 오던 것을 자본시장법을 제정할 때 법률에 규정한 것이다. 이러한 현상을 금융규제에 의한 계약법의 대체라고 보는 시각도 있지만, 이런 경우에도 일반사법법리의 적용을 완전히 배제한다고 볼 수는 없다. 앞으로의 중요한 금융법상 연구과제 중의 하나이다.

제 4 절 금융법의 연구목적

금융법을 공부하는 목적은 세 가지로 정리할 수 있다. 금융법은 금융거래에 수 [1-22]
반되는 다양한 위험의 최소화라는 규제목적에 기반한 금융규제법과 금융기능을 이용하려는 금융소비자와 금융회사의 법적 위험을 포함한 비용을 최소화하려는 금융거래법의 양면을 포함한다. 이러한 관점에서 금융법의 학습은 첫째, 금융규제 목적의 파악, 둘째, 금융의 기능과 위험에 대한 이해, 셋째, 적극적인 법률가의 역할의 확인의 세 가지를 기본목적으로 한다. 중요한 것은 위험이 전혀 없는 금융거래는 있을 수 없고, 규제를 통하여 모든 시장의 실패를 방지하는 것도 불가능하다는 점이다.[10] 금융법의 학습에서 무엇보다 중요한 것은 금융규제와 당사자간의 권리의무의 사전적인

9) 정순섭, 은행, 4-7면.
10) 시장실패용인접근(non-zero failure approach)이라고 한다. Sarah Rapson, Outlining the FCA's approach to authorisation, FCA, 15.3.2018.

명확화를 통하여 금융상품위험의 현실화나 시장의 실패를 최대한 방지하는 데 목적이 있음을 올바르게 인식하는 것이다.

[1-23] 첫째, 금융규제목적을 명확하게 파악하는 것이다. 금융거래에도 소비자문제는 존재한다. 금융회사는 거래상대방인 금융소비자에 대하여 보호의무를 부담한다. 동시에 금융회사는 이윤을 추구하는 상인이며 모든 상거래와 마찬가지로 이해관계가 전혀 다른 당사자들간의 계약의 형태로 거래가 이루어진다. 금융시장의 규모가 과거에 비해 확실히 커지고 국제적으로 연결되는 것을 확인할 수 있다. 과거에는 하나의 기업에 머물렀던 위험이 국내는 물론 국제적으로 전파되는 것을 1997년 외환위기와 2008년 글로벌 금융위기를 통해 직접 눈으로 확인했다. 따라서 이러한 긍정적 · 부정적 기능을 함께 가진 금융에 대한 규제목적을 정확히 파악하는 것은 금융법의 기초에 대한 이해로 연결될 수 있다. 이를 통하여 금융시장의 구조와 기능을 파악하고 그 위험에 상응한 금융규제의 기본원리를 이해할 수 있게 된다. 나아가 민법이나 상법과 같은 금융과 관련되지만 금융법과는 구별되는 여러 법률과의 구별이 가능해진다.

[1-24] 둘째, 금융의 기능과 위험을 정확히 이해하는 것이다. 직접금융과 간접금융의 구별을 통하여 은행법과 자본시장법으로 대표되는 금융법의 구조와 내용의 차별화가 가능해진다. 투자 · 위험관리 · 비현금지급과 같은 금융상품의 기능에 대한 이해를 통하여 금융규제의 적용범위를 분명하게 정리할 수 있다. 핀테크로 대표되는 기술발전에 따른 금융상품과 금융서비스의 변화는 특히 금융규제의 적용범위를 불분명하게 만든다. 금융시장의 빠른 변화에 따라 법제와 시장간의 시차(time lag)가 발생하고 그에 따른 법적 위험의 최소화 장치를 요구하게 된다. 금융의 기능과 위험에 대한 정확한 이해는 "동일한 기능 · 동일한 위험에 대한 동일한 규제"라는 기능별규제의 본령에 접근할 수 있게 해준다. 기술의 발전은 동일한 금융기능을 다양한 형태로 구현할 수 있게 해준다. 같은 위험을 비용구조나 고객의 선호에 따라 파생상품이나 보험상품으로 구성할 수 있다. 같은 자산의 가치변동에 대한 투자도 증권이나 파생상품, 또는 예금이나 보험의 형태로도 실현할 수 있다. 이러한 인식의 전환이야말로 1970년대에 형성된 현재의 금융업종별 규제의 한계를 바로 살필 수 있게 해줄 것으로 확신한다.

[1-25] 셋째, 법률가의 역할에 대한 확인이다. 금융규제에 위반한 거래의 사법상 효력을 포함한 법적 위험의 관리와 통제는 금융회사에서는 사전적 · 예방적인 준법감시기

능과 사후적 · 구제적인 감사기능을 통하여 이루어진다. 금융당국에서는 피규제자에게 방어권의 보장을 포함한 예측가능성과 법적 안정성을 제공하기 위한 법적 절차의 구축과 집행이 중요하다. 입법부와 사법부에서도 법적 위험의 최소화라는 차원에서의 접근이 요구된다. 그러나 그 과정에서 중요한 것은 쟁점 파악과 논리 구성을 위한 법률가의 적극적인 역할이다. 빠르게 변화하는 금융환경에서 법적 불확실성이 확대될 수밖에 없는 점을 고려할 때 금융상품의 제조 · 판매 · 소비의 모든 과정에 걸쳐 금융법에 친숙한 법률가의 역할이 더욱 중요해지고 있다.

CHAPTER 02

금융과 법

제1절 서 언[11]

[2-1] 금융법에 관하여 본격적으로 살펴보기에 앞서 금융법의 체계와 기본적 구성요소를 살펴볼 필요가 있다. 먼저 금융규제의 체계적 분석을 위하여는 첫째, 규제 또는 거래의 대상으로서의 금융을 바라보고 이해하는 관점의 확보, 둘째, 직접금융시장과 간접금융시장의 구분에 따른 금융거래의 당사자 간의 위험이전구조와 법률관계의 차이점, 셋째, 은행중심시스템과 시장중심시스템의 구분 그리고 넷째, 금융시장의 변화에 대응하는 금융법의 발전방향이 중요하다. 다음으로 금융규제의 체계와 적용범위를 구성할 때 활용되는 기준이 필요하다. 여러 접근이 가능하겠지만, 일반적으로 금융상품 · 금융업 · 금융업자 · 금융소비자의 개념을 이용한다. 특히 중요한 것은 금융상품의 정의이다. 금융상품의 정의는 금융의 기능을 확정함으로써 금융규제의 적용범위를 정하는 기준이 된다. 이하 차례대로 살펴본다.

11) 상세한 설명은, 정순섭, 은행, 제2장 은행업, 제3장 은행; 정순섭, 자본, 제2장 금융투자상품, 제3장 금융투자업, 제4장 투자자.

제 2 절 금융법의 체계적 분석

Ⅰ. 문 제

금융법의 체계적인 이해를 위한 출발점으로서 다음 네 가지 문제가 중요하다. [2-2] 첫째, 기능별규제와 기관별 · 상품별 규제의 구분이다. 규제의 대상 또는 거래의 대상으로서의 금융을 바라보고 이해하는 관점을 확보하는 문제이다. 둘째, 직접금융시장과 간접금융시장의 구분이다. 이러한 구분에 따라 금융거래에서 당사자 간의 위험이전구조와 법률관계의 법적 성질이 달라지는 점을 확인하는 것은 금융법적 분석의 기초가 될 것이다. 셋째, 은행중심시스템과 시장중심시스템의 구분은 자금중개시스템의 효율성 그리고 금융규제관점에서의 위험관리와 연결된다. 넷째, 금융시장의 변화에 대응하는 금융법의 발전으로서 금융과 비금융의 융합, 금융소외를 포함한 중소서민금융에 대한 배려 등이 문제된다.

Ⅱ. 기능별규제와 기관별 · 상품별 규제[12)]

1. 규제의 대상

금융현상에 대한 접근방법은 기관별 · 상품별 접근(institution or product-based [2-3] approach)과 기능별 접근(function-based approach)의 두 가지가 있다. 전자는 기관이나 상품을 중심으로 하는 것이다. 은행과 증권회사 또는 보험회사와 같은 금융기관, 혹은 예금이나 대출, 증권과 파생상품 또는 보험상품과 같은 금융상품을 중심으로 금융을 이해하는 것이다. 또 하나는 기능을 중심으로 하는 것이다. 금융은 다양한 금융기관과 금융상품으로 구성되고 역사적으로 끊임없이 변해왔지만, 금융이 수행하는 기능에는 변화가 없었다는 인식에 기초하여 금융의 기능과 위험을 분석하는 것이다. 기능별 접

12) 간단한 소개로, 정순섭, "금융시장의 변화와 금융규제제도의 정비(上)", 증권법연구 제3권 제1호, 2002, 1-26면; Robert C. Merton, "A Functional Perspective of Financial Intermediation", Financial Management Vol.24, 1995, pp. 20-41; Robert C. Merton, Financial Innovation and the Management and Regulation of Financial Institutions, NBER Working Paper No 5096.

근은 '기관'이나 '상품'의 형태는 가변적이지만, 그 '기능'은 불변이라는 인식에 기초한 것이다. 호주의 회사법은 규제대상인 금융기능을 예금과 증권을 포함하는 투자(investment), 보험과 파생상품을 포함하는 위험관리(risk management), 그리고 비현금지급(non-cash payment)으로 규정하고 있다(Corporations Act 2001, section 763A-763D).

2. 기관별 · 상품별 규제

[2-4] 기관별 규제는 "금융업자가 수행하는 업무의 종류를 불문하고 당해 금융업자 자체를 규제의 대상으로 하고, 은행, 증권, 보험 등 각 유형의 금융업자에 대하여 각각 다른 규제를 적용하는 것을 원칙"으로 한다. 전통적으로 금융규제는 은행, 증권 그리고 보험이라는 세 영역의 엄격한 분리를 전제로 설정되었다. 기관별 규제는 대부분 특정한 금융상품에 관한 독점적 업무영역을 보장하고 있으므로 상품별 규제와 일치한다. 대상상품에 대해서는 각각 독자적인 업무범위와 특유한 위험구조를 가진 것으로 정의하였다. 특히 은행업무를 다른 두 가지 영역, 즉 증권 및 보험으로부터 구분하는 것은 중요한 규제상의 의의('은행의 특수성')를 가진다. 은행과 증권 그리고 보험이라는 상품의 정의 및 각 상품을 전문적으로 거래하는 금융기관의 유형적 차이에 크게 주목하는 것으로서 미국 등 대부분의 국가가 채택하고 있는 접근이다.

3. 기능별 규제

[2-5] 기능별 규제는 "금융상품이 수행하는 기능에 기초하여 동일한 기능에 대해서는 동일한 규제를 적용"하는 원칙이다. '기능'(function)의 의의는 업무로 보는 입장과 금융기능으로 보는 입장으로 구분된다. 미국에서 증권거래위원회를 기능별 규제기관으로 설명하는 것은 전자의 입장에 따른 것이다.[13] 후자의 대표적 입법례인 호주는 금융기능을 예금과 증권을 포함한 투자(investment), 보험과 파생상품을 의미하는 위험관리(risk management), 그리고 비현금지급(non-cash payment)으로 구분한다.[14] 국내

13) Cynthia A. Glassman, "The SEC's Role as Functional Regulator of Bank Securities Activities", Speech by SEC Commissioner, Washington, D.C., June 18, 2004.

14) Financial Servicves Reform Act 2001(Cth). 회사법(Corporations Act)의 제7장이다. 입법 당시의 논의에 대해서는, Treasury, CLERP Paper No. 6: Proposals for Reform-Financial Markets and Investment Products,

법상으로는 자본시장법을 자본시장분야에서의 기능별규제법으로 볼 수 있고, 지배구조법과 금융소비자법은 금융회사의 지배구조규제와 금융상품의 판매규제에 관하여 각각 기능별 규제법으로 제정되었다.

4. 기관별 규제와 기능별 규제의 조합

기관별 규제와 기능별 규제를 실제 금융규제에 적용할 경우의 장단점을 평가할 필요가 있다. 먼저 기관별 규제의 한계로는 두 가지를 생각할 수 있다. 첫째, 규제의 형평성이다. 금융규제기관별로 동일한 기능에 대하여 각각 고유한 기능 규제의 원칙을 채택하게 되므로 불평등한 경쟁여건을 조성하게 될 우려가 있다. 둘째, 규제자원의 낭비이다. 각각의 기관별 규제기관이 모든 기능에 대하여 각자의 기준을 적용하게 되므로 한정된 규제자원의 낭비를 초래할 우려가 매우 높다. 다만 금융규제기관이 단일화 또는 규제목적에 따라 이원화되어 있는 경우는 그러한 우려가 상대적으로 적거나 없다. 다음으로 기능별 규제의 한계로는 대상 금융업자의 전체로서의 유동성 혹은 리스크에 관한 규제기관이 없기 때문에 그에 대한 관심이 무시될 수 있다. 따라서 금융규제의 방향성은 기관별 규제와 기능별 규제의 조합에서 찾을 수밖에 없다. 건전성규제는 특정 업자가 수행하는 기능이나 업무보다는 기관 자체에 대한 규제와 감독을 추구하지만, 영업행위규제는 금융업자의 종류를 불문하고 그 기관이 수행하는 기능에 초점을 두게 된다. 따라서 원칙론으로는 건전성 규제는 기관별 규제, 그리고 영업행위규제는 기능별 규제의 형태를 채택하는 것이 옳다. [2-6]

이와 관련하여 지배구조법상 지배구조규제는 영업행위규제보다는 건전성규제로 분류할 수 있을 것이다. 그리고 업종별 차이보다는 그 금융회사가 가지는 자산규모와 시스템에 대한 위험도의 차이에 따라 지배구조규제에 차이를 둘 수밖에 없다는 점에서 업종별 차이를 넘어서서 공통적인 원칙과 기준이 필요한 분야라고 할 수 있다.[15] [2-7]

Australia, 1997.

15) 정순섭, "금융회사의 조직규제 -금융회사 지배구조의 금융규제법상 의미를 중심으로-", 상사판례연구 제24집 제2권, 2011, 15-16면.

Ⅲ. 간접금융시장과 직접금융시장16)

[2-8] 간접금융시장과 직접금융시장에서의 규제구조에 차이가 나타난다. 간접금융시장에서 위험부담구조와 법률관계는 간접적이다. 자금공급자인 예금자와 자금수요자인 차입자 사이의 위험부담구조는 은행이라는 중개기관을 통한 간접적 형태를 취하게 된다. 따라서 예금자는 차입자가 아니라 은행에 대한 위험을 부담한다. 예금자와 차입자 사이의 법률관계 또한 은행이라는 중개기관을 통하여 간접적인 구조를 취하게 된다. 따라서 간접금융시장에 관한 기본적 금융규제법인 은행법은 중개기관인은행의 건전성 확보에 규제의 초점을 맞출 수밖에 없다. 그 내용 또한 주로 은행의 건전성확보를 위한 제도적 수단으로 구성된다.

[2-9] 직접금융시장은 '탈중개화'(disintermediation)를 통하여 중개기관의 금융중개기능이 존재하지 않는다. 정확하게는 금융중개기능은 존재하지만, 간접금융시장과는 달리 중개기관이 직접 위험을 부담하는 당사자로서 법률관계에 개입하지 않는 것이다. 따라서 위험부담구조와 법률관계는 직접적이다. 자금공급자인 투자자는 중개기관을 통하지 않고 수요자인 발행인의 위험을 직접적으로 부담한다. 양자 사이의 법률관계도 직접적인 구조를 취한다. 중개나 인수 기능을 담당하는 증권회사와 같은 중개기관이 존재해도 직접 당사자로 개입하여 위험을 부담하지는 않는다. 직접금융시장에서 규제의 중점은 주식이나 채권과 같은 직접금융상품의 가치에 영향을 미치는 요소 즉 정보의 비대칭성의 교정에 있다. 직접금융시장의 기본규제법인 자본시장법은 정보의 비대칭성교정과 불공정거래의 방지에 초점을 맞추고 있다.

Ⅳ. 은행중심시스템과 시장중심시스템17)

[2-10] 금융시스템은 자금중개기능을 누가 주도하는지에 따라 은행이 주도하는 은행중심시스템과 자본시장이 주도하는 시장중심시스템으로 구분할 수 있다. 이러한 금융시스템의 구조가 형성되는 데 법체계가 중대한 영향을 미쳤다는 주장은 매우 흥미로

16) 정순섭, 은행, 4-7면.
17) 정순섭, 은행, 7-8면.

운 관점이다(법체계와 금융시스템의 관계). 특정한 금융시스템 구조의 형성에 법체계는 어느 정도 관련성을 가지는지를 밝히는 것은 특정 국가의 금융시스템의 발전방향을 제시하는 의미도 있다.

일반적으로 금융의 발전에 법률이 영향을 미친다는 데는 이견이 없다. 그러나 그러한 논의는 주로 계약의 법적 효력을 확보하고 금융소비자의 권리를 보장하는 법의 기능에 주목하는 것이다. 이러한 관점에서는 많은 연구자들이 법체계의 차이가 금융시스템의 내용을 결정하는 중요한 요소가 된다고 본다. 예컨대 투자자의 권리보호에 우월한 법체계를 기반으로 자본시장이 더욱 발전할 수 있다는 시각(Law and finance theory)이다.18) [2-11]

이와 관련하여 대륙법은 본질적으로 자본시장보다는 은행과 친하다는 일반적인 인식이 존재한다. 국내에서도 특히 법학 이외의 분야의 전문가와의 면담에서 지금도 종종 들을 수 있는 주장이다. 그러나 이러한 차이는 오히려 정치 · 경제적 환경에 따른 정책적 선택의 결과가 장기적으로 금융시스템의 형성에 영향을 미친 것이라고 보는 것이 옳을 것이다. 은행중심시스템의 대표적인 사례로 알려져 있는 독일, 일본, 한국이 공통적으로 거친 국가주도의 경제개발과정에서 중점육성산업으로 자금을 집중하기 위해서 자본시장보다는 은행이 훨씬 효율적이었을 것이라는 추측도 충분히 설득력이 있다. 결국 대륙법체계와 특정한 금융시스템 사이에 밀접한 인과관계를 발견할 수 없다. [2-12]

V. 금융시장의 변화와 금융법의 발전

디지털기술을 금융업에 적용하려는 다양한 시도의 결과 디지털금융이 현실화되고 있다. 이러한 변화는 인터넷전문은행이나 핀테크 또는 빅테크기업에 한정되지 않고 은행과 같은 전통적인 금융회사의 조직과 영업방법에도 직접적인 영향을 미치고 있다. 특히 중요한 변화로는 새로운 사업모델의 등장과 관련한 법적 위험의 해소, 금 [2-13]

18) 대표적으로, Rafael La Porta, Florencio Lopez-de-Silanes, Andrei Shleifer and Robert W. Vishny, "Law and Finance", Journal of Political Economy Vol.106, 1998, pp. 1113-1155. 다만 이러한 관점은 영미법 등 특정한 법계(legal family)가 프랑스법 등 대륙법계보다 우월하다고 본다는 점에서 비판을 받아 왔다.

융과 비금융의 융합 가능성, 디지털취약계층을 중심으로 한 새로운 형태의 금융소외에의 대응, 분산원장기술과 같은 새로운 기술의 금융법상 수용, 중소서민금융 또는 지역밀착금융에 대한 배려 등이 주로 문제된다. 이와 같은 디지털기술의 발전에 따른 금융시장의 환경변화에 대응하기 위하여 어떠한 고려를 해야 하는가? 전체적으로 금융규제의 적용범위에 대한 논의라고 요약할 수 있다.

[2-14] 첫째, 디지털기술의 발전과 그 결과물의 금융업분야에서의 적용사례가 확대되면서 전통적인 금융규제법상 허용 여부가 불확실한 사업모델이나 영업방법이 등장하고 있다. 특히 지급분야에서 많은 변화가 목격되고 있다. 금융규제법상 명시적으로 허용되지 않은 경우 묵시적인 금지를 의미한다고 보는 전통적인 시각에 따르면 이러한 사업모델이나 영업방법은 시도해 볼 수조차 없게 된다. 따라서 이를 일정한 제한적인 조건 아래 시험적으로라도 운영해 볼 수 있는 기회를 제공하기 위한 법적 장치가 필요하다. 2019년 시행된 금융혁신법상 혁신금융사업자지정제도(규제샌드박스)는 이러한 목적으로 신설된 제도이다.

[2-15] 둘째, 금융과 비금융의 융합이 본격적으로 진행됨에 따라 주로 금산분리의 관점에서 은행 등 금융회사의 비금융업 허용이 문제되고 있다. 예컨대 은행이 부수업무로 수행하고 있는 배달앱서비스나 알뜰폰사업 등은 대표적인 사례이다. 전자는 흔히 빅테크라고 불리는 금융플랫폼에 대항하기 위한 플랫폼전략의 일환으로, 후자는 전용앱 플랫폼에서 금융과 통신을 결합한 특화 서비스를 제공하기 위해 시작한 사업으로서 은행법상 부수업무에 해당한다. 이와 관련하여 국내 금융규제법상 조직규제의 핵심원칙중 하나인 금산분리의 관점에서 특히 은행법상 자회사의 업무범위나 부수업무의 범위가 문제되고 있다.

[2-16] 셋째, 디지털기술의 발전에 따라 금융소외의 문제는 새로운 차원으로 나타나고 있다. 먼저 영업점과 관련하여 은행은 전통적인 오프라인 영업점을 유지할 경제적 이유가 점점 줄어들면서 지점의 폐쇄가 전국적으로 진행되고 있다. 또한 특히 지급수단과 관련하여 법화, 즉 현금의 사용비중이 급격히 감소하면서 디지털지급수단이 그 역할을 대체하고 있다. 영업점의 온라인화와 지급수단의 디지털화는 고령자를 중심으로 하는 디지털취약계층에 심각한 금융소외문제를 현실적으로 발생시키고 있다. 디지털취약계층의 금융거래 가능성의 보장은 디지털금융의 확장성에도 직접 영향을 미치게 되어 금융법상 가장 중요한 문제가 될 것으로 생각한다.

넷째, 암호학적 성과와 분산원장기술은 이미 금융의 다양한 분야에서 법적 고려 의 대상이 되고 있다.[19] 블록체인기술과 분산원장 자체는 구분되는 개념이다.[20] 가상자산[21]은 일반대중을 포함한 대규모 투자자들의 투기목적으로 활용되는 점 이외에 아직까지 명확한 금융기능이 증명된 것은 아니지만, 지급수단에의 활용가능성을 확인해 준 것은 맞다. 또한 이러한 기술을 지급이나 청산 또는 결제와 같은 금융시장인프라로 활용할 수 있는지도 논의되고 있다. [2-17]

다섯째, 금융회사가 디지털금융으로의 진출을 확대하거나 금융과 비금융의 융합이 본격화할 경우 전통적인 의미의 중소서민금융 및 지역밀착금융기능에 대한 관심이 줄어들 수밖에 없어 보완방안이 필요하다. 은행 등 금융회사의 공공성에 근거하여 이러한 금융기능을 보완할 것인지 아니면 이러한 기능에 특화된 전문금융회사를 신설할 것인지의 문제이다. [2-18]

제 3 절 금융상품과 금융업, 금융업자 및 금융소비자

Ⅰ. 서 언

금융규제의 체계와 적용범위를 이해하기 위해서는 먼저 금융상품과 금융업 및 금융업자, 그리고 금융소비자의 개념을 파악해야 한다. 은행법과 자본시장법 그리고 보험업법을 비롯한 모든 금융업을 규제대상으로 하는 법의 체계적 이해를 위해서는 그 적용대상인 금융상품과 금융업 그리고 금융업자를 확인해야 한다. 일반적으로 첫째, 금융상품을 정의하고, 둘째, 금융상품에 대한 매매나 중개 등을 영업으로 하는 것을 금융업으로 정의한 후, 셋째, 금융업을 영위하기 위하여 허가나 인가 또는 등록을 한 자를 금융업자로 규제한다. 따라서 금융상품의 정의는 금융업과 금융업자를 정 [2-19]

19) 정순섭, "블록체인과 금융", BFL 제108호, 2021, 6－34면.

20) Emily Rutland, "Blockchain Byte: What is the Distinction between a Blockchain and a Distributed Ledger?", 2017, pp. 2－3, <https://www.finra.org/sites/default/files/2017_BC_Byte.pdf>.

21) 가상자산이나 가상통화(virtual asset or currency), 암호자산이나 암호통화(crypto asset or currency) 또는 디지털자산 또는 통화(digital asset or currency) 등으로 불리지만 이 책에서는 특정금융정보법상 용어인 가상자산을 사용한다.

하는 출발점이 되므로 먼저 살펴보아야 한다. 금융상품의 범위에 따라 그 금융업법의 적용범위와 금융업자의 업무범위가 정해진다.

[2-20] 금융법의 구조를 이해하기 위해서는 금융시장에 대해서도 살펴볼 필요가 있다. 아래 Ⅵ.에서 간략히 정리하고 상세한 내용은 제15장 금융시장제도에서 살펴본다. 한편 전통적인 금융업과는 다른 관점에서 금융업무가 규제되기도 한다. 첫째, 금융소비자법은 기능별 규제의 관점에서 금융상품판매업을 별도로 규제하고 있다. Ⅶ. 금융상품판매업에서 정리한다. 둘째, 전자금융거래법은 주로 지급업무를 대상으로 하는 전자금융업을 규제대상으로 하고 있다. 금융상품판매업과 전자금융업이라는 두 가지 업무는 일반적인 의미의 금융업으로는 보고 있지 않다. Ⅷ. 전자금융업에서 검토한다.

Ⅱ. 금융상품

1. 문제의 의의

[2-21] 금융상품의 정의는 금융업 및 금융업자 정의의 기초가 된다. 금융규제법상 금융상품을 어떻게 정의할 것인가는 결코 쉽지 않은 문제이다. 우리나라는 업종별로 상이한 정의방식을 보이고 있고, 금융소비자법은 업종별 정의에 기초하여 부분적인 기능별 정의를 도입하였다. 그러나 업종별 정의도 저축, 투자, 위험관리와 같은 각 업종별 핵심기능을 개념화한 것으로 볼 수 있다.

2. 업종별 정의와 기능별 정의

가. 의 의

[2-22] 금융상품을 정의하는 방법에는 업종별 정의와 기능별 정의의 두 가지 방법이 존재한다. 업종별 정의는 금융상품을 제조하고 판매하는 금융회사의 업종을 기초로 정의한다. 기능별 정의는 금융의 기능을 중심으로 정의하는 것이다. 전자는 은행법 등 전통적인 기관별 · 상품별 규제법에서 그리고 후자는 기능별 규제법인 금융소비자

법에서 확인할 수 있다.

나. 업종별 정의: 은행상품–금융투자상품–보험상품

1) 은행상품

가) 문 제

은행법은 은행상품이라는 용어를 사용하고 있지 않지만, 은행법상 은행업 개념 [2-23] 의 본질적 요소인 금융상품을 은행상품이라고 부른다. 은행법상 은행업은 "예금을 받거나 유가증권 또는 그 밖의 채무증서를 발행하여 불특정 다수인으로부터 채무를 부담함으로써 조달한 자금을 대출하는 것을 업(業)으로 하는 것"을 말한다(2조 1항 1호). 현실적으로 의미가 없는 "유가증권 또는 그 밖의 채무증서를 발행하여"를 제외하면 은행상품은 예금과 대출이다. 금융투자상품이나 보험상품과 달리 명시적인 정의를 두고 있지는 않다. 은행법은 원래 은행이라는 기관이 수행하는 자금중개기능을 규제대상으로 하는 기관규제법으로 출발한 점, 예금이나 대출과 같은 전형적인 구조의 단순상품에 대한 상품규제가 필요하지 않았던 점, 특히 예금에 대해서는 예금보험제도를 통한 보호장치가 있는 점 등이 고려된 것이다. 그러나 예금이나 대출에도 파생상품이 결합되는 경우에는 자본시장법상 상품규제를 받게 된다.

나) 예 금

은행법상 불특정다수인으로부터 조달한 것이어야 한다는 점을 제외하고는 예금 [2-24] 에 대한 명시적인 정의는 없다(2조 1항 1호). 예금계약의 법적 성질은 민법상 소비임치로 보고 있다(대법원 1985. 12. 24. 선고 85다카880 판결). 금융규제법상 금융상품으로서의 예금에 대한 관심은 첫째, 자금조달수단으로서 은행의 건전성 유지와 둘째, 채권자인 예금자의 예금반환채권의 보호, 셋째, 지급수단으로서의 예금에 대한 신뢰에 기반하여 이루어지는 지급결제제도의 안정성 확보에 있다. 이러한 규제상 관심을 관통하는 것은 원본보전성이다. 예금을 임치한 금전과 '동종 동액의 금전을 반환'하는 것을 요소로 하는 소비임치로 정의하는 것만으로도 예금의 본질적 요소인 원본보전성은 설명할 수 있다(참고). 예금보험제도는 이러한 원본보전성에 기초하여 예금자의 예금반환채권을 보장한다.

참고 예금의 법적 성질(대법원 1985. 12. 24. 선고 85다카880 판결)
"이른바 예금은 은행등 법률이 정하는 금융기관을 수치인으로 하는 금전의 소비임치 계약으로서 수치인은 임치물인 금전등을 보관하고 그 기간중 이를 소비할 수 있고 임치인의 청구에 따라 동종 동액의 금전을 반환할 것을 약정함으로써 성립하는 것"

[2-25] 상호저축은행법상 예금, 신협법상 예탁금 등도 은행법상 예금과 동일한 법적 구조를 취한다. 이러한 상품들도 불특정다수인을 대상으로 할 경우에는 은행법상 예금에 해당할 수 있으므로 해당 법률에서 은행법의 적용을 배제하는 규정을 두고 있다(상호저축은행법 36조 1항). 신협법상 예탁금은 그 상대방이 조합원에 한정되므로 은행법상 예금에는 해당하지 않는다(39조 1항 1호 가목). 그 외에 금융소비자법상 "계약에 따라 금융소비자로부터 금전을 받고 장래에 그 금전과 그에 따른 이자 등의 대가를 지급하기로 하는 계약"(금소시행령 3조 1항 3호)에 해당하는 상품은 개별사안별로 은행법상 예금 해당 여부를 판단해야 한다.

다) 대 출

[2-26] 은행법상 대출에 대한 명시적인 정의는 없다. 대출은 여신의 일종이다. 여신은 은행이 거래상대방에게 신용을 공여하는 모든 업무로서 은행실무상 "어음대출 · 어음할인 · 증서대출 · 당좌대출 · 지급보증 · 외국환 기타의 여신에 관한 모든 거래"를 의미한다.[22] 대출은 민법상 금전소비대차에 해당한다. 따라서 대출은 "그 개념요소로서 거래의 수단이나 방법 여하를 불문하고 적어도 기간을 두고 장래에 일정한 액수의 금전을 돌려받을 것을 전제로 금전을 교부함으로써 신용을 제공하는 행위를 필수적으로 포함하고 있어야 한다"고 보고 있다(대법원 2019. 9. 25. 선고 2019도4368 판결). 대부업법상 '금전의 대부'에 관한 판단이지만, 대출에 일반적으로 적용될 수 있는 설명이다.

2) 금융투자상품

[2-27] 가) 의 의

자본시장법상 금융투자상품은 투자성을 가진 모든 금융상품으로서 증권과 파생상품으로 구분된다. <일반적 정의> − <명시적 포함> − <명시적 제외>의 단계적 정의구조를 따르고 있다. 먼저 금융투자상품으로서의 기능적 요소를 중심으로 일반적 정의를 통하여 포괄성을 추구하면서, 명시적 포함규정과 명시적 제외규정을 통하

22) 은행여신거래기본약관(기업용)(공정거래위원회 표준약관 제10005호, 2016. 10. 7. 개정), 1조.

여 구체성과 명확성을 추구하고 있다.

일반적 정의로서 금융투자상품은 "이익을 얻거나 손실을 회피할 목적으로 현재 또는 장래의 특정(特定) 시점에 금전등을 지급하기로 약정함으로써 취득하는 권리로서, 투자성이 있는 것"을 말한다(자본 3조 1항 본문). 첫째, 금전등은 금전, 그 밖의 재산적 가치가 있는 것으로서 금전 이외의 재산적 가치가 있는 것을 대가로 인정하는 취지이다. 둘째, 투자성은 "그 권리를 취득하기 위하여 지급하였거나 지급하여야 할 금전등의 총액(판매수수료 등 대통령령으로 정하는 금액을 제외한다)이 그 권리로부터 회수하였거나 회수할 수 있는 금전등의 총액(해지수수료 등 대통령령으로 정하는 금액을 포함한다)을 초과하게 될 위험"을 말한다. 단순하게 설명하면 특정한 금융상품을 얻기 위하여 지급한 금전등의 총액이 그 금융상품으로부터 회수할 수 있는 금전등의 총액을 초과하게 될 가능성을 의미한다. 셋째, '판매수수료 등 대통령령으로 정하는 금액'과 '해지수수료 등 대통령령으로 정하는 금액'은 금융투자상품거래에 수반되지만 투자의 성과와 직접 관련되지 않는 것을 제외하거나 포함하여 투자성판단에 영향을 미치지 않도록 하기 위한 것이다(자본 3조 1항 본문; 동 시행령 3조 1항 · 2항). [2-28]

명시적 포함으로서 금융투자상품은 증권과 파생상품으로 구분한다(자본 3조 2항). 여기서 구분한다는 금융투자상품은 증권과 파생상품으로 구성되고, 증권과 파생상품 외에는 금융투자상품이 있을 수 없다는 뜻이다. 금융투자상품에 해당하는지를 판단할 때는 증권이나 파생상품에 해당하는지도 동시에 판단해야 한다는 의미이기도 하다. [2-29]

명시적 제외로서 원화로 표시된 양도성 예금증서, 관리형신탁수익권, 주식매수선택권(상법 340조의2, 542조의3)을 금융투자상품에서 제외하고 있다(자본 3조 1항 단서 1호–3호; 동 시행령 3조 3항). [2-30]

참고 양도성 예금증서는 상법상 유가증권과 자본시장법상 증권으로서의 법적 성질을 가지지만, 은행법상 은행이 발행하는 점을 고려하여 제외한 것이다. 그러나 외화표시 CD는 환위험을 고려하여 제외하지 않았다. 입법정책적 판단의 결과이다.

나) 증 권

증권과 파생상품의 정의는 위험의 정도에 따른 구분을 전제로 한다. 증권은 금융투자상품 중에서 "투자자가 취득과 동시에 지급한 금전등 외에 어떠한 명목으로든 [2-31]

지 추가로 지급의무를 부담하지 아니하는 것" 즉 추가지급의무가 없는 것을 말한다(자본 4조 1항 본문). 예컨대 회사채무에 대하여 무한책임을 지는 합명회사나 합자회사의 무한책임사원의 지분은 추가지급의무를 부담하므로 증권이 아니다.

> **참고** 증권은 그 발행인이 내국인이든 외국인이든 모두 포함한다(자본 4조 1항 본문). 따라서 외국국채도 국채법상 국채는 아니지만 이와 유사한 것으로서 자본시장법상 채무증권에 포함된다.

[2-32] 자본시장법상 증권은 증권상에 표시되는 권리의 종류에 따라 채무증권(지급청구권), 지분증권(출자지분 또는 출자지분을 취득할 권리), 수익증권(신탁의 수익권), 투자계약증권(손익을 귀속받는 계약상의 권리), 파생결합증권(기초자산의 가격 등에 연계하여 지급하거나 회수하는 금전등이 결정되는 권리), 증권예탁증권(그 예탁받은 증권에 관련된 권리)으로 구분한다(4조 2항 1호－6호).

다) 파생상품

[2-33] 파생상품은 금융투자상품 중에서 추가지급의무가 있는 것을 말한다(자본 4조 1항 본문). 파생상품의 정의방식도 다양하지만 쉽게 생각할 수 있는 방법은 현재 시장에 존재하는 상품을 모두 열거하고 혹시 등장할지 모르는 새로운 상품을 포함하기 위하여 그와 유사한 것을 추가하는 것(listing approach)이다. 현재 미국의 장외파생상품 정의는 정확하게 이 방법을 채택하고 있다. 또 한 가지는 금융상품의 기능적 요소를 모두 조문화하는 방법(describing approach)이다. 현재 호주의 파생상품 정의는 이 방식을 따르고 있다. 전자의 방식에서는 구체성과 명확성은 존재하지만, 새로운 상품이 등장하면 해당 여부를 판단해야 하는 불확설성이 존재한다. 후자는 이와 반대로 새로운 상품에 대한 적용가능성은 매우 높지만 규제목적에 비추어 지나치게 그 범위가 넓어져 구체성과 명확성에 한계가 있다. 따라서 명시적 포함과 명시적 제외와 같은 적용범위의 명확화를 위한 제도적 장치가 중요하게 된다.

[2-34] 자본시장법은 선도와 옵션, 스왑이라는 파생상품의 기본적 구성요소를 핵심요소로 파생상품을 정의하고 있다. 기본구성요소접근방식(building block approach)을 채택한 것이다. 여기에 어느 구성요소에 해당하는지가 불명확한 상품의 등장에 대비하여 시행령으로 추가할 수 있는 근거를 도입하였다(5조 1항 4호). 그러나 현재 시행령에는 별도 규정이 없다.

3) 보험상품

보험업법상 보험상품 정의도 일반적 정의, 명시적 포함, 명시적 제외의 구조를 취한다. 보험업법상 보험상품 정의의 중요한 특징이면서 보험업규제 전반에 영향을 미치는 특징으로는 생명보험과 손해보험의 구분을 들 수 있다. 이에 따라 생명보험업과 손해보험업을 구분하고 상호 겸영을 제한한다. 이하 보험상품의 정의를 차례대로 정리한다. [2-35]

일반적 정의로서 보험상품을 "위험보장을 목적으로 우연한 사건 발생에 관하여 금전 및 그 밖의 급여를 지급할 것을 약정하고 대가를 수수(授受)하는 계약"이라고 정의한다(2조 1호). 위험보장, 우연한 사건의 발생, 급여의 지급, 대가의 수수를 핵심요소로 정의하고 있다.[23] 보험상품의 위험보장기능에 대해서는 '주된 목적인지 여부'를 기준으로 판단한다. 이러한 보험상품의 정의는 기본적으로 상법 제638조의 정의와 동일한 것으로 보고 있다.[24] 상법상 인보험은 보험업법상 생존과 사망에 관한 생명보험과 질병 · 상해 · 간병에 관한 보험인 제3보험으로 구분되고, 상법상 손해보험은 보험업법상 손해보험과 같다.[25] [2-36]

참고 대법원 2014. 5. 29. 선고 2013도10457 판결

"보험의 본질이 우연한 사고로 입을 수 있는 경제적인 불안을 제거 또는 경감시킬 목적을 달성하는 데 있음에 비추어 보험업법이 규정하는 보험상품의 개념요소로서의 '위험보장의 목적'은 단지 경제적 가치 있는 급부의 제공으로 손해가 보전되는 측면이 있다는 이유만으로 쉽게 인정하여서는 아니 되고, 그러한 경제적 위험보장의 목적이 보험업 영위가 문제되는 대상영업의 주된 목적인지에 따라 판단하여야 할 것이다."

명시적 포함으로서 보험상품은 위험의 내용을 기준으로 생명보험상품, 손해보험상품, 제3보험상품으로 구분된다(보험 2조 1호 가목-다목). 생명보험상품은 "사람의 생존 또는 사망"을, 손해보험상품은 "우연한 사건(질병 · 상해 및 간병은 제외)으로 발생하는 손해(계약상 채무불이행 또는 법령상 의무불이행으로 발생하는 손해를 포함)를, 제3보험상품은 "사람의 질병 · 상해 또는 이에 따른 간병"을 각각 보험사고로 하는 계약을 말한다. [2-37]

23) 정채웅, 『보험업법 해설』, 진한앰앤비, 2017, 56-64면; 한기정, 『보험업법』, 박영사, 2019, 14-15면.
24) "보험업법 제2조 제1호는 보험요소에 관한 최소한의 규정으로서 여타 보험요소는 판례와 해석론에 맡겨져 있다." 그 밖의 일반적인 보험요소(보험사고, 보험료와 보험급여, 보험의 기술)에 대해서는, 한기정, 앞의 책, 15-28면.
25) 정채웅, 앞의 책, 60면; 한기정, 앞의 책, 39면.

[2-38] 명시적 제외로서 보험업법시행령은 보험계약자의 보호필요성 및 금융거래관행 등을 고려하여 고용보험, 건강보험, 국민연금, 장기요양보험, 산업재해보상보험과 같은 공보험과 선불식 할부계약을 제외한다(보험 2조 1호; 동 시행령 1조의2 1항 1호－6호). 선불식 할부계약은 상조 또는 혼례서비스를 말한다(할부거래에 관한 법률 2조 2호 가목 · 나목).

다. 기능별 정의

1) 의 의

[2-39] 현행법상 금융상품의 기능별 정의로는 금융소비자법상 금융상품 정의를 들 수 있다(3조). 금융소비자법은 금융상품을 그 기능에 따라 예금성상품, 대출성상품, 투자성상품, 보장성상품의 네 가지로 구분한다. 각각 저축, 대출, 투자, 위험관리기능을 요소로 한다. 개별 금융상품이 금융상품 유형중 둘 이상에 해당하는 속성이 있는 경우에는 그 상품유형에 각각 속하는 것으로 본다(3조 단서). 은행법 등 금융업법상 정의를 기초로 동일한 기능을 가진 상품을 추가하고 있다. 금융소비자법에서 기존 금융업법상 정의와 다른 별도의 정의를 두어야 한다는 주장도 있지만, 오히려 규제상 혼란을 초래할 수 있다는 점을 고려한 것이다.

2) 예금성상품

[2-40] 예금성상품은 일반적인 은행예금과 그에 상당하는 기능을 가진 상품을 포함한다. 구체적으로 은행법 및 상호저축은행법, 중소기업은행법과 산업은행법상 예금, 신협법상 예탁금, 농협은행 등이 계약에 따라 금융소비자로부터 금전을 받고 장래에 그 금전과 그에 따른 이자 등의 대가를 지급하기로 하는 계약을 말한다(금소 3조 1호, 2조 1호 가목 · 라목, 2호, 5호－7호; 동 시행령 3조 1항 1호－3호; 동 감독규정 3조 1호, 2조 1항 1호).

3) 대출성상품

[2-41] 대출성상품은 일반적인 은행대출과 그에 상당하는 기능을 가진 금융상품을 포함한다. 구체적으로 은행법 및 상호저축은행법, 중소기업은행법 및 산업은행법상 대출, 여전법상 신용카드 · 시설대여 · 연불판매 · 할부금융 및 대부업법상 대부, 온투법상 연계대출,[26] 농협은행 등이 금융소비자에 어음 할인 · 매출채권 매입[27] · 대출 ·

26) '온라인투자연계금융'은 온라인플랫폼을 통하여 특정 차입자에게 자금을 제공할 목적으로 투자("연계투자")한

지급보증 또는 이와 유사한 것으로서 금전 등을 제공하고 장래에 금전등 및 그에 따른 이자 등의 대가를 받기로 하는 계약을 말한다(금소 3조 2호, 2조 1호 가목 · 라목, 마목; 동 시행령 3조 2항 1호－4호, 2조 1항 1호,3호, 5호－7호; 동 감독규정 3조 2호 가목 · 나목, 2조 1항 2호). 여기서 대출성상품은 현행법상 여신상품을 모두 포함한 것이다. 대출을 금융상품으로 인정하는 점이 특징이다.

4) 투자성상품

투자성상품은 일반적인 금융투자상품과 그에 상당하는 기능을 가진 금융상품을 포함한다. 구체적으로 자본시장법상 금융투자상품, 온투법상 연계투자,[28] 신탁계약, 투자일임계약, 그 밖에 자본시장법상 투자성이 있는 금융상품을 말한다(금소 3조 3호, 2조 1호 나목, 7호; 동 시행령 3조 3항 1호－4호; 동 감독규정 3조 3호). 금융소비자법은 신탁계약과 투자일임계약을 금융상품으로 규정하고 있다. 권리를 금융투자상품으로 정의하는 자본시장법상 정의방식에 따르면 신탁계약상 수익권과 투자일임계약상 투자자의 권리가 금융투자상품이다. 그러나 수익증권은 이미 금융투자상품에 포함되므로 여기서 말하는 신탁계약에는 포함되지 않는다. [2-42]

5) 보장성상품

보장성상품은 보험업법상 보험상품과 그에 상당하는 기능을 가진 금융상품을 포함한다. 구체적으로 보험업법상 보험상품 및 신협법상 공제, 보험업법상 보험상품과 유사한 것으로서 금융위원회(이하 "금융위")가 정하여 고시하는 금융상품을 말한다(금소 3조 4호, 2조 1호 다목; 동 시행령 3조 4항 1호 · 2호, 2조 1항 2호 · 7호). 현재 감독규정은 따로 규정하고 있지 않다. 파생상품을 금융규제목적상 보장성상품으로 볼 것인지 아니면 투자성상품으로 볼 것인지도 중요한 과제이다. 우리나라는 일반투자자의 장외파생상품거래를 위험회피목적거래로 한정하고 있는 점(자본 166조의2 1항 1호; 동 시행령 186조의2)을 고려하면 더욱 그러하다. [2-43]

투자자의 자금을 투자자가 지정한 해당 차입자에게 대출(어음할인 · 양도담보, 그 밖에 이와 비슷한 방법을 통한 자금의 제공을 포함. "연계대출")하고 그 연계대출에 따른 원리금수취권을 투자자에게 제공하는 것을 말한다(온투법 2조 1호).

27) 각각 금융소비자에 금전의 상환을 청구할 수 있는 계약으로 한정한다.

28) 각주 25) 참조.

6) 추가적 고려사항

[2-44] 금융소비자법은 전자금융거래법상 선불전자지급수단이나 전자화폐와 같은 비현금지급상품을 금융상품으로 규정하고 있지 않다. 현실적으로 현금의 사용비중이 급속히 감소하면서 비현금지급수단의 중요성이 증가하는 상황에서 이러한 접근방식을 다시 생각해 볼 단계가 되었다. 신용카드는 대출성상품으로 규율되고 있다.

[2-45] 금융소비자법은 가상자산과 같은 새로운 자산도 대상에 포함하고 있지 않다. 일본이 금융서비스의 제공에 관한 법률에서 자금결제에 관한 법률상 암호자산의 판매를 규율대상으로 하여 금융상품판매규제를 적용하는 것과 비교된다. 물론 가상자산 중에서 자본시장법상 증권에 해당하는 것에 대해서는 금융소비자법상 판매규제가 당연히 적용된다. 그러나 비증권형 가상자산의 법적 지위와 경제적 기능이 불명확한 상황에서 쉽게 판단할 수 있는 문제는 아니다.

Ⅲ. 금융업

1. 문제의 의의

[2-46] 은행법과 자본시장법 그리고 보험업법에서 각각 은행업, 금융투자업, 그리고 보험업을 정의하고 있다. 은행법은 자금중개기능 자체를 은행업으로 정의한다. 자본시장법은 기능별 규제원칙에 따라 금융투자상품에 관한 매매, 중개 등의 행위를 금융투자업으로 규제한다. 보험업법도 보험상품의 취급과 관련한 일정한 행위를 보험업으로 규정한다. 전체적으로 포괄적인 접근을 취하고 있는 것으로 평가된다. 그러나 금융규제목적상 필요한 범위를 넘어서 상거래를 규제할 가능성이 있으므로 그 적용범위에 관한 예측가능한 기준이 제시되어야 한다.

[2-47] 이러한 문제는 첫째, 영업성요건과 둘째, 명시적 제외규정을 통하여 해결하고 있다. 첫째 방식은 모든 금융규제법에서 채택하고 있다. 둘째 방식과 관련하여 은행법은 은행법 또는 개별법에서 은행법의 적용을 배제하는 방식으로, 자본시장법은 명시적 제외규정을 통하여, 그리고 보험업법은 보험상품에서 제외하는 방식으로 법적 확실성을 추구하고 있다. 학설과 판례는 그 밖에도 금융상품의 기능이나 규제필요성

과 같은 실질적 판단기준을 적용하거나 논의하기도 한다. 중요한 것은 금융규제의 적용범위에 관한 예측가능한 기준을 제시하는 것이다.

2. 은행법상 은행업

가. 의의와 구조

은행법상 은행업은 "예금을 받거나 유가증권 또는 그 밖의 채무증서를 발행하여 불특정 다수인으로부터 채무를 부담함으로써 조달한 자금을 대출하는 것을 업(業)으로 하는 것"을 말한다(2조 1항 1호). 이는 자금의 원천과 자금의 운용을 통한 자금중개기능 자체를 정의한 것이다. 자금의 원천은 예금을 받아 불특정 다수인으로부터 채무를 부담함으로써 자금을 조달하는 것이다. 자금의 운용은 그렇게 조달한 자금을 대출하는 것을 말한다. 은행법상 은행업은 수신, 여신, 지급결제(환업무)로 구분된다(은행 27조). [2-48]

법문상 "유가증권 또는 그 밖의 채무증서를 발행하여 불특정 다수인으로부터 채무를 부담하여 조달한 자금을 대출하는 것"도 은행업에 해당한다.[29] 따라서 사채발행자금으로 대출업무를 하는 자본시장법상 종합금융투자사업자와 증권금융회사(동법 77조의3 10항, 330조 3항), 그리고 여전법상 여신전문금융회사(동법 52조 1항)에 대해서는 은행법 적용을 배제하고 있다. 애초에 이를 은행업으로 규제할 필요가 없다고 생각되므로 입법론으로는 삭제하는 것이 옳다. [2-49]

여기서 '불특정 다수인'은 '거래의 상대방이 법률이나 정관 등에 의해 특정되지 않은 2인 이상'임을 말하며, 불특정다수인이 은행에 대한 채권자가 된다는 것이다.[30] 따라서 특정 조합원만을 대상으로 하는 신용협동조합, 새마을금고 등 상호금융조합은 은행이 아니다. 법원은 불특정다수의 의미를 유연하게 해석하고 있다(대법원 2016. 10. 27. 선고 2016도9654 판결). [2-50]

참고 대법원 2016. 10. 27. 선고 2016도9654 판결

"예금을 받거나 유가증권 등을 발행하여 전혀 면식이 없는 사람들에게 채무를 부담하고 그들로부터 조달한 자금을 대출하는 경우뿐만 아니라, 외견상 특정 직업군에 속한 사람으

29) 정순섭, 은행, 35면.
30) 정순섭, 은행, 35-36면.

로부터 자금을 조달하는 것으로 예정되어 있지만 실제로는 자금조달행위의 구조나 성격상 특정 직업군에 속한 사람은 물론, 그 관계인이나 제3자로부터도 예금을 받거나 유가증권 등을 발행하여 채무를 부담하고 조달한 자금을 대출해 왔다면, 이는 예금의 수입 또는 유가증권 등의 발행에 의하여 불특정 다수인으로부터 채무를 부담함으로써 조달한 자금을 대출하는 행위라고 보아야 한다."

나. 은행업의 범위

[2-51] 첫째, 영업성 요건에 관하여 은행법은 일정한 행위를 "업(業)으로 하는 것"을 은행업으로 규제한다(2조 1항 1호). 여기서 '업으로'는 "같은 행위를 계속하여 반복하는 것"으로서 영업성의 유무는 그 판단기준의 하나이다(대법원 2008. 2. 29. 선고 2007도11068 판결).

참고 대법원 2008. 2. 29. 선고 2007도11068 판결
"여기서 '업으로' 한다는 것은 같은 행위를 계속하여 반복하는 것을 의미한다고 할 것이고, 이에 해당하는지 여부는 단순히 그에 필요한 인적 또는 물적 시설을 구비하였는지 여부와는 관계없이, 금전의 대부 또는 중개의 반복 · 계속성 여부, 영업성의 유무, 그 행위의 목적이나 규모, 횟수, 기간 태양 등의 여러 사정을 종합적으로 고려하여 사회통념에 따라 판단하여야 한다고 할 것이다."

[2-52] 둘째, 명시적 제외규정으로 은행법은 '상호저축은행업무만을 경영하는 회사'를 은행의 정의에서 배제하고(6조), 상호저축은행법도 은행법 적용을 배제하고 있다(동법 36조 1항). 또한 자본시장법상 사채 발행자금으로 대출업무를 하는 종합금융투자사업자와 금융투자업자등으로부터 투자자예탁금의 예치를 받는 증권금융회사(자본 77조의3 10항, 330조 3항), 그리고 여전법상 여신전문금융회사에 대해서도 은행법 적용을 배제하고 있다(동법 52조 1항). 한국수출입은행법도 수출입금융채권을 발행하여 대출하는 한국수출입은행에 대하여 은행법 적용을 배제하고 있다(동법 2조 3항).

3. 자본시장법상 금융투자업

가. 의의와 구조

1) 의 의

[2-53] 자본시장법은 포괄적인 금융투자상품 정의에 기초하여 금융투자업을 역시 포괄

적으로 정의하고 있다. 자본시장법은 금융투자업을 투자매매업과 투자중개업, 집합투자업과 신탁업, 그리고 투자자문업과 투자일임업으로 구분하여 규제한다. 투자매매업과 투자중개업은 금융투자상품을 매매하는 금융상품매매업이고, 집합투자업과 신탁업, 투자자문업과 투자일임업은 타인의 자산을 관리하는 투자관리업이다. 진입규제상 투자매매업과 투자중개업, 집합투자업과 신탁업은 인가의 그리고 투자자문업과 투자일임업은 등록 대상이다.

투자매매업과 투자중개업은 금융투자상품에 대한 매매업무이지만 계산의 주체 [2-54]
가 다르다. 전자는 자기의 계산으로, 그리고 후자는 타인의 계산으로 하는 것이다. 명의는 불문하고 계산의 주체만을 따진다. 명의의 주체는 거래의 법률상 효과의 귀속주체로서 당사자의 형식상 명의를 기준으로 하지만, 계산의 주체는 실질적으로 거래의 경제적 효과가 귀속되는 주체를 의미한다. 따라서 투자중개업은 본질적으로 금융상품판매업이다. 금융소비자법은 투자중개업을 금융상품직접판매업으로 규제한다(금소 2조 2호 가목).

집합투자업과 신탁업, 투자자문업과 투자일임업은 투자관리업으로서 타인의 자 [2-55]
산을 관리하는 것을 영업으로 한다. 우리나라는 투자관리업을 그 법적 구조에 따라 세분화하여 규제하고 있다(투자관리업의 세분화). 집합투자업은 2인 이상의 다수의 투자자로부터 모은 금전을 위탁받아 집합투자업자가 투자자로부터 운용지시를 받지 않고 관리하되, 그 자산은 투자자가 아닌 집합투자기구의 명의로 보관된다. 투자일임업은 1인의 투자자로부터 투자판단을 일임받아 관리하지만, 그 자산은 투자자의 명의로 보관된다. 투자자문업은 투자판단이 아니라 투자자문만을 제공하는 업무로서 그 자산은 당연히 투자자의 명의로 보관된다. 투자관리업으로서의 신탁업은 신탁법상 신탁의 법적 구조를 취하는 점에서 다르다. 위탁자가 신탁재산의 운용방법을 특정하지 않는 경우에는 불특정신탁으로서 집합투자업의 규제대상이다.

2) 투자매매업

투자매매업은 "누구의 명의로 하든지 자기의 계산으로 금융투자상품의 매도 · [2-56]
매수, 증권의 발행 · 인수 또는 그 청약의 권유, 청약, 청약의 승낙을 영업으로 하는 것"을 말한다(자본 6조 2항). 투자매매업은 구체적으로 자기매매업무, 발행업무, 인수업무로 구성된다. 자본시장법은 발행을 투자매매업으로 규정하고 있는 것이 특징이다. "그 청약의 권유, 청약, 청약의 승낙"은 투자매매업의 구체적인 행태를 규정한 것이다.

[2-57] (i) 자기매매업무는 투자매매업자가 자기의 계산으로 금융투자상품을 매매하는 것(prop trading)이다. 세 가지 사항에 대한 정리가 필요하다. 첫째, 금융회사나 연기금, 전업투자자와 같이 자기자금으로 증권을 매매하는 경우를 자기매매업무로 볼 것인가? 증권의 자기매매는 시장조성기능을 가진 경우만을 의미한다. 원칙적으로 거래소가 개설한 증권시장의 회원자격을 가진 자로 한정하는 것이 옳을 것이다. 장내파생상품도 마찬가지로 보아야 할 것이다. 둘째, 장외파생상품의 경우에는 딜러(dealer)와 최종이용자(end-user)를 구분하여 전자만 자기매매업무로 보는 것이 옳다. 딜러는 매도를 원하는 자에게는 매수의, 매수를 원하는 자에게는 매도의 상대방이 되어줌으로써 시장조성기능을 수행한다. 최종이용자는 투기나 헤지를 위하여 장외파생상품거래를 하는 자를 말한다. 파생상품에 해당하는 계약 중 매매계약이 아닌 계약의 체결은 자본시장법을 적용할 때 매매계약의 체결로 본다(자본 5조 4항).

[2-58] (ii) 발행업무는 일정한 증권을 발행하는 업무를 말한다. 발행의 법적 성질은 새로운 증권을 투자자에게 취득하게 하는 점에서 차이가 있을 뿐 매매와 같다. 자기가 증권을 발행하는 경우에는 투자매매업으로 보지 않는다(자본 7조 1항 본문). 다만, 투자신탁의 수익증권, 일정한 파생결합증권,[31] 투자성 있는 예금계약(자본 77조 1항), 금적립계좌등[32]에 따른 증권, 투자성 있는 보험계약(자본 77조 2항)에 따른 증권을 발행하는 경우는 투자매매업으로 본다(자본 7조 1항 단서 1호–4호). 상법상 파생결합사채가 허용됨에 따라 그 중 위험도가 높은 상품의 발행인자격을 투자매매업 인가를 받

---

31) 다음 요건을 모두 충족하는 파생결합증권을 제외한 파생결합증권을 말한다(자본시행령 7조 1항 1호–4호).
(i) 기초자산이 통화 또는 외국통화로서 지급하거나 회수하는 금전등이 그 기초자산과 다른 통화 또는 외국통화로 표시될 것
(ii) 증권의 발행과 동시에 금융위가 정하여 고시하는 위험회피목적의 거래가 이루어질 것
(iii) 사업에 필요한 자금을 조달하기 위하여 발행될 것
(iv) 해당 파생결합증권의 발행인이 전문투자자일 것(자본시행규칙 1조의2)

32) 금적립계좌등은 다음 계약을 말한다(자본시행령 7조 2항 1호 · 2호).
(i) 은행등(자본시행령 4조 1호–3호)가 투자자와 체결하는 계약에 따라 발행하는 금적립계좌 또는 은적립계좌[투자자가 은행등에 금전을 지급하면 기초자산인 금(金) 또는 은(銀)의 가격 등에 따라 현재 또는 장래에 회수하는 금전등이 결정되는 권리가 표시된 것으로서 금융위가 정하여 고시하는 기준에 따른 파생결합증권]
(ii) 그 밖에 증권 및 장외파생상품에 대한 투자매매업의 인가를 받은 자가 투자자와 체결하는 계약에 따라 발행하는 파생결합증권으로서 금융위가 투자에 따른 위험과 손익의 구조 등을 고려하여 고시하는 파생결합증권

은 자로 한정하려는 규제목적에 따른 것이다.

(iii) 인수업무는 증권의 인수를 말한다. 인수는 제3자에게 증권을 취득시킬 목적으로 첫째, 그 증권의 전부 또는 일부를 취득하거나 취득하는 것을 내용으로 하는 계약을 체결하는 것(총액인수 또는 확정액인수), 둘째, 그 증권의 전부 또는 일부에 대하여 이를 취득하는 자가 없는 때에 그 나머지를 취득하는 것(잔액인수)을 내용으로 하는 계약을 체결하는 것 중 하나에 해당하는 행위를 하거나 그 행위를 전제로 발행인 또는 매출인을 위하여 증권의 모집 · 사모 · 매출을 하는 것을 말한다(자본 9조 11항). 자본시장법상 인수는 인수인이 인수하였다가 투자자에게 매도되지 않은 미매각위험의 인수를 의미한다. 증권거래법은 미매각위험을 인수하지 않고 순수하게 증권모집을 주선하는 모집주선도 인수의 한 유형으로 규제했다. 그러나 자본시장법은 미매각위험의 인수가 없는 발행주선은 투자중개업으로 규제한다.[33] 자본시장법상 주선인은 투자중개업자로서 투자중개업규제를 받는 경우에 한정되는 것으로 보는 것이 옳을 것이다. [2-59]

3) 투자중개업

투자중개업은 "누구의 명의로 하든지 타인의 계산으로 금융투자상품의 매도 · 매수, 그 중개나 청약의 권유, 청약, 청약의 승낙 또는 증권의 발행 · 인수에 대한 청약의 권유, 청약, 청약의 승낙을 영업으로 하는 것"을 말한다(자본 6조 3항). 투자중개업은 구체적으로 위탁매매업무, 중개업무, 대리업무로 구분된다. 투자중개업자는 대부분 투자매매업을 겸한다. 그래서 자본시장법상 투자매매업자 또는 투자중개업자는 증권거래법상 증권회사에 해당한다. [2-60]

(ⅰ) 위탁매매업무는 투자매매업자가 타인의 계산으로 금융투자상품을 매매하는 것이다. 상법상 위탁매매가 적용되는 대표적 사례이다. 위탁매매가 이용되는 것은 거래소가 개설한 금융투자상품시장에서의 매매 그 밖의 거래를 회원인 투자중개업자에 한정하는 구조와 관련된다. 증권시장이나 파생상품시장에서 직접 매매할 수 없는 투자자는 위탁자로서 위탁매매인인 투자중개업자에 주문의 형태로 매도나 매수를 위 [2-61]

33) 다만 증권신고서등의 부실기재나 기재누락에 따른 손해배상책임을 질 자에 주선인이 포함되어 있지 않은 점을 고려하여 2013. 5. 28. 자본시장법 개정에서 주선인을 추가하였다(125조 1항 5호). 자본시장법은 주선인을 "인수 외에 발행인 또는 매출인을 위하여 해당 증권의 모집 · 사모 · 매출을 하거나 그 밖에 직접 또는 간접으로 증권의 모집 · 사모 · 매출을 분담하는 자"라고 정의한다(9조 13항). 모집과 매출 및 사모를 모두 포함하므로 발행주선이라고 하는 것이 옳다.

탁하고, 투자중개업자가 거래소에 대하여 그에 상응하는 호가를 제출하면 거래소 매매체결시스템에 의하여 상대방인 투자중개업자와 매매가 체결되는 것이다.[34] 투자중개업자의 핵심업무로서 중요한 수익원천이었으나 홈트레이딩서비스(HTS)와 모바일트레이딩서비스(MTS)의 발전에 따라 수수료를 포함한 거래구조 자체가 크게 변화하고 있다.

[2-62] (ii) 중개업무는 금융투자상품의 매매를 중개하는 업무를, 그리고 (iii) 대리업무는 금융투자상품의 매매를 대리하는 업무를 말한다. 자본시장법상 투자중개업의 정의에 중개는 명시적으로 포함되어 있고, 대리도 "타인의 계산으로 금융투자상품의 매도 · 매수"하는 것에 포함된다. 중개는 당사자로 개입하지 않지만, 대리는 본인의 명의로 이루어진다.

[2-63] 금융소비자법상 위탁매매는 금융상품직접판매업으로서 금융상품판매업에 속한다. 금융상품판매대리 · 중개업, 자본시장법상 투자권유대행인, 보험업법상 보험설계사와 보험대리점, 보험중개사, 여전법상 신용카드모집인이 대표적이다. 대리가 명시된 경우를 제외하고는 중개에 해당한다. 기술의 발전에 따라 플랫폼기업의 금융상품판매형태가 다양화되면서 금융상품판매업규제의 대상으로서의 중개의 개념은 더욱 중요해지고 있다(아래 Ⅶ. 금융상품판매업).

4) 집합투자업

[2-64] 집합투자업은 집합투자를 영업으로 하는 것이다(6조 4항). 투자관리업으로서 투자구조에 따라 업을 구분하려고 집합투자를 먼저 정의하고 그에 따라 업을 정의하는 구조를 취한 것이다. 집합투자는 첫째, 2인 이상의 투자자로부터 모은 금전등을(자산의 집합), 둘째, 투자자로부터 일상적인 운용지시를 받지 아니하면서 재산적 가치가 있는 투자대상자산을 취득 · 처분, 그 밖의 방법으로 운용하고(일상적 운용지시의 배제), 셋째, 그 결과를 투자자에게 배분하여 귀속시키는 것(실적배분)을 말한다(자본 6조 5항 본문). 투자자가 2인 이상이라야 집합투자 고유의 대리인문제가 나타나게 된다. 운용지시를 받는 경우에는 일반적인 금융투자상품거래와 다를 바 없다. 실적배분이 아닌 경우는 투자라고 할 수 없다.

[2-65] 간접투자자산운용법이 영국의 집합투자기구(collective investment scheme, CIS) 정

34) 실제 최종적인 거래상대방은 면책적 채무인수를 이용한 청산을 통하여 청산기관인 거래소가 된다.

의를 간접투자로 도입한 것을 거의 그대로 유지한 것이다. 다만 용어는 집합투자의 고유한 문제는 간접이 아니라 집합에서 비롯된 것인 점을 고려하여 간접투자를 집합투자로 변경하였다. 종래의 미국식 규제를 영국식 규제로 전환한 것이다.

자본시장법은 집합투자의 기능적 정의에는 해당하지만 그 행위의 성격과 투자 [2-66] 자보호의 필요성 등을 고려하여 자본시장법이 아닌 다른 법률에 따라 규율되는 사모펀드(타법펀드 또는 타부처펀드), 자산유동화 등을 명시적으로 제외하고 있다(자본 6조 5항 단서 1호－3호; 동 시행령 6조 1항－4항). 다른 정부부처와의 관계, 금융규제목적과 산업정책의 관계, 규제 필요성 등 다양한 요소를 고려한 규정이다. 중요한 것은 자본시장법 적용 여부에 대하여 법적 불확실성이 있을 수 있는 사항을 명시적으로 제외하여 법적 위험의 제거를 추구한 것이다.

또 중요한 사항은 투자자가 1인뿐인 경우를 집합투자로 규제할 것인지라는 사모 [2-67] 단독펀드의 허용 여부이다. 자본시장법은 사모단독펀드를 원칙적으로 금지하면서 형식상 투자자가 1인이라도 이미 복수의 투자자로부터 모은 금전등을 대상으로 하는 경우 등 금지할 필요성이 없는 경우는 명시적으로 허용하고 있다(자본 6조 6항 1호－11호).

5) 신탁업

신탁업은 "신탁을 영업으로 하는 것"을 말한다(자본 6조 9항). 신탁을 영업으로 [2-68] 한다는 것은 신탁의 수탁자가 되는 것을 영업으로 한다는 의미이다. 여기서 신탁은 신탁법상 신탁을 말한다(자본 9조 24항, 신탁법 2조). 담보부사채신탁법상 담보부사채신탁업이나 저작권법상 저작권신탁관리업과 같이 신탁법상 수탁자가 되는 것을 영업으로 하더라도 다른 규제가 존재하여 규제필요성이 없는 경우에는 신탁업에서 적용제외하고 있다(자본 7조 5항).

신탁업은 신탁재산을 운용하고 수익증권을 발행하는 적극적인 투자관리업무 외 [2-69] 에도 투자신탁의 투자신탁재산을 보관·관리하는 경우와 같은 업무도 포함한다. 그러나 자본시장법은 특히 신탁업자의 투자관리기능에 주목하여 금융투자업에 포함한 것으로 이해된다. 따라서 투자관리기능을 수행하지 않는 신탁업에 대해서는 진입규제를 비롯한 금융투자업규제를 완화할 필요가 있다.

6) 투자자문업

투자자문업은 "금융투자상품등의 가치 또는 금융투자상품등에 대한 투자판단에 [2-70]

관한 자문에 응하는 것을 영업으로 하는 것"을 말한다(자본 6조 7항). 투자자문의 대상이 되는 투자자문자산인 금융투자상품등은 금융투자상품, 부동산, 부동산관련권리(지상권 · 지역권 · 전세권 · 임차권 · 분양권 등), 금융기관예치금, 사업수익권,[35] 금지금(조세특례제한법 106조의3 1항),[36] 발행어음(자본 336조 1항 1호 또는 360조 1항)을 포함한다(자본시행령 6조의2 1호－6호). 그리고 투자판단은 금융투자상품등의 종류, 종목, 취득 · 처분, 취득 · 처분의 방법 · 수량 · 가격 및 시기 등에 대한 판단을 말한다.

7) 투자일임업

[2-71] 투자일임업은 "투자자로부터 금융투자상품등에 대한 투자판단의 전부 또는 일부를 일임받아 투자자별로 구분하여 그 투자자의 재산상태나 투자목적 등을 고려하여 금융투자상품등을 취득 · 처분, 그 밖의 방법으로 운용하는 것을 영업으로 하는 것"을 말한다(자본 6조 8항). 투자자와 투자일임업자 간의 1 : 1 법률관계에 기초하여 투자자별로 개별성과 상대성을 가진 운용행위를 본질로 하는 점에서 집합투자업과 구별된다.

나. 금융투자업의 범위

[2-72] 영업성 요건에 관하여 자본시장법은 "이익을 얻을 목적으로 계속적이거나 반복적인 방법으로 행하는 행위"라고 규정한다(6조 1항). 자본시장법에서 영업성 요건을 특별히 명시한 것은 포괄적인 금융투자상품 정의에 기초한 금융투자업 정의에 따라 금융투자업으로 규제할 합리적 근거나 없거나 투자자 보호의 필요성이 적은 경우도 금융투자업으로 규제할 가능성이 증가한 점을 고려한 것이다. 따라서 영업성 요건도 매우 엄격하게 해석되어야 할 것이다.

[2-73] 명시적 제외규정으로 자본시장법은 금융투자업으로 규제할 필요성과 투자자보호 필요성 등을 고려하여 일정한 행위를 금융투자업에서 배제하는 규정을 두고 있다(6조 5항 1호－3호; 7조).

---

35) 상법상 합자회사 · 유한책임회사 · 합자조합 · 익명조합의 출자지분, 민법상 조합의 출자지분 그 밖에 특정사업으로부터 발생하는 수익을 분배받을 수 있는 계약상의 출자지분 또는 권리를 말한다.

36) 거래소가 승인을 받아 그 매매를 위하여 개설한 시장에서 거래되는 금지금이나 은행이 「은행법 시행령」 제18조 제1항 제4호에 따라 그 판매를 대행하거나 매매 · 대여하는 금지금을 말한다.

4. 보험업법상 보험업

가. 의의와 구조

보험업법상 보험업의 정의도 일반적 정의－명시적 포함－명시적 제외의 단계적 [2-74]
정의구조를 취한다. 먼저 일반적 정의로서 '보험업'은 "보험상품의 취급과 관련하여 발생하는 보험의 인수(引受), 보험료 수수 및 보험금 지급 등을 영업으로 하는 것으로서 생명보험업 · 손해보험업 및 제3보험업"을 말한다(2조 2호). 다음으로 명시적 포함으로서 생명보험업과 손해보험업 그리고 제3보험업을 정의한다. '생명보험업'은 "생명보험상품의 취급과 관련하여 발생하는 보험의 인수, 보험료 수수 및 보험금 지급 등을 영업으로 하는 것"(2조 3호), '손해보험업'은 "손해보험상품의 취급과 관련하여 발생하는 보험의 인수, 보험료 수수 및 보험금 지급 등을 영업으로 하는 것"(2조 4호), 그리고 '제3보험업'은 "제3보험상품의 취급과 관련하여 발생하는 보험의 인수, 보험료 수수 및 보험금 지급 등을 영업으로 하는 것"(2조 5호)을 말한다. 명시적 제외는 대상 권리를 보험상품의 정의에서 명시적으로 제외하는 방식을 취하고 있다([2－38]).

나. 보험업의 범위

보험업 정의가 도입되기 전에 대법원은 실질주의를 채택하고 있었다. 실질주의 [2-75]
는 "보험업 규제에 관한 법의 규정 및 취지에 비추어 보면, 허가의 대상이 되는 보험업의 해당 여부는 그 사업의 명칭이나 법률적 구성형식에 구애됨이 없이 그의 실체나 경제적 성질을 실질적으로 고찰하여 판단하여야 한다"는 것이다(대법원 1989. 1. 31. 선고 87도2172 판결).37) 이와 관련하여 대법원은 "보험의 본질이 우연한 사고로 입을 수 있는 경제적인 불안을 제거 또는 경감시킬 목적을 달성하는 데 있음에 비추어 보험업법이 규정하는 보험상품의 개념요소로서의 '위험보장의 목적'은 단지 경제적 가치 있는 급부의 제공으로 손해가 보전되는 측면이 있다는 이유만으로 쉽게 인정하여서는 아니 되고, 그러한 경제적 위험보장의 목적이 보험업 영위가 문제되는 대상영업의 주된 목적인지에 따라 판단하여야 할 것"이라고 판단하였다(대법원 2014. 5. 29. 선고 2013도10457 판결).38)

---

37) 같은 취지: 대법원 2013. 4. 26. 선고 2011도13558 판결; 대법원 2014. 5. 29. 선고 2013도10457 판결.

38) 제1심은 "당해 계약의 주된 성격을 가리지 않고서 보험적 성격이 있기만 하면 비록 보험 이외의 요소가 섞여 있더라도 보험업으로 취급하는 것이 우리 대법원의 실질주의라고 주장하는 것은 대법원 판결(대법원 1989. 10.

Ⅳ. 금융업자

1. 문제의 의의

[2-76] 금융업자는 금융업을 영위하기 위하여 허가나 인가 또는 등록을 한 자를 말한다. 현행 금융규제법은 업종별로 금융업자를 정의하고 진입규제를 비롯한 각종 규제를 부과하고 있다. 현행 금융규제법상 규제의 수범자는 원칙적으로 금융업자이다. 금융업자에 대해서는 각업종별 규제법상 규제 외에도 지배구조법상 지배구조규제가 적용되고 금융소비자법상 판매규제가 원칙적으로 적용된다. 다만 금융상품판매업자와 전자금융업자는 현행법상 금융업자로 분류되고 있지는 않아 지배구조법은 적용되지 않는다.

2. 은행법상 은행

[2-77] 은행법상 은행은 "은행업을 규칙적·조직적으로 경영하는 한국은행 외의 모든 법인"을 말한다(2조 1항 2호). 은행업 정의를 전제로 규칙성과 조직성을 요구하고 있다. 여기서 '규칙적'은 계속성과 반복성을, '조직적'은 상인적인 설비와 경영조직을 갖춘 경우를 말한다.[39] 한국은행은 민간과의 거래가 제한되어 있어(한국은행법 79조) 제외한 것이다.

[2-78] 은행법상 은행은 영업구역을 기준으로 전국을 영업구역으로 하는 전국은행(또는 시중은행)과 특정 지방을 영업구역으로 하는 지방은행으로 구분된다. 최근 도입된 인터넷전문은행은 "은행업을 주로 전자금융거래(「전자금융거래법」 제2조제1호에 따른 거래)의 방법으로 영위하는 은행"을 말한다(인터넷은행법 2조). 현재 진행중인 디지털금융의 발전 추세를 고려할 때 인터넷전문은행과 일반은행의 구분과 전국은행과 지방은행의 구분이 가지는 금융법상 의미는 다시 생각해 볼 필요가 있다. 지방은행의 경우 특정 지방을 영업구역으로 하지만, 첫째, 소재지를 불문하고 예금자가 해당 은행을 방문하

10. 선고 89감도117 판결)의 일반화의 오류를 넘어서 잘못된 해석"이라고 판단하였다(서울중앙지법 2013. 1. 16. 선고 2011고단6363 판결). 이에 대해서는 보험업의 범위를 부당하게 축소했다는 등의 논의가 있다. 한기정, "보험업의 개념에 관한 연구 – 대법원 2014. 5. 29. 선고 2013도10457 판결을 중심으로 –", 보험법연구 제9권 제2호, 2015, 1–37면.

39) 정순섭, 은행, 50면.

여 금융거래하는 것을 제한하지 않는 점, 둘째, 서울과 세종시, 그리고 현재 지방은행이 없는 지방은 물론 지방은행이 있는 지방에도 상호 합의 하에 영업점을 둘 수 있는 점, 셋째, 근본적으로 온라인환경에서는 이러한 영업구역의 구분이 전혀 의미가 없다는 점이 특히 중요하다.

은행법은 전형적인 기관별 규제법으로서 은행법상 은행에 해당하지만, 그 법적 [2-79] 지위가 특수한 경우도 있다. 첫째, 중소기업은행이나 산업은행과 같은 특수은행은 그 설립법에서 은행법을 적용제외하고 있는 경우를 제외하고는 은행법이 적용된다(한국산업은행법 3조 1항; 중소기업은행법 52조 1항). 둘째, 수산업협동조합중앙회가 설립하는 수협은행은 은행법상 은행으로 간주한다(수산업협동조합법 141조의4 2항). 셋째, 농업협동조합법에 따라 농협중앙회가 설립한 농협은행에 대해서는 동법에 특별한 규정이 없으면 은행법 및 지배구조법을 적용한다(농업협동조합법 161조의11 1항 · 8항 본문).

은행법상 법인이 은행에 해당하는지는 금융위가 결정한다(7조 1항). 은행법상 은 [2-80] 행에 해당함에도 은행법을 배제하는 다른 법률이 없음에도 은행 인가를 받지 않으면 무인가 은행업으로 처벌된다(66조 2항). 개인 그 밖에 법인이 아닌 자가 인가 없이 은행업을 영위하여도 처벌대상이다. 유사수신법과의 관계도 문제된다. 예비적 죄명이 유사수신법위반인 사안에서 무인가 은행업으로 처벌한 사례가 있다(대법원 2016. 10. 27. 선고 2016도9654 판결).

3. 자본시장법상 금융투자업자

금융투자업자는 "금융투자업에 대하여 금융위의 인가를 받거나 금융위에 등록 [2-81] 하여 이를 영위하는 자"를 말한다(자본 8조 1항). 구체적으로 금융투자업자 중에서 투자매매업을 영위하는 자를 투자매매업자, 투자중개업을 영위하는 자를 투자중개업자, 집합투자업을 영위하는 자를 집합투자업자, 투자자문업을 영위하는 자를 투자자문업자, 투자일임업을 영위하는 자를 투자일임업자, 신탁업을 영위하는 자를 신탁업자라고 한다(자본 8조 2항–7항).

투자매매업자 또는 투자중개업자 중 종합금융투자사업자로 금융위의 지정을 받 [2-82] 은 자를 말하는 종합금융투자사업자는 금융투자업자와는 차원이 다른 구분이다(자본 9조 8항). 종합금융투자사업자는 대형투자은행을 육성하기 위하여 일정 규모 이상인 경우(업무범위에 따라 자기자본 3조원, 4조원, 8조원)에는 일반적인 금융투자업자에 허용되지 않는 기업신용공여와 같은 업무를 허용하고 있다. 그리고 겸영금융투자업자는 은행, 보험회사, 그 밖에 시행령으로 정하는 금융기관등으로서 금융투자업을 겸영하는 자를 말하지만 역시 금융투자업자와는 구분의 목적이 다르다(자본 8조 9항).

[2-83] 특정인이 금융투자업을 수행하는지 여부는 금융위가 판단한다. 누구든지 금융투자업인가(변경인가를 포함)를 받지 않고는 금융투자업(투자자문업, 투자일임업 및 일반 사모집합투자업은 제외)을 영위할 수 없다(자본 11조). 또한 누구든지 금융투자업등록(변경등록을 포함)을 하지 않고는 투자자문업 또는 투자일임업을 영위해서는 안 된다(자본 17조). 무인가 금융투자업을 영위하는 자는 5년 이하의 징역 또는 2억원 이하의 벌금(자본 444조 1호), 미등록 금융투자업을 영위한 자에 대해서는 3년 이하의 징역 또는 1억원 이하의 벌금(자본 445조 1호)에 처한다. 개인 그 밖에 법인이 아닌 자가 인가나 등록 없이 금융투자업을 영위하여도 처벌대상이 된다(대법원 2012. 3. 29. 선고 2011도17097 판결).

4. 보험업법상 보험회사

[2-84] 보험회사는 "보험업법 제4조에 따른 허가를 받아 보험업을 경영하는 자"를 말한다(보험 2조 6호). 보험업을 경영하려는 자는 생명보험업, 손해보험업, 제3보험업의 각 보험종목별로 금융위의 허가를 받아야 한다(보험 4조 1항). 은행이나 금융투자업자에 대한 진입규제가 인가인 것과 달리 보험회사에 대해서는 허가제가 유지되고 있다. 그러나 은행법이나 자본시장법상 인가도 강학상 허가에 해당하므로 동일하다.

[2-85] 특정인이 보험업을 경영했는지는 금융위가 판단한다. 무허가로 보험업을 경영한 자는 5년 이하의 징역 또는 5천만원 이하의 벌금에 처한다(보험 200조 1호). 개인 그 밖에 법인이 아닌 자가 허가 없이 보험업을 영위해도 처벌대상이다. 유사수신행위법과의 관계도 문제된다. 교통범칙금 상당액을 보상해 주기로 약정하고 연회비를 납부받은 영업행위가 실질적으로 무허가 보험사업으로 유사수신행위법 제2조 제4호 소정의 '유사수신행위'에 해당한다고 한 사례가 있다(대법원 2001. 12. 24. 선고 2001도205 판결).

V. 금융소비자

1. 의 의

금융소비자는 "금융상품에 관한 계약의 체결 또는 계약 체결의 권유를 하거나 청약을 받는 것("금융상품계약체결등")에 관한 금융상품판매업자의 거래상대방 또는 금융상품자문업자의 자문업무의 상대방인 전문금융소비자 또는 일반금융소비자"를 말한다(금소 2조 8호). 중요한 기준은 권유의 의미이다. 자본시장법상 투자권유와 같은 것으로 볼 수 있다.[40] 금융소비자는 금융거래상 금융회사의 거래상대방을 포괄하여 부르는 용어로서 은행법상 예금자와 은행이용자, 자본시장법상 투자자, 보험업법상 보험계약자 등을 모두 포함한다. 금융상품에 대해 소비라는 용어를 사용할 수 있는지에 대해서는 논란이 있다. 금융소비자법은 금융에서 소비자라는 용어를 사용한 국내 최초의 입법이다. 이 책에서는 금융소비자만 살펴본다. [2-86]

2. 전문금융소비자와 일반금융소비자의 구분

금융소비자법은 전문금융소비자와 일반금융소비자를 구분하고 규제상 취급을 달리한다. 자본시장법상 전문투자자와 일반투자자의 구분(자본 9조 5항 · 6항) 그리고 보험업법상 전문보험계약자와 일반보험계약자의 구분(보험 2조 19호 · 20호)에 상응하는 것이다. 금융소비자법상 전문금융소비자는 "금융상품에 관한 전문성 또는 소유자산규모 등에 비추어 금융상품 계약에 따른 위험감수능력이 있는 금융소비자"를 말한다(금소 2조 9호 본문). 전문금융소비자는 국가, 한국은행, 금융회사, 주권상장법인, 그 밖에 금융상품의 유형별로 시행령으로 정하는 자가 포함된다(금소 2조 9호 가목-마목; 동 시행령 2조 8항). 주권상장법인과 자발적 전문금융소비자 등 일정한 범위의 전문금융소비자는 장외파생상품에 관한 계약체결등을 할 때에는 전문금융소비자와 같은 대우를 받겠다는 의사를 금융상품판매업자등에게 서면으로 통지하는 경우에만 전문금융소비자에 해당한다(금소 2조 9호 라목; 동 시행령 2조 9항 · 11항 1호-3호). 그 밖에 시행 [2-87]

40) 자본시장법상 투자권유는 "특정 투자자를 상대로 금융투자상품의 매매 또는 투자자문계약 · 투자일임계약 · 신탁계약(관리형신탁계약 및 투자성 없는 신탁계약을 제외한다)의 체결을 권유하는 것"을 말한다(자본 9조 4항). 구체적 판단에 대해서는, 헌재 2017. 5. 25. 2014헌바459; 대법원 2017. 12. 5. 선고 2014도14924 판결.

령은 금융상품의 유형별로 전문금융소비자에 해당하는 자를 열거하고 있다(금소시행령 2조 10항 1호－4호, 11항 1호－3호). 투자성 상품의 경우 일정한 요건을 갖춘 법인이나 개인도 원할 경우 전문금융소비자가 될 수 있다(금소시행령 2조 10항 3호 나목 · 다목; 11항 1호－3호). 이들을 자발적 전문금융소비자라고 한다. 일반금융소비자는 전문금융소비자가 아닌 금융소비자이다(금소 2조 10호). 금융소비자법상 부적합한 상품의 권유금지(17조), 부적정한 금융상품에 대한 고지(18조), 설명의무(19조) 등은 일반금융소비자를 상대방으로 하는 경우에만 적용된다.

[2-88] 전문금융소비자와 일반금융소비자의 구분기준은 '금융상품에 관한 전문성 또는 소유자산규모 등'으로 나타나는 위험감수능력이다. 그러나 그 구분기준을 정하는 것은 많은 논란을 수반할 수 있기 때문에 신중할 수밖에 없다. 또 한 가지 어려운 문제는 법인성이 곧 전문성을 의미하는지이다. 일반적으로 법인은 전문가로 인식되는 것이 사실이지만 결국 행위주체가 되는 그 임직원이 전문가라고 할 수는 없을 것이다. 사실 전문성을 판단하는 것은 쉽지 않기 때문에 자산규모와 같은 정량기준이 명확한 것은 사실이다. 따라서 일반적으로 전문성이 있다고 인정되는 기관을 제외하고는 일정한 자산규모를 기준으로 판단하는 구조를 취하고 있다.

3. 전문금융소비자와 일반금융소비자의 전환

[2-89] 금융소비자법상 일정한 범위의 전문금융소비자도 일반금융소비자로 전환할 수 있다. 시행령은 대출성 · 투자성 · 보장성 상품을 대상으로 전환대상 전문금융소비자를 규정하고 있다(금소 2조 9호 단서; 동 시행령 2조 7항 1호－3호). 하향전환만 허용될 뿐 상향전환은 엄격히 제한된다. 따라서 일반금융소비자의 전문금융소비자로의 전환은 장외파생상품의 경우 주권상장법인 등을 제외하고는 허용되지 않는다. 전환대상 전문금융소비자가 일반금융소비자와 같은 대우를 받겠다는 의사를 금융상품판매업자 또는 금융상품자문업자에게 서면으로 통지하는 경우 금융상품판매업자등은 정당한 사유가 있는 경우를 제외하고는 이에 동의해야 하며, 금융상품판매업자등이 동의한 경우 그 금융소비자는 일반금융소비자로 본다(금소 2조 9호 단서). 전문금융소비자로의 전환과 관련하여 재산상 이익의 제공 등 부당행위가 이루어질 경우에 대비한 규제도 필요할 것이다. 전환의 효력은 금융상품판매업자등이 동의한 시점에 장래에 향하여 발생한다.

Ⅵ. 금융시장

금융법상 금융시장도 중요한 규제단위이다. 만기구조에 따라 1년 이내의 단기금융시장과 그 이상의 중기 및 장기금융시장을 나누고, 거래되는 금융상품의 유형에 따라 대출시장과 자본시장을 구분한다. 자본시장법은 자본시장이 아니라 금융투자상품시장이라는 용어를 사용한다(자본 8조의2 1항). 금융투자상품시장은 증권 또는 장내파생상품의 매매를 하는 시장을 말한다. 증권시장은 장내시장과 장외시장으로 구분된다. 장내시장은 시장형거래를 하는 시장으로서 거래소와 다자간매매체결회사가 개설 운영한다. 장외시장은 상대형거래를 한다. 파생상품시장도 마찬가지로 장내시장과 장외시장으로 구분된다. 다만 현행법상 파생상품은 다자간매매체결회사의 거래대상에 포함되어 있지 않다. [2-90]

자본시장법상으로는 발행시장(primary market)과 유통시장(secondary market)의 구분이 중요하다. 상법상 발행과 금융법상 발행은 개념상 차이가 있다. 자본시장법은 발행을 두 가지로 나누어 기존에 없던 증권이 새로 발행되는 경우를 모집, 이미 발행된 증권을 투자자에게 매도하는 경우를 매출이라고 정의한다(자본 9조 7항 · 9항). 그러나 상법은 매출을 발행으로 보지 않는다. 모집과 매출에 해당하는 경우에만 자본시장법상 발행공시규제가 적용된다. 모집에서 취득이라고 하고 매수라고 하지 않은 이유는 아직 발행되지 않은 증권을 매매의 대상으로 할 수 있는지에 관한 의문을 고려한 것이다. [2-91]

이와 관련하여 법률상 시장의 법적 개념요소는 무엇인가? 경제적 요소로는 가격발견기능, 유동성공급기능 등을 들고 있지만, 이를 규정화하는 것은 쉽지 않다. 일반적으로 시장의 법적 개념요소는 경쟁매매라고 할 수 있다. 자본시장법도 다자간매매체결회사에 경쟁매매를 허용함으로써(자본 8조의2 5항 1호) 전통적으로 거래소에 한정되었던 시장의 개설 및 운영주체를 확대한 것으로 평가된다. [2-92]

Ⅶ. 금융상품판매업[41)]

[2-93] 금융소비자법은 금융법상 금융상품 판매조직을 크게 판매와 자문으로 구분한 후, 판매를 직접판매와 판매대리 · 중개업으로 세분하고 있다. 금융소비자법은 금융상품판매업을 “이익을 얻을 목적으로 계속적이거나 반복적인 방법으로 금융상품을 직접 판매하거나, 그 판매를 대리 · 중개하는 것”으로 정의하고, 금융상품직접판매업과 금융상품판매대리 · 중개업으로 구분한다(2조 2호).

[2-94] 금융상품직접판매업은 자신이 직접 계약 상대방으로서 금융상품에 관한 계약의 체결을 영업으로 하는 것 또는 자본시장법상 투자중개업(6조 3항)을 말한다(금소 2조 2호 가목). 금융상품직접판매업자는 금융상품판매업자 중 금융상품직접판매업을 영위하는 자를 말한다(금소 2조 3호 가목). 은행 등 금융회사가 직접 증권을 발행하여 판매하는 경우가 여기에 해당한다.

[2-95] 금융상품판매대리 · 중개업은 금융상품에 관한 계약체결을 대리하거나 중개하는 것을 영업으로 하는 것을 말한다(금소 2조 2호 나목). 금융상품판매대리 · 중개업자는 금융상품판매업자 중 금융상품판매대리 · 중개업을 영위하는 자를 말한다(금소 2조 3호 나목). 금융소비자법상 금융상품판매대리 · 중개업은 종래 감독대상에 포함되지 않던 대출모집인을 감독대상으로 포함하게 되었다. 금융상품판매대리 · 중개업자가 대리 · 중개하는 업무를 제3자에게 하게 하거나 그러한 행위에 관하여 수수료 · 보수나 그 밖의 대가를 지급하는 행위는 금지된다(금소 25조 1항 2호 본문). 그러나 금융상품직접판매업자의 이익과 상충되지 않고 금융소비자보호를 해치지 않는 경우로서 시행령으로 정하는 행위는 제외한다(금소 25조 1항 2호 단서).

[2-96] 금융상품판매대리 · 중개업과 금융상품자문업은 법적 구조에는 차이가 없고, 금융상품을 제조한 금융회사 등과의 관계에 차이가 있을 뿐이다.[42)] 금융회사 등에 대해서는 업종에 따라 금융상품판매업자 등으로 구분하는 규정을 두고 있다(금소 4조 1호－16호). 예컨대 상호저축은행은 금융상품직접판매업자 또는 금융상품판매대리 · 중개업자로 구분되어 있다(4조 13호).

---

41) 정순섭, “금융소비자보호법의 구조와 내용”, BFL 제102호, 2020, 6－20면; 정순섭, “금융소비자보호의 기본법리 － “금융소비자보호기본법” 제정안을 중심으로”, BFL 제80호, 2016, 86－112면.

42) 정순섭, “금융소비자보호법의 구조와 내용”, BFL 제102호, 2020, 12면.

Ⅷ. 전자금융업

1. 의의와 구조

전자금융거래법은 전자금융업을 따로 규제하고 있다. 전자금융거래법은 주로 전자지급업무를 대상으로 하는 전자금융업규제, 전자금융거래에서 당사자의 권리와 의무, 그리고 전자금융거래시스템의 안전성의 세 가지를 규제하는 법률이다. [2-97]

2. 전자금융업규제[43)]

가. 의 의

전자금융업규제는 전자금융거래와 전자금융업을 적용대상으로 한다. 전자금융거래법은 금융업무를 '전자적 장치를 통하여 비대면 · 자동화된 방식'으로 이용하는 거래를 대상으로 하는 점에서 거래수단의 특수성에 기초한 법률이다. '전자금융거래'는 "금융회사 또는 전자금융업자가 전자적 장치를 통하여 금융상품 및 서비스를 제공("전자금융업무")하고, 이용자가 금융회사 또는 전자금융업자의 종사자와 직접 대면하거나 의사소통을 하지 아니하고 자동화된 방식으로 이를 이용하는 거래"를 말한다(전금 2조 1호). 구체적으로 (ⅰ) 전자적 장치, (ⅱ) 금융상품 및 서비스의 제공, (ⅲ) 비대면성과 자동화로 구성된다. (ⅰ)과 (ⅲ)은 전자금융거래의 수단과 방법을, 그리고 (ⅱ)는 전자금융거래의 대상을 의미한다. (ⅱ)와 관련하여 전자금융거래법은 전자적 장치를 이용하여 전통적인 금융업무가 아닌 지급업무만을 규제대상인 전자금융거래라고 규정한 것으로 보는 것이 법체계상 옳다. [2-98]

나. 전자금융업

1) 의 의

전자금융업무는 금융회사 또는 전자금융업자가 전자적 장치를 통하여 금융상품 및 서비스를 제공하는 것을 말한다. 전자금융거래법상 전자금융업은 허가업무와 등 [2-99]

43) 전자금융거래법에 대해서는, 금융감독원(이하 "금감원"), 『전자금융감독규정 해설』, 2017. 5.; 손진화, 『전자금융거래법』, 법문사, 2008; 정경영, 『전자금융거래와 법』, 박영사, 2007.

록업무로 구성된다. 허가업무는 전자화폐의 발행 및 관리를 말한다(28조 1항). 등록업무는 전자자금이체, 직불전자지급수단의 발행 및 관리, 선불전자지급수단의 발행 및 관리(28조 2항 1호-4호)와 전자지급결제대행, 결제대금예치, 전자고지결제업무(28조 2항 5호; 시행령 15조 3항)를 말한다.

2) 전자지급수단

가) 전자지급거래의 정의

[2-100] 전자금융업무의 핵심은 전자지급거래이다. '전자지급거래'는 "자금을 주는 자("지급인")가 금융회사 또는 전자금융업자로 하여금 전자지급수단을 이용하여 자금을 받는 자("수취인")에게 자금을 이동하게 하는 전자금융거래"를 말한다(전금 2조 2호). 전자지급수단은 "전자자금이체, 직불전자지급수단, 선불전자지급수단, 전자화폐, 신용카드, 전자채권 그 밖에 전자적 방법에 따른 지급수단"을 말한다(전금 2조 11호).

나) 전자자금이체

[2-101] '전자자금이체'는 "지급인과 수취인 사이에 자금을 지급할 목적으로 금융회사 또는 전자금융업자에 개설된 계좌에서 다른 계좌로 전자적 장치에 의하여 금융회사 또는 전자금융업자에 대한 지급인의 지급지시나 금융회사 또는 전자금융업자에 대한 수취인의 추심지시("추심이체")의 방법으로 자금을 이체하는 것"을 말한다(전금 2조 12호 가목 · 나목). 여기서 '계좌'는 금융회사에 연결된 계좌에 한한다. 전자자금이체는 재화나 용역의 구매대금지급이나 단순송금을 포함한다.

3) 전자지급수단의 유형

가) 직불 · 선불 · 후불

[2-102] 전자지급수단은 지급시점과 자금부담시점의 차이를 기준으로 직불 · 선불 · 후불로 구분한다. 직불은 지급인의 관점에서 지급과 동시에 자금을 부담하는 것을, 선불은 지급시점 이전에 자금을 미리 부담하여 충전해 두는 구조를 그리고 후불은 지급시점 후에 자금을 부담하는 구조이다. 후불은 당연히 대출기능이 수반되게 된다.

[2-103] 첫째, 직불전자지급수단은 "이용자와 가맹점간에 전자적 방법에 따라 금융회사의 계좌에서 자금을 이체하는 등의 방법으로 재화 또는 용역의 제공과 그 대가의 지급을 동시에 이행할 수 있도록 금융회사 또는 전자금융업자가 발행한 증표(자금을 융통받을 수 있는 증표를 제외) 또는 그 증표에 관한 정보"를 말한다(전금 2조 13호). 지급시

점과 자금부담시점이 일치하는 경우이다. 둘째, 선불전자지급수단은 "이전 가능한 금전적 가치가 전자적 방법으로 저장되어 발행된 증표 또는 그 증표에 관한 정보로서 (ⅰ) 발행인(시행령이 정하는 특수관계인을 포함) 외의 제3자로부터 재화 또는 용역을 구입하고 그 대가를 지급하는데 사용될 것 그리고 (ⅱ) 구입할 수 있는 재화 또는 용역의 범위가 2개 업종[44] 이상일 것의 두 요건을 모두 갖춘 것"을 말한다(전금 2조 14호 본문 가목 · 나목). 다만, 전자화폐를 제외한다(전금 2조 14호 단서). 전자화폐는 "이전 가능한 금전적 가치가 전자적 방법으로 저장되어 발행된 증표 또는 그 증표에 관한 정보로서 범용성요건을 갖출 것,[45] 발행인(시행령이 정하는 특수관계인을 포함) 외의 제3자로부터 재화 또는 용역을 구입하고 그 대가를 지급하는데 사용될 것, 현금 또는 예금과 동일한 가치로 교환되어 발행될 것, 그리고 발행자에 의하여 현금 또는 예금으로 교환이 보장될 것의 요건을 모두 갖춘 것"(전금 2조 15호 가목–마목)을 말한다. 선불전자지급수단과 전자화폐는 범용성의 정도에 차이가 있을 뿐 구조나 기능에는 차이가 없다. 이를 구분하여 규제하는 입법례도 찾기 어렵다. 선불전자지급수단과 전자화폐는 자금부담시점이 지급시점 보다 앞서는 경우로서, 양자는 통합하여 선불전자지급수단으로 규제하는 것이 옳다. 셋째, 신용카드는 전형적인 후불지급수단이다. 지급시점이 자금부담시점 이후이다. 전자금융거래법 및 여전법상 직불 · 선불 · 후불지급수단은 모두 재화나 용역의 대금지급으로 용도가 제한된다.

나) 신용카드

국내법상 신용카드는 전자지급수단인 경우와 그렇지 않은 경우에 규제근거가 [2-104]
전자금융거래법과 여전법으로 이원화되어 있다. 여전법은 신용카드를 "이를 제시함으로써 반복하여 신용카드가맹점에서 결제금지항목을 제외한 사항을 결제할 수 있는 증표(證票)로서 신용카드업자(외국에서 신용카드업에 상당하는 영업을 영위하는 자를 포함)가 발행한 것"(여전 2조 3호)을 말한다. 결제금지항목은 금전채무의 상환, 자본시장법상 금융투자상품, 예적금 등 금융상품, 사행성게임물(게임산업진흥에 관한 법률 2조 1호의2)의 이용대가 및 이용에 따른 금전의 지급 등에 따른 금전의 지급을 말한다(여전 시행령 1조의2 1항 · 2항). 현행법상 신용카드는 엄격하게 재화나 용역의 대금지급으로 용도

44) 업종은 통계청장이 고시하는 한국표준산업분류의 중분류상의 업종(통계법 22조 1항)을 말한다.
45) 범용성 요건은 2개 이상의 광역지방자치단체(지방자치법 2조 1항 1호) 및 500개 이상의 가맹점에서 이용되고, 구입할 수 있는 재화 또는 용역의 범위가 5개 업종 이상인 것을 의미한다(전금시행령 4조 1항 · 2항).

가 제한되어 있다. 여전법에서 신용카드를 규제하는 이유는 지급기능보다 대출기능에 중점을 둔 것이다. 금융소비자법도 신용카드를 대출성상품으로 규제하고 있다. 그러나 신용카드는 후불결제기능을 중심으로 규제하면서 대출기능은 지급수단의 안전성 관점과 과잉대출의 금지라는 두 가지 관점에서 규제가 이루어져야 한다.

다) 지급업무의 발전

[2-105] 첫째, 후불결제와 관련하여 신용카드와 '선구매 후결제'(Buy Now Pay Later, BNPL) 그리고 선불전자지급수단발행업자("선불업자")의 후불결제업무의 관계가 문제되고 있다. BNPL은 "소비자가 가맹점으로부터 상품 또는 서비스를 구매하면, 소비자 대신 BNPL 서비스 제공업체가 먼저 대금을 가맹점에 전액 지불하고 소비자는 BNPL 업체에 대금을 분할로 납부하는 서비스"를 말한다.[46] 선불업자의 후불결제업무는 "이용자의 선불충전금이 부족한 경우에 그 부족분에 대하여 선불업자 스스로의 신용으로 가맹점에게 재화 또는 용역의 대가를 지급하는 업무"를 말한다(전금 35조의2 1항). 금융법상 지급업무가 되기 위해서는 비현금 자금이동기능 계속성과 반복성 그리고 영리성의 요건을 갖추어야 한다([10-5]). 다만 신용카드와 동일한 기능을 가지면서 지급업무로서의 계속성과 반복성을 가질 경우에는 그와 동일한 규제가 적용되는 것이 옳다.

[2-106] 둘째, 지급수단의 용도제한과 관련하여 선불전자지급수단을 이용한 간편송금을 들 수 있다. 간편송금은 "선불전자지급수단의 발행 · 양도 · 환매의 과정을 조합하여, 자금의 송금과 유사한 경제적 결과가 발생하도록 하는 서비스"를 말한다.[47] 구체적으로 (i) 지급인의 예금계좌로부터 선불전자지급수단으로의 충전, (ii) 지급인의 수취인으로의 선불전자지급수단의 양도, (iii) 수취인의 선불업자에 대한 환급청구, (iv) 선불업자의 수취인 예금계좌로의 이체의 과정을 거쳐 자금의 이동이 이루어진다. 문제는 재화나 용역의 대금지급을 목적으로 하는 선불전자지급수단을 이용하여 자금이체의 결과를 발생시키는 이러한 구조가 가능한지 여부이다. 현재 논란의 여지가 전혀 없는 것은 아니지만 형식적 측면을 중시하여 허용되고 있다.[48]

[2-107] 셋째, 역시 지급수단의 용도제한과 관련하여 신용카드를 이용하여 축의금 송금과 같은 신용카드의 단순송금기능을 확보하려는 시도도 금융혁신법상 규제샌드박스

46) 홍보배, "선구매 후결제(Buy Now, Pay Later) 서비스 시장의 성장과 보험산업", kiri 리포트 글로벌이슈(2022. 4. 18.), 22면.
47) 이규림, "간편송금의 법적 구조와 과제-선불전자지급수단을 중심으로-", BFL 제99호, 2020, 40-51면.
48) 금융위, 토스 서비스의 '모바일머니'가 전자금융거래법상 '선불전자지급수단'에 해당하는지 여부, 2015. 1. 28.

를 통하여 이루어지고 있다. 문제는 신용카드를 통한 수취인을 가맹점으로 한정하는 가맹점규제와 신용카드를 이용한 현금화거래(이른바 '카드깡')의 부작용도 고려해야 한다는 점이다. 그러나 신용카드네트워크라는 지급인프라를 효율적으로 활용하기 위한 시도로서 의미는 있다.

다. 전자금융업자 등

전자금융업자는 전자금융업을 영위하기 위하여 금융위의 허가를 받거나 금융위에 등록한 사업자(전금 2조 4호, 28조)를 말한다. 은행 등 금융회사에 대해서는 이러한 진입규제를 면제하고 있다. 전자금융보조업자는 "금융회사 또는 전자금융업자를 위하여 전자금융거래를 보조하거나 그 일부를 대행하는 업무를 행하는 자 또는 결제중계시스템의 운영자로서 금융위가 정하는 자"(전금 2조 5호)로서, (i) 정보처리시스템을 통하여 여전법 상 신용카드업자의 신용카드 승인 및 결제 그 밖의 자금정산에 관한 업무를 지원하는 사업자, (ii) 정보처리시스템을 통하여 은행업을 영위하는 자의 자금인출업무, 환업무 및 그 밖의 업무를 지원하는 사업자, (iii) 전자금융업무와 관련된 정보처리시스템을 해당 금융회사 또는 전자금융업자를 위하여 운영하는 사업자, (iv) (i)부터 (iii)의 사업자와 제휴, 위탁 또는 외부주문에 관한 계약을 체결하고 정보처리시스템을 운영하는 사업자를 포함한다(전자금융감독규정 3조 1호－4호). [2-108]

3. 전자금융거래에서 당사자의 권리와 의무

전자금융거래법은 전자금융거래관련 사고에 대한 금융회사 또는 전자금융업자의 책임(9조), 접근매체의 분실과 도난책임(10조), 전자금융보조업자의 지위(11조) 등 전자금융거래에서의 당사자의 권리와 의무를 규정하고 있다. 금융회사 또는 전자금융업자의 책임을 원칙으로 하는 현재의 전자금융거래의 기본구조와 책임법리는 새로운 기술발전 상황에서도 유효한 것으로 평가된다. 다만 법적 불확실성을 최소화하면서 새로운 기술의 금융업 수용을 확대하기 위해서는 전자금융거래에서 책임주체가 불명확한 경우 네트워크 제공자인 금융회사 및 전자금융업자의 책임을 강화하는 방향으로 해석·운영하려는 노력이 불가피할 것으로 본다. [2-109]

4. 전자금융거래시스템의 안전성

[2-110] 전자금융거래법은 금융회사와 전자금융업자에게 "전자금융거래가 안전하게 처리될 수 있도록 선량한 관리자로서의 주의"를 다할 의무를 부과하고 있다(전금 21조 1항). 이와 함께 금융회사와 전자금융업자는 전자금융거래의 안전성과 신뢰성을 확보할 수 있도록 전자적 전송이나 처리를 위한 인력, 시설, 전자적 장치, 소요경비 등의 정보기술부문, 전자금융업무 및 「전자서명법」에 의한 인증서의 사용 등 인증방법에 관하여 금융위가 정하는 기준을 준수하여야 한다(전금 21조 2항). 금융회사 또는 전자금융업자는 전자금융업무 및 그 기반이 되는 정보기술부문 보안을 총괄하여 책임질 정보보호최고책임자를 지정하여야 한다(전금 21조의2). 전자금융거래법은 금융보안에 관한 기본원칙을 전자금융거래시스템의 안전성확보의무, 보안기준준수의무, 그리고 정보보호최고책임자의 선임이라는 세 가지 내용을 중심으로 규정한 것이다. 초기적인 형태의 금융보안규제로 이해되지만, 향후에는 금융보안의 개념과 원칙을 명시한 독자적인 금융보안규제법으로 발전시켜야 할 것이다.

CHAPTER 03

금융과 금융법 및 금융감독

제1절 서 언

금융규제는 금융규제의 규칙을 정하는 법체계와 이를 집행하는 금융감독기관을 [3-1]
통하여 실현된다. 엄밀하게 금융의 규제와 감독은 규칙의 작성과 그렇게 작성된 규칙의 집행으로 구분된다. 금융규제는 단계별, 목적별, 주체별 분류가 가능하지만, 단계별 분류가 금융규제의 체계적 이해에 필수적이다. 금융법체계를 구성하는 원리도 기능별 규제와 기관별·상품별 규제의 두 가지로 정리할 수 있다. 금융감독기관의 구성도 일원형, 이원형, 다원형 등 다양한 분류가 가능하다. 규제목적에 따라 건전성규제와 영업행위규제를 별개의 기관에 맡기는 이원형모델에 대한 관심이 여전히 유지되고 있는 것은 깊이 살펴볼 이유가 있다. 금융규제의 실효성 확보수단으로 민사제재와 행정제재 그리고 형사제재가 활용되고 있다. 특히 형사제재는 죄형법정주의의 요청에 따라, 그리고 행정제재는 명확성의 원칙에 따라 포괄적인 규제법을 형성하는 데 한계가 되고 있다. 제2절 금융규제의 의의와 유형에서는 금융규제의 개념과 목적을 살펴본 후 유형화를 시도한다. 제3절 금융법체계는 법체계의 구성원리를, 제4절 금융감독기관에서는 금융감독기관의 설계방식을 살펴본다. 제5절 금융규제와 실효성 확보에서는 각종 제재수단을 정리한다.

제 2 절 금융규제의 의의와 유형

Ⅰ. 의 의

[3-2] 금융규제는 "금융규제기관과 금융시장참여자간의 공법적 관계"를 대상으로 한다. 규제와 감독이라는 용어는 정확한 구분 없이 금융규제와 금융감독 또는 금융규제감독과 같이 혼용되는 경우가 많다. 그러나 엄밀하게 구분하면 '규제'는 규칙의 형성절차와 그 구체적인 결과물을, '감독'은 그러한 절차를 거쳐 형성된 규칙의 준수 여부에 대한 감시와 집행을 말한다.[49] 집행의 의미에 대해서도 다양한 의견이 있을 수 있지만, 금융규제의 실효성 확보를 의미한다. 이하 금융규제의 목적과 유형을 살펴본다.

Ⅱ. 금융규제의 목적

1. 문제의 의의

[3-3] 금융규제의 목적은 금융규제의 존재이유와 한계를 밝히고, 금융규제의 해석지침과 금융감독기관의 행위기준을 제시한다. 금융규제목적으로서의 금융소비자보호와 금융시스템위험의 방지는 경우에 따라 상호 충돌할 수 있다. 금융회사의 건전성 확보를 위하여 때로는 금융소비자보호를 등한히 하거나 금융회사의 건전성을 희생해서라도 금융소비자를 보호해야 할 수도 있다는 것이다. 오히려 금융소비자보호에 문제가 생기면 반드시 사회정치적 이슈가 될 것이므로 건전성보다 더 강조될 수 있다는 지적도 존재한다.

2. 금융소비자보호

[3-4] 현재 우리나라를 포함한 대부분의 국가에서 금융소비자보호는 금융규제목적으

49) Phoebus Athanassiou, "Bank Supervisors Liability: A European Perspective", Yearbook of European Law Vol.30, 2011, pp. 214-215.

로서 1차적인 관심사항이 되고 있다. 금융소비자보호를 위한 규제작용을 영업행위 규제(conduct of business regulation) 또는 비건전성규제(non-prudential regulation)라고 한다. 그 의미는 "금융업자가 금융소비자와 금융거래를 할 때 준수해야 할 적절한 기준을 제시하여 부적절한 영업행위에 의한 손해나 손실의 발생가능성을 사전에 방지하는 것"이다. 구체적으로는 거래관련 정보의 공시, 금융업자와 그 구성원의 자격과 신뢰성, 거래의 공정성, 금융상품의 판매 및 권유방법 등에 관한 기준의 제시와 관리를 말하는 것으로서 발행인과 투자자 등 거래당사자간의 정보의 비대칭성 교정과 불공정거래의 방지를 내용으로 한다.

오늘날 금융소비자보호는 시장의 분리를 기초로 한다. 전통적으로 금융소비자 [3-5]
보호는 '합리적인 투자자의 가설'을 전제로 형성되어 왔다. 그러나 첫째, 충분한 정보가 제공되어도 현실적으로 비합리적인 판단을 하는 투자자가 존재한다는 행동경제학적 연구의 성과, 둘째, 잘 알려져 있지 않은 고도로 복잡한 신종금융상품이 거래되고 있는 점, 셋째, 금융거래에서 정보의 특징으로서 금융소비자가 금융상품 매입 전에 그 특징을 파악하는 것은 매우 곤란한 점과 금융상품이 복잡화하면서 정보가 제공되더라도 이를 이해하기는 쉽지 않은 점, 넷째, 금융상품의 효과는 장래까지 알 수 없는 점 등에 따라 합리적인 투자자의 가설은 금융의 모든 경우에 적용되기는 어렵게 되었다. 특히 "나이, 질병 그 밖의 불이익으로 인하여 필요한 정보를 취득하고 이해하는 데 곤란을 겪는 자"를 의미하는 '취약소비자'(vulnerable consumers)의 경우에 이러한 문제는 더욱 심각한 것으로 인식되고 있다. 이에 따라 금융소비자법은 자본시장법(전문투자자와 일반투자자의 구분)과 보험업법(전문보험계약자와 일반보험계약자의 구분)과 마찬가지로 전문가와 비전문가의 시장분리에 의한 규제의 차별화를 제도화하였다(전문금융소비자와 일반금융소비자의 구분).

이와 같은 시장 분리에 의한 규제 차별화에 대해서는 첫째, 도매시장에 대한 규 [3-6]
제를 정당화할 근거가 없다고 하는 전제가 타당한지 여부와 그러한 전제가 규제정책에 대한 충분한 근거를 제공하고 있는지 여부에 대하여 의문을 제기하는 견해, 둘째, 특히 공시규제에서 투자자의 분류를 세분화하고 각 분류등급에 따라 공시의 내용을 달리하는 방식을 '투자자보호규정의 다원화'라고 표현하면서 "타당성이 없거나 매우 높은 비용을 초래할 수 있다"고 지적하는 견해, 셋째, 보다 현실적으로 전문가와 비전문가의 구별의 곤란성을 지적하는 견해와 같은 반론도 존재한다.[50]

[3-7] 그러나 첫째, 시장의 분리에 의한 규제의 차별화는 영업행위규제 중 일부에 한정되는 것이고, 전문금융소비자는 스스로의 자산으로 자문업자 등 전문가를 이용하는 등의 방법으로 자신을 보호할 수 있다고 보는 것이지 규제상 보호 자체를 거부하는 접근이라고 할 수 없는 점, 둘째, 한정된 규제자원을 보다 많은 보호를 요하는 일반금융소비자에게 집중할 수 있고, 전문금융소비자에 대한 규제의 완화와 함께 시장 전체적으로는 규제수준의 적정화라는 효과를 달성할 수 있게 되는 것인 점, 셋째, 전문가와 비전문가의 구분가능성과 관련하여 일부 전문금융소비자의 일반금융소비자로의 전환을 허용하여 적용상의 구체성과 명확성을 확보하고 있는 점(자본 9조 5항 단서; 보험 2조 19호 단서; 금소 2조 9항 단서)을 고려할 때 여전히 타당한 접근으로 생각된다.

3. 금융시스템위험의 방지[51)]

[3-8] 금융규제목적으로서 금융시스템 보호는 "시스템위험을 사전에 예방하여 안정된 금융시스템을 유지하는 것"을 말한다. 시스템위험(system risk)은 "한 기업이나 시장 혹은 지급결제시스템에서 발생한 파탄[52)]이 다른 기업이나 시장 혹은 금융시스템 전체에 광범위한 혼란을 야기할 위험"을 말한다. 금융시스템위험이 발생되고 확대 · 전파되는 과정은 1997년 외환위기와 2008년 글로벌 금융위기의 과정에서 이미 확인되었다.

[3-9] 전통적으로 시스템위험은 주로 은행에서 문제되는 것으로 알려져 왔다("은행의 특수성"). 은행의 특수성은 주로 지급수단인 예금의 제조자로서 지급결제제도에서 가지는 고유한 기능과 위험을 기초로 한 논의로서 지금도 유효하다. 은행의 특수성은 건전성규제를 포함한 은행업에 대한 엄격한 규제와 예금보험으로 대표되는 특별한 보호로 연결된다.

[3-10] 그러나 증권회사나 보험회사와 같은 비은행금융기관에도 시스템위험이 존재하는지에 대해서는 여전히 논란이 있다. 지급결제제도를 구성하지 않고, 보유자산의 유동성이 높은 점 등을 고려한 것이다. 그러나 첫째, 금융환경의 변화, 특히 장외파생

50) 정순섭, "금융규제개혁과 금융소비자 보호", 상사판례연구 제22집 제4권, 2009, 11－12면.
51) 정순섭, 은행, 22－23면.
52) 여기서 파탄(fialure)은 경제적 의미의 용어로서 법률상 파산에 이르지 않은 경우를 말한다.

상품거래의 비약적인 증가는 새로운 위험의 전파경로를 만들어 은행과는 다른 형태의 시스템위험을 발생시키고 있다. 1998년 LTCM 사태나 2008년 글로벌 금융위기과정에서의 대규모 투자은행의 파산과 AIG와 같은 대규모 손해보험회사의 파탄 등은 대표적이다. 둘째, 하나의 금융기업집단에 속하는 구성기업 간의 연결고리를 통하여 각종 위험이 전파될 수 있는 점도 고려되어야 한다. AIG사례는 그 자체의 손해보험업무가 아니라 그 유럽소재 자회사의 과도한 총수익스왑매도포지션이 문제되었다. 미국정부가 AIG에 구제금융을 제공한 것은 이러한 스왑계약이 이행되지 못하면 이를 통하여 위험을 헤지한 거래상대방들의 연쇄도산이 불가피했던 점을 고려한 것이다. 이와 같이 시스템위험은 은행을 중심으로 한 전통적인 기관형 시스템위험과 증권회사 등을 통한 시장형 시스템위험으로 나누어 이해하는 것이 옳다.

Ⅲ. 금융규제의 유형

1. 규제의 내용

금융규제는 다양한 기준에 따라 구분할 수 있지만, 규제가 진행되는 시간적 순 [3-11]
서에 따라 단계별로 분류하는 것이 유용하다. 첫째, 진입규제는 금융업을 영위할 수 있는 자격을 갖추었는지를 확인한다. 넓은 의미의 건전성규제의 한 내용이다. 둘째, 진입규제에 따라 금융업 영위가 허용되면, 재무적 · 비재무적 건전성 확보를 위한 건전성 규제가 적용된다. 진입규제와 업무범위규제, 지배구조규제와 대주주와의 거래제한 등 경영건전성규제로 구성된다. 2008년 글로벌 금융위기 이후에는 개별금융회사의 건전성확보를 위한 미시건전성규제(micro–prudential regulation)와 함께 금융시스템 전체의 건전성을 가리키는 거시건전성규제(macro–prudential regulation)의 중요성이 강조되고 있다. 미시건전성규제는 개별 금융회사의 건전성을, 거시건전성규제는 금융시스템 전체의 건전성을 규제대상으로 하는 것이다. 2008년 글로벌 금융위기 과정에서 자기자본비율 등 개별금융회사의 건전성기준은 충족되었지만, 경기변동 등에 따른 금융시스템 전체의 건전성에는 문제가 발생했다는 반성적 고려의 산물이다. 셋째, 영업행위규제는 금융소비자와의 법률관계에서 금융회사가 준수해야 할 영업행위규칙을 말한다. 넷째, 퇴출규제는 계속기업으로서의 금융업 지속가능성에 문제가 있는 금융회사를 퇴출시키는 금융법상 정리절차와 채무자회생법상 도산절차(회생 및 파산)로 구성된다.

2. 규제의 목적

[3-12] 건전성규제(prudential regulation)는 "금융업자의 건전한 경영을 위한 기준을 제시하여 이에 따르게 함으로써 금융기관의 파탄에 의한 금융소비자의 재산상 손실의 발생과 시스템 위험을 방지하는 것"이다. 기준에 따라 진입규제, 업무범위규제, 재무건전성규제, 기타 경영건전성규제로 구분된다. 건전성규제는 거시건전성규제와 미시건전성규제로 구분된다. 특히 거시건전성규제와 관련하여 중앙은행의 역할도 중요하다.

[3-13] 영업행위규제는 "금융소비자와의 법률관계에서 금융회사가 준수해야 할 영업행위규칙을 준수하게 하여 금융소비자의 권익을 보호하려는 것"이다. 정보의 비대칭성의 교정을 위한 공시규제와 불공정거래의 방지를 위한 불공정거래규제로 구성된다. 주로 공시규제와 불공정거래규제로 구성된다. 자율규제기관(self-regulatory organizations: SROs)의 선도에 따라 규제대상인 금융회사가 자율적으로 스스로의 업무활동을 규제하는 분야도 있다.

3. 규제의 주체

가. 구 분

[3-14] 공적 규제는 "규제대상인 금융업자 외부에 별도로 설립된 규제기관이 사전에 확정된 체계와 원칙에 따라 금융업자의 건전한 운영과 공정한 거래활동을 규제하는 것"이다. 그 주체는 금융위(증권선물위원회(이하 "증선위"))와 금감원이다. 한편 자율규제는 한국거래소 시장감시위원회(자본 402조 1항)와 금융투자협회의 자율규제위원회(자본 286조 1항 1호)와 같은 자율규제기관이 자율적으로 금융업자의 업무활동을 규제하는 것이다. 법령상 근거없이 업자들간의 합의에 기초하여 이루어지는 자율규제도 존재한다. 현재 전국은행연합회, 생명보험협회, 손해보험협회, 여신금융협회도 일정한 범

위의 자율규제역할을 수행하고 있다. 그러나 공적규제기관으로부터 위탁받은 규제업무를 수행하는 것은 본래의 의미의 자율규제와 구별되어야 한다.

자율규제는 공적규제를 보완한다. 자율규제의 장점으로는 신속성, 시장근접성, [3-15] 전문성 등에 따른 규제의 효율성 제고를 들 수 있다.[53] 공적규제와 비교할 때의 상대적인 장점을 말한다. 자율규제기관은 주로 업자들로 구성된 협회나 거래소와 같은 형태를 가지고 있다. 공적규제에 비하여 상대적으로 유연한 접근의 가능성이 자율규제의 최대의 장점이지만, 아래에서 보는 이해상충의 가능성에 유의해야 한다.

나. 자율규제와 이해상충

자본시장법상 자율규제기관에 한정하여 이해상충에 관한 논의를 간략히 정리한다. [3-16] 첫째, 한국거래소 시장감시위원회(자본 402조 1항)는 거래소의 주식회사화(demutualization)와 자시장상장(self-listing) 등을 고려할 때 이해상충 가능성에 노출될 수 있다. 전통적으로 거래소는 클럽 또는 조합에 가까운 상호형조직으로 구성되어 왔다. 그러나 20세기 말에 이르러 세계적인 거래소간 합병과 전략적 제휴 등을 통한 경쟁의 심화에 따라 거래소는 신속한 의사결정과 자금조달수단의 다양화가 필요하게 되었다. 이를 위하여 거래소는 탈상호화 또는 주식회사화를 시도하게 되었다. 여기서 이해상충은 주식회사로서의 영리성과 자율규제의 공공성의 충돌가능성을 의미한다. 자시장상장은 거래소가 주식회사로서 발행한 주식을 자기가 개설한 증권시장에 상장하는 것을 말한다. 이러한 자시장상장은 상장법인으로서의 거래소를 스스로 자율규제하는 결과를 발생시킨다. 과거 국회에 제출된 자본시장법 개정안 중에는 거래소가 비영리 시장감시법인에 위탁할 수 있도록 규정한 예도 있다(자본시장법개정안(2016. 7. 8., 이진복의원 대표발의), 안 제402조의2 신설). 둘째, 자본시장법상 또 다른 자율규제기관인 한국금융투자협회 자율규제위원회(자본 286조 1항 1호)도 회원제조직으로서 자율규제기능을 수행하면서 예산은 회원의 회비에 의존하는 점에서 이해상충가능성이 지적되어 왔다.

다. 금융규제와 내부통제

금융규제는 내부적 규제와 외부적 규제로 구분할 수 있다. 외부적 규제는 금융 [3-17]

53) 자율규제의 의의와 역할에 대해서는, Model for Effective Regulation, Report of the SRO Consultative Committee of the International Organization of Securities Commissions, May 2000.

회사의 외부에서 법령에 의하여 확보된 규제의 원칙과 내용을 역시 법령에 의하여 확보된 기관과 절차를 통하여 적용 · 확인하는 것이다. 내부적 규제는 금융회사의 내부에서 법령에 의하여 확보된 규제의 원칙과 내용 및 그 회사에서 임의적으로 설정한 원칙과 내용을 역시 법령 및 그 회사에서 임의적으로 설정한 기관과 절차를 통하여 적용·확인하는 것을 말한다.

[3-18] 내부통제는 "건전한 회사경영의 확립을 위해 법령준수를 포함한 위험관리체제의 구축과 당해 체제가 충분히 기능하고 있는지 여부를 감독하는 체제"를 말한다. "회계투명성과 법령준수 그리고 위험관리를 위한 '합리적 보증'(reasonable assurance)의 제공"을 목적으로 한다. 내부통제는 준법감시, 감사 또는 감사위원회 등과 함께 내부적 규제에 속하는 것으로 판단된다. 금융규제의 완화는 외부적 규제의 완화를 의미하는 것으로서 금융회사의 내부통제는 외부적 규제의 완화 정도와 비례해서 강화되어야 한다. 규제의 완화는 규제의 최종적인 소멸을 의미하는 것이 아니라 "규제의 민간화"(privatization of regulation) 또는 "규제의 내부화"(internalization of regulation)를 의미하는 것이다

제 3 절 금융법

Ⅰ. 문제의 의의

[3-19] 금융법의 구성원리도 중요하다. 금융법을 구성하는 방법으로는 동일한 기능별로 규제법을 제정하는 기능별 규제법과 기관과 상품의 법적 형태와 명칭에 기초한 기관별 · 상품별 규제법으로 구분할 수 있다. 기능별 규제법은 예금과 대출, 자산운용과 지급 등 중요한 금융기능별로 규제법을 만드는 것이다. 영국과 같이 모든 금융기능을 대상으로 단일한 금융법을 제정한 사례와 호주와 같이 금융상품판매 등 영업행위를 대상으로 하는 단일법을 제정하는 방식이 대표적이다. 국내법으로는 지배구조법은 금융회사의 지배구조에 관한, 그리고 금융소비자법은 금융상품의 판매에 관한 기능별 규제법이다. 한편 은행법이나 보험업법 등은 은행이나 보험상품을 대상으로

하는 대표적인 기관별 · 상품별 규제법이다. 자본시장법도 자본시장분야에 한정하여 보면 기능별 규제법이라고 할 수 있지만, 은행법이나 보험업법과 비교하면 금융투자업자와 금융투자상품을 대상으로 하는 기관별 · 상품별 규제법이라고 할 수도 있다. 이런 전자는 횡단형, 후자를 종단형이라고 부르기도 한다.

Ⅱ. 기능별 규제법의 사례

1. 영국의 금융서비스 및 시장법[54)]

영국은 모든 금융기능을 대상으로 단일한 금융법인 금융서비스 및 시장법 (Financial Services and Markets Act 2000)을 제정하였다. 영국의 금융법은 오랜 자율규제의 역사와 관련된다. 현재 영국에는 종래의 은행법이나 보험회사법과 같은 기관별 · 상품별 규제법은 모두 폐지되고 금융서비스 및 시장법으로 통합되었다. 영국의 금융법은 1986년 이전, 1986년－2000년, 2000년 이후의 3단계로 나누어 살펴보는 것이 유용하다. [3-20]

1986년 이전 영국에는 은행법과 보험회사법은 존재했지만 자본시장에 대한 일반적인 규제법은 없었다. 당시 영국의 금융감독은 은행은 중앙은행인 영란은행, 보험은 통상산업부가 감독하다가 재무부, 그리고 자본시장은 자율규제의 대상으로 되어 있었다. [3-21]

1986년 금융서비스법(Financial Services Act)이 최초의 일반적인 증권규제법으로 제정되었다.[55)] 이에 따라 자본시장분야의 금융감독기관도 자율규제를 기초로 자율규제기관을 감독하는 증권투자위원회(Securities and Investments Board, SIB)로 이원화되었다. [3-22]

1997년 노동당이 집권하면서 단일감독기관인 금융청(Financial Services Authority, FSA)이 은행 · 증권 · 파생상품 · 보험 등 모든 금융분야의 통합감독기관으로 도입하는 금융감독체계 개편이 이루어졌다. 그 배경은 첫째, 자율규제기관과 자율규제기관 [3-23]

54) Alistair Alcock, Financial Services and Markets Act 2000: A Guide to the New Law, Jordan Publishing Limited, 2000; Michael Blair(ed), Blackstone's Guide to the Financial Services and Markets Act 2000 2nd ed, Blackstone Press, 2010.

55) 기초보고서는 Review of Investor Protection, Parts I and II, Cmnd9125 (1984, 1985) ("Gower Report").

에 대한 공적감독기관(SIB)으로 이원화되었던 자본시장에 대한 이원적 감독체계의 한계와 둘째, 베어링스의 파탄으로 대표되는 대규모 금융사고에 대한 감독상 대응의 실패였다. 당시의 기관별 · 상품별 규제체계에서는 베어링스와 같은 은행 · 증권 · 파생상품 · 보험 등의 겸영금융그룹에 대한 주된 감독기관은 은행감독기관이었다. 그러나 베어링스의 파탄은 싱가포르 선물거래법인의 파생상품거래실패가 원인이었다. 이에 대해 은행감독기관이었던 중앙은행이 파생상품에 대한 전문성 부족 등으로 감독에 실패했다는 평가가 이루어졌다. 연금의 불완전 판매도 문제되었다. 셋째, 금융상품의 수렴현상과 금융회사의 집단화도 중요한 원인으로 평가된다. FSA는 SIB의 명칭을 변경하는 형태로 설립된 후 자본시장분야의 자율규제기관으로부터 감독권을 위탁받는 형태로 구성되었다. 그리고 영란은행법 개정을 통하여 은행감독권을 이관받았다. 이러한 감독체계를 완성한 것이 금융서비스 및 시장법이라는 단일법의 제정이었다. 2013년 금융감독체계 개편으로 FSA가 중앙은행과 금융행위감독청(Financial Conduct Authority, FCA)로 분리되었지만 금융법체계는 단일법체계가 유지되고 있다.

2. 호주의 회사법 제7장

[3-24] 호주는 금융규제목적에 따라 건전성규제와 영업행위규제를 각각 담당하는 호주건전성감독청(Australian Prudential Regulation Authority, APRA)과 호주증권투자위원회(Australian Securities and Investments Commission, ASIC)를 설치하는 이원형모델(twin peaks model)을 채택하고 있다. 금융규제법도 이에 맞추어 건전성규제에 대해서는 은행법과 보험회사법 등 개별업법을 유지하고 있다. 영업행위규제에 대해서는 회사법(Corporations Act 2001)상 단일법(제7장)을 두고 있다. 호주의 영업행위규제에 관한 기능별 단일법은 2001년 금융서비스개혁법(Financial Services Reform Act 2001)으로 종래의 회사법 제7장 증권거래법과 제8장 선물거래법을 통합하는 형태로 제정되었다.

[3-25] 현재의 기능별 단일법은 1997년 월리스보고서의 권고에 따른 것이다.[56] 그 근거는 첫째, 미국식 모델의 한계와 둘째, 금융상품과 금융시장의 수렴현상이었다. 당시 호주의 증권 · 파생상품법제는 1986년 이후 증권규제와 선물규제가 이원화되어 증권은 증권거래법에 따라 증권거래소에서, 그리고 선물은 선물거래법에 따라 선물

56) Financial System Inquiry Report, March 1997(Wallis Report).

거래소에서 거래하는 구조를 취하였다. 미국모델에 기초한 것이다. 그러나 금융시장의 발전에 따라 일부 장외파생상품과 같이 증권규제와 선물규제의 대상에 모두 포함되지 않거나 양 규제에 중복적으로 적용되는 경우가 등장하기 시작했다.

이러한 논의에 직접적인 계기가 된 것은 시드니선물거래소와 호주증권거래소 사이의 특정 금융상품에 대한 관할권 다툼이었다.57) 문제는 LEPO(Low Exercise Price Option)의 법적 성질이었다. LEPO는 옵션을 매수할 때 기초자산인 증권 시가의 95% 이상을 옵션프리미엄으로 지급하는 구조였다. 따라서 LEPO는 반드시 행사될 수밖에 없었다. 당시 법률상 특정 상품이 증권에 해당할 경우 증권거래소에서, 그리고 선물로 분류될 경우 선물거래소에서 거래해야 했다. 그리고 당시 회사법상 증권에 대한 옵션은 증권으로 규정되어 있었다(section 92(1)). 이에 대해 원고(SFE)는 LEPO는 선물계약에 해당한다고 주장했다. 이에 대해 피고(ASX)는 LEPO는 증권을 기초자산으로 하는 옵션계약으로서 증권에 해당한다고 주장하였다. 법원은 LEPO는 옵션계약이므로 회사법상 증권이라고 판단하였다. 비록 반드시 행사될 수밖에 없는 구조라도 옵션으로서의 법적 성질은 유지된다는 형식에 기초한 판단을 한 것이다. 이 사례는 증권과 선물로 이원화된 당시 규제의 한계를 명확히 나타낸 것이다. [3-26]

호주의 회사법 제7장은 금융상품(financial product), 금융업(financial services), 금융업제공자(financial services provider)의 세 가지 개념을 기초로 구성되어 있다. 금융상품은 기능별 정의를 채택하여 투자와 위험관리 또는 비현금지급의 일부 또는 전부의 기능을 수행하는 모든 약정이나 거래라고 정의되어 있다. 금융업은 금융상품의 매매, 중개 그 밖의 행위를 영업으로 하는 것을, 그리고 금융업자는 금융업을 영업으로 하기 위하여 인가를 받은 자를 말한다. 이러한 기본개념은 일반적 정의-명시적 포함-명시적 제외의 단계적 정의를 통하여 포괄성과 함께 구체성과 명확성을 추구하고 있다. [3-27]

3. 일본의 금융서비스제공법

일본의 금융법체계개편은 1996년 당시 하시모토 수상의 일본판 금융빅뱅 선언에서 비롯되었다. 당시 일본은 2001년까지 도쿄를 뉴욕, 런던과 같은 수준의 국제금 [3-28]

57) Sydney Futures Exchange v Australian Stock Exchange(1994) 15 ACSR 206; (1995) 16 ACSR 148.

융센터로 육성한다는 목적 아래 영국의 금융서비스법에 관한 논의를 활발히 진행했다. 1997년 금융제도조사회는 "전문적인 지식을 가지지 않은 일반 이용자가 이를 안심하고 향수할 수 있도록 체제를 정비할 필요"를 강조했고,[58] 증권거래심의회는 "현재 증권거래법의 체계 밖에 있는 투자상품과 금융서비스를 커버할 수 있도록 모든 시장참가자에게 횡단적으로 적용할 새로운 입법(이른바 금융서비스법) 등도 포함한 검토가 이루어져야 할 것"이라고 밝혔다.[59] 1998년 이러한 논의를 바탕으로 1998년 이른바 금융시스템개혁법[60]이 성립되었다.

[3-29] 1997년 출범한 새로운 금융흐름에 관한 간담회는 (ⅰ) 새로운 룰의 대상이 될 "금융상품", (ⅱ) "금융상품"에 관한 거래행위 등(금융서비스), (ⅲ) "금융서비스"의 전문적인 담당주체(금융서비스업자), (ⅳ) 프로와 아마의 구분, (ⅴ) 새로운 금융법제 · 룰의 구조의 이미지, (ⅵ) 새로운 금융법제 · 룰의 법형식에 관한 새로운 구조를 제언하였다.[61] 1999년 금융심의회는 1999년1월 "홀세일 · 리테일에 관한 워킹그룹" 및 "집단투자스킴에 관한 워킹그룹"을 설치하여 금융상품의 판매 · 권유에 관한 룰의 정비와 집단투자스킴에 관하여 검토를 진행하였다.[62] 그 후 제2차 홀세일 · 리테일에 관한 워킹그룹은 ① 설명의무를 명확화하는 의의 등, ② 설명의무의 기본구성, ③ 설명의무 위반의 민사상의 효과, ④ 부적절한 권유 등이라는 4가지 테마로 구성되고, 법률의 이론적 기초를 부여하는 내용으로 되어 있는 금융상품판매권유규제의 기본방향을 발표하였다.[63] 이에 따라 2000년 「금융상품의 판매등에 관한 법률」이 제정되고 금융법개혁에 관한 논의는 중단된다.[64] 당시의 장기불황과 은행 등 금융부실이 지속되는 상황에서 금융법개혁이 적절하지 않다는 판단을 한 것으로 보인다. 「금융상품의 판매등에 관한 법률」이 금융상품판매규제를 대상으로 하는 일본 최초의 기능별 규제법이다. 2020년 이 법의 제명을 변경한 것이 「금융서비스 제공에 관한 법률」이다.

[3-30] 그 후 2004년 외국환증거금거래를 도박으로 판단한 법원 판결에 따라 외국환증

58) 金融制度調査會答申: 「我か國金融システムの改革について－活力ある國民經濟への貢獻－」(1997. 6. 13.).
59) 証券取引審議會報告: 「証券市場の總合的改革~豊かで多樣な21世紀の實現のために~」(1997. 6. 13.).
60) 「金融システム改革のための関係法律の整備等に関する法律」 1998.
61) 新しい金融の流れに関する懇談会, 「論点整理」(1998. 6. 17.).
62) 金融審議会金融分科会第一部会報告 「中間整理(第一次)」(1999. 6); 金融審議会金融分科会第一部会 「中間整理(第二次)」(1999. 12. 21.).
63) 「金融商品の販賣·勸誘ルールの整備について」(1999. 12. 7.).
64) 정순섭, "일본의 금융기관 설명의무 입법에 대한 연구", 홍익법학 제8권 제1호, 2007, 197－214면.

거금거래에 관한 논의가 이루어진다.[65] 이 논의는 정부에 의한 투자서비스법 구상의 확정 계기가 되었다. 2005년 투자서비스법에 관한 기본방향이 확정되고,[66] 2006년 기존의 증권거래법을 개정하는 형태로 금융상품거래법이 제정되었다.[67] 금융상품거래법은 기본원칙과 구조가 자본시장법과 유사한 일본의 자본시장분야의 기능별 규제법이다.

Ⅲ. 우리나라

1. 개　관

우리나라의 금융규제법은 은행과 자본시장, 그리고 보험의 3업종별 구분을 기초 [3-31]
로 하는 업종별 규제법체계이다. 은행법과 보험업법은 전형적인 기관별 · 상품별 규제원칙에 따르고 있다. 2003년 정부는 2000년 영국의 금융서비스 및 시장법을 모델로 모든 금융기능을 대상으로 하는 기능별 규제법을 검토하였다. 그러나 현실적인 이유 등을 고려하여 자본시장분야에서 우선 기능별규제원칙을 반영한 규제법을 도입하기로 하였다. 그 결과물이 현재의 자본시장법이다. 그 후 2008년 글로벌 금융위기 이후 금융회사의 지배구조규제에 관한 지배구조법과 금융상품판매에 관한 금융소비자법을 제정하였다. 금융위기 이후에는 금융규제가 체계화되는 측면도 있지만 강화되는 것이 일반적이다. 따라서 모든 금융규제는 전면적인 개혁(reform)을 계속할 필요는 없지만, 일정한 주기별로 규제를 세련화(refinement)시킬 필요는 있다.

2. 자본시장법

자본시장법은 증권거래법과 선물거래법 그리고 간접투자자산운용업법을 핵심으 [3-32]

65) 金融審議会金融分科会第一部会報告「外国為替証拠金取引に関する規制のあり方について」(2004. 6. 23.).

66) 金融庁,「金融改革プログラム －金融サービス立国への挑戦－」(2004. 12); 金融審議会金融分科会第一部会報告「中間整理(案)」(2005. 7. 7.); 金融審議会金融分科会第一部会報告「投資サービス法 (仮称) に向けて」(2005. 12. 22.).

67) 証券取引法等の一部を改正する法律案(2006. 3. 13 제출, 2006. 6. 7. 성립); 証券取引法等の一部を改正する法律の施行に伴う関係法律の整備等に関する法律案 (2006. 3. 13 제출, 2006. 6. 7. 성립).

로 신탁업법과 종합금융회사에 관한 법률, 증권선물거래소법을 통합한 법률이다(부칙 2조 1호-6호). 당시 우리나라도 호주와 마찬가지로 미국식 모델에 따라 증권거래법과 선물거래법을 별도로 두는 체계였다. 그러나 장외파생상품의 등장과 같은 새로운 금융시장변화에 능동적으로 대응할 수 없는 결정적 한계가 나타났다. 이에 증권과 파생상품으로 구분되는 금융투자상품에 관한 기능별 규제원칙의 적용과 포괄적 금융투자상품 정의, 그리고 금융투자업자의 업무범위의 확대 등을 내용으로 하는 자본시장법이 제정되었다. 기본적으로 호주의 2001년 금융서비스개혁법에 따라 개정된 회사법 제7장의 기본체계를 제한적으로 도입한 것이 현재의 자본시장법이다. 호주가 금융기능을 투자 · 위험관리 · 비현금지급으로 정의하고 이에 기초하여 금융상품-금융업-금융업자를 규정하는 구조이다. 우리나라는 금융기능을 투자 · 위험관리로 한정하고 이에 기초하여 금융투자상품-금융투자업-금융투자업자을 규제하는 구조이다.

3. 지배구조법

[3-33] 2008년 글로벌 금융위기 이후 금융회사의 지배구조규제에 관한 국제적 논의와 국내 금융회사의 지배구조 문제에 대응하기 위하여 지배구조법을 제정하였다. 국내 금융규제법상 금융회사의 법적 형태는 투자자문업자(특수은행)와 보험회사(상호회사)를 제외하고는 주식회사를 원칙으로 한다. 따라서 금융회사의 지배구조에 대해서는 상법상 주식회사의 지배구조규율이 원칙적으로 적용된다. 그러나 금융회사의 위험의 특수성을 고려하여 일반 사업회사와 다른 특칙이 필요하다고 판단한 것이다. 지배구조법은 사외이사 중심의 이사회 주도의 경영구조, 감사위원회 중심의 감독구조, 준법감시인 중심의 내부통제구조 등을 원칙으로 한다. 다만 금융회사의 지배구조규율상 금융규제의 역할에 대해서는 금융규제가 어느 정도 개입하는 것이 적절한지와 관련하여 논의가 있다.[68]

68) 정순섭, "금융회사의 지배구조와 금융규제", BFL 제79호, 2016, 6-18면; 정순섭, "금융회사의 조직규제 -금융회사 지배구조의 금융규제법상 의미를 중심으로-", 상사판례연구 제24집 제2권, 2011, 3-47면.

4. 금융소비자법

[3-34] 금융소비자법은 금융상품판매에 관한 기능별 규제법이다. 금융소비자법은 “소비자 입장에서 금융상품 및 판매행위 속성을 재분류·체계화하여 ‘동일기능 · 동일규제’체계를 도입”하고 “어떤 유형의 금융상품이든 판매과정에서 불완전판매요소를 걸러 낼 수 있는 빈틈없는 규제체계를 구축”하는 것을 목적으로 하는 기능별 규제법이다.69) 이를 위하여 예금성 · 대출성 · 투자성 · 보장성상품을 포함한 금융상품과 그 금융상품에 대한 직접판매업과 판매중개 · 대리업, 그리고 자문업을 포함한 모든 금융상품 판매서비스를 대상으로 한다. 금융소비자법상 금융상품판매원칙은 모든 금융상품유형에 적용되는 공통규칙과 금융상품유형별 특칙으로 구성된다. 금융상품유형별 영업행위규칙은 이른바 ‘6대 판매원칙’인 적합성원칙, 적정성원칙 및 설명의무, 불공정영업행위 규제, 부당권유행위금지, 광고규제(금소 17조－22조)를 핵심으로 한다.

[그림 3-1] 우리나라의 금융법체계

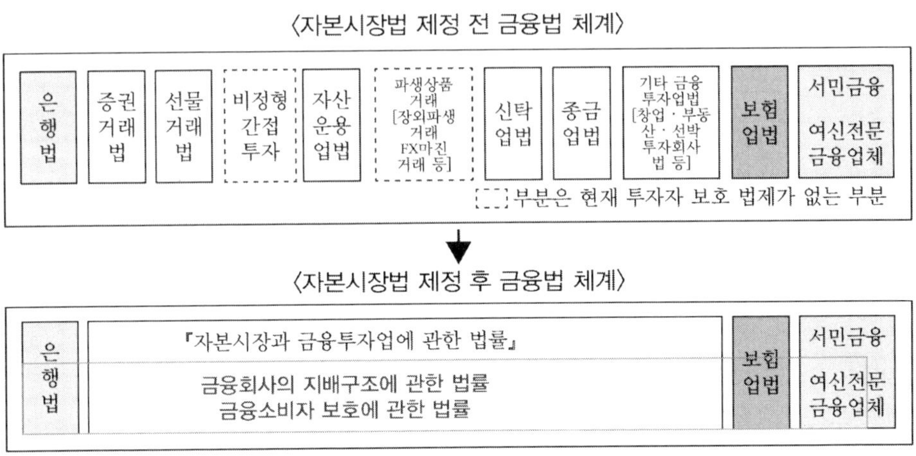

– 금융회사의 지배구조에 관한 법률[시행 2016. 8. 1.] [법률 제13453호 제정, 2015. 7. 31., 제정]
– 금융소비자 보호에 관한 법률[시행 2021. 2. 25.] [법률 제17112호 제정, 2020. 3. 24., 제정]

69) 금융위, 보도자료: 「금융소비자보호 기본법」 제정안 입법예고(2016. 6. 24), 첨부 3 금융소비자보호 기본법 제정안 주요 내용, 1면.

제 4 절 금융감독[70)]

Ⅰ. 서 언

[3-35] 국내 금융감독체계는 1997년 이전과 1998년 이후의 구분이 특히 중요하다. 1950년 「한국은행법」 제정과 함께 은행감독원이 한국은행 내 조직으로 설치된 이후 1997년 「금융감독기구의 설치 등에 관한 법률」에 의하여 은행 · 증권 · 보험 등 모든 금융업종을 포괄하는 금융감독기관으로서 금융감독위원회와 금감원이 구성되기 전에는 업종별 금융감독기관(은행감독원, 증권감독원, 보험감독원, 신용관리기금)이 존재하였다. 2008년 「금융위원회의 설치 등에 관한 법률」[71)]은 금융감독위원회－금감원 구조를 금융위－금감원 구조로 변경하면서 종래 재정경제부에서 수행하던 금융정책기능을 금융위로 이관한 것 이외에는 「금융감독기구의 설치 등에 관한 법률」에 의하여 구성된 1998년 체계를 유지하고 있다.

[3-36] 1998년 현행 금융감독체계가 구축된 이후 상호저축은행 부실사태와 금융소비자의 금융상품거래관련 피해사례 등의 금융사고를 계기로 금융소비자보호를 위한 금융감독기관의 역할 강화를 요구하는 목소리가 높아지고 있다. 그리고 2008년 글로벌 금융위기 이후 국제적인 금융개혁 움직임과 함께 영국 등 주요국에서 감독체계를 개편하는 등 금융규제환경의 변화가 진행되고 있다.

[3-37] 이러한 국내외 환경변화와 함께 국내에서도 금융감독체계의 개편이 논의되어 왔다. 특히 국내에서는 현행 체계가 금융회사의 건전성보호에 치중하여 금융소비자 보호를 등한히 했다는 비판이 제기되었다. 이를 반영하여 국내에서는 금융규제목적에 따라 감독기관을 이원화하는 이원형모델(twin peaks model)[72)]의 도입이 집중적으로 논의되기도 했다.

[3-38] 자율규제는 금융감독업무 중 일부를 자율규제기관에 위탁하는 것으로서 금융감독체계의 일부로 이해되어야 한다. 자율규제의 구체적인 범위와 그 수행주체는 국가

---

70) 이하 설명은 정순섭, "금융감독체계의 구성원리에 관한 연구 － 이원화모델을 중심으로", 민사판례연구[XXXVII], 2015, 1043－1083면에 기초한 것이다. 금융감독체계에 대해서는, Andrew Godwin and Andrew Schmulow(eds), The Cambridge Handbook of Twin Peaks Financial Regulation, Cambridge University Press, 2021.

71) [시행 2008. 2. 29.][법률 제8863호, 2008. 2. 29., 일부개정](「금융감독기구의 설치 등에 관한 법률」의 제명 변경).

72) 국내에서는 '쌍봉형 모델'이라고 번역하기도 한다.

별로 다르다. 영국은 1997. 5. 기존 자율규제기구를 통합한 금융감독기관(FSA)을 설립하고 자율규제를 원칙적으로 폐지하였다.73) 런던증권거래소는 과거 증권시장의 자율규제기관으로서의 역할을 담당했으나, 2000년 자체 상장계획 이후 이해상충가능성을 해소하기 위해 상장감독권한을 금융감독기관으로 이전하였다. 호주도 거래소가 담당하던 시장감시기능을 2010년 ASIC로 이관하였다(Corporations Amendment(Financial Market Supervision) Act 2010 No. 26, 2010). 미국과 일본은 자율규제를 유지하고 있지만, 별도법인인 금융산업규제기구(Financial Industry Regulatory Authority, FINRA)나 거래소지주회사 산하의 비영리사단법인의 형태를 취하여 조직적으로는 거래소나 협회 등과 분리하였다.

Ⅱ. 금융감독기관의 설계유형

1. 의 의

금융감독기관의 설계방식에는 세 가지가 존재한다. 각국의 역사적 환경과 현실적 여건에 따라 다양화되고 있다. 특히 주목할 것은 거의 모든 나라에서 금융감독 유관기관 사이에 관할권 다툼(turf war)이 존재하는 점이다. 그만큼 모든 나라에 적용될 수 있는 모범답안을 찾기는 어렵다. 1990년대 이후 많은 나라에서 금융감독체계의 개편에 관한 논의가 이루어져 왔고, 일부 국가에서는 감독체계의 일원화 또는 이원화라는 개혁을 이루기도 했다. 최근의 외국 금융감독체계의 변화는 거시건전성감독의 강화와 금융소비자보호, 그리고 금융회사 정리제도의 효율화에 집중되고 있다. [3-39]

미국은 가장 전통적인 업종별 다원형 모델을 채택하고 있다. 영국은 과거 일원형모델을 채택하여 국내 금융감독체계의 모델이 되었지만, 2008년 글로벌 금융위기 이후 건전성감독과 영업행위감독을 분리하는 이원형모델을 도입하였다. 호주는 이원형모델을 최초로 채택한 국가로서 금융감독체계의 개편을 검토하는 많은 국가에 참고자료로 활용되고 있다.74) [3-40]

73) 다만 영국 상장회사 M&A의 경우 Takeover Panel에 의한 City Code 제정 등 자율규제가 유지되고 있다.

74) 미국과 호주, 프랑스, 독일, 홍콩, 일본, 네덜란드에 대한 최근 감독체계를 비교한 것으로 Eric J. Pan, “Structural Reform of Financial Regulation”, Transnational Law & Contemporary Problems Vol.19, 2011, pp.

2. 감독기관의 다원화("다원형")

[3-41] 다원형모델은 금융업종별로 금융감독기관을 다원화하는 것이다. 미국은 금융업종(은행, 증권, 파생상품, 보험), 연방과 주별로 복수의 금융감독기관을 두고 있다. 은행에 대해서는 연방차원에서 연방준비은행(FRB), 통화감독청(OCC), 연방예금보험공사(FDIC), 전국신용협동조합감독청(NCUA)이 있고 주별로 은행국을 두고 있다. 증권과 파생상품에 대해서는 연방차원에서 증권거래위원회(SEC)와 상품선물거래위원회(CFTC), 각주별로 증권국을 두고 있다. 보험은 연방감독기관은 없고 주별로 보험국을 둔다. 이러한 다원형모델의 장점으로는 금융감독기관간 경쟁을 통한 규제의 효율화를 강조하고 있다. 그러나 오히려 규제의 중복으로 인한 규제 비용의 증가가 문제되는 경우가 많을 것이다. 특히 금융감독기관간에 관할권다툼이 있는 경우에는 예측가능성이라는 관점에서 추가적인 규제준수비용을 초래할 가능성이 높다.

[3-42] 미국도 2008. 3. 재무부 보고서에서 목적중심규제체계(objectives-based approach)에 기초하여 건전성감독기관과 영업행위감독기관을 두는 호주방식의 이원화모델을 제안하였다.[75] 차이점은 연방준비은행을 시장안정기관으로 하고, 연방보험보증공사(Federal Insurance Guarantee Corporation)(예금보험과 FIGF 관리)와 기업금융감독기구(Corporate Finance Regulator)(증권시장에서의 발행기업 감독과 공시, 기업지배구조, 회계감독 등)를 두는 점이었다. 그러나 이 방안은 입법에 이르지 못하였다.[76]

3. 감독기관의 이원화("이원형")

가. 이원형모델의 논리[77]

[3-43] 이원형모델을 최초로 제도화한 것은 호주이고 네덜란드와 영국 등이 도입하였다.[78] 이원형모델의 논거로는 규제목적과 규제전문성의 차이를 들 수 있다.

796-867.

75) US Treasury, Blueprint for a Modernized Financial Regulatory System, March 2008.

76) 특히 증권거래위원회와 상품선물거래위원회의 통합은 곤란할 것으로 보는 견해가 유력하다. Roberta Romano, "The Political Dynamics of Derivative Securities Regulation", The Yale journal on Regulation Vol.14, 1997, pp. 279-406; A Joint Report of the SEC and the CFTC on Harmonization of Regulation, October 16, 2009.

77) 정순섭, "금융규제개혁과 금융소비자 보호", 상사판례연구 제22집 제4권, 2009, 50-53면의 논의를 기초로 한 것임을 밝혀둔다.

78) 최초로 제안한 것은 영국의 마이클 테일러 박사이다. Michael Taylor, "Twin Peaks": A Regulatory Structure for

[3-44] 규제목적의 차이는 첫째, 시스템보호와 소비자보호라는 규제목적이 가지는 차이점, 둘째, 두 규제목적은 충돌할 수밖에 없고 정치적인 수준에서의 해결이 필요한 점, 셋째, 은행 · 증권 · 보험에 대한 건전성 및 영업행위감독을 담당하는 단일기관은 지나치게 강력해질 수 있는 점을 강조한다.[79] 중요한 것은 금융시장 및 정치적 상황에 따라 감독기관의 관심이 건전성이나 금융소비자보호의 한 방향으로 쏠릴 가능성이 높다는 데 있다.[80]

[3-45] 규제전문성의 차이와 관련하여 거시경제적인 관점에서의 규제를 위해서는 경제학적 분석능력이 보다 적절하지만, 규제목적으로서의 금융소비자보호는 규제기법으로서의 법적 능력(legal skills)이 보다 적절하다는 연구가 있다.[81] 건전성규제와 영업행위규제를 별개의 기관으로 구성하는 것은 각각의 규제목적에 보다 충실하게 할 것이라고 한다.

[3-46] 이원형모델의 가장 중요한 문제점은 양 감독기관간의 관할권다툼의 가능성이다.[82] 영국의 경우 영업행위감독기관의 감독상 조치가 건전성감독기관의 관점에서 금융기관의 건전성을 침해할 우려가 있다고 인정될 때는 그 조치를 거부할 수 있다. 더 중요한 것은 양 기관이 관할하는 소관법률 자체를 명확히 구분하는 것이다.

나. 호 주

1) 개 관

[3-47] 1997년 월리스보고서는 이원형모델을 금융감독기관 구성방식으로 제안하였다.[83] 이에 따라 ASIC와 APRA를 설립하였다. 중앙은행인 호주준비은행(Reserve Bank of Australia, RBA)은 시스템안정성과 지급준비제도에 관하여 규제권한을 행사한다.

---

the New Century (Center for the Study of Financial Innovation, 1995)("Taylor(1995)").

79) Taylor(1995), p. 15. 같은 주장으로, Michael Taylor, 'Twin Peaks' Revisited…: A Second Chance for Regulatory Reform(Center for the Study of Financial Innovation, 2009), pp. 4−5.

80) Michael W Taylor, "The Road from 'Twin Peaks'−and the Way Back". Connecticut Insurance Law Journal Vol. 16, 2009, pp. 81−82.

81) Charles Goodhart, Dirk Schoenmaker and Paolo Dasgupta, "The Skill Profile of Central Bankers and Supervisors", European Finance Review Vol.6, 2002, pp. 415−417.

82) Senate Select Committee on Superannuation and Financial Services, Prudential supervision and consumer protection for superannuation, banking and financial services, first report, 2001, pp. 13−16.

83) Australia Financial System Inquiry, Final Report, March 1997, p. 25.

2) ASIC

[3-48] ASIC는 2001 호주증권투자위원회법에 따라 설립된 영업행위규제기관으로서 동법과 회사법의 집행과 감독업무를 수행한다.84) ASIC는 2009년 전국소비자신용보호법상 소비자신용규제기관으로서의 지위를 보유하고 있다. ASIC는 시장규제기관으로서 인가금융시장이 공정 · 질서 · 투명한 시장의 운영을 위한 법적 의무를 효과적으로 이행하고 있는지 여부를 평가하고, 신시장의 인가에 관하여 장관을 자문한다. 그리고 2010. 8. 1. 호주 국내인가금융시장에서의 거래에 대한 감독책임도 담당하고 있다. 금융업규제기관으로서 ASIC는 연금, 집합투자, 주식 및 증권, 파생상품, 보험 등에 관한 금융업 영위를 인가하고 감독한다.

[3-49] ASIC는 회사 및 집합투자기구의 등록, 호주금융업인가와 호주신용업인가의 부여, 감사인 및 청산인의 등록, 소관법률에 대한 다양한 면제의 부여, 회사, 금융업자 및 신용업자 관련 정보에 대한 공공적으로 접근가능한 등록부의 유지, 금융시장의 신뢰성을 확보하기 위한 규정의 제정, 부실한 공시문서에 의한 금융상품 발행의 정지, 법률위반 혐의에 대한 조사 및 심리를 위한 장부의 제공과 질문에 대한 답변의 요구, 법률위반 혐의에 관한 위반통지, 특정인에 대한 신용업무나 금융업 제공의 영위 금지, 법원에 대한 민사제재금(civil penalties) 청구, 기소의 제기(일반적으로는 연방검사에 의하여 이루어지지만 일부 ASIC가 직접 기소) 등의 권한을 보유한다.

3) APRA

[3-50] APRA는 예금수취, 보험, 연금 분야에서 약정하는 모든 기관에 대한 건전성 기준의 정립과 집행을 통하여 정보비대칭성문제를 규제할 권한을 보유한다. APRA는 개별금융기관의 건전성감독과 호주 금융안정성 제고에 대한 책임을 진다. ASIC는 금융시장신뢰성과 영업행위와 공시 그리고 소비자보호를 담당하는 점에서 그리고 중앙은행인 호주준비은행은 통화정책과 금융시스템안정성, 지급제도의 안전성과 효율성을 책임지는 점에서 APRA와 구별된다.

[3-51] APRA는 은행(bank), 신용협동조합(credit unions), 주택조합(building societies), 손해보험회사, 재보험회사, 생명보험회사, 공제조합(friendly societies), 대부분의 연금산업을 규제대상으로 한다. 호주 「은행법」(Banking Act 1959)상 은행업을 영위하는 기관

---

84) ASIC는 회사법을 소관법률로 하고 있어 회사에 대한 일반적인 감독기관으로 기능하고 있는 점에 특징이 있다.

을 의미하는 '예금취급기관'(authorised deposit-taking institution)은 은행(bank), 신용협동조합(credit unions), 주택조합(building societies)을 포함하며, 일정한 요건을 충족한 경우에만 은행이라는 상호를 사용할 수 있다.

APRA는 은행법, 손해보험법(Insurance Act 1973), 생명보험법(Life Insurance Act 1995), 연금업감독법(Superannuation Industry (Supervision) Act 1993)상 은행업, 손해보험업, 생명보험업 인가 부여 및 건전성감독, 연금감독 등의 권한을 보유한다. [3-52]

4) 금융감독기관간 관계

호주의 이원형모델과 관련하여 감독기관 간 협력의 부재가 HIH라는 대규모 금융회사 파산의 원인이 되었다는 지적이 있었다. 그러나 HIH 파산의 근본원인은 HIH의 FAI 인수과정에서 FAI의 지급여력과 관련하여 재보험계약에 대한 평가의 오류에 있는 것으로서 건전성감독의 영역에서 발생한 문제이다.85) 따라서 HIH 파산의 원인을 이원형모델의 실패에서 찾는 것은 적절한 접근이라고 할 수 없다. [3-53]

[그림 3-2] 호주의 금융감독체계

다. 영 국

1) 개 관

종래 영국의 금융감독기관은 모든 업종을 대상으로 건전성감독과 영업행위감독을 단일 감독기관(Financial Services Authority, FSA)이 수행하는 일원형모델을 채택해 왔 [3-54]

85) Geoffrey P. Miller, "Catastrophic Financial Failures: Enron and More", Cornell Law Review Vol.89, 2004, pp. 420-455.

다. 이 체계는 우리나라를 비롯한 많은 국가에서 모델로 기능해 왔다. 그러나 2008년 글로벌 금융위기 이후 영국은 건전성감독과 영업행위감독을 분리하고, 중앙은행의 역할을 강화하는 '변형된 이원형모델'을 도입하였다.

[3-55] 영국에서 이원형모델을 채택하는 과정에서도 찬반양론이 존재하였다. 그럼에도 불구하고 영국에서 이원형모델을 채택하게 된 배경으로는 첫째, FSA를 중심으로 하는 1997년 체계에서는 위기관리주체가 불명확했다는 점, 둘째, 전통적인 개별 금융기관에 대한 미시건전성감독을 2008년 글로벌 금융위기 이후 특히 강조되기 시작한 거시건전성감독과 연계시킬 구조가 필요하게 된 점, 셋째, 양 규제목적을 단일기관이 수행함으로써 상이한 규제목적간의 조화를 위한 노력이 지속적으로 요구되었고 감독기관의 경영진에 과도한 부담으로 나타난 점 등 세 가지가 근거로 제시되었다.86)

2) 건전성감독과 영업행위감독의 구분

[3-56] 영국은 건전성감독과 영업행위감독을 각각 다른 기관이 수행하도록 하고 있다. 구체적으로는 건전성감독을 거시건전성감독과 미시건전성감독으로 구분한 후 전자를 중앙은행인 영란은행의 금융정책위원회(Financial Policy Committee)가, 그리고 후자를 영란은행이 건전성감독청(Prudential Regulation Authority, PRA)으로서 담당하고, 영업행위감독은 영란은행과 독립적으로 신설된 금융영업행정청(Financial Conduct Authority, FCA)이 담당하는 구조이다. BOE/PRA의 업무부담을 고려하여 시스템적 중요성이 없는 기관에 대한 건전성감독은 FCA가 담당한다. 건전성감독과 영업행위감독을 각각 다른 기관에서 담당하여 목적별 규제가 이루어지는 점에서 넓은 의미에서 이원형모델이라고 할 수 있다.

3) 금융감독기관간 관계

[3-57] 상호간의 조정과 영란은행과의 협력 및 이러한 의무의 준수에 관한 양해각서의 체결에 관한 법률상 의무를 부과하여 FCA와 PRA가 각각의 기능을 효과적으로 조정하도록 하고 있다(Financial Services Act, Part 4 Collaboration between Treasury and Bank of England, FCA or PRA). 또한 PRA에 FCA의 조치가 개별기관의 무질서한 파탄이나 보다 넓은 금융불안정을 초래할 가능성이 있는 경우 FCA의 조치의 자제를 요구할 수 있

86) Michael Taylor, "Regulatory Reform in the U.K.", North Carolina Banking Institute Vol.18, November, 2013, pp. 233－238.

는 권한을 부여하고 있다(Financial Services Act 2012, sec 3I).[87]

[그림 3-3] 영국의 금융감독체계

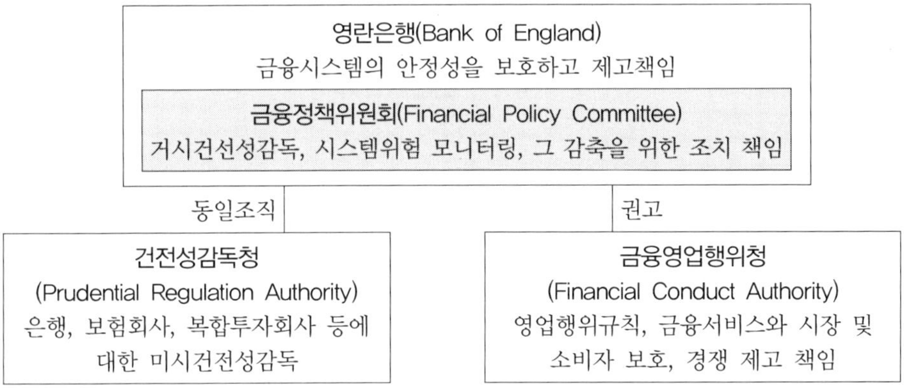

* PRA 감독기관에 대한 FCA의 조치가 영국금융시스템을 위협할 우려가 있다고 판단할 경우 PRA는 FCA에 대하여 조치중단을 요구할 수 있음

라. 네덜란드[88]

네덜란드에서는 중앙은행(De Nederlandsche Bank)이 건전성 규제를, 그리고 금융 [3-58] 시장청(Netherlands Authority for the Financial Markets, AFM)이 영업행위규제를 각각 담당하고 있다. 호주와 네덜란드의 금융규제기관 구조는 기본적으로 규제목적에 따라 규제기관을 이원화하고 있다는 점에서는 동일하지만 네덜란드는 건전성 규제를 중앙은행에 맡기고 있다는 점에서 호주와는 다르다. 건전성 규제와 중앙은행 기능의 통합에 따른 시너지효과 특히 양기관간의 정보교류의 필요성을 고려하였고, 모든 금융기관에 대한 감독권한이 중앙은행이나 그 영향력 하에 포함되는 것을 원하지 않았던 결과라고 설명되고 있다. 네덜란드중앙은행이 연금보험감독청(Pensions and Insurance Supervisory Authority of the Netherlands, PVK)을 흡수하여 관련전문성을 확보한 것도 중요한 요소이다. 중앙은행의 금융감독기능과 관련하여 깊이 살펴볼 필요가 있는 사례라고 할 수 있다.

87) Alastair Hudson, The Law of Finance 2nd ed, 2013, pp. 220-224.

88) Hugo Oppelaar, "Financial Services: Regulators Reshape to Match Consolidation"(2005) International Financial Law Review(인터넷판). AFM의 구조와 기능에 대해서는 AFM, Corporate brochure: AFM supervises business conduct in the financial markets in the Netherlands<http://www.afm.nl/corporate/default.ashx?DocumentId=3044>를 참조.

4. 규제기관의 일원화("일원형")

[3-59] 일원형모델은 모든 금융업종에 대한 건전성 규제와 영업행위규제를 단일 규제기관이 담당 하는 것으로서 과거 영국(FSA), 한국(금융위/금감원), 그리고 일본(금융청)이 여기에 해당한다. 이원형모델에서 지적하는 문제점이 일정 부분 해결될 수 있다.

5. 고려사항

[3-60] 주목할 것은 어떤 금융감독체계모델도 완벽할 수 없다는 점이다. 역사적인 환경이나 현실적인 여건에 따라 평가될 수밖에 없을 것이다. 오히려 중요한 것은 사전적 행정적 금융감독으로 모든 종류의 건전성감독과 영업행위감독상 부정적인 영향을 미치는 다양한 실패[89]를 사전적으로 완전하게 예방할 수 있다는 생각은 비현실적이다. 금융감독체계를 포함한 금융규제법은 사후적 사법적 구제수단에 의하여 보완되는 '실패를 용인하는 방식'(non-zero failure approach)으로 접근할 수밖에 없다.[90] 이러한 접근이 초래할 수 있는 감독소홀이나 해태의 가능성은 책임성(accountability) 확보장치를 통하여 예방할 수밖에 없을 것이다.[91]

Ⅲ. 현행 금융감독기관

1. 목적과 범위의 일원화

[3-61] 우리나라 금융감독기관은 금융목적기준에서는 건전성규제와 영업행위규제를 금융위와 금감원에서 담당하는 일원형 모델을 채택하고 있다. 영국의 구 금융청(FSA) 및 일본의 금융청과 가장 유사하다. 업종기준으로도 금융위와 금감원은 은행, 증권,

89) Financial Services Authority, Reasonable Expectations: Regulation in a Non-zero Failure World, September 2003, p. 7.

90) Bank of England, The Prudential Regulation Authority, The Prudential Regulation Authority's approach to banking supervision, June 2014("It is thus a key principle underlying the PRA's approach that it does not seek to operate a zero-failure regime").

91) 금융감독기관의 책임성의 의의와 구조에 대해서는 정순섭, "금융감독기관의 감독배상책임에 관한 연구", 상사법연구 제31권 제4호, 2013, 154면 이하.

파생상품, 보험, 그 밖의 모든 금융업종을 감독하는 점에서 역시 일원형모델로 분류할 수 있다.

2. 금융위와 금감원

우리나라의 금융감독체계는 일원형모델을 채택하고 있지만, 감독정책의 결정과 [3-62] 집행에서는 독립중앙행정기관인 금융위와 무자본특수법인으로서 민간조직인 금감원으로 이원화되어 있는 매우 독특한 구조를 취하고 있다.

금융위는 정부조직으로서 국무총리 소속의 합의제 독립중앙행정기관이다(금융위 [3-63] 법 3조 1항 · 2항). 금융위의 소관사무는 행정권에 속하지만 그 행사방법을 법률로 별도로 규정하여 정부로부터 독립성을 보장하고 있는 점에 특징이 있다. 금융위는 금융정책, 외국환업무 취급기관의 건전성 감독 및 금융감독에 관한 업무를 수행한다.

금감원은 "금융위원회나 증권선물위원회의 지도 · 감독을 받아 금융기관에 대한 [3-64] 검사·감독 업무 등을 수행"하기 위하여 설립된 '무자본특수법인'(금융위법 24조)이다. 금감원은 법상 무자본특수법인으로서 민간조직이지만 법령상 금융감독업무를 수행하므로 공법상 '영조물법인' 또는 '공무수탁사인'으로서의 법적 지위를 가진다. 금감원은 그 법적 지위를 "중앙정부 또는 지방자치단체로부터 독립하여 특정한 공공사무를 담당하는 공법인의 성격"으로 규정하고 있다.[92] 금감원을 정부조직으로 하지 아니하고 독립된 공법인으로 법제화한 것은 "금융감독 업무와 관련하여 금융감독기구가 정치적 압력 또는 행정부의 영향력에 의해 자율성을 잃지 않도록 함으로써 중립적이고 전문적인 금융감독기능을 구현하도록 하기 위함"이라고 설명하고 있다.[93] 금감원은 '법률상 검사대상기관의 업무 및 재산상황에 대한 검사', '검사 결과와 관련하여 이 법과 또는 다른 법령에 따른 제재', '금융위원회와 이 법 또는 다른 법령에 따라 금융위원회 소속으로 두는 기관에 대한 업무지원', '그 밖에 이 법 또는 다른 법령에서 금융감독원이 수행하도록 하는 업무'를 수행한다(금융위법 37조).

92) 금감원, 『2023년 개정판 금융감독개론』, 2023. 3., 19면.
93) 금감원, 위의 책, 19면.

Ⅳ. 금융감독의 수단과 절차

1. 의의와 구조

[3-65] 금융감독은 금융감독기관의 행정처분과 행정지도를 통하여 이루어진다. 특히 금융분야는 급변하는 시장환경에 신속하게 대응하기 위한 효율적인 의사결정 및 집행구조가 필요하다. 금융위와 금감원의 금융감독행위는 행정절차법의 적용대상으로서 엄격한 법치행정의 원칙이 적용된다. 금융감독의 수단으로서의 행정처분이나 행정지도에 대해서는 무엇보다 예측가능성의 확보가 중요하다.

2. 금융감독의 수단

가. 행정처분

[3-66] 금융감독기관의 행정처분은 "구체적 사실에 관한 법 집행으로서의 공권력의 행사 또는 그 거부와 그 밖에 이에 준하는 행정작용"(행정절차법 2조 2호)으로서 인허가나 등록과 같은 수익적 행정행위와 제재와 같은 침익적 행정행위를 포함한다. 현행법상 행정처분은 원칙적으로 행정기관인 금융위의 권한이다. 그러나 감독목적상 필요한 경우 법령 또는 개별행위에 의하여 금감원에 위탁하고 있다.

나. 행정지도

[3-67] 금융감독은 다른 행정분야와 마찬가지로 행정지도를 감독수단으로 사용하는 경우가 많다. 행정지도는 "행정기관이 그 소관 사무의 범위에서 일정한 행정목적을 실현하기 위하여 특정인에게 일정한 행위를 하거나 하지 아니하도록 지도, 권고, 조언 등을 하는 행정작용"을 말한다(행정절차법 2조 3호). 현재 금융위는 금융규제 운영규정을[94] 통하여 행정지도를 절차적으로 통제하고 있다. 동 규정상 '금융행정지도'는 "금융위원회 또는 금융감독원이 금융회사등의 경영건전성을 확보하고 금융소비자를 보호하는 등 금융행정의 목적을 달성하기 위하여 금융회사등의 자발적인 협력에 기초하여 그 금융회사등에 일정한 행위를 하거나 하지 아니하여 줄 것을 요청하는 행위"

94) [시행 2015. 12. 31.][국무총리훈령 제661호, 2015. 12. 31., 제정].

로서 "조문의 형식으로 하는 행위 등 일반적이고 추상적인 형식으로 하는 행위"를 포함한다(동 규정 2조 4호 본문).

다만, 감독행정작용, 금융회사등의 신청 또는 질의 등에 따라 법령등에 대한 해석이나 그 해석에 따른 조치 여부 등에 대하여 회신하여 주는 행위, 관계 법령에 따른 조치 등이 내려진 경우 그 사실을 알리는 행위 등 금융회사등에 새로이 그 권리를 제한하거나 의무를 부과하지 않는 행위, 관계 법령에 따른 인가 · 허가 · 등록 등의 통보, 금융관련분쟁의 조정, 이상 규정된 행위 외의 행위로서 이와 비슷한 것을 제외한다(동 규정 2조 4호 단서 가목–바목). 여기서 '감독행정작용'은 "금융위원회 또는 금융감독원이 금융회사등에 법령등을 지키도록 하기 위하여 직권으로 필요한 지침을 개별적이거나 구체적인 형식으로 제시하는 행위"를 말한다(동 규정 2조 5호). 법률상 행정지도와 감독행정작용의 구분이 필요하고, 상당 부분 행정절차법상 규정을 반복하는 내용이지만, 특히 행정지도를 중심으로 하는 금융행정작용에 대한 절차적 통제를 마련한 것 자체는 큰 의미가 있다.[95) [3-68]

3. 금융감독의 절차

현행법상 금융감독은 금융위나 증선위와 같은 합의제 행정기관의 의결을 통하는 것이 원칙이다. 이외에도 자본시장조사심의위원회, 감리위원회, 제재심의위원회와 같은 위원회조직이 증선위원장이나 금감원장의 자문기구로서 중요한 의사결정에 참여하고 있다. 법률상 심의와 의결이 구분됨에 따라 이러한 위원회조직이 최종적인 결정권한이 없다는 사실도 중요하겠지만, 그 실질적인 역할의 중요성은 두말할 필요가 없다. 이러한 실질과 기능에 맞는 법적 통제가 필요하다. 다만 급변하는 금융시장환경에서 금융감독에 대한 신속성의 요구에 대응하기 위하여 금융위원장의 긴급조치권과 같은 권한도 규정하고 있다(금융위법 14조 1항). 증선위원장도 불공정거래행위 등 증선위의 권한 범위 내에서 유사한 권한을 가진다(자본시장조사업무규정 제19조 제2항).[96) [3-69]

95) 금융위 · 금감원, 금융행정지도 정비계획, 2019. 5. 3.
96) 금융위 외, 보도자료: 패스트트랙(증선위원장 긴급조치) 제도를 효과적으로 활용하여 자본시장 불공정거래에 신속 · 엄정 대응하겠습니다. 2023. 2. 27.

[3-70] 조사나 검사대상자 그 밖의 피감독자의 방어권보장을 포함한 절차적 정당성의 확보도 중요한 과제가 되고 있다. 행정절차로서의 특성상 사법절차에 준하는 정도의 절차적 정당성의 보장이 필요한지에 대해서는 논의가 있을 수 있다. 그러나 상시적인 감독제도로서의 금융감독의 특성과 위반시의 제재조치의 엄중함, 그리고 금융감독상 조치 중 상당히 많은 경우 형사절차로 연결될 수 있는 점 등을 고려할 때 피감독자의 방어권보장을 포함한 절차적 정당성의 확보가 필요하다.

제 5 절 금융규제와 실효성 확보

Ⅰ. 의 의

[3-71] 금융규제위반행위에 대한 실효성 확보수단을 제재(enforcement)라고 한다. 금융규제위반행위에 대한 실효성 확보수단에는 행정제재, 민사제재, 그리고 형사제재가 있다. 경제적 이익을 동기로 하는 경제범죄로서의 금융범죄에 대한 실효성 확보수단으로는 그 경제적 이익을 환수하는 금전적 제재가 가장 실효성이 있는 것으로 평가된다. 현재까지 우리나라의 금융규제법은 실효성 확보수단으로 형벌을 원칙으로 하고 있는 것으로 평가된다.

Ⅱ. 행정제재

[3-72] 금융규제위반행위에 대한 행정제재로는 기관제재와 임직원제재, 그리고 금전적 제재가 있다. 금융회사에 대한 기관제재로는 영업의 인가 · 허가 또는 등록 취소, 영업의 전부 또는 일부에 대한 정지조치, 영업점의 폐쇄, 영업점 영업의 전부 또는 일부의 정지조치, 위법 · 부당행위의 중지나 제한조치, 계약이전의 결정, 위법내용의 공표 또는 게시요구, 기관경고, 기관주의 등을 들 수 있다. 임원제재로는 해임권고, 업무정지, 문책경고, 주의적 경고, 주의를, 직원제재로는 면직, 정직, 감봉, 견책, 주의,

금융회사 자율처리 필요사항 통보를 들 수 있다. 금전적 제재로는 과징금과 과태료가 규정되어 있다.

Ⅲ. 민사제재

1. 의 의

민사제재로는 금융규제위반행위의 사법상 효력의 부정과 손해배상책임이 있다. [3-73]
금융규제위반행위의 사법상 효력을 부정하게 되면 부당이득반환이나 원상회복의무가 적용되어 강력한 금융소비자보호효과가 발생할 수 있다. 손해배상책임도 금전적 이익의 환수라는 점에서 제재효과가 발생한다.

2. 사법상 효력

현행 금융규제법에는 금융규제위반행위의 사법상 효력을 직접 부인할 수 있는 [3-74]
경우는 금융소비자법상 금융소비자의 위법계약해지권(47조)을 제외하고는 없다. 이 문제는 민법 해석론으로 해결한다. 법원은 금융규제법상 개별규정의 성질을 강행규정과 단속규정으로 나누어 그 위반행위의 사법상효력을 판단하는 구조를 취하고 있다.

보험업법상 보험회사의 자산운용규제 위반행위에 대해서는 “위 규정들에 위반 [3-75]
한 재산운용행위 자체는 그 사법상의 효력까지도 부인하지 않으면 안 될 정도로 현저히 반사회성, 반도덕성을 지닌 것이라고 할 수 없을 뿐 아니라 그 행위의 사법상의 효력을 부인하여야만 비로소 보험업법의 목적을 이룰 수 있다고 볼 수 없으므로 위 규정들은 강행법규가 아닌 단속법규에 지나지 아니하고, 따라서 위 규정들에 위반하여 법률행위가 이루어졌더라도 그 행위의 사법상의 효력에는 아무런 영향이 없다”고 판단하였다(대법원 1989. 9. 12. 선고 88다카2233,88다카2240 판결). 자본시장법상 미등록 투자일임업자와의 사이에 체결된 투자일임계약에 대해서도 “그 사법상의 효력까지도 부인하지 않으면 안 될 정도로 현저히 반사회성, 반도덕성을 지닌 것이라고 할 수 없을 뿐만 아니라 그 행위의 사법상의 효력을 부인하여야만 비로소 입법 목적을 달성할 수 있다고 볼 수 없고, 오히려 위 규정을 효력규정으로 보아 이에 위반한 행위를 일률적으로 무효라고 할 경우 거래 상대방과 사이에 법적 안정성을 심히 해하게 되는 부당한 결과가 초래되"는 점을 근거로, 위 규정은 강행규정이 아니라 단속규정이라고 판단하였다(대법원 2019. 6. 13. 선고 2018다258562 판결). 그러나 구상호신용금고법상 차입한도규제 위반행위에 대해서는 "상호신용금고가 자기자본을 초과하여 차입을 하는 것을 금지하는 구 상호신용금고법(1998. 1. 13. 법률 제5501호로 개정되기 전의 것) 제17조 제1항의 규정은 이른바 단속규정에 불과한 것이 아니라 효력규정이라 할 것이므로 이에 위반한 채무부담행위는 무효라고 보아야 한다"고 판시하였다(대법원 2002. 4. 9. 선고 2000다42625 판결).

[3-76] 이러한 판례의 입장에 일정한 기준을 찾기는 쉽지 않지만, 개별 금융규제의 취지를 고려하여 판단하는 구조 자체는 타당한 것으로 본다. 입법론으로는 금융회사의 금융규제법을 위반한 금융거래의 상대방인 금융소비자에게 그 효력을 선택하게 하는 것도 실효성 확보수단의 하나로 검토할 수 있을 것으로 본다.

3. 손해배상

가. 제도적 의의

[3-77] 경제적 이익을 주된 동기로 하는 금융범죄에 대한 실효성 확보수단으로는 그 위반행위를 통하여 얻은 이익을 환수하는 손해배상이 가장 효과적이다. 행정제재로서의 과징금과 함께 금전적 제재에 해당한다. 금융규제법상 손해배상제도는 사인간에 이루어진 침해행위의 결과를 교정하는 전통적인 보상기능과 함께 일정한 입법목적을 위한 위반행위에 대한 사전적인 억제제로서의 규제기능을 수행하는 것으로 평가할 수 있다.[97] 이러한 관점에서 손해배상제도는 사인을 통한 금융규제의 실효성 확보수단이다. 그러나 금융규제법상 손해배상에도 특칙이 없는 한 민법상 손해배상 법리가 적용될 수밖에 없다. 따라서 전통적인 손해배상법리의 적용에 따른 증명의 곤란성, 증거확보의 어려움, 주로 재판을 통한 법원절차에 소요되는 시간과 비용 등이

97) Olha O. Cherednychenko, "Financial Regulation and Civil Liability in European Law: towards a More Coordinated Approach?", Olha O. Cherednychenko and Mads Andenas(eds), Financial Regulation and Civil Liability in European Law, Edward Elgar, 2020, p. 3.

문제되고 있다. 재판외 분쟁해결절차의 강화를 논의하는 것도 이러한 이유에 따른 것이다.

나. 금융규제법상 손해배상의 특칙

현행법상으로는 금융규제목적상 필요한 경우로서 자본시장법, 금융소비자보호 [3-78]
법 등에서 손해배상의 특칙을 두고 있다. 금융규제법 위반으로 민법상 불법행위의 요건인 위법성을 충족할 수 있는가? 일반적으로 인정되고 있다. 자본시장법 제64조 제1항 본문이나 대부업법 제11조의4 제1항은 이를 확인하는 의미가 있다.

한편 금융규제법은 손해배상특칙을 두면서 금융소비자보호를 위하여 의무위반 [3-79]
이나 손해액 또는 고의 · 과실과 같이 금융소비자가 스스로 증명하기 곤란한 사항에 대한 증명책임을 금융회사로 전환하기도 한다. 이와 관련하여 '주장하는 자가 증명한다'는 민사법상 일반원칙에 대한 예외를 어느 정도 인정할 것인지에 대해서는 논란이 있다. 그러나 금융거래의 경우 특히 금융상품가치에 영향을 미치는 요소의 다양성으로 인하여 손해액의 증명이 극히 곤란한 점을 고려할 때 이와 같은 증명책임전환은 손해배상제도의 규제적 기능을 확보하는 의미를 가진다.

[표 3-1] 금융규제법상 손해배상의 특칙

구 분	내 용	비 고
손해배상책임인정형		자본시장법 64조 1항 본문, 대부업법 11조의4 1항
증명책임전환형	의무위반	자본시장법 64조 1항 단서
	손해액 인과관계	자본시장법 48조 2항, 117조의12 2항, 126조 1항 · 2항, 142조 3항, 162조 3항
	고의 · 과실	금융소비자보호법 44조 2항 단서

금융규제법상 손해배상특칙을 둘 경우 민법상 불법행위책임(750조)과의 관계도 [3-80]
문제된다. 법원은 증권거래법상 "피해자가 굳이 증권거래법에 의한 손해배상책임보다 엄격한 요건을 갖추고 있고, 입증이 곤란한 민법상의 불법행위책임을 주장하는 것까지 배제하는 취지는 아니라 할 것"이라고 하여 청구권 경합을 인정한다(서울지법 1996. 8. 28. 선고 96나15298 판결).[98] 다만 금융규제법상 손해배상특칙을 두는 경우 단

기소멸시효나 제척기간을 두는 것이 일반적이다(자본 117조의12 3항, 127조, 142조 5항, 162조 5항). 따라서 금융소비자는 유불리를 따져 금융규제법 위반행위에 대한 손해배상에 관하여 적용법규를 선택하게 될 것이다. 증권관련집단소송법상 집단소송을 활용할 경우 원고인 금융소비자의 입장에서는 유용한 분쟁해결경로가 될 수 있을 것이다. 현행 증권관련집단소송법은 자본시장법상 불공정거래행위와 분식회계 등을 집단소송의 대상으로 포함하고 있다(3조).

Ⅳ. 형사제재

1. 문제의 소재

[3-81] 금융규제위반행위에 대해서는 형벌도 부과된다. 이와 관련하여 특히 죄형법정주의와의 관계가 문제될 수 있다. 일반적인 경제범죄의 비범죄화 논의와도 관련된다. 그러나 금융분야에서 특히 중요한 것은 죄형법정주의와의 관계이다. 현행법상 형벌의 적용이 문제되는 경우는 첫째, 구성요건의 포괄화와 둘째, 형벌의 부당이득 연동제이다.

2. 구성요건의 포괄화

[3-82] 금융법상 형벌의 적용과 관련하여 구성요건의 포괄화가 문제되는 것은 자본시장법상 부정거래행위와 은행법 등에서 규정하고 있는 일반적 위반행위 유형의 두 가지이다.

[3-83] 첫째, 자본시장법은 누구든지 금융투자상품의 매매, 그 밖의 거래와 관련하여 부정한 수단, 계획 또는 기교를 사용하는 행위를 금지하고 있다(자본 178조 1항 1호). 이는 미국 증권거래위원회 규칙을 모델로 한 규정이다(SEC Rule10b-5(a)), 부정성의 의미, 죄형법정주의 위반 여부 등에 관한 논란이 있지만, 대법원은 이 규정을 널리 적용하고 있다. 이와 같은 포괄적인 규정이 도입된 것은 자본시장 불공정거래행위의

98) 대법원 1997. 9. 12. 선고 96다41991 판결로 확정.

수법이 빠르고 다양하게 변화하는 현실 때문이다. 자본시장법상 한정적인 구성요건으로는 이러한 변화하는 행위유형을 처벌하기 어렵다.

둘째, 구 새마을금고법상 '이 법과 이 법에 의한 명령…에 위반하는 행위를 함으로써 금고 또는 연합회에 손해를 끼쳤을 때' 형벌을 부과하는 내용의 규정에 대하여 헌법재판소는 내용을 짐작할 수 있는 구체적 내용을 규정 자체에서 담고 있지 않아 예측가능성이 없고, '이 법에 의한 명령' 부분은 법에서 정한 시정명령인지 아니면 시행령인지 알 수 없으며, 명령을 시정명령으로 보든 시행령으로 보든 정해질 내용의 예측가능성이 없고, 수범자가 일반인이 아닌 새마을금고의 임직원이라도 규정 자체에 처벌행위유형이 없는 이상 금지행위의 실질을 예측하기 어렵다는 이유로 죄형법정주의를 선언한 헌법 제12조 제1항, 제13조 제1항에 위반된다고 판단하였다(헌재 2001. 1. 18. 99헌바112 결정). 현재 은행법은 행정제재의 대상으로서 유사한 행위유형을 규정하고 있다.[99] 형벌을 실효성 확보수단으로 하는 경우에 비하여 문제는 덜할 수도 있지만, 예측가능성의 관점에서 구체화할 필요가 있다. [3-84]

3. 형벌의 부당이득연동제[100]

자본시장법은 불공정거래행위에 대하여 1년 이상의 유기징역 또는 '그 위반행위로 얻은 이익 또는 회피한 손실액'("부당이득")의 3배 이상 5배 이하에 상당하는 벌금을 기본형으로 하고, 법정형을 부당이득이 50억원 이상인 경우에는 무기 또는 5년 이상의 징역, 5억원 이상 50억원 미만인 경우에는 3년 이상의 유기징역으로 가중하고 있다(자본 443조 2항 1호 · 2호). 이 경우 부당이득은 구성요건요소로서 검사가 증명 [3-85]

99) 15조의5 3호(이 법 또는 이 법에 따른 명령을 위반하는 행위), 53조 1항(은행이 이 법 또는 이 법에 따른 규정 · 명령 또는 지시를 위반하여 은행의 건전한 경영을 해칠 우려가 있다고 인정되…는 경우), 53조 2항 5호(이 법 또는 이 법에 따른 명령이나 처분을 위반하여 예금자 또는 투자자의 이익을 크게 해칠 우려가 있는 경우) 54조 1항(은행의 임원이 이 법 또는 이 법에 따른 규정 · 명령 또는 지시를 고의로 위반하…는 경우) 54조 2항(은행의 직원이 이 법 또는 이 법에 따른 규정 · 명령 또는 지시를 고의로 위반하…는 경우) 69조 1항 11호(그 밖에 이 법 또는 이 법에 따른 규정 · 명령 또는 지시를 위반한 은행) 53조의2 1항(PEF등이 제15조의5를 위반하는 경우) 53조의2 3항(PEF등이 제15조의5 각 호의 어느 하나에 해당하는 경우) 53조의2 4항(PEF등의 재산운용 등을 담당하는 업무집행 사원이 제15조의5 각 호의 어느 하나에 해당하는 경우). 금융지주회사법 8조의7 3호(이 법 또는 이 법에 따른 명령을 위반하는 행위)도 같다.

100) 김영기, "자본시장 불공정거래범죄의 부당이득 산정기준", 형사법의 신동향 제59호, 2018, 337－375면; 노혁준, "자본시장법상 불공정거래로 인한 부당이득의 법적 문제", 증권법연구 제19권 제1호, 2018, 225－276면; 정순섭, "자본시장법상 불공정거래와 보호법익 －시세조종과 부당이득을 중심으로－", 상사판례연구, 제25집 제1권, 2012, 113－167면.

해야 한다. 부당이득액을 위반행위의 부정성을 나타내는 계량적 지표로 보아 형벌에 연동하려는 입법태도 자체는 가능할 것이다.[101]

[3-86] 문제는 부당이득의 산정이 쉽지 않다는 점이다. 첫째, 법원은 위반행위와 부당이득 사이의 상당인과관계를 요구한다(인과관계). 따라서 제3자의 행위나 외부적 사건이 영향을 미친 경우에는 그에 따른 부당이득액을 제외해야 한다. 둘째, 위반행위자에게 귀속되는 부당이득만을 포함하는 것이 원칙이다(귀속주체). 따라서 법인과 그 대표자, 공범 등 일정한 관계가 있는 경우에는 그들에게 귀속된 부당이득을 모두 합산한다. 셋째, 부당이득은 위반행위의 부정성을 나타내는 계량적 지표로서 규범적 개념이므로 현실적으로 발생한 것에 한정되지 않고 미실현이익도 포함한다. 최근 개정으로 그 산정방법도 법률의 위임에 따라 시행령에서 직접 규정하게 되었다(자본 442조의2).

101) 헌법재판소는 두 차례에 걸쳐 합헌으로 결정하였다. 헌재 2003. 9. 25. 2002헌바69 · 2003헌바41(병합) 전원재판부; 헌재 2011. 2. 24. 2009헌바29 결정.

CHAPTER 04

금융과 법적 환경

제1절 서 언

금융은 시장참여자의 금융거래의사의 법적 효력에 영향을 미치는 다양한 법적 환경을 전제로 한다. 현대금융거래에서 특히 중요한 것은 신탁법과 도산법 그리고 국제사법이다. 신탁법은 그 자체가 가진 상거래활성화기능으로 계약법과 함께 금융의 기본법리로서 활용되고 있다. 금융은 다양한 위험을 요소로 한다, 특히 "금융거래의 상대방이 채무를 불이행함으로써 손해를 입을 위험"을 말하는 신용위험은 핵심적인 고려사항이다. 금융거래당사자의 신용위험이 극단적으로 발현되는 도산에 대한 법적 대응으로서의 도산법은 중요한 고려사항이다. 그리고 금융업 및 금융시장에서의 시장원리의 적용을 내용으로 하는 경쟁법도 중요한 법적 환경의 하나라고 할 수 있다. 국제사법에 대해서는 제17장 국제금융제도에서 살펴본다. 이하 차례대로 정리한다. [4-1]

제 2 절 금융과 신탁법[102)]

Ⅰ. 문제의 소재

[4-2] 일반적으로 금융거래는 계약의 형태로 구성된다. 그렇지만 투자신탁이나 특정금전신탁과 같이 신탁의 형태를 취하기도 한다. 특히 부동산금융에서 담보신탁은 저당권과 같은 전통적인 물적담보가 가지는 엄격함을 극복하는 수단으로서 널리 활용되고 있다. 이와 같이 신탁법은 계약법과 함께 금융거래를 설계하는 핵심법리가 된다. 이와 같은 활용은 신탁의 상거래 활성화 기능,[103)] 그 중에서도 특히 도산격리기능에 근거한 것이다. 도산격리기능은 아래에서 살펴볼 신탁재산의 독립성을 통하여 거래당사자의 신용위험을 완전히 배제할 수 있는 것을 말한다. 전통적인 인적담보나 물적담보는 신용위험을 완전히 제거할 수 없지만, 신탁을 이용하면 그 법적 효력이 확보되는 한 위험을 거의 완벽하게 제거할 수 있다.

[4-3] 전통적으로 영국법상 개인의 재산관리와 승계를 위한 수단으로 개발된 신탁은 상거래 나아가 금융거래를 위한 기초법리로 활용되고 있다. 특히 상사신탁을 중심으로 발전해 온 우리나라에서는 신탁이라고 하면 우선 투자신탁이나 특정금전신탁을 떠올리는 것이 일반적이다. 그러나 최근 국내에서도 유언대용신탁과 같은 형태로 개인의 자산관리나 승계를 위한 신탁의 활용이 널리 이루어지기 시작했다. 이 책에서는 금융거래의 기초법리로서의 신탁을 중심으로 설명한다.

Ⅱ. 의의와 이론적 기초

1. 의 의

[4-4] 신탁법상 신탁은 "위탁자와 수탁자 간의 신임관계에 기하여 위탁자가 수탁자에게 신탁재산의 이전 그 밖의 처분을 하고 수탁자로 하여금 수익자의 이익 또는 특정

---

102) 정순섭, 『신탁법』, 지원출판사, 2021(이하 "정순섭, 신탁").

103) 신탁의 상거래활성화 기능으로는 도산격리, 신인법리, 구주의 유연성, 도관과세의 네 가지를 들 수 있다. 정순섭, 신탁, 7-9면.

의 목적을 위하여 그 재산의 관리, 처분, 운용, 개발, 그 밖에 신탁 목적의 달성을 위하여 필요한 행위를 하게 하는 법률관계"를 말한다(신탁 2조). 신탁은 신탁당사자와 신탁재산 그리고 신탁목적을 요소로 한다. 신탁재산의 이전 그 밖의 처분은 영업이나 저작재산권의 일부를 포함한 특정의 재산을 이전하거나 담보권의 설정 또는 그 밖의 처분을 하는 것을 말한다. 국내에서 신탁법상 신탁과 가장 많은 혼동을 일으키는 것은 명의신탁이다. 그러나 부동산실명법상 명의신탁은 신탁법상 신탁이 아니다(대법원 1971. 1. 29. 선고 70도2716 판결). 대내적 소유권과 대외적 소유권이 분리되는 명의신탁과는 달리 신탁법상 신탁재산은 대내외적으로 수탁자에게 귀속한다(대법원 1993. 4. 27. 선고 92누8163 판결).

신탁은 다양한 기준에 따라 분류할 수 있다. 첫째, 금융거래와 관련하여 중요한 것은 수익자가 있는 수익자신탁과 수익자가 없는 목적신탁의 구분이다. 목적신탁은 공익목적신탁과 사익목적신탁으로 구분된다. 공익목적신탁 중 공익신탁법상 일정한 요건을 충족한 경우를 공익신탁이라고 한다. 금융신탁은 수익자신탁이다. 둘째, 수익자가 1인인 단독신탁과 복수인 집단신탁의 구분도 중요하다. 특정금전신탁은 대부분 단독신탁, 투자신탁은 집단신탁이다. 이론상 수익자가 다수인 특정금전신탁도 있을 수 있다. [4-5]

2. 신탁과 신인관계

영미법상으로는 이러한 관계를 신인관계(fiduciary relationship), 수탁자를 신인의무자(fiduciary), 신인의무자가 수익자에게 부담하는 의무를 신인의무(fiduciary duty)라고 한다. 신인의무는 영국에서는 충실의무(duty of loyalty)를, 미국에서는 충실의무와 주의의무(duty of care)를 말한다. 충실의무는 수익자의 이익을 우선해야 할 이해상충 방지의무를, 그리고 주의의무는 수탁자로서의 전문성을 갖추어 신탁사무를 처리할 의무를 의미한다. 투자신탁은 수탁자에게 투자신탁재산의 보관과 자산운용을 맡기면서 수익자에게 수익증권을 발행한다. [4-6]

신탁은 영미법상 보통법(common law)과 형평법(equity)의 분화라는 이원적 법제도에 기초하여 발전한 법리로서 이러한 분리를 알지 못하는 대륙법계 국가에는 매우 생소한 것이 사실이다. 대표적인 대륙법계 국가인 독일은 지금도 영미법상 신탁법리 [4-7]

를 도입하지 않고 있다. 우리나라는 일본을 거쳐 영미 신탁법을 도입하였다.

[4-8] 영미법상 신탁은 계약과는 구별된다. 국내에서는 신탁을 계약으로 보는 것이 일반적이다.104) 그러나 계약은 신탁을 설정하는 방법 중의 하나일 뿐 신탁 그 자체는 계약과는 구별된다. 신탁계약의 당사자는 위탁자와 수탁자이지만, 신탁의 당사자는 위탁자와 수탁자 그리고 수익자이다. 수익자에게 신탁의 효력이 미치는 것은 신탁계약이 아니라 신탁법에서 정한 효과이다. 신탁계약과 신탁의 관계를 저당권설정계약과 저당권에 비유하기도 한다.

3. 신탁의 기본구조

가. 신탁당사자

[4-9] 신탁당사자는 위탁자, 수탁자, 수익자를 말한다. 각각의 신탁당사자는 복수일 수 있고, 각 당사자의 지위를 겸할 수 있다. 위탁자와 수익자가 같은 자익신탁, 위탁자와 수탁자 그리고 [수익자 중 1인]이 같은 자기신탁, 나아가 수익자가 없는 목적신탁도 가능하다. 신탁의 본질인 신탁재산의 독립성이 유지되는 한 신탁당사자는 신탁행위로 자유롭게 구성할 수 있다.

[4-10] 위탁자는 '신탁을 설정하는 자'로서 신탁자라고도 한다(신탁 2조). 위탁자는 수탁자에게 신탁재산의 이전 그 밖의 처분을 할 수 있는 의사능력과 행위능력을 갖추어야 한다. 특히 실무상 위탁자가 고령자인 경우에는 가족들을 중심으로 새로운 분쟁이 발생할 수 있으므로 신탁행위로 의사능력을 확인하는 기준과 절차를 갖추어야 한다.

[4-11] 수탁자는 위탁자로부터 신탁재산을 이전받아 완전한 권리자가 되는 신탁재산의 '법률상 귀속주체'이자 '관리처분의 주체'인 신탁당사자이다. 신탁사무는 수탁자가 수행한다. 수탁자는 그 신탁재산에 대한 법률상 완전한 권리자가 되지만 위탁자가 정한 목적이나 수익자의 이익을 위하여 신탁사무를 처리할 의무를 진다. 수탁자가 가지는 신탁재산에 대한 물권에는 제한이 없지만, 그의 신탁사무는 위탁자가 정한 목적이나 수익자의 이익에 따른 채권적 제약을 받게 된다. 그리고 이 과정에서 수탁자는 위탁자나 수익자에게 법률상 인정되는 가장 높은 수준의 보호의무를 부담하게 된다. 수탁

104) 성순섭, 신탁, 105-106면.

자는 신탁재산에 관한 완전한 권리자로서 수익자의 이익 또는 특정의 목적을 위하여 그 재산의 관리, 처분, 운용, 개발, 그 밖에 신탁 목적의 달성을 위하여 필요한 행위를 할 수 있다.

수익자는 수익권을 가지는 자로서 신탁의 이익의 귀속주체가 된다(신탁 2조). 수익자의 이익은 수탁자의 행위기준으로서 수탁자의 신탁사무처리, 충실의무, 이익상반행위, 신탁종료의 판단기준(신탁 2조, 33조, 34조 1항 5호, 100조)이 된다. 수익자는 수탁자 등의 신탁사무집행을 감시한다. 여기서 수익자가 가지는 권리가 신탁수익권 또는 수익권이다. 수익권을 표시하는 증권이 수익증권이다. [4-12]

나. 신탁재산

신탁법상 신탁은 신탁재산을 중심으로 하는 법률관계이다. 신탁법상 신탁재산은 처분가능성, 금전적 가치, 양도성, 특정성의 자격요건을 갖추어야 한다.[105] 그리고 현실적인 제약은 자본시장법상 신탁업자인 수탁자가 수탁할 수 있는 수탁가능재산의 범위가 엄격하게 제한되고 있는 점이다. 자본시장법상 신탁업자의 수탁가능재산은 금전, 증권, 금전채권, 동산, 부동산, 부동산 관련 권리, 무체재산권(지식재산권을 포함)으로 한정된다(자본 103조 1항 1호-7호). '부동산관련 권리'는 지상권, 전세권, 부동산임차권, 부동산소유권 이전등기청구권, 그 밖의 부동산 관련 권리를 말한다(자본 103조 1항 5호 · 6호). 무체재산권은 지식재산권을 말한다. 예컨대 가상자산은 신탁법상 신탁재산에는 포함될 수 있지만, 자본시장법상 신탁업자의 수탁가능재산에는 포함되지 않는다. [4-13]

신탁재산의 독립성은 신탁재산의 신탁당사자, 특히 수탁자의 고유재산으로부터의 분리를 말하는 것으로서 "신탁재산의 감소 방지와 수익자의 보호 등을 위하여 수탁자의 고유재산과 신탁재산은 분별하여 관리되어야 하고 양자는 별개 독립의 것으로서 취급"되는 것(대법원 2007. 9. 20. 선고 2005다48956 판결)이다. 구체적으로 신탁재산에 대한 강제집행 등의 금지, 수탁자의 사망 등과 신탁재산의 상속재산 배제, 수탁자의 파산 등과 신탁재산의 파산재단에의 귀속금지, 신탁재산에 속하는 채권과 신탁재산에 속하지 않는 채무의 상계제한 등(신탁 22조 1항 본문, 23조-25조)이 중요하다. 위탁자와 수탁자의 신탁설정의사가 명시되지 않은 경우에도 신탁재산의 분별관리 등을 [4-14]

105) 정순섭, 신탁, 245-250면.

통하여 신탁재산의 독립성을 확보하려는 의사가 명백한 경우에는 묵시적인 신탁설정 의사를 인정할 가능성이 높아진다.

다. 신탁의 성립[106)]

[4-15] 신탁법상 모든 신탁은 신탁행위로 설정된다. 신탁행위는 신탁설정을 위한 법률행위로서 계약과 유언, 그리고 신탁선언을 말한다(신탁 3조 1항 1호-3호). 신탁법은 법률에 의한 신탁의 설정을 의미하는 법정신탁을 예외적으로 허용한다(신탁 101조 4항 후단). 그러나 금융거래는 계약으로 설정된다. 신탁선언은 위탁자와 수탁자가 동일한 형태의 투자자예탁금 별도예치를 위한 신탁이나 자산유동화신탁에서 활용될 수 있다(자본 74조 2항 후단; 자산유동화법 16조 2항; 주택금융공사법 32조 1항). 신탁법상 신탁의 성립을 위해 위탁자의 수탁자에 대한 신탁재산의 이전과 수탁자의 신탁목적에 따른 신탁재산의 관리 · 처분이 필요하다. 신탁행위도 민법상 법률행위이므로 당사자의 의사를 요하는 것은 당연하다. 그러나 신탁법상 신탁의 성립을 위하여 '명시적인 신탁설정의사'를 요하는 것은 아니며, 묵시신탁의 성립도 인정된다. 2002년 대법원은 사채원리금 지급대행계약을 명시적인 신탁설정의사가 표시되지 않았음에도 신탁으로 판단했다(대법원 2002. 7. 26. 선고 2000다17070 판결). 이러한 묵시신탁의 인정과 관련하여 신탁의 본질적 요소인 신탁재산의 독립성은 당사자의 의사를 확인하는 기준으로서 신탁법의 일관된 해석을 위한 기반이 된다.[107)]

Ⅲ. 신탁과 금융상품설계

1. 의의와 구조

[4-16] 신탁의 제도적 기능에 대해서는 여러 가지 설명이 있지만, 구조적 유연성이 중요하다. 당사자들이 보유하는 권리의 성질을 변화시켜 당사자들이 원하는 구조를 자유롭게 만들 수 있다. 이를 금융상품설계기능이라고 한다. 구체적으로 [1단계] 위탁

106) 정순섭, 신탁, 제4장 신탁의 성립.
107) 같은 취지: 서울고법 2012. 8. 1. 선고 2011나65695 판결; 서울고법 2023. 11. 10. 선고 2023누44759 판결.

자가 금전이나 부동산 또는 저작권과 같은 재산을 신탁재산으로 수탁자에게 이전 그 밖의 방법으로 처분하고("위탁자로부터 수탁자로의 신탁재산의 이전"), [2단계] 수탁자는 그 신탁재산을 위탁자와 합의한 바에 따라 '관리, 처분, 운용, 개발, 그 밖에 신탁 목적의 달성을 위하여 필요한 행위'를 하고("수탁자의 신탁재산의 관리 등"), [3단계] 수익자는 수탁자(정확하게는 신탁재산)로부터 그 신탁재산의 관리 등에 따른 수익을 배당받는 방식으로 투하자본을 회수하게 된다("수탁자로부터 수익자로의 실적배당"). 수익증권을 발행하는 경우에는 수익자가 그 수익증권을 보유하며, 권리의 행사에 사용하고 필요한 경우 그 수익증권을 상장하여 거래할 수도 있다.

이러한 3단계 과정을 통하여 신탁은 부동산이나 저작권과 같은 일반적으로 금 [4-17] 융상품으로 볼 수 없는 재산을 수익증권의 형태로 금융상품화하거나 때로는 그 수익증권을 상장함으로써 상장할 수도 있는 것이다. 이러한 기능을 활용한 것으로 특정금전신탁과 투자신탁 그리고 자산유동화가 대표적이다. 신탁의 금융상품설계기능에는 대상 재산을 수탁자가 신탁재산으로 수탁할 수 있는지를 제외하고는 법적 제한은 없다. 다만 수익증권이 자본시장법상 증권에 해당할 경우에는 동법상 증권규제의 대상이 되고, 상장할 경우에는 거래소상장규제의 적용도 받게 된다.

2. 특정금전신탁

신탁은 신탁재산의 종류에 따라 금전을 신탁재산으로 하는 금전신탁과 금전 이 [4-18] 외의 재산을 신탁재산으로 하는 비금전신탁으로 구분할 수 있다. 자본시장법상 금전신탁은 특정신탁과 불특정신탁으로 구분된다(자본 103조 3항; 동 시행령 103조). 특정금전신탁은 위탁자가 신탁재산인 금전의 운용방법을 지정하는 금전신탁을, 그리고 불특정금전신탁은 위탁자가 신탁재산인 금전의 운용방법을 지정하지 않는 금전신탁을 말한다(자본 시행령 103조 1호 · 2호). [1단계] 위탁자가 금전을 신탁재산으로 신탁업자인 수탁자에게 이전하고, [2단계] 신탁업자는 그 신탁재산을 위탁자가 지정한 바에 따라 운용하고, [3단계] 수익자는 신탁업자(정확하게는 신탁재산)로부터 그 신탁재산의 운용에 따른 수익을 배당받는다. 위탁자가 신탁재산인 금전의 운용방법을 지정하는 점을 고려하여 수탁자(신탁업자)의 의무의 수준과 내용에 차이를 인정하는 것이 일반적이다. 특정금전신탁의 신탁업자는 수익증권을 발행할 수 있다(자본 110조 1항).

[4-19] 특정금전신탁은 과거에는 주로 은행이 취급하는 금융상품으로 취급되어 예금과의 구분이 문제되기도 했다(신탁과 예금의 구분). 금전신탁은 "신탁된 금전은 금융기관의 고유재산이 아닌 신탁재산에 속하게 되고 신탁행위 또는 관계 법령에서 정한 바에 따라 자금운용이 이루어져야 하며, 실적배당주의가 적용되어 원칙적으로 원본과 이익이 보장되지 아니할 수 있다는 점 등"에서, "예금된 금원이 금융기관의 고유재산에 속하게 되고 예금에 관한 금융기관의 자금운용 방법에 원칙적으로 제한이 없으며 원금 및 약정이율에 따른 이자의 지급이 보장되는 금전의 소비임치계약"인 예금과 구별된다(대법원 2007. 11. 29. 선고 2005다64552 판결). 이러한 구분기준은 금전소비임치로서의 법적 성질을 가지는 전자금융거래법상 선불전자지급수단의 선불충전금이나 자본시장법상 투자자예탁금 등의 경우에도 의미를 가진다.

3. 투자신탁

[4-20] 투자신탁은 자본시장법상 집합투자의 일종이다. 자본시장법상 집합투자는 첫째, 2인 이상의 투자자로부터 모은 금전등을, 둘째, 투자자로부터 일상적인 운용지시를 받지 아니하면서 재산적 가치가 있는 투자대상자산을 취득 · 처분, 그 밖의 방법으로 운용하고, 셋째, 그 결과를 투자자에게 배분하여 귀속시키는 것을 말한다(자본 6조 5항). 여기서 첫째, '2인 이상의 투자자로부터 모은 금전등'의 요소는 자산의 집합(pooling)을 말하는 것으로서 [복수의 투자자 대 1 집합투자업자]의 존재에 따른 대리인문제의 근원이 된다. 둘째, '투자자로부터의 일상적인 운용지시를 받지 않고 투자대상자산에 운용'한다는 것도 마찬가지로 집합투자에 고유한 대리인문제의 원인이 될 수 있다. 그러나 투자자가 운용에 관여할 경우 집합투자가 될 수 없다. 셋째 요소는 실적배당을 말하는 것으로서 투자원본의 손실가능성을 의미한다. 이러한 요소 중 하나라도 갖추지 못하면 집합투자에 해당할 수 없다.

[4-21] 집합투자는 복수의 투자자들의 자산을 집합하여 운용함으로써 규모의 경제를 활용한 분산투자의 활용이나 수수료의 절감과 같은 경제적 효과를 확보할 수 있지만 동시에 투자자와 집합투자업자 사이의 이해상충에 따른 대리인문제를 발생시킬 수 있다. 따라서 자본시장법은 투자자의 재산을 집합투자업자의 고유재산과 분리하기 위해 집합투자기구를 이용하게 된다. 투자신탁은 이러한 집합투자 중에서 "집합투자

업자인 위탁자가 신탁업자에게 신탁한 재산을 신탁업자로 하여금 그 집합투자업자의 지시에 따라 투자·운용하게 하는 신탁형태의 집합투자기구"를 말한다(자본 9조 18항 1호). 집합투자기구가 신탁법상 신탁의 형태를 취하는 것이다.

구체적인 구조는 [1단계] 복수의 투자자(수익자)가 금전등을 투자신탁재산으로 [4-22]
신탁업자인 수탁자에게 이전하고, [2단계] 신탁업자는 집합투자업자의 자산운용지시에 따라 그 투자신탁재산을 운용하고, [3단계] 수익자는 신탁업자(정확하게는 투자신탁재산)로부터 그 투자신탁재산의 운용에 따른 수익을 배당받는다. 첫째, [1단계]를 통하여 '2인 이상의 투자자로부터 모은 금전등'의 요소가 충족된다. 복수의 투자자로부터 금전등을 모으기 때문에 자산의 집합이라고 부른다. 이 경우 투자자로부터 모은 금전등을 투자신탁재산이라고 한다. 그 종류에는 제한이 없다. 투자신탁을 신탁법상 신탁으로 구성할 경우 위탁자는 집합투자업자, 수탁자는 신탁업자, 수익자는 투자자가 된다. 이러한 관점에서 과거에는 집합투자업자에 해당하는 당사자를 위탁회사, 그리고 신탁업자에 해당하는 당사자를 수탁회사라고 했다. 둘째, [1단계]에서 '투자자로부터의 일상적인 운용지시를 받지 않고 투자대상자산에 운용'한다는 것도 투자자인 수익자가 운용에 전혀 개입할 수 없는 특징을 말한다. 다만 투자신탁에서 자산운용도 신탁법 원칙상으로는 수탁자인 신탁업자가 해야 되지만, 자본시장법상 특별히 집합투자업자에게 맡기고 있다(자본 80조 1항). 법률상 증권이나 파생상품 등 투자신탁을 위한 금융거래의 당사자는 수탁자인 신탁업자이다. 투자신탁의 수익증권도 신탁업자가 아닌 집합투자업자가 발행한다(자본 189조 1항). 투자신탁을 증권집합투자기구, 부동산집합투자기구, 특별자산집합투자기구, 혼합자산집합투자기구, 단기금융집합투자기구로 구분하는 것은 집합투자재산의 운용대상에 따른 것이다(자본 229조 1호−5호). [3단계]는 모든 신탁구조의 공통된 특징이다. 수익자는 발행된 수익증권을 이용하여 권리를 행사한다. 다만 투하자본의 회수는 증권의 양도를 통하여 이루어지는 일반적인 증권과는 달리 집합투자업자에 대한 환매를 통하게 된다. 투자신탁을 환매금지형으로 설정한 경우에는 그 수익증권을 상장하여 투하자본의 회수기회를 보장해야 한다.

4. 자산유동화[108)]

[4-23] 자산유동화는 전통적으로 증권시장에서 거래되지 못했던 거래대상이 증권시장의 거래대상으로 전환되는 현상을 말한다. 자산유동화에 관한 법률상으로는 '자산보유자'가 '보유자산'을 유동화하는 것을 말한다. 대출채권, 유가증권, 부동산 등 유동성은 떨어지나 재산적 가치가 높은 자산을 증권화를 통하여 현금화하는 과정이다. 유동화로 발행되는 자산유동화증권의 상환이 자산을 보유하고 있던 기업의 신용에서 분리된 유동화자산 자체의 현금흐름과 신용에만 의존하는 점에서 전형적인 자산금융의 특징을 나타낸다. 현행법상으로는 자산유동화에 관한 법률에 따라 이루어지는 정형유동화와 그 이외의 비정형유동화를 구분한다. 정형유동화는 유한회사나 신탁을, 그리고 비정형유동화는 주로 주식회사를 유동화기구로 이용한다.

[4-24] 자산유동화는 자산보유자가 대출채권이나 부동산과 같은 유동화자산을 유동화기구에 이전하고, 유동화기구는 그 유동화자산으로부터 발생하는 원리금이나 임대수익 등의 현금흐름에 의존하여 유동화증권을 발행하게 된다. 이 때 유동화기구는 유동화전문회사 · 자산유동화업무를 전업으로 하는 외국법인 및 신탁업자를 말한다(유동 3조 1항). 유동화전문회사는 상법상 유한회사로 한다(유동 17조 1항). 신탁업자를 이용하는 것은 유동화기구가 신탁법상 신탁의 구조를 취하는 경우이다. 자산유동화업무를 전업으로 하는 외국법인은 자산유동화를 목적으로 외국에 설립한 특별목적기구인 법인을 말한다. 여기서 유동화기구가 신탁의 구조를 취할 경우 신탁은 대출채권이나 부동산 등 유동성이 없거나 떨어지는 자산의 현금흐름에 의존하여 유동화증권이라는 금융상품을 발행함으로써 유동성을 부여하게 된다. 유동화신탁은 대출채권이나 부동산과 같은 유동성이 없거나 떨어지는 자산을 금융상품화하는 기능을 수행하게 되는 것이다.

5. 조각투자

[4-25] 현재 국내외에서 미술품이나 한우 또는 부동산과 같은 일반상품 또는 저작권과 같은 준물권을 대상으로 진행되고 있는 조각투자[109)]라는 것도 결국은 유동성이 낮은

108) 정순섭, 은행, 제14장 제2절 자산유동화.

109) 법률상 엄밀하게 정의되어 있지는 않지만, 조각투자는 "2인 이상의 투자자가 실물, 그 밖에 재산적 가치가 있는 권리를 분할한 청구권에 투자 · 거래하는 등의 신종 투자형태"라고 정의되고 있다. 금융위, 보도자료: 조각

자산의 현금흐름에 의존하여 유동성이 있는 증권을 발행함으로써 금융상품화하는 전통적인 자산유동화의 과정을 밟고 있는 것이라고 할 수 있다. 이와 관련하여 한우나 미술품 또는 부동산과 같은 일반상품의 '소유권을 분할하여 거래한다'는 등의 설명은 오히려 혼란을 부추길 수 있다. 분할의 형태를 불문하고 물권이나 준물권 자체를 금융상품으로 인정할 수 있는 방법은 특별법으로 이를 허용되는 일부 국가를 제외하고는 생각할 수 없다. 이를 인정하는 것은 일반상품 자체를 금융상품으로 인정하겠다는 발상과 다를 바 없다. 여기서 더 나아가 국내에서는 투자계약증권이라는 복잡한 개념을 적용하여 논의가 더욱 혼란스럽게 진행되고 있다. 요컨대 현재 진행 중인 조각투자 등의 현상은 단순하게 설명하면 전통적으로 금융거래의 대상이 되지 못하였던 자산을 자산유동화의 과정을 통하여 금융상품화하는 과정이 현실화된 것이다.

이러한 조각투자 등의 현상에 대하여 우리법은 전통적으로 금융상품으로 거래 [4-26]
되지 않았던 대상자산을 신탁재산으로 하여 신탁을 설정하거나 유한회사나 주식회사 또는 익명조합이나 합자조합에 이전하여 그 보유자산으로 전환하고, 투자자는 신탁수익권이나 출자지분 또는 주식을 통하여 그 대상자산으로부터 발생하는 현금흐름에 지분적으로 참여하게 함으로써 수익증권이나 지분증권의 형태로 금융상품화하는 길을 이미 마련해 두고 있다. 대상자산의 현금흐름을 원리금재원으로 하는 채무증권이나 그 현금흐름에 기초한 파생상품으로 구성하는 것도 가능하다. 투자계약증권은 이러한 전통적인 방법을 적용할 수 없는 예외적인 경우에 한정되어야 한다. 분산원장기술을 이용한 토큰증권도 주식과 같은 전통적인 증권유형이 아니라 이러한 금융상품 설계기능이 내포된 분야에서만 현실성을 갖게 될 것으로 본다.

Ⅳ. 신탁과 금융규제

1. 신탁업

수탁자가 되는 것을 영업으로 하는 자를 신탁업자라고 한다(자본 6조 9항, 8조 7 [4-27]
항). 자본시장법상 특정금전신탁에서는 신탁업자가 수탁자로서의 기능을 모두 수행한

투자 등 신종증권 사업 관련 가이드라인, 2022. 4. 29., 별첨: 조각투자 등 신종증권 사업 관련 가이드라인.

다. 그러나 자본시장법상 투자신탁에서는 집합투자업자가 전통적으로 수탁자가 담당하는 신탁사무 중 자산운용을 수탁자(투자신탁재산을 보관 · 관리하는 신탁업자)에게 지시하는 형태로 분화시켰다("수탁자의 기능분화"). 투자신탁의 법률관계에서 집합투자업자의 법적 지위에 대해서는 크게 신탁의 법적 구조에 기초하여 설명하려는 견해와 신탁과는 무관한 특별한 조직계약으로 보려는 두 가지 견해가 있다. 그러나 투자신탁은 신탁법상 신탁에 기초한 것으로서 자본시장법상 명시적인 규정이 없는 한 신탁법의 신탁에 관한 일반법으로서의 지위를 고려할 때 신탁으로서의 본질을 완전히 무시하기는 어려울 것이다. 금융법상 금융소비자에 해당하는 자는 특정금전신탁과 같은 일반적인 신탁의 경우에는 신탁계약체결 전에는 위탁자, 그 후에는 수익자이다. 투자신탁에서는 이를 신탁으로 설명하는 견해에 따르면 위탁자는 집합투자업자, 그리고 수익자는 투자자이다.

[4-28] 신탁업규제의 범위와 관련하여 자본시장법상 신탁업은 신탁을 영업으로 하는 경우를 모두 포함하므로 신탁재산에 대한 운용 등의 행위가 전혀 이루어지지 않는 단순한 수동적인 보관만 이루어지거나 가족간 자산의 관리나 승계 기능만 수행하는 경우도 신탁업으로 규제될 수밖에 없다. 이에 대해서는 금융업으로서의 신탁업규제의 대상에서는 제외하는 것이 옳다는 입법론상 논의가 있다.

2. 신탁과 증권

[4-29] 실적배당상품으로서의 실질을 유지하는 한 수익증권은 원금손실가능성이 있으므로 자본시장법상 증권에 해당한다. 수익증권과 같이 유통이 전혀 이루어지지 않는 경우에도 그 금융상품구조상 신탁재산의 손실에 따라 수익증권 투자자도 투자원금의 손실을 입을 수 있어 투자성의 요건(자본 3조 1항 본문)을 충족할 수 있기 때문이다.[110] 증권에 해당할 경우 자본시장법상 증권규제가 적용된다. 불특정금전신탁과 같이 투자신탁으로 분류될 경우에는 집합투자규제와 함께 그 수익증권에 대해서는 집합투자증권에 대한 규제도 함께 적용된다.

---

110) 자본시장법상 금융투자상품의 요소로서의 투자성은 첫째, 대상 금융상품의 매매에 따른 손실가능성과 둘째, 대상금융상품의 구조상 매매가 이루어지지 않아도 원금에 손실이 발생할 수 있는 가능성을 모두 포함한다. 전자를 시상위험, 후자를 구조위험이라고 할 수 있다.

제 3 절 금융과 도산법[111)]

Ⅰ. 문제의 소재

금융에서 도산이 문제되는 경우는 금융회사의 도산, 도산절차가 금융거래에 미치는 영향, 국제금융도산의 세 가지이다. 이를 금융도산법이라고 부른다. 일반적으로 법률상 도산은 파산과 회생을 포함한다. 파산사유로서 채무초과는 법인의 경우에 재무상태표상 부채가 자산을 초과하는 경우(회생 306조)로서 도산의 형식적 기준이라고 할 수 있다. 파산사유로서 지급불능은 실질적인 지급능력의 부재를 말하는 것으로서 지급정지를 포함한다(회생 305조 1항 · 2항). 회생사유는 파산원인이 생길 염려가 있는 경우와 사업의 계속에 현저한 지장을 초래하지 않고는 변제기에 있는 채무를 변제할 수 없는 경우 등을 말한다(회생 34조 1항 1호 · 2호). 파산과 회생을 합쳐서 도산이라고 부른다. 금융회사의 정리는 도산사유가 발생하기 이전의 조기개입을 위한 근거로서 법률상 도산에 이르기 전의 부실상태를 요건으로 규정하고 있다(금산 2조 2호; 예보 2조 5호). [4-30]

첫째, 금융법상 도산이 가장 중요하게 논의되는 것은 금융업의 수행주체인 금융회사의 도산이다. 금융규제법상 건전성규제는 금융회사의 도산을 방지하는 데 목적이 있다. 둘째, 도산절차가 금융거래의 효력에 미치는 영향으로서 금융거래당사자의 파산이나 회생절차개시는 그 상대방의 입장에서 그 금융거래를 지속할 수 없는 사유가 된다. 따라서 금융거래에서의 신용위험이 현실화된 경우로서 그 위험을 예측가능한 범위에서 통제할 수 있는 장치가 확보되어야 한다. 셋째, 오늘날 일정 규모 이상의 금융회사의 도산은 국제적으로 진행된다. 따라서 거래당사자의 입장에서는 그 상대방인 금융회사의 도산이나 정리절차의 국제적 효력을 중심으로 하는 국제금융도산의 법률문제도 확인할 수 있어야 한다. 이하 금융도산법의 기본원칙을 특히 금융규제법과 비교하여 정리한 후에 금융회사의 도산, 도산절차가 금융거래에 미치는 영향, 국제금융도산의 세 가지 문제를 차례대로 살펴본다. [4-31]

111) 이하 설명은 정순섭, 은행, 제20장 퇴출규제에 기초한 것이다.

Ⅱ. 금융도산법의 기본문제

[4-32] 금융도산법은 금융법과 도산법이 교착되는 분야이다. 따라서 금융도산법의 기본적인 문제는 금융법의 기본이념인 금융시스템위험의 방지와 도산법의 기본원칙인 채권자평등의 원칙의 충돌에서 그 원인을 찾을 수 있다.[112] 도산법상 금융거래에 대한 특칙은 전통적인 채권자평등의 원칙의 관점에서는 금융채권자에 대한 특혜로 보일 수 있다. 대표적으로 장외파생상품거래에 관한 채무자회생법상 특칙(회생 120조 3항)은 전형적으로 이러한 원칙의 충돌을 확인할 수 있는 분야이다.

[4-33] 채권자평등의 원칙은 '파산절차의 가장 중요한 지도원리'(부산고법 2001. 11. 2. 선고 2001나4804 판결(확정))로서 파산절차상 우선변제권이 없는 채무자는 평등하게 취급되어야 한다는 원칙을 말한다. 파산절차상 동일순위자에 대한 평등변제(회생 440조)와 회생절차상 같은 성질의 권리를 가진 자 간의 회생계획조건상 평등취급(회생 218조 1항)으로 규정되어 있다. 이러한 관점에서는 장외파생상품거래에 관한 채무자회생법상 특칙(회생 120조 3항, 336조)은 일괄정산네팅의 법적 효력을 인정함으로써 우선변제권이 없는 일반채권자에 대하여 특혜를 부여한다는 주장이 가능한 것이다. 그러나 채무자회생법은 금융시스템위험의 방지라는 금융규제법상 기본이념에 우선적인 지위를 인정한 것으로 볼 수 있다. 다만 남용방지를 위한 규정(회생 120조 3항 단서, 336조)을 둠으로써 채권자평등의 원칙을 최대한 존중하려는 입장을 취하고 있다. 이 규정은 국내법상 개별금융거래의 법적 효력을 입법적으로 확인한 최초의 사례이다.

Ⅲ. 금융회사의 도산

1. 의의와 구조

[4-34] 일반적으로 금융도산법이라고 하면 금융회사의 도산을 대상으로 하는 도산법을 말한다. 넓은 의미의 금융회사의 도산에는 정리절차와 도산절차가 포함된다. 전통적

112) 정순섭, "통합도산법상 금융거래의 특칙에 관한 연구－채무자회생및파산에관한법률 제120조 제3항의 해석론을 중심으로－", 증권법연구 제6권 제2호, 2005, 248면.

인 도산법은 법인과 개인을 구분하는 법제, 상인과 비상인을 구분하는 법제, 파산과 회생을 구분하는 법제, 금융도산과 비금융도산을 구분하는 법제 등 다양한 구분이 가능하다. 현재 우리나라는 법인과 개인, 상인과 비상인, 파산과 회생, 금융과 비금융도산을 동일한 법률로 규율하고 있다. 그러나 도산 이전단계에서 금융감독기관이 주도하는 행정절차로서의 정리절차는 금산법과 예보법에서 주로 규율하고 있다. 과거 금융회사에 대해서도 채권금융기관에 의한 채무조정과 신규 신용공여를 통한 부실징후기업의 구조조정절차를 규정하는 기업구조조정촉진법의 적용대상이 될 수 있는지가 논의되었다. 그러나 현행법은 금융회사를 대상에서 제외하고 있다(기촉 2조 6호; 동 시행령 2조 1항).

2. 금융회사의 정리절차

가. 의의와 구조

금융회사의 정리절차는 채무자회생법상 도산에는 이르지 않았으나 부실화된 금 [4-35]
융회사를 대상으로 금산법상 적기시정조치 등을 수단으로 이루어지는 구조조정절차를 말한다. 금융위와 금감원 주도로 이루어지는 행정절차로서 금산법 제3장(부실금융기관의 정비), 예보법 제4장(부실금융기관의 정리등), 그리고 공적자금관리특별법 제3장(공적자금 관리 등)을 근거로 하고 있다. 그 결과 회생가능성이 있는 경우에는 자본감소를 거쳐 공적자금을 투입하는 방법으로 금융회사를 구제한다. 그리고 그 가능성이 없는 경우에는 계약이전결정을 통하여 건전한 금융회사로 자산과 부채를 이전하고 그 금융회사는 파산절차를 통하여 소멸시키는 것이다.

나. 적기시정조치

적기시정조치(prompt corrective action, PCA)는 "금융회사의 자기자본비율이 기준 [4-36]
에 미달하는 등 재무상태가 악화되거나 거액의 금융사고 또는 부실채권의 발생으로 금융회사의 재무상태가 악화될 것이 명백하다고 판단될 경우 금융위가 부과하는 시정조치"를 말한다(금산 10조). 적기시정조치는 금융기관의 부실화를 예방하고, 건전한 경영을 유도하기 위한 감독수단으로서 그 사유의 심각성에 따라 경영개선 권고 · 요구 · 명령의 순서로 진행된다. 이러한 경영개선계획의 이행지원조치로서 합병 등의 권고와 특례, 인가취소의 유예 등, 그리고 예보의 자금지원 등이 제도화되어 있다.

다. 자본감소명령

[4-37] 금산법상 부실금융기관에 대하여 정부 또는 예보가 출자하기로 한 때에는 금융위가 그 금융기관에 대하여 자본감소명령을 할 수 있다(10조 1항 · 2항, 13조의2, 12조 3항 · 4항). 이 경우 당해 금융기관은 상법 제438조의 규정에도 불구하고 이사회결의만으로 자본감소를 할 수 있다. 금산법상 자본감소절차의 위헌성에 대하여 헌재는 부실금융기관정리절차상 주주의 책임, 주식의 실질가치 확인에 불과한 자본감소명령의 효과, 공익과 기본권제한효과의 균형 등을 근거로 합헌으로 결정하였다(헌법재판소 2003. 11. 27. 2001헌바35 결정 등).

라. 계약이전결정

[4-38] 금융위는 부실금융기관이 경영개선명령(금산 10조 1항) 또는 자본감소명령(12조 3항)을 불이행하거나 이행불능하게 된 경우, 경영개선명령 및 합병등의 알선(금산 11조 3항)에 따른 부실금융기관의 합병 등이 이루어지지 않는 경우, 부채가 자산을 뚜렷하게 초과하여 경영개선명령의 이행이나 부실금융기관의 합병 등이 이루어지기 어렵다고 판단되는 경우, 자금사정의 급격한 악화로 예금등 채권 지급이나 차입금 상환이 어렵게 되어 예금자의 권익이나 신용질서를 해칠 것이 명백하다고 인정되는 경우에는 그 부실금융기관에 대하여 계약이전결정을 할 수 있다(금산 14조 2항 본문 1호-4호). 이는 "금융거래에서 발생한 계약상의 지위를 이전하는 형식으로 부실금융기관의 자산 및 부채 중 특정 부분을 제3자인 인수금융기관에게 양도 및 인수하게 하되, 이전되는 부채와 자산 가치와의 차액을 인수금융기관에게 지급하는 부실금융기관 정리방식 중의 하나로서 이루어진 것"으로서 "그 성질은 금융감독위원회의 일방적인 결정에 의하여 금융거래상의 계약상의 지위가 이전되는 사법상의 법률효과를 가져오는 행정처분"에 해당한다(대법원 2002. 4. 12. 선고 2001다38807 판결 등). 따라서 영업양도에 관한 법리는 적용될 수 없다(대법원 2000. 11. 28. 선고 2000다43932 판결 등).

[4-39] 계약이전결정에 대해서도 위헌논란이 제기되었다. 이에 대해 법원은 국가경제의 안정을 위해 필요적절한 수단이고, 이를 통하여 달성하고자 하는 공익과 부실금융

기관 주주들이 입는 재산권 침해의 정도를 비교해도 양자 사이에 적절한 균형관계가 인정되므로, 과잉금지원칙에 위배되어 사유재산권의 본질적 내용을 침해하는 규정이라거나 헌법 제23조, 제37조 제1항, 제119조, 제126조 등의 규정에 위반되는 규정이라고 할 수 없다고 판단하였다(대법원 2005. 1. 27. 선고 2002두5313 판결).

마. 손실분담방식의 적용

전통적인 금융회사 구조조정방식은 금융감독기관 주도의 구조조정단계에서 회생의 필요성이 인정되는 경우에는 공적자금을 투입하는 구제금융(bail-out)방식이 일반적이었다. 그러나 2008년 글로벌 금융위기 이후 이러한 전통적인 접근방식이 오히려 금융회사 주주와 경영진의 국민의 세금에 기초한 공적자금을 남용하려는 도덕적 해이의 가능성을 높이고 주기적인 부실화가 반복되는 원인이라는 지적이 공감을 얻게 되었다. 이에 따라 공적자금의 투입에 의한 구제금융 이전에 주주와 채권자의 자본감소나 채권감소 등을 통한 손실분담(bail-in)방식을 적용하도록 하는 논의가 이루어졌다. 물론 그 후에도 현실적으로 국민경제상 중요한 금융회사에 문제가 발생한 경우 전통적인 구제금융방식을 적용하지 않을 것인지는 단순한 법적 판단의 범위를 넘어선다. [4-40]

3. 금융회사의 도산절차

앞에서 본 바와 같이 금융감독기관주도의 정리절차를 통하여 회생가능성이 인정되지 못한 금융회사는 계약이전결정을 통하여 필요자산을 건전한 금융회사로 이관한 후 파산절차의 대상이 되는 것이 일반적이다. 금융회사의 파산절차에 대해서는 채무자회생법이 적용되고 그 파산관재인은 예금보험공사가 담당한다. 구체적으로 채무자회생법상 파산에 관한 규정과 함께 금산법 제4장(금융기관의 청산 및 파산)과 예보법 제4장(부실금융기관의 정리등), 그리고 공적자금관리특별법 제3장(공적자금관리등)이 적용될 수 있다. [4-41]

금융회사도 회생절차의 대상이 될 수 있는가? 법원은 1997. 12. 26. 동서증권과 고려증권의 회사정리절차개시신청 및 보전처분신청에 대하여 "갱생의 가망성"이 없다는 점과 금융기관이 공익성이 있다 해도 회사정리절차를 통하여 갱생을 도모하기에는 부적절하다는 점을 근거로 기각하였다.113) [4-42]

Ⅳ. 도산법이 금융거래에 미치는 영향

1. 문제의 의의

[4-43] 도산법은 금융거래의 당사자 중 일방이 도산절차의 대상이 된 경우 그 금융거래에 직접 영향을 미친다. 대표적인 문제로 첫째, 금융거래당사자의 도산과 장외파생상품계약 등의 일괄정산네팅, 둘째, 외국금융회사 국내지점의 청산 또는 파산과 내국채권자우선변제의 두 가지를 들 수 있다.

2. 금융거래당사자의 도산과 장외파생상품계약등의 일괄정산네팅114)

가. 의의와 구조

[4-44] 장외파생상품거래를 하는 금융회사 등 거래당사자는 동일한 상대방과의 사이에 계속적 · 반복적으로 거래가 이루어지는 것을 전제로 계약을 체결하고 위험을 관리한다. 장외파생상품거래는 당사자 간의 상대계약으로서 일정한 형식과 내용의 계약서 작성(documentation)이 반드시 필요하게 된다. 반면, 장내파생상품의 경우에는 투자중개업자를 통하여 거래소 파생상품시장에 주문을 내면 거래소 청산기관을 상대방으로 매매가 체결된다. 이 경우에 계약은 거래소가 미리 만들어둔 규정이 자동적으로 적용되게 된다. 따라서 당사자 간에 계약서작성을 위한 별도의 노력이 필요없다. 장외파생상품거래의 계약서작성에 사용하기 위하여 국제적인 업자단체에서 표준계약서로 작성한 것이 국제스왑파생상품협회(International Swaps and Derivatives Association, ISDA)의 마스터계약서이다. 현재 2002년 ISDA 마스터계약서가 주로 사용되고 있다.

[4-45] ISDA 마스터계약서는 본문(body), 부속서(schedule), 확인서(confirmation)의 3부분으로 구성된다. 본문은 전문 14개조로 구성되어 있고, 당사자간에 확정되어야 할 계약조항이 주로 권리능력이나 대리권 등 법적 고려사항을 중심으로 규정되어 있다. 부속서에는 당사자들이 선택하거나 수정할 사항을 6개조에 규정할 수 있다. 예컨대 국

113) 정순섭, 은행, 631-632면.

114) 이하 설명은 정순섭, 은행, 438-442면, 638-648면; 정순섭, "통합도산법상 금융거래의 특칙에 관한 연구 - 채무자회생및파산에관한법률 제120조 제3항의 해석론을 중심으로", 증권법연구 제6권 제2호, 2005, 245-269면에 기초한 것이다.

제거래인 경우의 준거법(뉴욕주법, 잉글랜드법, 자국법 등)과 재판관할(뉴욕, 런던, 자국도시 등), 교차불이행기준금액 등 각종 비율이 정해져야 한다. 확인서에는 개별 거래별로 거래의 경제적인 조건과 지급계좌 등이 기재된다. 일반적으로 구체적인 거래가 이루어지기 전에 본문과 부속서를 체결한 후, 복수의 개별 거래가 이루어질 때마다 복수의 확인서를 작성한다. A은행과 B은행 사이에 10건의 개별거래가 이루어지면 10건의 확인서가 작성된다. 그리고 A은행과 B은행 사이에 체결된 본문과 부속서 그리고 10건의 확인서를 모두 합쳐 하나의 단일한 계약서를 구성한다. 일반적으로 장외파생상품의 계약서작성이라고 하면 부속서의 작성을 말한다.

이러한 계약서작성에서 가장 중요한 것이 거래상대방이 파산 등으로 거래를 지 [4-46]
속할 수 없는 경우의 거래의 청산방법이다. ISDA 마스터계약서는 이 경우에 대비하여 일괄정산네팅(close-out netting)을 규정하고 있다. 일괄정산네팅은 "장외파생상품계약의 당사자 중 일방에게 거래를 지속할 수 없는 사유가 발생한 경우에 그 계약을 종료하고 잔존계약을 평가 · 정산하여 단일한 최종잔액채권을 산출하는 과정"을 말한다. 주로 상대방이 도산한 경우에 적용되므로 채무불이행네팅(default netting) 또는 거래를 종료할 때 적용되는 점을 고려하여 해지네팅(termination netting)이라고 부른다.

나. 네팅의 구조

A은행과 B은행 사이에 ISDA 마스터계약서를 이용하여 장외파생상품거래를 하 [4-47]
고 있는 상황에서 B은행이 파산하면 거래를 지속할 수 없게 된다. ISDA 마스터계약서의 규정에 따르면 거래종료사유인 기한전해지사유(early termination event)가 발생한 것이다. ISDA 마스터계약서상 기한전해지사유는 채무불이행사유(events of default)와 해지사유(termination events)로 구성된다. 전자는 지급불이행이나 파산과 같은 당사자 중 일방의 책임있는 사유를, 후자는 거래의 불법화 등 당사자 쌍방에 책임없는 사유를 말한다. 이러한 사유가 발생하면 ISDA 마스터계약서상 일괄정산네팅이 진행된다.

첫째, 당사자 중 기한전해지사유가 발생하지 않은 당사자는 10건의 개별거래 모 [4-48]
두를 해지할 수 있다("계약의 해지"). 원칙적으로 해지의 통지를 해야 하지만, 자동해지약정(automatic early termination)을 할 수도 있다. 둘째, 해지된 대상거래를 모두 평가한다("거래의 평가"). 2002년 ISDA 마스터계약서는 평가방법으로 선의와 상업적 합리성의 두 가지 원칙에 따라 일괄정산금액(close-out amount)을 산정하는 방식으로 변경했다. 일괄정산금액은 "해지된 거래와 그에 대한 옵션의 경제적 조건을 대체하거나 그에 상응하는 경제적인 가치를 제공하기 위한 손해나 비용 혹은 이익의 액"을 말한다. 셋째, 개별거래별로 평가된 채권액을 대상으로 잔존당사자가 가진 채권을 기한전해지사유가 발생한 당사자의 채권과 상계한다("채권의 상계"). 그 결과 A은행과 B은행 중 한 당사자는 그 상대방에 대하여 최종잔액채권을 갖게 된다. 그 채권자가 누구인지는 장외파생상품의 기초자산 가치에 따라 결정될 것이다. ISDA 마스터계약서는 이 최종잔액채권에 대하여 담보를 설정하는 담보화구조(collateralization)도 도입하였다.

다. 법적 불확실성

[4-49] 위에서 본 일괄정산네팅의 3단계는 다양한 법적 불확실성에 노출된다. 대표적으로 첫째, 당사자 중 일방의 파산을 계약해지사유로 하는 도산해지조항의 효력이다. 둘째, 채권자평등의 원칙을 효과적으로 구현하기 위하여 미이행 쌍무계약에 관하여 회생관리인이나 파산관재인이 계약의 해제 또는 해지나 채무자의 채무이행과 상대방의 채무이행청구를 선택할 수 있는 선택적 해지권(cherry-picking, 회생 119조 · 335조)을 위 10건의 개별거래별로 행사할 수 있는지 여부이다. 이러한 불확실성에 대한 해석에 의한 해결이 완전히 불가능하다고 할 수는 없지만 대부분의 국가에서는 금융시스템위험의 방지라는 관점에서 입법적 해결을 선택하였다. 장외파생상품거래의 당사자 중 일방이 파산하여 그 채무를 이행하지 못하면 거래당사자간에 그 채무불이행에 따른 위험이 전파되어 금융시스템 전체의 위기로 확대될 수 있다는 고려에 따른 것이다. 그러나 우리나라에서는 국제금융환경과의 정합성 유지라는 입법이유도 강조되었다. 지금도 마찬가지이지만, 당시의 국내 장외파생상품시장규모는 아직 금융시스템위험을 우려할 정도는 아니었다. 그러나 국내법상 일괄정산네팅의 법적 효력이 불확실하다는 이유로 국내 기업들과 거래 자체를 회피하던 상황에서는 국제금융환경과의 정합성 유지라는 이유도 매우 중요하였다. 이러한 이유에서 우리나라도 채무자회생법 제120조(회생절차)와 제336조(파산절차)에 담보화구조에 따른 담보권의 행사를 포함한 장외파생상품거래에 관한 일괄정산네팅에 대하여 채무자회생법의 적용을 배제하는 규정을 두었다.

라. 추가적인 검토사항

채무자회생법 제120조와 제336조의 입법과정에서는 금융채권자에 대한 특혜 [4-50]
논란이 있었다. 앞에서 본 바와 같이 금융시스템보호라는 금융규제법상 기본이념과 일반채권자평등의 원칙이라는 도산법의 지도원리가 충돌하는 분야이기 때문에 가능한 문제 제기라고 생각한다. 그러나 채무자회생법은 금융시스템보호라는 가치에 우선적 지위를 인정한 것이다. 더욱 중요한 것은 1998년 LTCM 파탄사례를 계기로 과연 일괄정산네팅에 관한 특별법이 금융시스템위험의 방지에 기여하는 것인지 근본적인 회의가 일기 시작했다. 2005년 당시 우리나라의 채무자회생법 입법에서는 금융시스템위험의 방지와 함께 국제금융환경과의 정합성을 강조한 것은 이러한 사정을 고려하였기 때문이다. 향후 국제적인 논의를 지켜보면서 유연하게 대응할 문제라고 생각한다.

3. 외국금융회사 국내지점의 청산 또는 파산과 내국채권자우선보호제도115)

가. 의 의

외국금융회사 국내지점의 법적 지위는 이중적이다. 금융규제법상 외국금융회사 [4-51]
국내지점은 독립된 금융회사이다. 그러나 그 법인으로서의 지위는 인정되지 않기 때문에 외국본점의 일부로서의 지위가 유지된다. 따라서 외국금융회사 국내지점이 파산하는 경우 국내채권자의 보호와 관련하여 독특한 문제를 발생시킨다. 외국본점이 파산한 경우 그 파산절차의 일부로서 파산절차가 진행되어야 하는지, 국내법상 독립적 지위가 인정되는 금융회사로서 별도로 파산절차를 진행해야 하는지 등의 문제이다. 금융규제법상으로는 외국금융회사의 국내지점에 대하여 일정한 규모의 자산을 국내에 보유하게 의무화하고, 그 내국보유자산에 대해서는 국내채권자에게 우선변제권을 부여하는 내국채권자보호조항(ring-fencing)이 그것이다. 우리나라도 은행법 62조와 자본시장법 65조에서 규정하고 있다.

115) 이하 설명은 정순섭, 은행, 636-637면.

나. 구 조

[4-52] 은행법은 외국은행의 지점 또는 대리점에 대하여 자산의 전부 또는 일부를 대한민국 내에 보유하도록 의무화하고 있다(은행 62조 1항). 그리고 그 지점 또는 대리점이 청산을 하거나 파산한 경우 그 자산, 자본금, 적립금, 그 밖의 잉여금은 대한민국 국민과 대한민국에 주소 또는 거소를 둔 외국인의 채무를 변제하는 데에 우선 충당되어야 한다(은행 62조 2항). 자본시장법도 외국 금융투자업자의 국내지점등에 대하여 영업기금과 부채의 합계액에 상당하는 자산을 시행령으로 정하는 방법으로 국내에 보유할 것을 요구하고 있다(자본 65조 2항). 그리고 그 국내지점등이 청산 또는 파산하는 경우 그 국내보유자산은 국내에 주소 또는 거소가 있는 자에 대한 채무의 변제에 우선 충당해야 한다(자본 65조 3항). 은행법과 자본시장법은 동일한 취지의 규정을 두고 있다. 그러나 보호대상 내국채권자의 범위를 은행법은 '대한민국 국민과 대한민국에 주소 또는 거소를 둔 외국인의 채무', 자본시장법은 '국내에 주소 또는 거소가 있는 자에 대한 채무'라고 하여 달리 규정하고 있다.

[4-53] 보험업법도 동일한 취지의 규정을 두고 있지만 세부적인 내용은 다르다. 외국보험회사국내지점은 대한민국에서 체결한 보험계약에 관하여 적립한 책임준비금 및 비상위험준비금(보험 120조)에 상당하는 자산을 대한민국에서 보유하여야 한다(보험 75조 1항). 그리고 보험계약자 또는 보험금을 취득할 자는 피보험자를 위하여 적립한 금액을 다른 법률에 특별한 규정이 있는 경우를 제외하고는 주식회사의 자산에서 우선하여 취득한다는 규정을 두고 있다(보험 32조 1항). 이를 보험계약자 등의 우선취득권이라고 한다. 우선취득의 대상은 피보험자를 위하여 적립한 금액으로서 책임준비금과 비상위험준비금(보험 120조)이라고 해석한다.[116] 따라서 보험계약자 또는 보험금을 취득할 자는 우선취득권을 행사할 수 있다. 그러나 보험계약자등의 범위가 국내에 주소나 거소를 가진 자에 한정되지는 않는다.

다. 평 가

[4-54] 이 조항에 대해서는 국제도산의 보편주의 원칙에 반한다거나 다국적금융회사의 체계적인 정리에 지장을 초래할 수 있다는 등의 지적도 있다. 그러나 내국채권자보호

116) 한기정, 『보험업법』, 박영사, 2019, 293면.

라는 금융규제법상 목적을 위한 것으로서 국제도산에 관한 일반론과는 직접적인 관련성이 적다. 다국적 금융회사의 체계적 정리를 위하여 재검토가 필요하다는 논의는 가능하지만, 오히려 외국금융회사의 국외진출을 위한 법적 형태로 지점이 아닌 현지법인형태를 유도하는 방안과 함께 논의되어야 할 것이다. 중요한 것은 이 조항이 반드시 내국채권자의 우선적 보호라는 효과를 발생시키는 것은 아니라는 점이다. 우리나라가 경험한 국제금융도산사례인 BCCI, 베어링스, 그리고 리먼브라더스 사태에서는 우연히도 외국은행 국내지점의 국내보유자산이 내국채권자의 채권액보다 많았기 때문에 특별히 문제되지 않았다. 내국채권자에 국내보유자산으로 지급하고 남는 자산을 외국의 파산재단에 귀속시키면 되기 때문이다. 그러나 항상 국내보유자산이 내국채권자의 채권액보다 많으리라는 보장은 없다. 그 반대의 경우에는 외국도산절차에 참여하여 채권회수를 시도해야 하고 내국채권자의 국내보유자산으로부터의 우선회수분에 대한 해당 국가의 도산절차상 취급이 문제될 것이기 때문이다.

Ⅴ. 국제금융도산

[4-55] 국제금융도산은 다수의 국가에 영업소를 보유하고 있는 다국적 금융회사의 도산과 같이 국제적으로 진행되는 금융회사의 도산을 말한다. 대규모 금융회사도산은 국제적 영업범위를 고려할 때 국제금융도산으로 나타날 가능성이 높다. 예컨대 리만브라더스그룹은 50개국에 2,986개 법인으로 구성되었지만, 2009. 9. 15. 리만브라더스홀딩스가 미국에서 연방파산법 제11장 절차를 신청하였다. 그 후 리만브라더스에 대해서는 약 75개국에서 병행하여 도산절차가 개시되었다.[117] 따라서 오늘날 다국적 금융회사그룹의 퇴출은 단일국가의 금융규제법상 단순한 퇴출규제의 문제가 아니라 도산법은 물론 국제사법 문제도 제기된다. 구체적으로는 정리절차와 도산절차 그리고 국제도산법상 문제가 동시에 발생하게 되는 것이다. 따라서 국제적인 금융회사의 퇴출은 국제금융규제법과 국제금융도산법이 교착되는 분야이다.

117) 森下哲朗, 「クロスボーダー金融機関の破綻処理について」, 金融法務研究会, 『金融規制の観点からみた銀行グループをめぐる法的課題』, 2013. 12., 49면.

제 4 절 금융과 경쟁법

[4-56] 금융업을 포함한 금융시장에서도 시장원리에 반하는 경쟁제한행위가 문제된다. 금융시장에서 경쟁제한행위에 대한 규제를 누가 담당할 것인지도 중요한 문제이다. 국내에서는 금융위가 1차적인 경쟁규제를 담당하고 최종적으로 공정위가 개입하는 구조를 취하고 있다.[118] 금융시장에서 나타나는 경쟁법 문제는 진입규제와 영업행위 규제에서 특히 두드러진다.

[4-57] 첫째, 진입규제와 관련하여 문제되는 것으로는 진입요건으로서의 시장영향평가와 합병심사의 두 가지를 들 수 있다. ① 진입요건으로서의 시장영향평가와 관련하여 과거에는 금융규제법상 진입요건으로서 새로운 금융업자의 진출이 기존 경쟁도에 미치는 영향을 고려하게 되어 있었다. 과도한 경쟁은 금융회사의 건전성을 침해할 수 있다는 전통적인 고려에 따른 것이다. 그러나 현재 대부분의 국가에서 시장영향평가는 진입요건에서 제외되어 있다. 그러나 또 다른 진입요건인 사업계획의 건전성과 타당성을 평가할 때 고려할 가능성은 남아 있다. 국내에서는 금융산업의 경쟁도를 평가하여 진입정책에 반영하려는 시도가 이루어지고 있다. 금융위에 설치된 금융산업 경쟁도평가위원회는 금융산업의 경쟁도 분석 및 평가에 관한 사항과 금융산업의 경쟁환경 조성을 위한 진입정책 및 제도개선에 관한 사항을 담당하고 있다. 그러나 경쟁이 오히려 금융업자의 건전성을 제고할 수 있다는 시장친화적 접근을 강조하는 견해도 충분히 고려해야 할 것이다. ② 합병심사는 1차적으로 금융위가 그 승인 여부를 판단하되, 경쟁제한성에 대해서는 공정위의 판단을 기다려 반영하는 구조를 취하고 있다.

[4-58] 둘째, 영업행위규제와 관련하여 구속성 금융거래의 금지와 약관심사가 문제된다. ① 구속성금융거래의 금지는 전통적으로 대출을 기초로 금융소비자에 대하여 우월적 지위에 있는 은행이 예금이나 보험상품의 판매 등의 영업행위를 대출제공 여부에 연계시키는 행위를 대상으로 한다(금소 20조 1항 1호). 특히 구속성예금(또는 꺾기)의 제한이나 금융기관보험대리점에 의한 보험상품의 판매와 다른 금융거래의 연계행위의 금지 등이 여기에 포함된다. ② 약관심사는 금융업종별로 세분화되어 있다. 금융

118) 상세한 설명은 정순섭, 은행, 119-124면.

약관은 원칙적으로 금융위의 심사대상이지만 실무상 은행약관과 보험약관은 금감원(은행 52조; 동 시행령 26조의2 1항 [별표 3] 38호, 보험 127조 2항, 127조의2; 194조 3항; 동 시행령 100조 1항, [별표 8] 31－33호)에, 그리고 금융투자업약관은 금융투자협회(자본 56조, 438조 3항; 동 시행령 387조 2항 2호 가목)에 위탁되어 있다. 공정위는 약관법상 일반적인 심사기관으로서 최종적 · 보충적인 심사권을 행사한다.

CHAPTER 05

금융거래 당사자의 법률관계

제1절 서 언

[5-1] 금융거래에서 당사자의 법률관계를 살피는 것은 금융거래법은 물론 금융규제법상 금융소비자보호의 관점에서도 논의의 출발점이 된다. 외국의 주요 금융법 저서들은 이 문제를 정리하는 것으로 논의를 시작하는 경우가 많다. 그만큼 중요한 문제라는 반증이다. 금융거래도 일반원칙에 따라 대등한 당사자로서 사적자치의 원칙에 기초하여 자기의사에 따라 금융거래를 한 것이면 그 결과에 대해서도 스스로 책임을 지는 것이 옳을 것이다. 현재 우리법은 이러한 인식을 기본으로 한다. 적정한 내용의 정보를 적정한 시기에 적정한 방법으로 금융소비자에게 제공하면 스스로 판단하여 금융거래를 할 것인지를 판단한다고 보는 것이다. 그러나 이러한 원칙이 반드시 모든 경우에 옳은 것인지는 명확하지 않다. 모든 금융소비자가 주어진 정보를 기초로 합리적인 판단만을 할 것이라는 전제는 성립될 수 없다. 아무리 전문적인 지식과 경험을 가진 금융소비자라 해도 이해할 수 없는 금융상품도 많이 존재하기 때문이다.

[5-2] 그러면 금융거래의 일방당사자인 금융회사는 항상 그 상대방인 금융소비자에 대해 보호의무를 부담하는 보호관계로 볼 것인가? 증권이나 장외파생상품을 위탁매매나 중개 또는 대리의 구조에 따라 타인의 계산으로 거래하는 경우와 자기계산으로 계약당사자가 되어 매매하는 경우를 같이 볼 수 있는가? 영미법계 국가에서 논의되는 금융거래의 당사자관계를 신인관계로 볼 수 있는지도 같은 문제의식에 따른 것이다.

[5-3] 제2절 금융계약의 법적 구조에서는 주요 금융거래의 법적 구조를 예금과 대출, 파생상품, 금융상품판매 등 주요 금융거래의 법적 구조를 형성하고 있는 소비임치와

소비대차, 매매, 위탁매매, 중개, 대리를 중심으로 정리한다. 제3절 금융거래 당사자의 법률관계에서는 보호관계와 대등당사자관계를 나누어 성질결정하는 기준과 관점을 확보한다. 제4절 금융거래와 성질재결정위험에서는 당사자들이 금융거래를 할 때 전제로 했던 법적 구조에 관한 성질결정이 변경됨으로써 손실이 발생할 위험인 성질재결정위험을 살펴본다. 제5절 금융거래와 고객자산의 보호에서는 특히 고객이 금융거래를 위하여 금융회사에 임치를 포함한 다양한 법적 형식으로 제공한 고객자산의 보호에 관한 문제를 정리한다. 이하 차례대로 살펴본다.

제 2 절 금융계약의 법적 구조

I. 문제의 의의

금융거래는 임치형과 대차형, 매매형 그리고 판매형으로 구분할 수 있다. 예금 [5-4]
은 전형적인 임치형거래, 그리고 대출은 전형적인 대차형거래이다. 증권의 발행과 인수 그리고 보험계약, 그리고 장외파생상품거래는 매매형거래로 볼 수 있다. 판매형은 예금이나 대출 또는 증권이나 파생상품, 보험상품과 같은 금융상품을 위탁매매, 중개, 대리의 법적 구조에 따라 판매하는 거래유형을 말한다. 증권의 발행주선도 여기에 속한다. 이와 같이 유형화하면 금융상품을 대상으로 하는 당사자간의 법률관계의 성질결정을 쉽게 진행할 수 있다. 임치형, 대차형, 매매형은 금융상품을 만드는 거래를, 그리고 판매형은 이렇게 만들어진 금융상품을 판매하는 것이다. 예컨대 양도성예금증서의 매매는 임치형 금융상품을 매매하는 것이니 제조 측면에서는 임치형, 판매 측면에서는 판매형으로 분류된다. 이와 같이 임치형, 대차형, 매매형은 당사자간 권리의무의 내용에 따른 분류(민법상 계약각칙)임에 비해 판매형은 금융규제법에 따른 분류인 점에서 그 차원은 다르다. 편의상 여기에서 함께 살펴본다. 금융상품을 만드는 거래라는 측면이라면 회사나 신탁이 발행하는 증권 등도 포함될 수 있겠지만, 여기서는 다루지 않는다.

Ⅱ. 임치형

1. 의의와 구조

[5-5] 예금은 예금자(임치인)가 은행 등 예금취급기관(수치인)에게 금전을 맡기고 은행 등은 이를 대출 등을 위하여 소비한 후 예금자에게 원금상환과 함께 그 대가로 이자를 지급하는 전형적인 임치형거래이다. 임치로서의 예금은 예금자에게는 이자의 형태로 수익기회를 제공하고 은행에는 대출 등 자금운용을 위한 자금조달수단이 된다. 이를 위하여 예금은 첫째, "예금된 금원이 금융기관의 고유재산에 속하게 되고", 둘째, "예금에 관한 금융기관의 자금운용 방법에 원칙적으로 제한이 없으며", 셋째, "원금 및 약정이율에 따른 이자의 지급이 보장되"어야 하는 소비임치계약으로 구성된 것이다(대법원 2007. 11. 29. 선고 2005다64552 판결). 예금은 은행의 보관기능에서 출발한 것이고, 금이나 은과 같은 실물화폐에서 은행권 그리고 법화에 이르는 화폐제도의 발전이 결합되어 예금계좌라는 형태로 발전하게 되었다.

[5-6] 예금을 통하여 자금을 조달하는 은행 등 예금취급기관의 입장에서 소비임치인 예금은 자금조달기능을 수행하는 점에서 소비대차인 대출과 차이가 없다. 따라서 민법은 소비임치에 대해서는 소비대차에 관한 규정을 준용하고 있다(민 702조). 그 실질적 기능이 동일한 점을 반영한 것이다. 금전소비대차와의 차이점은 첫째, 금전소비임치의 경우에는 기한의 이익이 임치물반환채권의 채권자인 예금자에게 있어 반환시기의 약정이 없는 때에는 임치인인 예금자는 언제든지 그 반환을 청구할 수 있다(민 702조). 요구불예금과 같은 예금으로서의 기본속성을 정확히 반영하고 있다. 둘째, 금융규제법상 예금의 경우에는 수치인이 은행 등 예금취급기관으로 한정되지만, 금전소비대차의 차주는 금융회사로 한정되지 않는다.

2. 기능과 위험

가. 기 능

[5-7] 예금과 같은 임치형거래의 경제적 기능은 첫째, 예금자 관점에서는 이자의 형태로 수익기회를 제공하는 저축수단이 된다. 임치형거래의 기능과 목적에 따라 이러한

저축기능은 제한될 수도 있다. 둘째, 은행 등 예금취급기관의 관점에서는 대출 등 자금운용을 위한 자금조달수단이 된다. 특히 이자율이 매우 낮게 책정되는 요구불예금은 은행을 위한 저렴한 자금조달수단이 되면서 동시에 다음에 보는 지급수단으로서의 기능이 결합되면서 계좌이체를 통한 지급업무의 비용을 낮출 수 있는 기반이 된다. 셋째, 임치형거래는 아래 투자자예탁금이나 예금은 물론 선불전자지급수단 사례에서도 보는 바와 같이 투자재원이나 지급재원과 같은 고객자산보관수단이 될 수 있다. 넷째, 예금은 주된 예금취급기관인 은행에 대한 신뢰성과 예금의 원금보전성 등으로 계좌이체를 통하여 주된 지급수단으로 기능하고 있다. 예금보험은 은행규제의 관점에서는 예금인출사태(bank run)를 통한 은행부실화의 방지를 위한 것이지만, 예금의 지급수단으로서의 안전성 확보를 위한 장치로서 기능한다.

나. 위 험

예금의 위험과 관련하여 금융상품으로서의 예금은 원금이 보장된다. 이 역시 소 [5-8]
비임치로서의 특징이다. 예금을 지급수단으로 사용하게 된 것도 은행에 대한 신뢰와 함께 예금의 원금보전성이 중요하게 작용했다. 다른 금융상품도 발행인 또는 매도인에 의한 원금보전성은 존재한다. 그러나 예금에서는 은행의 특수성을 고려하여 건전성규제 등 엄격한 규제와 함께 예금보험이라는 특수한 보호장치가 적용된다. 따라서 은행 등 예금취급기관과 예금자 사이의 예금거래에는 정보의 비대칭성이 거의 존재하지 않는다. 전통적으로 예금에 대해서는 이러한 관점에서의 규제가 적용되지 않았다. 그러나 최근에 시행된 금융소비자법은 예금성상품에 대해서도 주로 이자율과 수익률을 중심으로 설명의무를 적용한다(금소 19조 1항 1호 다목; 동 시행령 13조 5항 1호－5호). 예금도 표시통화를 달리 하거나(외화예금) 파생상품을 결합하는 방식으로(파생결합예금) 자본시장법상 투자성을 갖추어 투자성있는 예금으로 인정될 경우에는 투자성상품으로서의 규제가 적용된다.

3. 금융규제법상 취급

가. 은행법의 적용배제

예금은 은행법상 은행은 물론 상호저축은행법상 상호저축은행, 신용협동조합법 [5-9]

상 신용협동조합이나 지역농수산림업협동조합, 새마을금고 등 상호형 금융기관도 취급한다. 나아가 자본시장법상 투자자예탁금의 별도예치를 전문으로 하는 한국증권금융도 투자자예탁금 별도예치를 위한 예치금을 취급할 수 있다. 은행법은 은행업을 "예금을 받거나 유가증권 또는 그 밖의 채무증서를 발행하여 불특정 다수인으로부터 채무를 부담함으로써 조달한 자금을 대출하는 것을 업(業)으로 하는 것"으로 정의하고 무인가 은행업을 처벌하고 있다(은행 2조 1호, 8조 1항, 66조 2항). 따라서 은행법상 은행 이외에 예금을 취급할 경우에는 은행법의 적용을 배제하는 특칙(상호저축은행법 36조 1항; 자본 77조의3 10항, 330조 3항)을 두고 있다. 상호형 금융기관은 예금을 불특정 다수인으로부터 받는 것이 아닌 점에서 은행법상 은행에서 제외된다.

나. 그 밖의 금전소비임치거래

[5-10] 그 밖에도 자본시장법상 금융투자업자가 투자자로부터 예탁받는 투자자예탁금, 전자금융거래법상 선불업자가 이용자로부터 수취하는 선불충전금, 거래소가 수취하는 증거금과 같이 금융거래상 소비임치에 해당하는 금전거래는 매우 많다. 임치형거래의 투자재원이나 지급재원보관기능을 활용하는 것이다. 이하 투자자예탁금과 선불충전금에 대해서만 살펴본다. 이러한 거래는 은행법상 예금과는 다른 제도적 기능을 가지는 것이지만, 은행법상 엄격한 은행규제를 회피하는 수단이 될 수 있다는 점을 고려해야 할 것이다.

[5-11] 첫째, 자본시장법상 투자자예탁금은 (i) 투자자가 증권계좌를 개설하면서 투자중개업자에게 예탁하고, (ii) 투자중개업자는 자기의 명의로 별도예치기관에 예치 또는 신탁하게 된다. 여기서 투자중개업자가 투자자로부터 투자자예탁금을 수취하는 구조를 소비임치라고 설명하고 있다. 그래야 자본시장법상 투자자예탁금의 예치 주체나 신탁의 위탁자를 투자중개업자로 하고 있는 점(자본 74조 1항)과 투자중개업자가 투자자예탁금의 별도예치에서 발생한 수익을 보유하고 그 중 일부를 투자자예탁금 이용료로 투자자에게 지급하는 구조를 취하고 있는 점이 설명될 수 있기 때문이다. 자본시장법상 투자중개업자는 투자자예탁금을 100% 별도예치해야 하므로(자본시행령 75조 2항 · 5항; 금융투자업규정 4-39조 2항), 예금의 첫째 "금원이 금융기관의 고유재산에 속하게 되고"와 셋째 "원금의 지급이 보장되"는 요소는 충족할 수 있지만, 두 번째 요소인 "예금에 관한 금융기관의 자금운용 방법에 원칙적으로 제한이 없으며"를

충족할 수 없다. 따라서 투자자예탁금의 의무예치비율을 부분예치로 전환할 경우 은행법상 예금과의 관계가 명확히 정리되어야 한다.

둘째, 전자금융거래법상 선불전자지급수단은 이용자가 선불업자의 법인계좌로 이체하는 형태로 지급되는 지급재원인 선불충전금은 그 선불업자의 법인계좌에 보관되고, 그 사용에 대한 제한은 없으며, 약관으로 정한 기준에 따라 환급될 수 있다(전금 19조 1항). 이러한 선불충전금의 법적 성질은 금전소비임치에 해당하는 것으로 볼 수 있다. 현재 금감원 가이드라인은 선불충전금을 신탁하거나 지급보증보험에 가입하도록 의무화하고 있다.119) 다만 그 비율은 간편송금서비스를 제공하고 있는 선불업자는 선불충전금의 전액(100%)을, 그리고 간편송금서비스를 제공하지 않는 선불업자는 선불충전금의 50% 이상을 신탁하도록 하고 있다. 이 경우 선불업자의 법인계좌에 보관되고 있는 충전금은 첫째, "금원이 금융기관의 고유재산에 속하게 되고", 둘째, "금융기관의 자금운용 방법에 원칙적으로 제한이 없으며"라는 예금의 두 가지 요소는 분명하게 충족한다. 셋째, "원금의 지급이 보장되"는지와 관련하여 환급제도를 분석할 필요가 있지만, 은행법과의 관계를 명확히 정리할 필요가 있다. [5-12]

Ⅲ. 대차형

1. 의의와 구조

금융상품 중에서 대출은 전형적인 대차형거래이다. 대출은 민법상 금전소비대차로서 "그 개념요소로서 거래의 수단이나 방법 여하를 불문하고 적어도 기간을 두고 장래에 일정한 액수의 금전을 돌려받을 것을 전제로 금전을 교부함으로써 신용을 제공하는 행위를 필수적으로 포함"해야 한다(대법원 2019. 9. 25. 선고 2019도4368 판결). 소비대차는 기한의 이익의 주체가 채무자로서 기한의 이익을 채권자가 향유하는 소비임치와는 다르다. [5-13]

119) 금감원, 보도자료: 전자금융업자의 이용자 자금이 안전하게 보호됩니다. –「전자금융업자의 이용자 자금 보호 가이드라인」 시행 –, 2020. 9. 25.

2. 기능과 위험

가. 기 능

[5-14] 금전소비대차는 자금공급자가 자금수요자에게 자금을 공급하는 전통적인 수단이다. 금전소비임치도 일부 도매금융시장에서의 자금거래에서는 그러한 기능을 수행하지만, 일반적으로는 금전의 보관과 저축기능이 더 강하게 나타난다. 이러한 기능은 증권수요자에게 증권을 대여하고 일정한 수수료를 지급하는 증권대차에서도 확인되고 있다. 증권대차의 법적 성질도 소비대차에 해당한다(대법원 2006. 9. 28. 선고 2005두2971 판결).

나. 위 험

[5-15] 우리나라는 은행 등 대출취급기관에 대하여 건전성규제의 관점에서 대출규제를 하면서 금융소비자보호를 위한 영업행위규제의 일환으로 대출형상품을 금융상품의 하나로 분류하여 금융상품판매규제를 부과하고 있다. 금전소비대차에서의 위험은 대출실행 전후를 나누어서 살펴보는 것이 특히 유용하다.

[5-16] 대출실행 전에는 차주의 입장에서는 차주의 신용변경 등 사정변경을 이유로 대출을 실행하지 않거나 차주를 차별적으로 취급하는 행위 등이 문제될 수 있다. 금융소비자법은 대출계약을 체결하는 경우 정당한 사유 없이 성별 · 학력 · 장애 · 사회적 신분 등을 이유로 계약조건에 관하여 금융소비자를 부당하게 차별하는 행위를 금지하고 있다(금소 15조). 대출의 경우 일반적으로 정보의 비대칭성이 강하지 않았기 때문에 이러한 관점에서의 규제는 거의 적용되지 않았다. 그러나 2008년 글로벌 금융위기 이후 특히 차주의 상환능력을 고려한 대출의무를 은행 등 대출취급기관에 부과하는 추세이다. 금융소비자법도 일반금융소비자의 정보를 파악한 결과 상환능력이 적정한 수준일 것을 요구하는 형태로 적합성원칙을 대출성상품에 적용하고 있다(금소 17조 3항; 동 시행령 11조 4항 2호). 대부업법은 '과잉대부의 금지'라는 이름으로 대부업자는 "거래상대방의 소득 · 재산 · 부채상황 · 신용 및 변제계획 등을 고려하여 객관적인 변제능력을 초과하는 대부계약"의 체결을 금지하고 있다(대부 7조 2항).

[5-17] 대출실행 후에는 대주가 차주의 신용위험을 부담하는 형태로 나타난다. 이러한 신용위험관리를 위하여 세 가지 규제가 중요하나. 첫째, 은행법상 은행이 대출하는

경우에는 건전성규제의 관점에서 총부채원리금상환비율(Debt Service Ratio, DSR), 총부채상환비율(Debt To Income Ratio, DTI), 담보인정비율(Loan To Value Ratio, LTV) 등의 각종 위험관리규제가 적용된다(은행업감독규정 <별표 6> 주택 관련 담보대출 등에 대한 리스크관리기준). 물론 이러한 주택담보대출규제를 금융회사의 건전성규제가 아니라 부동산정책과 연계하여 사용하는 경우도 있을 수 있다. 그러나 금융회사의 건전성을 침해할 수 있는지에 대해서는 판단이 필요하다고 보는 것이 현실적이다. 둘째, 동일인 여신한도 규제 등 신용위험의 집중에 대한 규제를 두고 있다. 개별기업, 기업집단, 거래여신으로 나누어 각각 엄격한 집중위험관리가 이루어지고 있다. 대주주 등 그 금융회사에 부당한 영향력을 행사할 수 있는 자와의 거래에 대해서도 별도의 규제를 두고 있다. 셋째, 이와 함께 금융회사는 대출의 신용위험을 적정한 수준에서 관리할 일반적인 의무를 부담한다. 신용위험관리는 차주의 신용평가에 따른 선정, 인적담보나 물적담보의 취득, 신용등급의 활용 등 다양한 수단으로 이루어진다. 그러나 신용위험관리관점에서 이루어지는 거래의 거절도 부당한 거래거절 또는 차별적 취급의 금지와 관련하여 문제될 수 있다. 국내에서도 장애인이나 고령자의 대출거래와 관련하여 이러한 문제가 제기되기도 하였다.

3. 금융규제법상 취급

가. 대출과 금융상품 및 금융업규제의 적용

금융거래에 대한 금융규제상 접근의 출발점은 금융상품규제와 금융업규제를 적 [5-18]
용하는 것이다. 대출을 영업으로 하는 것도 금융업으로 규제할 것인가? 현행법상 은행업이나 상호저축은행업과 같이 예금에 의한 자금조달과 대출에 의한 자금운용을 영업으로 하는 경우는 규제하고 있다. 순수하게 대출을 포함한 여신만을 규제대상 금융업으로 규정한 경우는 여전법상 여신전문금융업과 대부업법상 대부업 그리고 약간 내용을 다르지만 온투법상 온라인연계대출을 포함한 온라인투자연계금융업을 들 수 있다. 수신 없는 여신만을 규제하는 것은 매우 독특한 접근으로 받아들여질 수도 있다. 나아가 금융소비자법을 통하여 대출형상품에 대해서도 금융상품판매 및 판매업 규제를 적용하고 있다.

[5-19] 여전법상 여신전문금융업은 신용카드업, 시설대여업, 할부금융업 또는 신기술사업금융업을 말한다(여전 2조 1호). 첫째, 신용카드업은 “신용카드 이용과 관련된 대금의 결제를 포함하여 신용카드의 발행 및 관리나 신용카드가맹점의 모집 및 관리 중 둘 이상의 업무를 업(業)으로 하는 것”을 말한다(여전 2조 2호 가목-다목). 신용카드회사-가맹점-회원의 3당사자 구조를 취하는 우리나라의 신용카드거래에서 가맹점에 대한 신용카드회사의 대금결제는 회원에 대한 신용카드회사의 대출을 통하여 이루어진다. 따라서 신용카드업은 기본적으로 대출을 업의 요소로 하는 것이다([2-101]). 둘째, 시설대여업은 시설대여를 업으로 하는 것을 말한다(여전 2조 9호). 시설대여는 “특정물건을 새로 취득하거나 대여받아 거래상대방에게 일정 기간 이상 사용하게 하고, 그 사용 기간 동안 일정한 대가를 정기적으로 나누어 지급받으며, 그 사용 기간이 끝난 후의 물건의 처분에 관하여는 당사자 간의 약정으로 정하는 방식의 금융”을 말한다(여전 2조 10호). 금융리스와 운영리스를 포함하는 것으로 해석되고 있다. 금융리스는 리스이용자가 리스기간 중에 리스회사에 리스물건의 구매에 필요한 자금의 원리금을 포함한 금융비용을 모두 지급하는 구조로서 대출거래로서의 특징이 완전하게 나타난다.[120] 운영리스는 임대차에 해당하는 것으로서 그러한 특징이 명확하지는 않지만 시설대여업에 속하는 것으로 해석한다. 셋째, 할부금융업은 할부금융을 업으로 하는 것을 말한다(여전 2조 12호). 할부금융은 재화와 용역의 매매계약에 대하여 매도인 및 매수인과 각각 약정을 체결하여 매수인에게 융자한 재화와 용역의 구매자금을 매도인에게 지급하고 매수인으로부터 그 원리금을 나누어 상환받는 방식의 금융을 말한다(여전 2조 13호). 특수한 형태의 대출이라고 할 수 있다. 넷째, 신기술사업금융업은 신기술사업자에 대한 투자와 융자, 신기술사업자에 대한 경영 및 기술의 지도, 신기술사업투자조합의 설립, 신기술사업투자조합 자금의 관리 · 운용을 종합적으로 업으로서 하는 것을 말한다(여전 2조 14호, 41조 1항 1호-5호). 신기술사업자에 대한 융자는 대출로서의 성질을 가지는 거래라고 할 수 있다. 신용카드업은 금융위의 허가, 그리고 시설대여업 · 할부금융업 또는 신기술사업금융업은 금융위의 등록을 요한다(여전 3조 1항 · 2항).

[5-20] 대부업법은 대부업을 “금전의 대부를 업으로 하는 것”이라고 정의하고 있다(대부 2

120) 여전법상 시설대여는 “특정물건의 소유권을 시설대여회사에게 남겨 둠으로써 담보의 목적을 달성한다는 특성”을 가진다. 대법원 2018. 10. 4. 선고 2017다244139 판결.

조 1호). 여기서 대부는 대출 이외에 어음할인 · 양도담보, 그 밖에 이와 비슷한 방법을 통한 금전의 교부를 포함한다. 대부업자는 금융위에 등록해야 한다(대부 3조 2항 본문). 다만 은행법 등 시행령으로 정하는 법령에 따라 인가 또는 허가 등을 받아 대부업을 하는 금융기관인 여신금융기관은 등록의무를 부담하지 않는다(대부 2조 4호, 3조 2항 본문).

온투법상 온라인투자연계금융업은 온라인투자연계금융을 업으로 하는 것을 말 [5-21]
한다(온투 2조 2호). 온라인투자연계금융은 "온라인플랫폼을 통하여 특정 차입자에게 자금을 제공할 목적으로 투자("연계투자")한 투자자의 자금을 투자자가 지정한 해당 차입자에게 대출(어음할인 · 양도담보, 그 밖에 이와 비슷한 방법을 통한 자금의 제공을 포함. "연계대출")하고 그 연계대출에 따른 원리금수취권을 투자자에게 제공하는 것"을 말한다(온투 2조 1호). 대출의 형태를 취하는 크라우드펀딩을 제도화한 것으로서 사채발행이나 자기자본을 재원으로 하는 여전업법이나 대부업법상 대출과는 기본구조가 다르지만, 연계투자를 받아 연계대출을 하는 형식상 대출업에 해당한다고 볼 수 있다.

나. 그 밖의 금전소비대차거래

'선구매 후결제'(Buy Now Pay Later, BNPL) 그리고 선불업자의 후불결제업무는 금융 [5-22]
법상 지급업무가 되기 위해서 요구되는 계속성과 반복성의 요건을 갖추면 신용카드와 동일한 규제가 적용되어야 한다([2-102], [10-5]). 전자금융거래법은 선불업자의 후불결제업무와 관련하여 선불충전금을 소액후불결제업무의 재원으로 하지 못하도록 제한하고, 소액후불결제 이용자에 대한 금전의 대부나 융자를 금지하고 있다(전금 35조의2 2항 1호 · 2호).

Ⅳ. 매매형

1. 의의와 구조

금융거래는 매매의 형태를 취하는 경우가 많다. 여기서 말하는 매매형거래는 파 [5-23]
생상품이나 환매조건부증권매매와 같이 단일한 금융상품으로 볼 수 있는 경우를 말한다. 따라서 증권시장이나 파생상품시장에서 증권을 매매하는 경우와 같이 일반적인 금융상품의 매매거래를 의미하는 것은 아니다. 매매라는 법적 구조를 이용하여 금융상품을 제조하는 경우를 말하는 것이다. 이런 관점에서 파생상품과 환매조건부증권매매는 전형적인 매매형거래이다.

[5-24] 파생상품은 선도나 옵션, 또는 스왑을 말한다.[121] 파생상품은 거래장소를 기준으로 자본시장법상 거래소가 개설한 파생상품시장에서 표준화된 형태로 거래되는 장내파생상품과 장내파생상품이 아닌 장외파생상품으로 구분된다. 파생상품 중 선도를 표준화한 선물은 장내파생상품이고, 선도와 스왑은 장외파생상품이다. 그리고 옵션은 장내와 장외에서 모두 거래될 수 있다. 선도나 스왑은 기초자산을 목적물로 하는 매매 또는 그와 유사한 계약이지만, 옵션은 기초자산에 대한 매매의 예약으로서 옵션매수자가 예약완결권을 갖는 구조이다. 파생상품의 기초자산은 원유나 밀과 같은 물건인 경우도 있지만, 증권이나 옵션과 같은 파생상품을 포함한 금융상품 또는 단순한 지표나 지수일 수도 있다. 따라서 민법상 매매에 해당하지 않을 수도 있지만, 그와 유사한 계약으로는 볼 수 있다. 파생상품계약 중 매매계약이 아닌 계약의 체결은 자본시장법을 적용할 때 매매계약의 체결로 본다(자본 5조 4항).

[5-25] 환매조건부증권매매는 “증권을 매매하면서 일정기간 후에 같은 증권을 매도인이 사전에 결정된 가격으로 매수인으로부터 재매입할 것을 조건으로 이루어지는 증권의 매매거래”를 말한다.[122] 환매조건부증권매매에서 자금과 증권의 이전은 일시적이며, 상호 담보로 기능한다. 따라서 환매조건부증권매매는 그 실질과 형식이 다르게 평가될 수 있는 대표적인 거래이다.

2. 기능과 위험

가. 기 능

[5-26] 파생상품은 위험관리와 투기를 위하여 사용된다. 파생상품을 이용한 대규모 손실사태가 연속되면서 파생상품의 제도적 기능으로서 위험관리기능에 대하여 부정적인 의견도 존재한다. 그러한 부정적인 의견은 특히 장외파생상품 자체에 대한 엄격한

121) 자본시장법은 그 밖에 시행령으로 파생상품을 추가할 수 있지만(자본 5조 1항 4호), 현재 시행령에는 규정 없다.
122) 정순섭, “국제증권금융거래에 관한 법적고찰－리포 거래를 중심으로”, 경영법률 제14권 제2호, 2004, 153－206면.

규제강화론으로 연결되는 것이 일반적이었다.

환매조건부증권매매의 기능을 알기 위해서는 자금주도형과 증권주도형을 구분 [5-27] 해야 한다. 환매조건부증권매매의 기능은 자금이 필요한 당사자는 증권을 담보로 제공하고 자금을 조달하는 것이고, 증권이 필요한 당사자는 자금을 담보로 제공하고 증권을 조달하는 것이다. 환매조건부증권매매는 한국은행이 통화정책을 위하여 수행하는 공개시장조작의 중요한 수단이기도 한다. 특히 자금주도형의 경우 단기간동안 증권을 담보로 제공하고 자금을 대출받는 것과 경제적 실질이 동일하다.

나. 위 험

최근에는 파생상품을 증권에 결합한 파생결합증권이나 이를 투자대상자산으로 [5-28] 편입한 파생결합펀드가 공모나 사모펀드의 형식으로 판매되기도 하였다. 조금 오래된 것으로는 통화파생상품인 키코거래나 주식디폴트스왑을 증권화하여 편입한 공모펀드인 파워인컴펀드, 최근의 것으로는 외국의 국채금리를 기초자산으로 하는 금리연계증권인 파생결합증권이나 이를 편입한 사모펀드를 들 수 있다. 이러한 사례들은 결국 금융소비자보호관점에서의 판매규제의 강화로 연결될 수밖에 없다. 우리나라에서는 2003년 장외파생상품에 대한 판매규제의 강화와 2021년 사모펀드 제도의 개편으로 연결되었다.

국제적으로도 과거 1990년대 초 영국계 금융그룹이었던 베어링스의 파탄과 매 [5-29] 각, 오렌지카운티 등 미국 기관들의 파산, 프록터앤갬블 등 미국 기업들의 대규모 손실사태 등도 모두 파생상품거래에 따른 손실이 중요한 요인이었다. 2008년 글로벌 금융위기 과정에서 장외파생상품은 자산유동화와 함께 위험의 확대재생산에 크게 기여한 것으로 평가되었다. 이러한 평가의 결과 오늘날 장외파생상품에 대해서는 일정한 요건 아래 청산을 의무화하는 구조를 취하게 되었다.

매매형거래의 경우에 독특한 법적 위험도 존재한다. 첫째, 장외파생상품 중 특 [5-30] 히 선도의 경우 장래인도를 위한 원유와 같은 일반상품의 매매거래와 구별이 쉽지 않다. 정유회사는 원자재인 원유의 안정적 공급을 위하여 인도일자가 장래인 공급계약을 체결하게 된다. 둘째, 매매형거래의 경우에는 매매가 양도담보나 매도담보와 같은 초기적인 담보구조의 기초법리가 되어 온 점과 결부되어 담보거래로 성질결정될 위험(성질재결정위험)도 안고 있다.

3. 금융규제법상 취급

가. 선도거래와 장래매매의 구분

[5-31] 자본시장법상 선도거래는 "기초자산이나 기초자산의 가격 · 이자율 · 지표 · 단위 또는 이를 기초로 하는 지수 등에 의하여 산출된 금전등을 장래의 특정 시점에 인도할 것을 약정하는 계약"이라고 정의되어 있다(자본 5조 1항 1호). 일반적으로 큰 문제가 없지만, 기초자산이 원유나 광물과 같은 인도가능한 유체물(tangible and deliverable)인 경우에는 장래매매와의 구별이 문제될 수 있다. 예컨대 정유회사가 원자재인 원유의 안정적인 공급을 위하여 3, 6, 9, 12개월 후 인도조건으로 원유수입계약을 체결한 경우를 가정해 보자. 정유회사는 실제 석유제품의 생산을 위하여 필요한 원자재를 구입한 것이지만 자본시장법 문언상 선도계약에도 해당할 수 있다. 어떻게 구별할 것인지가 문제된다. 우리나라에서도 부동산매매와 관련하여 비슷한 문제가 제기된 적이 있다.

[5-32] 우리나라에서 부동산매매는 대금과 부동산을 매매시점에 주고받는 현실매매가 아니다. 계약일 현재 부동산 시가의 10%를 계약금으로 지급하고, 당사자가 약정한 횟수의 중도금 지급을 거쳐 최종적으로 잔금과 부동산에 관한 권리관계서류를 교환하게 된다. 이때 계약시점과 부동산인도시점에는 차이가 있을 수밖에 없어 위에서 본 자본시장법상 선도계약의 정의에 해당할 수 있게 된다. 영국에서는 투자목적과 상업목적을 나누어 후자의 경우에는 파생상품에 해당하지 않는 것으로 보고 있다. 예컨대 거래소에서 거래되거나 만기가 7일 이내인 경우에는 상업목적으로 본다. 호주에서는 결제방법을 기준으로 차액결제가 금지되는 것을 조건으로 인도가능한 유체물을 기초자산으로 할 경우를 파생상품의 정의에서 배제하고 있다. 우리나라에서는 기본적으로 영국의 방식을 채택한 것으로 해석할 수밖에 없다. 자본시장법상 금융투자목적은 실제소비가 가능한 인도가능한 유체물을 기초자산으로 할 경우에는 인정하지 않는 것이다. 예컨대 부동산이나 원유의 매매는 차액결제가 금지되는 것을 조건으로 실제소비목적으로 보자는 취지이다. 이러한 문제를 모두 법률상 규정할 수 있는가? 모든 경우를 조문화하는 것은 쉽지 않을 것이므로 금융당국과 법원의 적극적인 해석능력에 의존할 수밖에 없을 것으로 본다.

나. 환매조건부증권거래와 성질재결정위험

환매조건부증권거래에 관하여 증권매매설과 담보부대출설이 존재한다.[123] 증권매매설은 리포거래를 대상증권의 매매라고 해석하는 견해로서 당사자의 의사와 매수당사자의 소유자로서의 권리행사 등에 대한 검토를 기초로 한다. 그 근거는 당사자의 의사와 매입증권의 소유권 이전의 두 가지이다. 담보부대출설은 리포거래를 증권을 담보로 하는 금전소비대차로 보는 견해로서 리포거래의 경제적 기능, 진정매매의 요건, 계약상 성질결정조항의 효력 등에 대한 검토를 기초로 한다. 그 근거는 리포거래의 경제적 기능과 계약상 성질결정조항의 효력에 대한 판단의 두 가지이다. [5-33]

대법원은 "내국법인의 국·공채취득이 환매조건으로 이루어졌고, 매도금액 또한 환매기간에 따른 일정이율에 의하여 계산된 이자를 가산하여 정하였으며, 점유의 이전도 현실이전이 아닌 점유개정의 방법으로 이루어졌다 하더라도 당사자 사이에 실질적으로 그 권리를 이전하려는 의사가 존재하는 한 이는 매매로 볼 것이지, 국·공채를 담보로 한 금전소비대차 거래로 볼 것은 아니다"라고 하여 증권매매설을 채택하고 있다(대법원 1987. 4. 28. 선고 85누897 판결; 대법원 1987. 10. 26. 선고 86누729 판결; 대법원 1988. 3. 22. 선고 87누451 판결).[124] [5-34]

자본시장법도 환매조건부증권거래를 대고객거래와 기관간거래로 나누어 전자는 투자매매업으로 규제하고 있다(자본 7조 6항 4호, 동 시행령 7조 4항 3호). 기관간거래는 그 자체는 규제대상에서 제외하면서 그 중개는 투자중개업으로 규제하고 있다. 금융규제목적상 판단이기는 하지만 대고객 환매조건부증권거래를 투자매매업으로 판단한 것은 중요한 판단기준이 될 것이다. 그러나 자산유동화법상 진정매매의 요건을 환매조건부증권거래에서 가장 일반적으로 활용되는 표준계약서의 내용을 기준으로 판단해 보면 그 요건을 모두 충족한다고 보기 어렵다. 현재 대법원은 이 문제에 관하여 당사자의 의사에 기초한 법적 형식을 기준으로 판단하고 있다. 따라서 국내법을 준거 [5-35]

123) 정순섭, 은행, 527－530면.

124) "환매특약부매매가 채권담보의 경제적 기능을 갖는 것은 사실이나, 그렇다고 하더라도 채권자(매수인)가 단순히 담보권만을 취득하는 것이 아니고 목적물의 소유권까지를 일단 취득하고 단지 채무자(매도인)가 환매기간 내에 환매할 수 있는 권리를 유보하는 부담을 갖는 데에 그치는 것이므로, 주식을 환매조건부로 취득하여 주주명부상의 명의개서까지 마친 매수인으로서는 주주로서의 의결권 기타의 공익권도 행사할 수 있고, 설사 주식의 양도가 양도담보의 의미로 이루어지고 양수인이 양도담보권자에 불과하더라도, 회사에 대한 관계에 있어서는 양도담보권자가 주주의 자격을 갖는 것이어서 의결권 기타의 공익권도 양도인에 대한 관계에서는 담보권자인 양수인에 귀속한다 할 것이다"라고 본 판결(대법원 1992. 5. 26. 선고 92다84 판결)도 같은 취지라고 할 수 있다.

법으로 할 경우 성질재결정위험이 현실화될 가능성은 거의 없는 것으로 판단된다.

다. 자산유동화와 유동화자산의 양도

[5-36] 자산유동화는 (i) 자산보유자가 유동화기구에 유동화자산을 매도하거나 신탁의 설정을 위하여 양도하고, (ii) 양수인인 유동화기구가 유동화자산으로부터 발생하는 현금흐름을 재원으로 유동화증권을 발행하여, (iii) 투자자가 유동화증권을 매입하면서 지급한 발행대금으로 유동화자산의 대금을 자산보유자에게 지급하며, (iv) 유동화자산으로부터 발생하는 현금흐름으로 유동화증권의 투자자에게 유동화증권의 형태에 따라 원리금을 지급(유동화사채)하거나 수익을 배분(수익증권)하게 된다. 여기서 자산유동화는 자산보유자의 관점에서 형식상 유동화자산을 유동화기구에 양도하고 그 대가를 수취하는 방식으로 자금을 조달한 것이다. 그러나 그 경제적 실질은 유동화자산을 담보로 제공하고 유동화증권의 발행대금에 해당하는 자금을 차입한 담보부대출과 동일하다고 볼 수 있다. 예컨대 자산유동화에서 유동화증권의 만기에 자산보유자가 유동화자산에 대한 콜옵션을 보유할 경우에는 이러한 실질이 더욱 명확하게 나타난다.

[5-37] 자산유동화가 자산보유자로부터 유동화기구로의 진정양도(true sale)가 아닌 것으로 판단될 경우 이러한 유동화자산의 양도가 아니라 유동화자산을 담보로 하는 담보부대출로 보는 성질재결정위험이 현실화된다. 주로 자산보유자가 파산한 경우에 파산관재인이 이러한 주장을 하게 될 것이다. 따라서 자산보유자는 유동화자산을 유동화기구에 진정하게 양도해야 한다. 이를 위하여 자산유동화법은 진정양도의 요건을 다음 네 가지로 규정하고, 이 요건을 모두 충족하면 담보권의 설정으로 보지 않는다(유동 13조 1호-4호). 첫째, 매매 또는 교환에 의할 것. 둘째, 유동화자산에 대한 수익권 및 처분권은 양수인이 가질 것.[125] 셋째, 양도인은 유동화자산에 대한 반환청구권을 가지지 않고, 양수인은 유동화자산에 대한 대가의 반환청구권을 가지지 않을 것. 넷째, 양수인이 양도된 자산에 관한 위험을 인수할 것.[126] 이 요건은 자산유동화법 제정 당시 실무계의 요구를 반영하여 주로 미국의 판례를 참고하여 규정된 것이

125) 이 경우 양수인이 당해 자산을 처분하는 때에 양도인이 이를 우선적으로 매수할 수 있는 권리를 가지는 경우에도 수익권 및 처분권은 양수인이 가진 것으로 본다.

126) 다만, 당해 유동화자산에 대하여 양도인이 일정기간 그 위험을 부담하거나 하자담보책임(채권의 양도인이 채무자의 자력을 담보한 경우에는 이를 포함한다)을 지는 경우에는 그렇지 않다.

다. 아직 이 요건의 충족 여부가 법원에서 다투어진 사례는 없다.

자산유동화법 13조의 진정양도요건은 양도의 방식이 매매나 교환의 형식을 취할 경우에 적용된다. 유동화기구가 신탁인 경우에는 신탁의 설정을 위한 양도의 형식을 취하게 된다. 이 경우에는 진정양도가 아니라 진정신탁의 성립을 다투게 될 것이다. 신탁의 형식을 취할 경우에도 매매의 형식을 취할 경우와 동일한 문제가 발생할 수 있다. 자산유동화법 13조가 진정신탁의 성립 여부의 판단에도 적용될 수 있는지에 대해서는 논란이 있다. 그러나 첫째, 자산유동화를 위한 신탁에서 신탁의 설정을 위한 신탁재산의 이전은 매매나 교환의 형태를 취할 수밖에 없고, 둘째, 그러한 매매나 교환에는 자산유동화법 13조의 진정매매요건이 적용되는 형태로 유동화신탁의 진정신탁에도 진정매매요건이 적용될 수 있다.[127] [5-38]

V. 판매형

1. 의의와 구조

금융소비자법상 금융상품에 대해서는 금융상품판매규제가 적용된다(금소 17－23조). 금융상품에 대한 금융상품판매업과 금융상품자문업도 규제되므로 금융상품직접판매업자, 금융상품판매대리 · 중개업자 또는 금융상품자문업자별로 예금형상품, 대출형상품, 투자형상품, 보장형상품별로 취급상품을 정하여 금융위에 등록해야 한다(금소 12조 1항). [5-39]

금융상품직접판매업은 "자신이 직접 계약의 상대방으로서 금융상품에 관한 계약의 체결을 영업으로 하는 것 또는 자본시장법상 투자중개업(금소 2조 2호 가목, 자본 6조 3항)을 말한다. 은행 등 예금형상품이나 대출형상품, 보험회사 등 보장형상품의 제조업자와 투자중개업자를 포함한다. 투자중개업자도 금융상품의 위탁매매나 중개, 대리를 영업으로 하는 것으로서 금융상품판매대리 · 중개업자에 포함되어야 하지만 자본시장법상 금융투자업의 핵심업무인 점을 고려하여 금융상품직접판매업자로 분류한 것이다. [5-40]

127) 정순섭, 신탁, 124면.

[5-41] 금융상품판매대리 · 중개업은 금융상품에 관한 계약의 체결을 대리하거나 중개하는 것을 영업으로 하는 것을 말한다(금소 2조 2호 나목). 종래 특별한 법적 근거없이 금감원 모범규준을 근거로 이루어졌던 대출모집인은 대출형상품을 취급상품으로 하는 금융상품판매대리 · 중개업자로 등록해야 한다(금융소비자 보호에 관한 감독규정 6조 1항). 그러나 자본시장법상 투자권유대행인, 보험업법상 보험설계사와 보험대리점 그리고 보험중개사, 여전법상 신용카드모집인과 같이 개별법상 근거가 있는 경우에는 개별법상 규제가 우선하여 적용된다(금소 12조 1항 단서 1호 · 2호). 예금중개업은 은행법이나 금융소비자법상 등록근거가 없어 금융혁신지원특별법상 혁신금융서비스로 지정하여 업무가 이루어지고 있다.[128]

[5-42] 금융상품자문업은 금융상품의 가치 또는 취득과 처분결정에 관한 자문에 응하는 것을 영업으로 하는 것(금소 2조 4호 본문)을 말한다. 다만, 불특정 다수인을 대상으로 발행되거나 송신되고, 불특정 다수인이 수시로 구입하거나 수신할 수 있는 간행물 · 출판물 · 통신물 또는 방송 등을 통하여 조언을 하는 것, 그 밖에 변호사, 변리사, 세무사가 해당 법률에 따라 자문업무를 수행하는 경우 등 해당 행위의 성격 및 금융소비자보호의 필요성을 고려하여 금융상품자문업에서 제외할 필요가 있는 것으로서 시행령으로 정하는 것을 제외한다(금소 2조 4호 가목 · 나목). 금융소비자별로 개별성과 상대성을 가진 자문이 아닌 유사자문행위를 제외하는 것으로서 자본시장법상 투자자문업에서 유사투자자문업을 제외한 것(자본 7조 3항)과 같은 이유에 따른 것이다. 금융상품자문업에서 중요한 것은 독립금융상품자문업자이다. 독립금융상품자문업자가 아닌 자는 "독립"이라는 문자 또는 이와 같은 의미를 가지고 있는 영어 · 프랑스어 · 스페인어 · 일본어 · 중국어 또는 금융위가 고시하는 외국어로 쓰여진 문자를 명칭이나 광고에 사용할 수 없다(금소 27조 4항; 동 시행령 25조 3항). 독립금융상품자문업자는 금융소비자의 자문에 대한 응답과 관련하여 금융상품판매업자(임직원을 포함)로부터 재산상 이익을 받는 행위, 그 밖에 금융소비자와의 이해상충이 발생할 수 있는 행위를 하지 않는 자를 말한다(금소 27조 5항 1호 · 2호; 동 시행령 25조 4항 · 5항).

128) 금융위 · 금감원, 보도자료: 6월부터 한 번에 금리를 비교해 예금상품에 가입하실 수 있습니다. − 온라인 예금상품 중개서비스 추진현황 및 향후계획−, 2023. 3. 23.

2. 기능과 위험

금융소비자법에서 금융상품판매업과 금융상품자문업을 구분하면서 특히 독립금융상품자문업자를 규정한 것은 금융소비자보호에 관한 특별한 인식에 기초한 것이다. 기존의 금융상품판매채널은 자신과 판매계약을 체결한 금융상품제조업자가 제조한 금융상품만을 대상으로, 그리고 그 판매실적에 따라 금융상품제조회사가 금융상품판매채널에 판매수수료(commission)를 지급하는 판매구조였다. 그리고 판매하는 금융상품의 범위도 대출이나 증권 또는 보험상품과 같은 업종별로 한정된 상품에 그쳤다. 따라서 금융소비자의 관점에서 자기의 현재와 장래의 금융수요를 고려하여 업종을 불문하고 가장 적합한 금융상품을 권유해 주고 그 대가로 금융소비자로부터 자문수수료(fee)를 수취하는 금융상품판매채널이 필요하게 되었다. 금융상품자문업자 중에서 독립금융상품자문업자는 이러한 수요에 대응한 것이다. 예컨대 처음으로 직장생활을 시작하는 20대 후반의 청년이 주택구입자금을 마련하기 위하여 자신의 현재와 장래의 수입과 지출을 포함한 금융수요를 반영하여 가장 적합한 주택자금대출을 자문할 수 있는 채널을 만들자는 것이다. 다만 단순한 자문서비스의 제공에 대한 수수료지급을 꺼리는 국내금융시장에서 이와 같은 독립금융상품자문업이 사업으로서 존속할 수 있는지는 이에 관한 논의를 시작할 때부터 논란의 대상이었다. 만일 이와 같은 서비스가 사업으로서 존속가능성이 없다면 영국의 머니서비스와 같은 정부 주도의 공공서비스의 형식으로라도 제공되어야 할 것으로 본다. [5-43]

이러한 독립금융상품자문업자의 필요성은 금융상품판매규제의 준수가능성에 대한 평가에서도 나타난다. 현재와 같은 금융상품판매업자가 금융상품제조회사로부터 판매실적에 따라 판매수수료를 수취하는 구조에서는 "경제적으로는" 제조회사가 책임을 부담하게 될 것이다. 따라서 이 경우에는 금융상품판매업자가 금융상품판매규제를 준수할 유인이 그렇게 크지 않을 것이다. 따라서 독립금융상품자문업을 육성하는 것은 이러한 규제준수유인을 유발할 수 있는 계기가 될 수 있을 것이라고 생각된다. [5-44]

3. 금융상품판매업의 법적 구조129)

가. 의 의

[5-45] 금융상품판매업의 법적 구조는 매매, 위탁매매, 대리, 중개의 네 가지로 구성된다. 그중에서 금융상품직접판매업은 매매나 위탁매매, 금융상품판매대리 · 중개업은 대리나 중개의 구조를 취한다. 자본시장법상 투자중개업은 특수한 지위를 가진다. 그러나 금융상품판매에 관한 법적 논의를 하면서 이들 법적 구조를 정확하게 구별하지 않거나 경제학에서 사용하는 금융중개 또는 중개라는 개념과 상법상 중개를 혼동하는 설명도 발견된다.

나. 위탁매매

[5-46] 위탁매매는 "위탁자의 매도 또는 매수의 위탁을 받은 위탁매매인이 거래상대방과 매매계약을 체결하고 그 법률효과는 위탁매매인에게 직접 귀속하지만 그 경제적 효과는 위탁자에게 귀속되는 거래구조"를 말한다. 여기서 "자기명의로써 타인의 계산으로 물건 또는 유가증권의 매매를 영업으로 하는 자"를 위탁매매인이라고 한다(상 101조). 위탁매매인은 위탁자를 위한 매매로 인하여 상대방에 대하여 직접 권리를 취득하고 의무를 부담한다(상 102조). 이를 법률효과가 위탁매매인에게 직접 귀속된다고 하고 명의의 주체가 위탁매매인이 된다고 표현한다. 법문상 '자기명의로써'는 이를 규정한 것이다. 그러나 그 거래로부터 발생하는 경제적 효과인 손익은 위탁자에게 귀속한다. 이를 계산의 주체는 위탁자가 된다고 표현한다. 법문상 '타인의 계산으로'는 이를 규정한 것이다. 그러면 위탁매매의 대상인 물건이나 유가증권이 위탁자와 위탁매매인 중 누구에게 귀속되는지 불확실해질 수 있다. 상법은 "위탁매매인이 위탁자로부터 받은 물건 또는 유가증권이나 위탁매매로 인하여 취득한 물건, 유가증권 또는 채권은 위탁자와 위탁매매인 또는 위탁매매인의 채권자간의 관계에서는 이를 위탁자의 소유 또는 채권으로 본다"라고 하여 위탁자에게 귀속되는 것임을 명시하고 있다(상 103조). 자본시장법상 거래소가 개설한 증권시장에서의 매매는 증권회사인 회원에 한정되므로 투자자를 위탁자, 증권회사를 위탁매매인으로 하는 위탁매매구조를 이용하여 구성한다.

129) 정순섭, "디지털 금융에서의 규제체계 재정립", 강동수 외, 『디지털전환에 따른 금융의 혁신과 개혁 방안』, 한국개발연구원, 2022. 12., 314-319면.

다. 대 리

대리는 대리인이 본인으로부터 대리권을 수여받아 본인 또는 대리인의 명의로 제3자와 일정한 금융거래를 하고 그 법률효과는 직접 본인에게 귀속하는 경우를 말한다. 금융소비자법은 금융상품판매중개·대리업으로 규율한다. 자본시장법은 금융투자상품에 대한 대리를 영업으로 하는 자를 투자중개업으로 규제하고 있다. 이를 반영하여 금융소비자법상 투자중개업자가 금융투자상품을 대상으로 수행하는 금융상품판매대리업은 금융상품직접판매업으로 구분한다(금소 2조 2호 가목). [5-47]

라. 중 개

상법상 중개는 타인간의 상행위의 체결을 중개하는 행위(상 93조)로서 거래가 성립되도록 노력하는 사실행위에 그치고 해당 거래의 당사자나 대리인으로 개입하지 않는다.130) 중개는 불특정다수인을 위하여 하는 점에서 특정인을 대상으로 하는 중개대리상(상 87조)과, 상행위를 대상으로 하는 점에서 민사상 중개와 구별된다. 종래 논의가 있었던 보험대리상의 법적 지위에 관하여 상법은 보험대리상에게 보험료수령권, 보험증권교부권, 보험계약관련 의사표시권과 의사표시수령권을 가진 체약대리상을 원칙으로 하면서, 보험자와 보험대리상의 약정에 의해 보험대리상의 권한을 제한함으로써 중개대리상도 가능하게 하였다(상 646조의2 1항, 2항 본문). 금융소비자법은 금융상품판매중개·대리업으로 규율한다. 자본시장법은 금융투자상품에 대한 중개를 영업으로 하는 자도 투자중개업으로 규제한다. 그러나 금융소비자법상 투자중개업자가 금융투자상품을 대상으로 수행하는 투자중개업은 금융상품직접판매업에 해당한다(금소 2조 2호 가목). [5-48]

그러나 중개의 개념 범위는 위탁매매나 대리에 비하여 불명확하다. 위탁매매나 대리의 경우 위탁매매인이나 대리인이 법률상 당사자로서 거래에 참여하는 점에서 단순한 사실행위에 불과한 중개와 달리 그 범위를 명확히 정할 수 있다. 그러나 국내에는 "중개는 당사자의 중간에서 당사자 쌍방과 교섭하여 계약이 체결되도록 조력하는 활동"이므로 "단순히 거래에 필요한 정보를 제공하거나, 거래의 기회를 제공하는 정도의 행위"나 "당사자간에 이루어진 합의를 문서화하는 단계에서 계약서의 작성만을 대행해주는 행위"는 중개가 아니라는 견해가131) 일반적이다. 그러나 "거래당사자 [5-49]

130) 송옥렬, 『상법강의』, 제11판, 홍문사, 2021, 159면.

에게 단지 거래의 정보만을 제공하거나 거래의 기회만을 부여하는 자"를 상법상의 중개로 보지 않지만 민사중개의 일종으로 보는 입장도 존재한다.[132] 부동산실무에서는 공인중개사의 업무로서 부동산 거래 중개업무와 부동산정보 전시업무를 구분하고 있다.[133] 공인중개사법도 '중개'를 "중개대상물에 대하여 거래당사자 간의 매매·교환·임대차 그 밖의 권리의 득실변경에 관한 행위를 알선하는 것"(2조 1호)이라고 정의하고 있다(대법원 2013. 6. 27. 선고 2013도3246 판결, 대법원 2006. 9. 22. 선고 2005도6054 판결).

마. 기능으로서의 판매와 법적 구조

[5-50] 상법상 위탁매매나 대리 그리고 중개는 당연히 규제대상 기능으로서의 금융상품판매에 해당한다. 현행법상 규제대상 기능으로서의 판매는 "금융소비자의 계약체결의사 형성에 직접적이고 중대한 영향을 미치는 경우만"을 포함한다. 자본시장법이나 금융소비자법은 '투자권유'나 '권유'라는 개념으로 이러한 요소를 명확히 하고 있다. 그러나 투자권유나 권유와 같은 개념요소가 없거나 희박한 형태도 금융규제법상 판매의 한 유형으로 규제할 것인지는 검토할 필요가 있다. 실무에서는 비교추천이나 추천 등의 용어로 이를 부르기도 한다. 입법론으로는 이러한 유형을 플랫폼중개업과 같은 규제단위를 신설하여 규제할 수도 있다.

4. 금융상품판매업으로서의 투자중개업의 지위

[5-51] 금융상품직접판매업은 자신이 직접 계약의 상대방으로서 금융상품에 관한 계약의 체결을 영업으로 하는 것 또는 자본시장법상 투자중개업을 말한다. 전자는 금융회

131) 김홍기, 『상법강의』, 제5판, 2020, 199면; 송옥렬, 『상법강의』, 제11판, 홍문사, 2021, 163면; 이철송, 『상법총칙 · 상행위법』, 2018, 488면.

132) "거래당사자에게 단지 거래의 정보만을 제공하거나 거래의 기회만을 부여하는 자를 독일에서는 Nachweismakler (提報仲介人)라 부르며, 상법상의 중개로 보지 아니라고 민사중개의 일종으로 보고 있다. 일본에서도 이를 지시중개인(Nachweismakler의 번역어)이라 부르며, 통설은 상법상의 중개로 보지 아니한다." 이철송, 위의 책, 2018, 488면.

133) 서울특별시부동산중개수수료 및 실비의 기준과 한도등에 관한 조례[시행 1984. 5. 3.] [서울특별시조례 제1884호, 1984. 5. 7., 제정]

제2조(수수료) ② 부동산 중개업자가 중개대상물에 대하여 필요한 자료의 전시의뢰를 받아 일정한 장소에 전시하였을 경우에는 전시를 의뢰한 자로부터 별표2의 한도액 범위안에서 전시수수료를 받는다.

③ 부동산 중개업자는 부동산 거래 중개업무와 부동산정보 전시업무를 겸업하고 있을 경우에는 동일한 물건에 대하여 제1항의 수수료와 제2항의 수수료를 이중으로 받을 수 없다.

사가 자기가 제조한 금융상품을 직접 계약의 상대방으로서 금융소비자에게 판매하는 경우를 대상으로 한다. 투자중개업자는 기능상으로는 금융상품판매대리 · 중개로 구분하는 것이 옳을 것이다. 그러나 자본시장법상 금융투자업의 핵심업무인 점을 고려하여 직접판매업으로 구분한 것이다. 그리고 금융소비자법은 자본시장법 6조 3항의 투자중개업을 금융상품직접판매업이라고 규정하고 있으므로(금소 2조 2호 가목) 투자중개업자로서 하는 금융투자상품에 관한 중개나 대리도 금융상품직접판매업에 해당한다. 특히 중개나 대리는 자신이 직접 계약의 상대방이 되는 것은 아니므로 엄밀히 말하면 금융상품직접판매업이라고 하기 어렵다. 입법적 정비가 필요하다.

5. 개별법상 금융업 또는 금융상품판매업과 금융소비자법상 금융상품판매업등의 관계

가. 기본원칙

금융소비자법은 금융상품판매조직과 금융상품판매규칙을 내용으로 한다. 은행 [5-52]
법 등 개별법과의 관계에 관한 원칙은 다음과 같이 정리할 수 있다. 첫째, 금융상품판매조직에 대해서는 자본시장법상 투자권유대행인, 보험업법상 보험설계사와 보험대리점 그리고 보험중개사, 여전법상 신용카드모집인과 같이 금융상품판매조직에 관하여 개별법상 근거가 있는 경우에는 개별법상 규제를 금융소비자법에 우선하여 적용한다(금소 12조 1항 단서 1호 · 2호). 둘째, 금융상품판매규칙에 대해서는 개별법상 판매조직을 포함하여 모든 금융상품판매조직에 대하여 금융소비자법상 금융상품판매규칙이 우선하여 적용된다. 이와 같은 금융소비자법은 금융상품판매에 관하여 판매조직과 판매규칙으로 나누어 이원적인 입장을 취하고 있는 것이다.

나. 금융상품판매조직

금융소비자법은 개별법상 금융업 또는 금융상품판매업과 금융소비자법상 금융 [5-53]
상품판매업등과의 관계를 명확히 규정하고 있다. 은행법상 은행은 자기의 예금을 판매하는 경우는 금융상품직접판매업자, 펀드나 보험상품을 판매하는 경우에는 금융상품판매대리 · 중개업자가 된다(금소 4조 1호). 자본시장법상 투자매매업자는 인수한 증권을 판매할 경우에는 금융상품직접판매업자, 그리고 보험상품을 판매할 경우에는 금융상품판매대리 · 중개업자가 된다(금소 4조 2호). 투자중개업자는 금융상품직접판매업자 또는 금융상품판매대리 · 중개업자가 된다(금소 4조 3호). 신탁업자도 자기가 수탁자로서 신탁계약의 당사자가 되는 경우에는 금융상품직접판매업자, 그리고 타인간의 금융상품계약의 중개 또는 대리할 경우에는 금융상품판매대리 · 중개업자가 된다(금소 4조 6호). 종합금융회사도 마찬가지로 금융상품직접판매업자 또는 금융상품판매대리 · 중개업자가 된다(금소 4조 7호). 투자자문업자는 금융상품자문업자 그리고 투자일임업자는 금융상품직접판매업자에 해당한다(금소 4조 4호 · 5호). 자본시장법상 투자권유대행인은 금융상품판매대리 · 중개업자가 된다(금소 4조 8호). 보험회사는 자기 보험상품을 판매할 경우에는 금융상품직접판매업자, 그 밖의 경우는 금융상품판매대리 · 중개업자가 된다(금소 4조 9호). 보험설계사, 보험대리점, 보험중개사는 금융상품판매대리 · 중개업자에 해당한다(금소 4조 10호－12호). 상호저축은행은 금융상품직접판매업자 또는 금융상품판매대리 · 중개업자가 된다(금소 4조 13호). 여신전문금융회사 및 같은 법에 따른 겸영여신업자도 금융상품직접판매업자 또는 금융상품판매대리 · 중개업자에 해당한다(금소 14호). 여전법에 따른 모집인도 금융상품판매대리 · 중개업자가 된다(금소 4조 15호).

[5-54] 그러나 자본시장법상 투자권유대행인, 보험업법상 보험설계사와 보험대리점 그리고 보험중개사, 여전법상 신용카드모집인과 같이 금융상품판매조직에 관하여 개별법상 근거가 있는 경우에는 개별법상 규제를 금융소비자법에 우선하여 적용한다(금소 12조 1항 단서 1호 · 2호). 앞에서 본 바와 같이 예금중개업과 같이 은행법이나 금융소비자법상 별도 규제단위가 없는 경우에는 금융혁신지원특별법상 혁신금융서비스를 이용하여 규제하고 있다.

[5-55] 이러한 혼란을 해소하기 위해서는 금융상품판매조직에 대하여 개별법상 규율체계를 유지할 것인지, 금융소비자법으로 일원화할 것인지에 관하여 입법적인 정리가 필요하다. 금융상품판매조직에 관한 일반법을 만드는 방안도 생각할 수 있지만, 금융소비자법이 이미 존재하는 상황에서 추가적인 입법은 불필요한 것으로 생각된다. 금융상품의 제조와 판매를 분리하여 서로 다른 법률로 규제하는 것이 가능한지에 대해서도 논의가 필요하다. 특히 금융당국의 기관구조와 관련하여 금융상품의 제조와 판매를 다른 부서에서 담당하는 것의 가능성과 타당성도 함께 논의되어야 할 것이다.

예금의 제조와 판매의 규율체계를 각각 별도로 구성하는 것이 가능한지의 문제이다. 예금의 판매가 중개구조를 통하여 일반적으로 허용되면 예컨대 현재 5천만원인 예금보험한도를 이용하기 위하여 자금이 유입될 가능성이 높아질 것이다. 이 경우 금리민감도가 높은 자금이 높은 예금금리를 찾아 쉽게 이동하게 되면 은행에 과도한 위험이 발생할 수도 있다는 우려가 그 중의 하나이다. 이에 대해서는 예금취급기관별로 중개를 통하여 수취할 수 있는 예금의 총한도를 두거나 일정 수준 이상의 건전성을 가진 예금취급기관만 중개를 통하여 예금을 수취할 수 있도록 제한하는 방안을 생각할 수 있을 것이다. 금융상품의 제조와 판매의 분리는 다양한 차원에서 문제를 발생하게 될 것이므로 쉬운 문제는 아니다.

다. 금융상품판매규제

금융소비자법은 6대판매원칙을 중심으로 금융상품판매규칙을 규정하고 있다. [5-56]
특히 적합성원칙, 적정성원칙, 설명의무, 불공정영업행위규제, 부당권유규제, 광고규제에 대해서는 금융소비자법이 개별법에 우선하여 적용된다(제4장 제2절 금융상품판매규제). 현재 약관규제 등은 여전히 금융소비자법이 아니라 은행법 등 개별법에서 이루어지고 있다(은행 52조, 자본 56조, 보험 127조). 금융소비자법과 같은 기능별 규제법이 의미를 가지는 것은 이와 같이 동일한 사항에 관하여 서로 다른 규제가 적용할 경우에 특히 명백하다. 금융소비자법은 종래의 개별 금융규제법에서 규제대상으로 포함하지 않고 있던 상품을 규제대상으로 포함하였다. 예컨대 종래 보험업법상 별도의 판매규제가 적용되지 않던 보험계약대출, 은행법상 대출모집인, 연계 · 제휴 서비스 등도 모두 금융소비자법상 규제대상에 포함되었다. 보험계약대출은 대출성상품의 하나로(금소 감독규정 3조 2호 나목), 대출모집인은 금융상품판매대리 · 중개업자로(금소 12조), 연계 · 제휴서비스는 설명의무의 대상이 되고(금소 19조 1항 2호), 연계 · 제휴서비스의 부당한 축소나 변경은 불공정영업행위(금소 20조 1항 5호)로 규제된다. 금융상품판매규칙을 금융소비자법에서 통합적으로 규제할 것인지는 지속적으로 검토할 사항이다. 예컨대 약관규제는 은행과 보험 그리고 자본시장법에서 위탁의 대상과 범위 등에 상당한 차이가 있다.

제 3 절 금융거래 당사자의 법률관계: 보호관계와 대등당사자관계

Ⅰ. 문제의 의의

[5-57] 금융업자는 그 거래상대방에 대하여 일정한 보호의무를 부담한다고 보는 것이 일반적이다. 그러나 금융상품거래 당사자의 법률관계를 금융업자가 거래상대방에 대하여 보호의무를 부담하는 보호관계로 볼 것인지는 일률적으로 판단하기는 어렵다. 모든 국가에서 그리고 모든 사례에서 동일한 결론을 내릴 수 있는 것도 아니다. 국가별로 금융업자에게 금융소비자에 대한 높은 수준의 의무를 인정하기도 하지만 그렇지 않은 경우도 있다.

[5-58] 영미법상으로는 금융업자와 고객의 관계를 신인관계([4-6])로 볼 수 있는지의 논의에서 출발한다. 그러나 모든 금융거래에서 당사자의 법률관계를 신인관계로 보는 것은 아니다. 영미법상으로도 개별사안별로 당사자의 지위와 전문성, 대상 거래의 구조와 내용 등을 고려하여 판단한다고 보는 것이 정확하다. 일정한 보호관계가 인정될 경우 그 근거는 금융업자의 정보측면에서의 우월적 지위나 거래상대방의 금융업자에 대한 신뢰에서 찾기도 한다.

Ⅱ. 투자신탁에서 장외파생상품으로

[5-59] 국내에서 금융거래 당사자의 법률관계의 법적 성질이 논의되기 시작한 것은 투자신탁에 관한 분쟁이다. 대법원은 투자신탁에 관한 분쟁에서 금융업자의 거래상대방인 고객에 대한 적합성원칙이나 설명의무를 인정하면서 그 근거를 일반 사법상 보호의무에서 찾았다(대법원 1994. 1. 11. 선고 93다26205 판결).[134] 자본시장법은 이러한 판례법리를 기반으로 적합성원칙이나 설명의무를 명시적인 규제원칙으로 도입했다. 금융소비자보호법은 이를 대출성상품, 예금성상품, 투자성상품, 보장성상품을 포함한 모든 금융상품에 적용되는 규제원칙으로 확대적용하였다. 다만 대법원판례도 개별적

134) 자본시장법 시행 이전 대법원 판결의 입장을 정리한 것으로, 권순일, 『증권투자권유자책임론』, 박영사, 2002.

인 사안별로 당사자의 지위와 전문성, 대상거래의 구조와 내용 등을 고려하여 판단하고 있다(대법원 2003. 7. 11. 선고 2001다11802 판결). 금융소비자법은 거래상대방이 일반금융소비자인지에 따라 판매규제를 달리 적용하고 있다. 장외파생상품거래에 대한 대법원판결에서도 이러한 기조는 그대로 유지되고 있다.

금융업자의 거래상대방에 대한 보호의무와 관련하여 또 한 가지 고려할 사항은 [5-60] 은행 등 금융회사의 공신력이다. 장외파생상품거래에 대한 대법원판결에서는 "인가요건, 업무범위, 지배구조 및 감독 체계 등 여러 면에서 투자를 전문으로 하는 금융기관 등에 비해 더 큰 공신력을 가지고 있"는 "은행의 권유는 기업의 의사결정에 강한 영향을 미칠 수 있으므로, 은행으로서는 위와 같이 위험성이 큰 장외파생상품의 거래를 권유할 때에는 다른 금융기관에 비해 더 무거운 고객 보호의무를 부담한다"고 보고 있다(대법원 2013. 9. 26. 선고 2012다13637 전원합의체 판결; 대법원 2013. 9. 26. 선고 2013다 26746 전원합의체 판결; 대법원 2013. 9. 26. 선고 2012다1146 전원합의체 판결; 대법원 2013. 9. 26. 선고 2011다53683 전원합의체 판결). 과연 은행이 증권회사에 비하여 "더 무거운 고객 보호의무를 부담한다"고 보는 것이 옳은가? 설사 은행의 공공성 또는 공신력이 인정된다고 해도 이를 근거로 동일한 금융상품에 대한 판매에서 부담하는 의무의 내용이 달라진다는 주장이 가능할까?

참고 증권회사 직원의 투자권유로 투자한 투자가가 손실을 본 경우 불법행위책임이 성립하기 위한 요건(대법원 1994. 1. 11. 선고 93다26205 판결)

"무릇 증권거래는 본래적으로 여러 불확정요소에 의한 위험성을 동반할 수밖에 없는 것으로서 투자가로서도 일정한 범위 내에서는 자신의 투자로 인해 발생할지 모르는 손실을 스스로 부담해야 함이 당연한 점에 비추어, 증권회사의 임 · 직원이 강행 규정에 위반된 이익보장으로 투자를 권유하였으나 투자결과 손실을 본 경우에 투자가에 대한 불법행위책임이 성립되기 위하여는, 이익보장 여부에 대한 적극적 기망행위의 존재까지 요구하는 것은 아니라 하더라도, 적어도 거래경위와 거래방법, 고객의 투자상황(재산상태, 연령, 사회적 경험 정도 등), 거래의 위험도 및 이에 관한 설명의 정도 등을 종합적으로 고려한 후, 당해 권유행위가 경험이 부족한 일반 투자가에게 거래행위에 필연적으로 수반되는 위험성에 관한 올바른 인식형성을 방해하거나 또는 고객의 투자상황에 비추어 과대한 위험성을 수반하는 거래를 적극적으로 권유한 경우에 해당하여, 결국 고객에 대한 보호의무를 저버려 위법성을 띤 행위인 것으로 평가될 수 있는 경우라야 할 것이다."

참고 공사채형 투자신탁의 경우 투자권유자의 고객에 대한 설명의무의 내용(대법원 2003. 7. 11. 선고 2001다11802 판결)

"투자신탁회사의 임직원이 고객에게 투자신탁상품의 매입을 권유할 때에는 그 투자에 따르는 위험을 포함하여 당해 투자신탁의 특성과 주요내용을 명확히 설명함으로써 고객이 그 정보를 바탕으로 합리적인 투자판단을 할 수 있도록 고객을 보호하여야 할 주의의무가 있고, 이러한 주의의무를 위반한 결과 고객에게 손해가 발생한 때에는 불법행위로 인한 손해배상책임이 성립하는 것인바, 일반적으로 공사채형 투자신탁의 경우 투자에 따르는 위험과 관련하여 투자권유자는 채권시장의 시가 변동에 의한 위험, 발행주체의 신용 위험, 그리고 만약 외국채권을 신탁재산에 편입하는 때에는 환시세의 변동에 의한 위험이 존재하고 이로 인하여 원본 손실의 가능성이 있다는 사실 등을 설명하여야 할 것이나, 고객에게 어느 정도의 설명을 하여야 하는지는 투자 대상인 상품의 특성 및 위험도의 수준, 고객의 투자 경험 및 능력 등을 종합적으로 고려하여 판단하여야 한다."

참고 은행이 환 헤지(hedge) 목적을 가진 기업과 통화옵션계약을 체결할 때 부담하는 고객 보호의무의 내용과 정도(대법원 2013. 9. 26. 선고 2012다13637 전원합의체 판결)

"은행은 환 헤지 목적을 가진 기업과 통화옵션계약을 체결함에 있어서 해당 기업의 예상 외화유입액, 자산 및 매출 규모를 포함한 재산상태, 환 헤지의 필요 여부, 거래목적, 거래 경험, 당해 계약에 대한 지식 또는 이해의 정도, 다른 환 헤지 계약 체결 여부 등 경영상황을 미리 파악한 다음, 그에 비추어 해당 기업에 적합하지 아니하다고 인정되는 종류의 상품 또는 그러한 특성이 있는 통화옵션계약의 체결을 권유하여서는 아니 된다. 은행이 그러한 의무를 위반하여 해당 기업의 경영상황에 비추어 과대한 위험성을 초래하는 통화옵션계약을 적극적으로 권유하여 이를 체결하게 한 때에는 이러한 권유행위는 이른바 적합성 원칙을 위반하여 고객에 대한 보호의무를 저버리는 위법한 것으로서 불법행위를 구성한다고 할 것이다."

"특히 장외파생상품은 고도의 금융공학적 지식을 활용하여 개발된 것으로 예측과 다른 상황이 발생할 경우에는 손실이 과도하게 확대될 위험성이 내재되어 있고, 다른 한편 은행은 그 인가요건, 업무범위, 지배구조 및 감독 체계 등 여러 면에서 투자를 전문으로 하는 금융기관 등에 비해 더 큰 공신력을 가지고 있어 은행의 권유는 기업의 의사결정에 강한 영향을 미칠 수 있으므로, 은행으로서는 위와 같이 위험성이 큰 장외파생상품의 거래를 권유할 때에는 다른 금융기관에 비해 더 무거운 고객 보호의무를 부담한다고 봄이 타당하다."

Ⅲ. 장외파생상품과 당사자간의 법률관계

[5-61] 적합성원칙이나 설명의무로 대표되는 금융업자의 금융소비자에 대한 보호의무는 전통적으로 증권과 같은 금융상품을 중심으로 발전해 왔다. 발행인이 발행한 증권

을 증권회사가 투자자에게 판매하는 과정에서 투자자의 위험감수능력에 비추어 과도한 위험을 초래할 수 있는 상품을 권유할 수 없게 하거나 정확한 인식형성을 위해 설명을 하도록 의무화하는 것이다. 그러나 스왑과 같은 장외파생상품에서는 금융업자가 금융소비자와 같은 계약당사자로서 서로 이해관계가 대립되는 관계에 있는데도 그와 같은 보호의무를 금융업자에게 부과하는 것이 가능한지에 관한 논의가 미국에서는 이루어지고 있다. 현재까지도 미국에서의 일반적인 논의는 스왑거래와 같은 장외파생상품거래에는 적합성원칙이 적용되지 않는다는 것이다. 대표적인 사례가 금리스왑의 증권성을 부정한 프록터앤갬블 사건이다.[135] 이러한 판단은 미국 증권거래위원회가 국채수익률에 연동된 금리스왑을 국채에 대한 옵션이라는 논리로 증권에 해당한다는 주장을 하던 시점에 나온 것으로서 미국법상 매우 중요한 선례이다.

영국과 일본에서는 특별한 논의 없이 적합성원칙을 증권은 물론 장외파생상품 [5-62]
에도 적용되는 원칙으로 도입했다. 그러나 호주에서는 상당한 논란의 대상이 되었다. 호주에서는 우리나라의 일반투자자와 전문투자자에 해당하는 소매투자자(retail investor)와 도매투자자(wholesale investor)를 구분하고 있다. 현재 우리나라의 자본시장법에 해당하는 2001년 회사법 제7장의 초안은 소매투자자를 상대방으로 하는 장외파생상품거래를 금지하는 내용으로 되어 있었다. 그러나 동 초안에 대한 의견수렴과정에서 호주양모협회가 제시한 의견이 큰 논란을 야기하게 된다. 그 내용은 장외파생상품거래를 금지한다는 것은 결국 헤지를 위하여 장내파생상품거래를 이용해야 한다는 의미인데, 양모선물거래는 그 거래규모가 워낙 커서 영세양모업자가 이용하기 어려우니 양모업자들의 거래규모와 헤지수요에 맞추어 상품을 설계할 수 있는 장외파생상품거래를 허용해 달라는 것이었다.[136] 이를 반영하여 소매투자자에 대한 장외파생상품거래를 허용하면서 적합성원칙을 전면적으로 도입하였다.

현재 우리나라는 자본시장법상 일반투자자에 대해서는 위험회피목적거래에 한 [5-63]
정하여(자본 166조의2 1항 1호 전단; 동 시행령 186조의2 1호 · 2호), 그리고 금융소비자법상 일반금융소비자에 대해서는 적정성원칙(금소 18조)의 적용을 전제로 장외파생상품거

135) Procter & Gamble v Bankers Trust, 925 F Supp 1270 (SD Ohio 1996). 상세한 설명으로, Willa E. Gibson, "Are Swap Agreements Securities or Futures?: The Inadequacies of Applying the Traditional Regulatory Approach to OTC Derivatives Transactions", The Journal of Corporation Law Vol.24, 1999, pp. 379–416.

136) Australian Commonwealth Treasury, Corporate Law Economic Reform Program, Financial Products, Service Providers, and Markets–An Integrated Framework: Implementing CLERP 6 (Consultation Paper, 1999), p. 15. 현행법상으로는 고객의 최선이익을 위하여 행위할 의무로 통합되었다(Corporations Act Part 7.7A).

래를 허용하고 있다. 장외파생상품거래가 당사자 사이의 상대계약의 형태를 취하기는 하지만 투자매매업자인 은행이나 증권회사가 제조한 상품을 금융소비자인 기업이 일방적으로 매수하는 구조이므로 전통적인 증권과의 판매과정상 위험구조의 차이를 발견하기 어렵다. 그러나 위에서 본 바와 같은 미국이나 호주에서의 논의를 그 적용과정에서 충실히 이해하는 것은 매우 중요하다.

Ⅳ. 일반사법상 보호의무와 금융규제법상 판매규제의 관계

[5-64] 국내에서 금융상품판매규제는 대법원판례를 통하여 일반사법상 보호의무를 근거로 한 적합성원칙과 설명의무가 인정된 이후 자본시장법과 금융소비자법에서 금융상품판매규제를 국제적인 규제동향을 참고하여 확대하고 있는 추세라고 평가할 수 있다. 자본시장법과 금융소비자법은 금융투자업자와 금융상품판매업자등에 대하여 신의성실의무 등 일반적 보호의무의 근거로 볼 수 있는 규정을 두고 있다(자본 37조; 금소 14조). 전통적으로 사법상 당사자간의 법률관계에 적용되는 계약법리를 중심으로 발전해 온 내용이 금융규제법상 금융규제규칙으로 규정되기에 이른 것이다. 그러면 금융규제법상 규제원칙이 일반사법상 계약법리를 대체하는 것인지에 관한 의문을 중심으로 일반사법상 보호의무와 금융규제법상 판매규제와의 관계가 논의될 수밖에 없다. 현재 금융소비자법은 전문금융소비자에 대해서는 적합성원칙과 적정성원칙 그리고 설명의무를 적용하지 않는다. 이 경우에는 전통적으로 대법원에서 인정되어 온 일반사법상 보호의무에 기초한 적합성원칙이나 설명의무가 적용될 수 있을 것이다. 물론 금융소비자법 자체가 입법적으로 전문금융소비자를 상대방으로 하는 경우에는 적합성원칙이나 설명의무가 적용되지 않는다고 판단한 상황임을 고려할 때 그 의무의 수준과 내용은 상당히 경감될 수밖에 없을 것이다.137)

137) 김건식 · 정순섭, 『자본시장법』 제3판, 두성사, 2013, 784–785면.

제 4 절 금융거래와 성질재결정위험

금융거래의 당사자들은 금융거래를 할 때 소비임치나 소비대차, 매매 등 일정한 법적 구조에 대한 성질결정을 전제로 거래를 하게 된다. 그러나 사후적으로 특히 법원에서 그러한 법적 성질결정이 당사자가 의도한 것과 달라짐으로써 거래목적을 달성할 수 없게 될 위험인 **성질재결정위험**(recharacterization risk)을 살펴본다. 이 위험이 현실화되면 금융거래를 설계할 때 당사자들이 전제한 법적 구조에 관한 이해의 기초가 변경되는 것으로서 중대한 법적 위험에 해당한다. 이러한 위험이 발생하는 것은 금융거래에 관한 법적 분석에서 경제적 실질과 법적 형식 중 어느 것을 중시할 것인지에 관한 입장의 차이에서 비롯된 것이다. 경제적 실질은 거래의 객관적 기능을 주된 요소로 고려하겠지만, 법적 형식은 결국 당사자의 의사를 존중하는 입장으로 연결된다. 예측가능성과 법적 안정성을 중시할 수밖에 없는 당사자의 입장에서는 의사와 법적 형식을 기초로 판단하는 입장을 선호하게 될 것이다. 그러나 당사자의 의사와 법적 형식을 지나치게 강조하면 규제의 실질적인 회피가 발생할 수도 있다.138) [5-65]

성질재결정위험이 문제되는 대표적인 사례로는 첫째, 환매조건부증권거래를 증권매매로 볼 것인지 또는 증권담보부대출로 볼 것인지에 관한 견해의 대립([5-33]-[5-35]), 둘째, 자산유동화거래에서 유동화자산의 양도를 유동화자산의 매매로 볼 것인지 유동화자산을 담보로 하는 대출로 볼 것인지의 인식의 차이([5-36]-[5-38]), 셋째, 어음할인의 법적 성질을 어음의 매매로 볼 것인지 아니면 어음담보부대출로 볼 것인지([11-4]), 넷째, 개인에 대한 신용공여의 개념을 계약형식을 기준으로 볼 것인지 아니면 경제적 실질을 기준으로 판단할 것인지([11-12])의 문제를 들 수 있다. 그 밖에 금융규제법상 성질결정에 관한 문제로서 파생상품을 보험으로 볼 것인지 또는 보험을 파생상품으로 볼 것인지, 그리고 신용파생상품을 보증으로 볼 것인지와 같은 논의도 성질재결정위험과 같은 차원의 문제의식이라고 할 수 있다. [5-66]

138) 금융법상 경제적 실질과 법적 형식에 관한 논의를 소개한 것으로, 이정수, "금융규제에 있어 실질주의: 실질규제의 방법과 한계", 상사법연구 제38권 제4호, 2020, 283-328면.

제 5 절 고객자산의 보호

Ⅰ. 문제의 의의

[5-67] 금융규제법상 또 한 가지 중요한 과제는 고객자산의 보호이다. 고객자산의 보호가 문제되는 대표적인 경우는 자본시장법상 투자자예탁금과 전자금융거래법상 선불전자지급수단의 선불충전금이다. 현재 금융거래상 고객자산을 금융업자나 전자금융업자에게 임치하는 상황이 불가피하게 발생한다. 이 경우 해당 고객자산의 보호를 위하여 어떠한 조치를 요구할 것인가? 금융규제법상 가장 중요한 과제 중의 하나라고 할 수 있다. 이하 투자자예탁금과 선불충전금을 대상으로 설명한다. 전자는 소비임치에서의 반환청구권의 보호, 그리고 후자는 지급재원의 보호라는 형태를 취한다.

Ⅱ. 자본시장법상 투자자예탁금

[5-68] 자본시장법상 투자자는 매매거래계좌설정약정과 동시에 금전이나 증권을 금융투자업자에 예탁한다.[139] 투자자가 예탁한 금전을 금융투자업자가 보관하는 법률관계는 소비임치(민 693조 이하)라고 본다. 그러나 전자증권을 금융투자업자에게 예탁하는 법률관계는 '임치'가 아니라[140] '임치계약의 성질을 가지는 비전형계약'이다.[141] 예탁금에 관하여는 투자자의 소비임치계약상 임치금반환청구권의 보호가 고객자산 보호의 핵심이 된다.

[5-69] 투자매매업자등은 투자자예탁금을 고유재산과 구분하여 증권금융회사에 예치 또는 신탁해야 한다(자본 74조 1항). 다만 겸영금융투자업자인 은행이나 보험회사는 투자자예탁금을 증권금융회사에 예치 또는 신탁하는 외에 신탁업자에게 신탁할 수 있

139) 정순섭, 자본, 제13장 제4절 증권위탁매매의 법률관계.

140) 박준 · 노혁준 · 임정하 · 정성구, "보호예수 제도 발전 방안에 관한 연구", 서울대학교 금융법센터 연구보고서, 2015. 8, 144면("전자증권제도하에서는 증권의 점유를 상정할 수 없으므로 더 이상 보호예수를 민법상의 "임치"의 개념으로 설명할 수 없게 될 것임").

141) 서울고법 2021. 12. 8. 선고 2021나2010775 판결("비트코인 보관에 관한 법률관계를 민법상의 임치계약관계 그 자체로 볼 수는 없고, 원고와 피고 사이의 계약은 유상임치계약의 성질을 가지는 비전형계약이라고 봄이 상당하다").

다(자본 74조 2항 전단; 동 시행령 71조 1호-4호). 이 경우 그 은행등이 신탁업을 영위하는 경우 자신의 신탁계정으로 자기신탁할 수 있다(자본 74조 2항 후단; 신탁 3조 1항). 우리나라는 금융투자업자의 이러한 예탁금반환의무를 예금자보호법상 예금보험제도의 대상으로 규정하고 있다(예금자보호법 2조 2호 나목). 별도예치기관으로의 100% 별도예치의무와 예금보험제도는 별도예치기관의 도산가능성이 거의 없는 경우에는 중복적인 보호라고 생각할 수 있다. 그리고 현실적으로는 별도예치기관으로의 예치금에 부족분이 있는 경우에는 예금보험제도가 기능을 발휘할 수 있다고 설명되고 있다.

Ⅲ. 선불전자지급수단의 선불충전금

한편 전자금융거래법상 선불전자지급수단의 경우 이용자의 충전금은 그 선불업자가 소유하면서 이용자가 선불전자지급수단을 소비하거나 환급을 신청할 때 그에 상응하는 금원을 대외적으로 지급하게 된다. 따라서 선불업자가 수취한 선불전자지급수단 발행대금은 모두 선불업자의 부채가 된다.142) 그러나 선불전자지급수단의 발행대금으로서 선불업자에게 지급되었기 때문에 투자자예탁금의 소비임치구조와는 다르다. 선불전자지급수단의 선불충전금에서는 지급수단의 지급재원보호가 핵심과제가 된다. [5-70]

전자금융거래법에는 선불충전금이라는 고객자산의 보호를 위한 특별한 규정이 없다. 금융당국은 선불충전금은 고유자산과 분리하여 은행 등 외부기관에 신탁하는 것을 원칙으로 하는 내용의 행정지도를 발표하였다.143) 그에 따르면 신탁시 선불충전금이 국채 및 예금 등 안전자산으로 운용될 수 있도록 하여야 하고, 선불충전금을 비유동자산으로 운용하고 있어 즉시 신탁상품에 즉시 가입하기 곤란한 경우 등에 한하여 지급보증보험에 가입할 수 있게 하였다. 신탁가입 한도는 간편송금서비스를 제공하고 있는 선불업자는 선불충전금의 전액(100%)을 신탁하여야 하고, 간편송금 서비스를 제공하지 않는 선불업자(이하 '비송금업자')는 선불충전금의 50% 이상을 신탁하여 [5-71]

142) 이규림, "간편송금의 법적 구조와 과제 -선불전자지급수단을 중심으로-", BFL 제99호, 2020, 43면.
143) 금감원, 보도자료: 전자금융업자의 이용자 자금이 안전하게 보호됩니다. -「전자금융업자의 이용자 자금 보호 가이드라인」 시행 -, 2020. 9. 25.

야 한다. 개정 전자금융거래법은 선불충전금의 보호제도를 규정하고 있다(25조의2, 43조 2항 1호 및 51조 1항 2호 · 3호). 그에 따르면 첫째, 선불업자가 선불충전금의 50% 이상에 해당하는 금액으로서 시행령으로 정하는 금액을 은행 등 시행령으로 정하는 금융회사에 신탁, 예치 또는 시행령으로 정하는 방법에 따른 지급보증보험의 방법으로 별도 관리하도록 하고, 이를 관리하는 관리기관은 안전한 방법으로 선불충전금을 운용하도록 하며, 이를 위반한 자에 대해 업무정지 또는 과태료를 부과할 수 있도록 하고 있다(25조의2 1항). 둘째, 별도 관리하는 선불충전금을 상계 · 압류(가압류를 포함)하거나 양도 또는 담보로 제공할 수 없도록 하고, 선불충전금에 관한 청구권을 가지는 이용자, 그 청구권의 양수인, 그 밖에 시행령으로 정하는 자가 다른 채권자보다 우선하여 청구권에 관한 금액을 변제받을 수 있는 권리를 가지도록 규정하고 있다(25조의2 6항 · 7항).

Ⅳ. 평 가

[5-72] 자본시장법상 투자자예탁금에 관하여 투자자와 금융투자업자의 법률관계를 소비임치로 규정한 것은 투자자의 주문에 따라서 금융투자상품을 매수하기 위한 자금으로 금융투자업자가 보관하는 것이기 때문이다. 별도예치의무가 없다면 금융투자업자가 임의대로 소비할 수 있지만, 금융투자업자의 도산위험을 고려하여 별도예치기관으로 별도예치하도록 의무화한 것이다. 여기서 문제는 별도예치기관의 도산위험의 방지이다. 이를 위하여 자본시장법은 별도예치기관인 증권금융회사의 예탁금 운용방법을 제한하고, 예탁금반환의무를 예금자보호법상 예금보험제도의 대상으로 규정하여 이중의 보호장치를 두고 있다.

[5-73] 선불전자지급수단의 선불충전금은 선불업자에게 발행대금으로 지급되었지만, 이용자의 지급수요를 충족시키기 위한 지급재원으로서 일정한 보호의 대상이 되고 있다. 투자자예탁금에서 소비임치계약상 원금반환의무가 문제되는 것과는 다른 상황이다. 이에 대해서도 예금자보호법상 예금보험제도의 대상으로 하려는 생각도 존재하는 것으로 알려져 있다. 그러나 소비임치계약상 원금반환의무가 존재하는 투자자예탁금과는 법적 구조가 다르다.

동일한 고객자산보호라는 제도도 투자자예탁금과 선불전자지급수단의 선불충전금은 그 법적 구조와 제도적 기능의 차이로 인하여 서로 다른 방식으로 구현되고 있는 것이다. 선불충전금의 환급보장이라는 측면은 투자자예탁금의 반환과 유사한 상황이지만 일정한 요건이 충족되는 경우의 선불충전금에 대한 환급청구권이라는 형태로 법률상 보장된 권리를 대상으로 하는 것으로서 그 본질은 다르다. [5-74]

제2편 금융규제와 법

CHAPTER 06

금융규제의 기본원칙

제1절 서 언

이 책의 제1편에서는 금융법의 체계적 이해를 위한 기본골격을 설명하였다. 제2장 금융과 법에서는 금융법체계의 기본적 구성요소로서 금융상품 · 금융업 · 금융업자 · 금융소비자의 개념을, 제3장 금융과 금융법 및 금융감독에서는 금융규제의 규칙을 정하는 법체계와 이를 집행하는 금융감독기관의 설계방법을, 제4장 금융과 법적 환경에서는 금융시장참여자의 금융거래의사의 법적 효력에 영향을 미치는 다양한 법적 환경으로서 도산법과 신탁법을, 그리고 제5장 금융거래 당사자의 법률관계에서는 금융거래에서 당사자의 법률관계를 일방적인 보호관계로 볼 것인지와 구체적인 법적 성질을 판단할 때 경제적 실질과 법적 형식을 어떻게 고려할 것인지의 문제를 설명하였다. [6-1]

제2편에서는 이러한 설명을 바탕으로 금융규제의 구체적인 내용을 진입규제, 건전성규제, 영업행위규제로 나누어 살펴본다. 퇴출규제는 제4장 제3절 금융과 도산법에서 이미 설명하였다. 이하 이 장에서는 제7장부터 제9장까지의 구체적인 설명에 앞서 이러한 기본원칙으로서 기능별 규제와 기관별 · 상품별 규제, 원칙중심규제와 규정중심규제, 위험중심규제와 증거중심규제, 공시주의와 실질심사주의를 정리한다. 지나치게 일반적이고 추상적인 설명으로 느껴질 수도 있으나 앞으로의 금융법의 해석과 운용은 물론 미래의 금융규제를 형성하는 기본바탕이 될 것으로 생각한다. 핵심과제는 첫째, 금융규제의 내용을 구체적인 금융상품이나 금융기관의 형식이나 명칭을 기준으로 할 것이지 아니면 금융기능을 기준으로 할 것인가, 둘째, 금융규제의 내 [6-2]

용을 어느 정도 구체적으로 쓸 것인가, 셋째, 금융규제 위반에 대한 금융당국의 개입 근거와 시점을 정하는 기준은 무엇인가, 넷째, 금융상품의 내용에 대한 금융당국의 개입의 정도를 어느 정도로 설정할 것인가의 네 가지 문제이다. 기능별 규제와 기관별 · 상품별 규제에 대해서는 앞에서 이미 살펴보았으므로 따로 설명하지 않는다(제2장 제2절 Ⅱ. 기능별규제와 기관별 · 상품별 규제).

제 2 절 원칙중심규제와 규정중심규제[1)]

Ⅰ. 의의와 구조

[6-3] 금융규제의 내용을 어느 정도 구체적으로 쓸 것인가? 이는 금융규제목적을 달성하기 위하여 부과되는 규제의 구체적인 준수방법을 금융당국과 수범주체인 금융회사 등 시장참여자 중 누가 정할 것인가의 문제와 연결된다. 규제를 준수해야 하는 수범주체인 시장참여자가 준수방법을 정한다는 것은 생소한 접근으로 보일 수도 있다. 여기서의 문제의식은 금융규제목적에 따라 부과되는 금융규제는 구체적인 준수방법까지 세부적으로 정할 것인지, 아니면 그 규제를 통하여 달성하고자 하는 최종적인 결과만을 기재하고 구체적인 준수방법은 시장참여자가 정하게 할 것인지이다. 전자를 규정중심규제(rules－based regulation), 후자를 원칙중심규제(principles－based regulation)라고 한다. 중요한 것은 원칙중심규제에 대하여 규제위반에 대한 제재가 없어지는 것이라는 인식이 발견되기도 하는 점이다. 그러나 원칙중심규제는 규제위반에 대한 제재가 없어지는 것이 아니라 준수방법을 금융회사 등 수범주체들에게 맡기는 접근방법이다. 실제로 영국은 원칙중심규제에 따른 원칙위반을 이유로 제재를 부과하고 있다.[2)]

[6-4] 여기서 원칙(principle)은 '허용될 수 있는 행위'와 '사실문제'에 관한 판단을 모두

1) 이하 제2절과 제3절의 설명은 정순섭, "원칙중심규제의 논리와 한계", 상사판례연구 제22집 제1권, 2009, 37－72면에 기초한 것이다.

2) John Tiner, Keynote Address Enforcement Law Conference, 16 June 2006. 2005.6.28. 시티그룹에 대하여 원칙 2와 3의 위반을 이유로 1390만 파운드의 제재금을 부과한 사례가 있고, 2007년도 징계사례 48건 중 원칙에 근거한 것이 21건, 나머지 대부분은 원칙과 규정의 조합에 근거한 것이라고 한다. 이 자료는 FSA가 해체되어 현재는 확인되지 않지만, 정순섭, 위의 논문, 8면 주 15)의 자료를 참조.

금융당국에게 위임하는 것이고, 규정(rule)은 '허용될 수 있는 행위'는 사전에 결정해 두고 '사실문제'에 관한 판단만을 금융당국에 위임하는 것이다.[3] 이를 속도 규제와 단순 비교하면 "이 구간에서 모든 환경을 고려할 때 합리적이고 신중한 속도보다 빨리 운전하지 말 것"은 원칙이고, "이 구간에서 시속 60㎞ 이상으로 운전하지 말 것"은 규정이라는 것이다.

영국은 원칙중심규제에 관하여 가장 선도적인 노력을 지속해 왔다. 미국, EU, [6-5] 일본은 물론 우리나라도 원칙중심규제를 규제개선의 기본방향으로 인식하고 있다. 그러나 아래에서 설명하는 바와 같이 각국의 법제상 차이와 금융당국 및 수범주체의 입장 차이 등으로 모든 국가가 동일한 내용의 원칙중심규제를 받아들이기는 어려울 것이다.

Ⅱ. 도입의 논리

금융규제의 기본원칙으로서 원칙중심규제를 도입하게 된 배경은 다음과 같이 [6-6] 설명되고 있다.[4] 첫째, 경험상 세부적인 규정은 부정행위를 방지할 수 없었고 오히려 금융당국과 수범주체 모두에게 과중한 부담을 제공해 왔을 뿐이다. 둘째, 기술적이고 세세한 규정의 집합은 변화하는 시장환경과 실무에 대응할 수 없고 지체될 뿐 아니라 어떤 경우에는 혁신을 저해하고 있으며, 급속히 변화하는 시장에서는 원칙이 훨씬 더 영속적일 수 있다. 셋째, 다수의 세부규정으로 이루어진 세목적인 규정체계에서 수범주체, 특히 중소규모의 금융업자들은 그 내용을 파악할 수 있는 능력을 갖추고 있지 못하다. 넷째, 방대한 분량의 상세하고 서술적이며 복잡한 규정은 규제목적 보다는 그 문언 자체에 대한 준수에만 모든 주의를 집중하게 한다.

원칙이 규정에 비하여 가지는 장점은 다음과 같다.[5] 첫째, 원칙은 규제과정에 [6-7] 경영진을 참여하게 하고, 준법감시 및 내부통제기능이 보다 전략적인 역할을 수행할

---

3) Christie L. Ford, "New Governance, Compliance, and Principles-Based Securities Regulation", American Business Law Journal Vol.45, 2008, pp. 6-7.

4) Financial Services Authority, Principles-based Regulation-Focusing on the Outcomes That Matter (April 2007)(이하 "FSA(2007)"), p. 6.

5) Julia Black, Martyn Hopper and Christa Band, "Making a Success of Principles-based Regulation", Law and Financial Markets Review Vol.1, 2007, p. 195.

것을 요구한다. 둘째, 원칙은 상세한 규정 자체 보다 규정의 배후에 있는 목적에 초점을 맞추고 있다. 셋째, 원칙은 규제대상업자와 규제당국에게 규정준수방법의 결정, 새로운 사업모델이나 상품, 전략 그리고 내부절차의 선정에 유연성을 제공할 수 있다. 넷째, 원칙은 시장혁신이나 다른 발전에 대한 규제의 반응성을 제고하고, 원칙의 영속성을 증가시키며, 지속적인 개정의 필요성을 줄이는 점, 원칙은 조작하기 어려워 창조적 준법을 곤란하게 한다. 다섯째, 원칙은 중요한 규정에 초점을 맞추어 규정집의 정비를 가능하게 한다. 여섯째, 원칙은 금융업자로 하여금 준수방법을 모색하게 함으로써 규정의 목적에 대한 실질적 준수의 정도를 증대시키고, 그 결과 '경영진중심규제'로 직접 연결될 수 있다. 일곱째, 원칙의 수를 줄임으로써 규범준수의 복잡성을 감소할 수 있다. 여덟째, 원칙은 금융당국과 수범주체 간에 열린 대화를 가능하게 하여 감독에서 협력적이고 교육적인 접근을 가능하게 한다.

Ⅲ. 한 계

1. 문제의 범위

[6-8] 위에서 본 원칙중심규제의 장점에도 불구하고 다양한 한계를 가질 수밖에 없다. 이하에서는 그러한 한계로서 법리적 한계와 구조적 한계 그리고 문화적 한계를 살펴본다. 특히 행정적 제재가 수반될 수밖에 없는 금융규제에서는 법리적 한계가 가장 중요하다.

2. 법리적 한계

[6-9] 특히 위반시의 불이익처분을 전제로 하는 금융규제 분야에서 구체적이고 명확한 법적 근거가 없는 일반적이고 추상적인 원칙에 근거한 규제는 법률에 의한 행정의 원칙과 관련하여 문제를 야기할 수 있다. 현재 상태에서 우리나라에는 은행법과 보험업법 그리고 자본시장법 등 금융규제법의 목적조항 등에 산발적으로 규정되어 있는 것을 제외하고는 원칙에 관한 명시적인 규정을 거의 두고 있지 않다.

원칙중심규제의 법리적 한계는 원칙의 법체계상 지위를 어떻게 규정하느냐에 [6-10]
따라 달라질 수 있다. 첫째, 원칙을 개별 금융규제법의 개별 규정을 해석하는 기준으로 이해할 경우에는 특별히 법리적 문제가 발생하지는 않을 것이다. 둘째, 원칙을 일정한 제재조치의 근거로 활용하는 등의 경우에는 헌법상 법체계 구성원리에 반하는 문제가 생길 수도 있다. 이는 입법조치가 이루어질 경우에도 마찬가지라고 생각된다. 이러한 법리적 한계는 원칙중심규제의 도입가능분야를 스스로 한정하게 될 것이다.

한편 국내의 금융규제법상 집행제도의 차이도 고려되어야 할 것이다. 우리나라 [6-11]
의 경우 행정상 화해의 가능성이 인정되지 않고, 금전적 제재의 가능성이 낮은 등 오히려 미국보다도 더욱 엄격한 집행구조를 가진 것으로 평가할 수 있다. 엄격한 집행제도와 원칙중심규제는 조화될 수 없는 면을 분명히 가지고 있다. 이러한 집행제도의 차이 또한 원칙중심규제의 도입논의에서 간과되어서는 안 된다.

3. 구조적 한계

원칙중심규제의 도입은 본질적으로 규제의 완화 또는 폐지가 아니라 규제의 내 [6-12]
부화를 의미하는 것이며, 수범주체인 금융회사의 내부통제제도의 강화를 전제조건으로 한다. 특정한 규제목적을 달성하기 위한 구체적인 방법을 외부적인 규정이 아니라 금융회사 스스로 판단하여 결정할 수 있는 능력을 갖추어야 하기 때문이다. 따라서 규제준수태세의 정비를 위한 확고한 내부통제장치의 구축이 없는 상태에서 이루어지는 원칙중심규제는 필연적으로 대형 금융사고로 연결될 수밖에 없을 것이다.

현재 국내 금융업자의 내부통제제도는 상당한 발전을 보이고 있지만 내부통제 [6-13]
에 대한 경영진의 책임 등 아직 해결해야 할 과제가 남아 있다. 장기적으로는 주주의 대표로서의 감사기능과 규제의 내부화수단으로서의 준법감시 및 내부통제기능의 분화, 준법감시 및 내부통제에 대한 경영진의 감독책임 등을 명시하는 것이 옳을 것으로 생각한다.

아래의 문화적 한계에 대한 논의에서도 나타나는 바와 같이 국내 금융시장에서 [6-14]
소매부문이 차지하는 비중은 여전히 높고, 중소형 금융업자도 상당한 비율을 차지하고 있다. 따라서 주로 소매금융시장에서 활동하는 중소형 이하의 금융업자에게 스스로 원칙의 준수방법을 작성할 것을 요구하는 것은 다소 무리가 있을 것으로 본다.

4. 문화적 한계

[6-15] 국내에서는 그동안 금융규제와 관련하여 법적 확실성에 대한 금융업계의 선호가 매우 높은 것으로 나타나고 있다. 이는 표준투자권유준칙 사례에서도 잘 나타났다. 자본시장법상 투자권유를 할 때 금융투자업자의 임직원이 준수하여야 할 구체적인 기준 및 절차를 의미하는 투자권유준칙의 작성주체는 금융투자업자이다(50조 1항). 표준투자권유준칙은 한국금융투자협회에서 업계 전체에 적용될 일정한 표준적인 가이드라인 또는 원칙을 제시하는 것으로서 개별 금융투자업자가 그러한 원칙에 기초하여 각 업자의 위험선호도와 경영전략에 부합하는 세부적인 기준을 작성하는 것을 전제로 한다(자본 50조 3항). 그런데 실제로는 대부분의 금융투자업자가 협회에서 작성한 표준투자권유준칙을 그대로 사용하면서, 지나치게 과도한 규제를 하고 있어서 실제 판매권유에 장애가 되고 있다는 등의 불만이 제기되고 있다.[6] 표준투자권유준칙이 지나치게 구체적인 내용을 담고 있는 것도 사실이지만, 거기에 사실상의 강제력을 인정하는 것과 같은 논의가 이루어지는 것은 법문의 취지와 전혀 다른 것이다. 이러한 문제가 발생한 원인은 첫째, 국내 업계의 전통적인 표준화 내지 통일성의 선호, 둘째, 일부 금융투자업자들의 경우 개별 업자별 특성을 반영한 준칙의 작성 능력의 부재 등에 있는 것으로 생각된다. 이러한 상황은 국내에서의 원칙중심규제의 도입이 가져올 문제점에 대하여 많은 시사점을 준다고 생각한다.

Ⅳ. 지배구조법상 내부통제구축의무 사례

[6-16] 지배구조법은 "금융회사는 내부통제기준을 마련하여야 한다"고 규정하여 금융회사의 내부통제구축의무를 명시하고 있다(지배 24조 1항). 그리고 내부통제기준에서 포함해야 할 세부적인 사항은 시행령에 위임하고 있다(지배 24조 3항; 동 시행령 19조 1항). 지배구조법 시행령은 내부통제기준에 포함되어야 할 사항을 정하는 기준으로 "금융회사의 내부통제가 실효성 있게 이루어질 수 있도록"을 제시하면서 업무의 분장 및 조직구조 등을 열거하고 있다(19조 1항 1호-13호). 그리고 금융위규정으로 '내부

6) 증권사, 펀드판매 투자자보호 준칙 '골머리' 서울파이낸스(2009. 3. 3).

통제기준에서 정하여야 할 세부적인 사항'을 정하도록 위임하고 있다(지배 시행령 19조 1항 13호).

지배구조법상 내부통제구축의무는 전형적인 원칙중심규제를 채택한 것으로서 내부통제기준에 포함될 사항을 예시적으로 열거하고 그 판단기준으로 실효성을 제시한 것이다. 이에 대해 대법원은 "주식회사 ○○은행이 '집합투자상품위탁판매업무지침' 등 내부통제기준을 마련하여 거기에 법정사항을 모두 포함시켰고, 위 내부통제기준의 실효성이 없다고 볼 수 없는 이상, 피고가 지적하는 여러 사정에도 불구하고 원고들을 내부통제기준 자체를 마련하지 못하였다는 사유로 제재할 수는 없어 결국 피고의 이 사건 처분사유를 모두 인정할 수 없다"고 판단하였다(대법원 2022. 12. 15. 선고 2022두54047 판결). 이러한 법원의 판단은 지배구조법 제24조의 해석과 관련하여 첫째, 내부통제기준에 대한 '마련의무'와 '준수의무'를 구분하면서 이를 마련의무를 규정한 것으로 보고, 둘째, 법령에서 규정한 기재사항을 모두 포함하였으므로 내부통제기준 마련의무위반으로 볼 수 없다는 것이다. [6-17]

이러한 법원의 해석 자체를 우리나라 법해석의 일반원칙에 반한다고 보기는 어려울 것이다. 그렇지만 법원의 이러한 입장을 고려하면 우리나라에서 금융규제의 기본원칙 중의 하나로서 원칙중심규제를 도입할 수 있을지 의문이 드는 것은 어쩔 수 없다. 원칙중심규제는 결코 규제위반에 대한 제재가 없어지는 것이 아니라 규제의 준수방법을 금융회사 등 수범주체가 정하는 방식을 의미한다. 지배구조법상 내부통제구축의무도 내부통제기준에 포함될 사항을 예시적으로 열거한 것이지 결코 그 사항만 기재하라는 취지라고도 볼 수 없다. 요컨대 현행 지배구조법상 금융회사의 내부통제관련 의무는 단순한 내부통제 마련의무나 내부통제 준수의무가 아니라 실효성 있게 금융회사의 위험을 통제할 수 있는 내부통제체제를 구축할 의무라고 이해되어야 한다. [6-18]

이러한 관점에서 우리나라의 법환경 아래에서 최대한 원칙중심규제의 장점을 살리려는 노력도 이루어지고 있다.[7] 임원의 내부통제등관리의무, 대표이사의 내부통제등총괄관리의무, 그리고 책무구조도를 중심으로 하는 최근의 지배구조법 개정(지배 30조의2, 30조의3, 30조의4)도 이러한 관점이 반영된 것으로 본다.

7) 금융위 · 금감원, 보도자료: 금융사고, 제재보다 예방에 주력 – 금융권 내부통제 제도개선 방안 발표 –, 2023. 6. 22.

Ⅴ. 과제와 전망

[6-19] 원칙중심규제와 규정중심규제 사이의 우월성을 따지는 것은 상당 부분 이론적인 관심사에 불과하다. 양 규제원칙의 적용상 차이를 발생하게 하는 근본 요인은 시장환경의 차이이다. 그리고 어떤 국가이든 원칙중심규제만을 채택하거나 규정중심규제만을 규제원칙으로 채택할 수는 없다. 어느 정도 양 원칙을 조화하여 규제를 설계할 수밖에 없는 것이다. 금융규제의 내용과 수준은 당해 금융시장의 국제경쟁력을 결정하는 중요한 요소가 된다. 우리나라에서 원칙중심규제에 관한 논의가 가지는 의미는 그동안의 경직적이고 엄격한 규제를 보다 시장친화적인 것으로 전환하는 계기가 될 수 있다는 데서 찾을 수 있다.

[6-20] 그러나 시장친화적인 규제내용과 규제의 엄격한 집행은 전혀 다른 차원의 논의이다. 규제내용의 완화가 규제집행의 완화와 혼동되어서는 아니 되며 규제집행의 완화는 오히려 당해 금융시장의 국제 경쟁력을 저해하는 요소가 될 수밖에 없을 것이다. 따라서 원칙중심규제의 도입은 규제의 내부화를 위한 내부통제제도의 강화와 함께 논의될 수밖에 없다. 또한 우리나라에서는 법치행정이라는 헌법상의 대원칙을 고려하지 않을 수 없다. 표준화와 통일성을 선호하는 문화적 한계도 고려되어야 한다. 따라서 우리나라에서 원칙중심규제는 오히려 규정의 해석을 위한 기준의 제시로 이해하거나 또는 불이익처분이 존재하지 않는 특정한 범위로 한정하여 논의될 수밖에 없다.

제 3 절 위험중심규제와 증거중심규제

원칙중심규제를 도입할 경우 금융규제 위반에 대한 금융당국의 개입근거와 [6-21]
시점을 정하는 기준도 재검토되어야 한다. 이와 관련하여 영국에서는 위험중심규제(risk-based regulation)와 증거중심규제(evidence-based regulation)가 규제원칙으로 제시되어 왔다. 위험중심규제는 위험에 대응한 감독을 한다는 것으로서 법령에서 정한 규제목적에 대한 주된 위험요소를 확인하고 그러한 위험에 대한 대응방안을 기획하는 것을 주요내용으로 한다. 구체적으로는 위험의 확인, 위험의 평가와 우선순위결정(priortisation), 규제상 대응조치결정, 자원배분, 규제수단사용, 사후실적평가 등의 절차로 구성된다. 증거중심규제는 시장의 실패가 있고 시장에서는 필요한 해결방안을 제공할 수 없는 경우에 한하여 규제를 하는 것으로서 비용편익분석(cost-benefit analysis)을 전제로 하는 접근방법이다.

위험중심 및 증거중심규제와 원칙중심규제의 관계는 어떠한가? 원칙중심규제는 [6-22]
위험중심 및 증거중심규제를 보완하는 것으로 볼 수 있다. 원칙중심규제가 규제의 내용에 대한 것이라면 위험중심 및 증거중심규제는 규제의 기준을 문제삼는 것이므로 양자는 상호 양립할 수 있는 관계라고 할 수 있을 것이다. 예컨대 규정중심규제에서는 해당 규정의 문언을 중시하여 그에 위반하면 '법령에서 정한 규제목적에 대한 주된 위험요소'의 유무나 시장에 의한 해결가능성을 불문하고 처벌할 수밖에 없을 것이다. 우리나라에서 원칙중심규제를 도입한다면 금융규제 위반에 대한 금융당국의 개입근거와 시점을 정하는 기준에도 위험중심 및 증거중심규제의 사고가 반영되어야 할 것이다.

제 4 절 공시주의와 실질심사주의[8)]

[6-23] 다음 과제는 금융상품의 내용이나 위험에 대한 금융당국의 개입의 정도를 어느 정도로 설정할 것인가이다. 이에 대한 전통적인 접근은 공시주의와 실질심사주의이다. 공시주의는 금융당국이 금융상품의 내용이나 위험의 적절성 등에 대해서는 개입하지 않고, 금융상품에 관한 정보가 금융소비자들에게 충분히 제공되는 것을 기초로 하는 규제방식이다. 이에 비해 실질심사주의 또는 내용규제는 금융당국이 금융상품의 내용이나 위험의 적절성 등에 직접 개입하여 위험상품을 금융소비자로부터 격리시키는 규제방식이다. 공시주의는 혁신과 경쟁의 가치를 높이 평가하고 합리적인 의사결정을 할 수 있는 금융소비자의 자유의사를 존중하려는 방식이다. 실질심사주의는 이와 반대로 금융소비자의 보호에는 기여할 수 있을지 몰라도 금융혁신이나 경쟁에는 도움이 되지 못할 것이다.

[6-24] 현재 대부분의 국가는 공시주의에 기초하여 금융규제를 구성하고 있다. 그러나 공시주의가 과연 그 효과를 발휘할 수 있는지에 대해서는 다양한 의문이 제기되고 있다. 증권거래와 관련하여 공시규제의 한계를 지적하면서 실질심사주의를 주장하기도 한다.[9)] 현재 우리나라의 자본시장법과 금융소비자법은 원칙적으로 공시주의에 기초한 규제법이다. 보험업법도 일부 요율개입의 가능성은 있지만 기본적으로 공시주의에 따르고 있다.

[6-25] 그러나 금융상품의 구조가 복잡화되고 다양화되면서, 그리고 모든 인간이 반드시 합리적인 의사결정을 하는 것은 아니라는 행동경제학적 연구성과 등을 반영하여 적합성원칙이나 적정성원칙 또는 설명의무로 대표되는 금융업자의 금융소비자보호의무를 강화하고 있다. 현재의 금융소비자법은 정확하게 이러한 입장에 기초한 것이다. 주의할 것은 이러한 접근도 과거에 비하여 금융당국의 개입가능성을 높였지만, 금융상품의 제조가 아닌 판매단계에서 이루어지는 점에서 공시주의의 기본틀은 유지되고 있다고 할 수 있다. 금융소비자법상 투자성상품을 대상으로 하는 금융상품 위험등급제도도 설명사항의 하나로서 설명의무의 틀 내에서 이루어지는 제도이다(금소 19조 1항 1호 나목 3)).

8) 정순섭, 자본, 제5장 제2절 발행시장 규제의 의의와 논리

9) Omri Ben-Shahar and Carl E. Schneider, "The Failure of Mandated Disclosure", University of Pennsylvania Law Review Vol. 159, 2011, pp. 647-749.

CHAPTER 07

진입규제

제 1 절 서 언[10)]

[7-1] 금융규제는 그 진행단계별로 진입규제, 건전성규제, 영업행위규제, 퇴출규제로 구분하는 것이 이해하기에 편리하다([3-11]). 금융규제법은 규제대상인 금융업을 정의하고 그에 대한 진입규제를 통하여 인허가나 등록을 한 자를 금융업자로 규제한다. 이러한 금융업자를 대상으로 건전성규제, 영업행위규제 그리고 퇴출규제가 이루어진다. 진입규제는 일정한 자격요건을 갖춘 자에 한하여 금융업을 허용하는 점에서 그 자체 건전성규제의 일부라고 할 수도 있다.

[7-2] 진입규제에 대해서는 첫째, 진입규제의 대상인 금융업의 정의방식, 둘째, 금융업별로 금산분리와 전업주의 또는 분업주의로 표현되는 조직규제, 셋째, 진입절차의 원칙으로서의 기능별 진입규제와 기관별 진입규제의 차이, 넷째, 진입요건의 구체적 내용으로 구분하여 살펴보는 것이 유용하다. 이하 차례대로 살펴본다.

10) 이하 진입규제에 관한 설명의 기본체계는 정순섭, 은행, 제4장 진입규제와 정순섭, 자본, 제16장 진입규제에 기초한 것이다.

제 2 절 진입규제의 대상으로서의 금융업

[7-3] 진입규제의 대상인 금융업의 정의는 금융업종별로 상이한 접근방식을 취하고 있다(제2장 제3절 Ⅲ. 금융업). 첫째, 은행법상 은행업은 예금이나 유가증권 그 밖의 채무증서의 발행을 통하여 불특정다수인으로부터 조달한 자금의 대출이라는 자금조달과 자금운용으로 구성되는 자금중개기능 그 자체를 개념요소로 정의하고 있다. 은행이 차지하는 제도적 역할을 충실하게 정의한 것으로 평가된다. 국가별로 은행업의 정의가 다른 것은 각국의 역사적 전통과 경제적 환경의 차이가 반영된 것이다. 둘째, 자본시장법상 금융투자업과 보험업법상 보험업은 금융투자상품이나 보험상품을 대상으로 하는 일정한 행위를 영업으로 하는 것을 개념요소로 정의하고 있다. 이 경우 금융상품의 범위를 어떻게 정의하는지에 따라 금융규제의 적용범위와 해당 금융업의 업무범위가 정해진다. 금융업의 정의에 관한 논의가 단순히 이론적 타당성에 기초한 것이 아니라 지극히 현실적인 고려를 요하는 것은 바로 이러한 사정에 따른 것이다.

[7-4] 진입규제의 대상인 금융업의 정의와 구체적인 진입규제의 단위로서의 업무를 정하는 것은 다른 문제이다. 구체적인 진입규제의 금융업무단위는 업종별로 금산분리나 분업주의 또는 전업주의 등 조직규제의 적용 여하에 그 내용이 달라진다. 은행업의 인가단위는 전국을 영업구역으로 하는 전국은행(또는 시중은행), 특정 지방을 영업구역으로 하는 지방은행, 전자금융거래법상 전자금융거래의 방법으로만 영업을 하는 인터넷전문은행의 세 가지로 구분된다. 자본시장법상 금융투자업은 기능별 진입규제를 채택하여 금융투자업(투자매매업 · 투자중개업 · 집합투자업 · 투자자문업 · 투자일임업 · 신탁업), 금융투자상품(증권 · 장내파생상품 · 장외파생상품), 투자자(일반투자자 · 전문투자자)의 유형을 선택한 금융기능을 진입규제단위(인가업무단위 또는 등록업무단위)로 하고 있다. 보험업은 생명보험업과 손해보험업과 제3보험업으로 나누어 보험종목별로 허가를 받는 구조이다.

제 3 절 조직규제

Ⅰ. 원 칙

금융산업 조직의 구성원리는 효율성(efficiency)과 안전성(safety)이다. 금융산업조직은 원칙적으로 시장자율에 맡기는 것이 옳다. 그러나 일부 사항은 직접 법령으로 규제한다. 그동안 국내에서 적용되어 온 대표적인 조직규제로는 첫째, 산업자본에 의한 은행소유의 제한을 말하는 금융과 산업의 분리(금산분리) 또는 은행과 산업의 분리(은산분리), 둘째, 전업주의 또는 분업주의라고 부르는 은행과 증권의 분리(은증분리), 셋째, 보험업에서의 생명보험과 손해보험의 분리가 중요하다. 둘째와 셋째의 접근은 유럽식 겸업주의에 대비한 분업주의 또는 전업주의에 따른 조직규제라고 할 수 있다. [7-5]

Ⅱ. 금산분리

1. 의 의

금산분리는 은행과 산업의 분리를 의미한다. 금산분리는 이해상충, 위험의 전파, 경제력집중의 세 가지를 고려한 규제이다. 구체적으로 은행법상 동일인 주식보유한도(15조, 16조의2)와 은행의 자회사 출자(37조) 그리고 은행의 부수업무규제가 대표적이다. 금산법상 금융기관을 이용한 기업결합의 제한(24조)도 금산분리의 일부로 이해할 수 있다. 금융복합기업집단감독법상 금융복합기업집단의 위험전이 관리규제(16조)도 같은 관점에서 도입된 것이다. 금융산업조직의 관점에서 핵심적인 고려요소인 효율성과 안전성을 이해하는 방식에도 차이가 있다. 특히 인터넷전문은행의 동일인 주식보유한도 규제완화와 관련하여 많은 논란이 있었다. 공정거래법상 일반지주회사의 금융업, 보험업 자회사 보유 금지(18조 2항 4호)와 상호출자제한기업집단 소속 금융회사나 보험회사에 대한 의결권 제한(25조 1항)도 금산분리의 관점에 기초한 것으로 볼 수 있다. [7-6]

2. 금융업법상 규제

가. 동일인 주식보유한도

[7-7] 은행법상 산업자본에 의한 금융자본 특히 은행소유의 제한을 의미하는 은행의 주식보유한도 규제는 금융주력자와 비금융주력자의 구분에서 출발한다.[11] 비금융주력자는 금융업을 주된 업무로 하지 않는 자로서 은행법상 매우 구체적으로 정의되어 있다. 그 개념은 ① 동일인 중 비금융회사인 자의 자본총액의 합계액이 동일인 중 회사인 자의 자본총액의 합계액의 25% 이상인 경우, ② 동일인 중 비금융회사인 자의 자산총액의 합계액이 2조원 이상인 경우의 그 동일인과 같이 비금융업의 비중을 기본요소로 정의되어 있다(은행 2조 1항 9호).

[7-8] 금융주력자도 은행의 의결권 있는 발행주식 총수의 10%를 한도로 하지만 금융위 승인을 받아 그 이상도 보유할 수 있다(은행 15조 1항 · 3항). 그러나 비금융주력자는 은행의 의결권 있는 발행주식총수의 4%(지방은행의 경우에는 15%)를 초과하여 주식을 보유할 수 없다(은행 16조의2 1항). 다만 정보통신업 비중이 일정 기준 이상인 비금융주력자는 인터넷전문은행의 의결권 있는 발행주식 총수의 34% 이내에서 주식을 보유할 수 있다(인터넷은행법 5조 1항; 동 시행령 2조). 이 규정은 은행법상 주식보유한도에 관한 규정(16조의2 1항 · 2항)에 우선한다. 효율성을 고려한 입법이다. 이 경우 인터넷전문은행에 대해서도 은행법상 동일인 주식보유한도 등(15조), 한도초과주식의 의결권 제한 등(16조), 한도초과보유주주등에 대한 적격성심사 등(16조의4) 및 이행강제금(65조의9)에 관한 규정을 적용한다(인터넷은행법 5조 2항 본문).

나. 자회사 출자제한

[7-9] 은행은 다른 회사등의 의결권 있는 지분증권의 15%를 초과하는 지분증권을 소유할 수 없다(은행 37조 1항). 산업자본의 은행지배와 정확히 반대방향의 위험을 고려한 것이다. 그러나 이러한 가능성이 낮은 ① 금융위가 정하는 업종에 속하는 회사 등에 출자하는 경우 또는 ② 기업구조조정 촉진을 위해 필요한 것으로 금융위의 승인을 받은 경우에는 의결권 있는 지분증권의 15%를 초과하는 지분증권을 소유할 수 있지만, ③ 출자총액의 제한을 받는다(은행 37조 2항). 출자대상업종은 금융업 및 금융업

11) 금융주력자와 비금융주력자의 구분은 정순섭, 은행, 83-84면.

과 관련되는 업종으로서 감독규정에서 규정하고 있다(은행 37조 2항; 동 감독규정 49조 1호－14호).

보험회사도 다른 회사의 의결권 있는 발행주식(출자지분을 포함) 총수의 15%를 초과하는 주식을 소유할 수 없다(보험 109조 본문). 그 취지에 대해서는 "보험회사가 자회사를 통하여 활동영역을 확장하는 과정에서 자산운용의 원칙이 훼손되어 재무건전성이 위협받는 등 부작용"을 고려한 것이라는 견해[12]와 "보험회사의 재무건전성 유지와 보험업의 전문성을 제한하지 않을 정도의 자회사로 제한하기 위한 것"이라는 견해[13]가 있다. 다만, 자회사의 업무내용별로 금융위의 승인, 승인의제, 신고 또는 보고가 이루어진 자회사의 주식은 그러한 제한이 적용되지 않는다(보험 109조 단서, 115조). 먼저 보험회사는 출자대상업종에 속하는 업무를 주로 하는 회사를 금융위의 승인을 받아 자회사로 소유할 수 있다(보험 115조 1항 본문). 출자대상업종은 법률과 시행령에서 규정하고 있다(보험 115조 1항 1호－4호; 동 시행령 59조 2항 1호－3호). 다만 보험회사의 대주주가 은행법상 비금융주력자(은행 16조의2 1항)인 경우에는 그 보험회사는 은행법에 따른 은행을 자회사로 소유할 수 없다(보험 115조 4항). 보험회사는 보험업의 경영과 밀접한 관련이 있는 업무 등으로서 시행령으로 정하는 업무를 주로 하는 회사를 미리 금융위에 신고하고 자회사로 소유할 수 있다(보험 115조 2항). 그리고 자산운용과 밀접한 관련이 있는 업무로서 시행령으로 정하는 업무를 주로 하는 회사를 금융위의 승인을 받지 않고 자회사로 소유할 수 있다(보험 115조 3항 전단). 이 경우 보험회사는 자회사를 소유한 날부터 2개월까지의 기간 이내에 금융위에 보고하여야 한다(보험 115조 3항 후단; 동 시행령 59조 5항). [7-10]

다. 부수업무의 제한

은행 등 금융회사는 은행업 등 금융업에 부수하는 업무를 사후보고나 사전신고를 거쳐 취급할 수 있다(은행 27조의2 1항, 4항; 자본 41조 1항 · 2항; 보험 11조의2 1항 · 3항). 문제는 부수업무의 범위이다. 은행법 등에 별도의 규정이 있는 것은 아니지만, 은행법 등에서 명시적으로 규정하는 경우를 제외하고는 은행업 등 금융업과의 유사성을 요구하는 것으로 해석되어 왔다. 그 취지는 본업에의 전념과 위험의 확대 방지 [7-11]

12) 한기정, 『보험업법』, 박영사, 2019, 735－736면.
13) 정채웅, 『보험업법 해설』, 진한엠앤비, 2017, 649면.

등을 위한 것으로 설명되어 왔다.

[7-12] 흥미로운 것은 금융위가 금융혁신지원특별법상 금융규제샌드박스에 따라 허용했던 은행의 알뜰폰사업과 배달앱사업에 대해 은행법상 부수업무로 신고할 경우 이를 수용할 것인지 여부이다. 이렇게 될 경우 은행법 등에서 그동안 유지되어 왔던 부수업무의 기준으로서의 유사성요건을 효율성요건을 변경한 것으로 이해할 수 있을 것이다. 이러한 신고나 보고사실은 부수업무 신고나 보고사실의 공고를 통하여 발표된다(은행 27조의2 5항; 자본 41조 4항; 보험 11조의2 5항).

라. 금산법상 금융기관을 이용한 기업결합의 제한

[7-13] 금산법 24조는 금융기관 및 동일계열 금융기관의 20% 이상의 다른 회사 주식취득 등을 금융위 승인사항으로 규정하고 있다. 금융기관을 이용한 기업결합의 제한을 위한 규정이다. 그 취지는 "금융기관의 사기업에 대한 지배를 제한함과 동시에 관련 시장에서의 경쟁을 보장하고 금융기관의 부실화를 예방하여 자본의 충실화를 기하기 위한 것"이다.[14]

[7-14] 금산분리를 위한 은행법 등의 자회사 출자제한과 금융기관을 이용한 기업결합의 제한을 목적으로 하는 금산법 24조는 그 취지가 다르다. 그러나 결과적으로 유사한 규제인 점을 고려하여 금산법은 '그 금융기관의 설립근거가 되는 법률에 따라 인가 · 승인 등을 받은 경우'에는 동법에 따른 승인을 면제하고 있다(금산 24조 1항 단서).

마. 금융복합기업집단감독법상 금융복합기업집단의 위험전이 관리규제

[7-15] 금융복합기업집단법상 금융복합기업집단은 "동일한 기업집단에 속한 둘 이상의 금융회사로 구성된 집단으로서 지정요건 및 절차에 따라 지정된 집단"을 말한다(복합 2조 3호). 첫째, '기업집단'은 공정거래법상 기업집단(복합 2조 2호, 공정거래법 2조 2호)을 말한다. 둘째, 지정요건과 절차는 금융복합기업집단법 제5조에서 규정한다. '금융회사'는 시행령으로 정하는 금융업을 영위하는 회사 또는 금융업의 영위와 밀접한 관련이 있는 사업의 영위를 목적으로 하는 회사로서 시행령으로 정하는 회사로서 외국법인을 포함한다(복합 2조 1호 가목 · 나목). 소속금융회사는 금융복합기업집단에 속하는 금융회사를 말한다(복합 2조 4호).

14) 대법원 2003. 11. 27. 선고 2003다5337 판결.

금융위는 동일한 기업집단에 속한 금융회사들이 영위하는 업이 여수신업, 금융투자업, 보험업 중 둘 이상의 금융업에 해당해야 하는(복합 5조 1항 1호 가목－다목) 등의 지정요건을 모두 충족하는 경우 해당 금융회사들로 구성된 집단을 금융복합기업집단으로 지정한다(복합 5조 1항). 이와 같이 대형 금융그룹을 주된 규제대상으로 하는 것에 대하여 "금융그룹에 과도한 부담을 주지 않고 제한된 감독 역량을 효율적으로 활용할 수 있다"는 긍정적 평가와 함께 통합감독에서 제외되는 금융그룹이 절대다수라는 점에서 제도의 실효성에 의문을 표시하는 견해도 있다.15) 금융복합기업집단은 금융복합기업집단의 내부통제체계 또는 위험관리체계의 취약성 등에 따라 소속금융회사의 위험이 금융복합기업집단의 건전성에 미치는 영향을 적절하게 인식 · 평가 · 감시 및 통제하여야 한다(복합 16조 1항). [7-16]

Ⅲ. 금융업의 분리: 분업주의와 겸업주의

1. 의의와 범위

전통적으로 금융업에서 분업주의와 겸업주의의 문제로서 논의되어 온 것은 첫째, 은행업, 증권업, 보험업의 분리, 둘째, 은행업과 증권업의 분리, 셋째, 생명보험업과 손해보험업의 분리의 세 가지가 대표적이다. 이 이외에도 금융규제법에는 유치산업의 육성 등 다양한 정책적 이유로 분업주의원칙을 유지하는 경우가 있다. [7-17]

2. 은행업 · 증권업 · 보험업의 겸영

일반적으로 유럽은 은행과 증권 그리고 보험의 겸영을 허용하는 겸업주의(universal banking)를, 그리고 미국은 은행과 증권 그리고 보험의 겸영을 제한하는 분업주의(separate banking)를 채택하고 있다고 설명한다. 우리나라도 미국과 마찬가지로 은행과 증권 그리고 보험의 겸영을 제한하는 분업주의에 속한다. 다만 겸업주의를 취 [7-18]

15) 조대형, "금융그룹 통합감독 도입방안의 주요 쟁점과 향후 과제", 이슈와 논점 제1431호, 국회입법조사처, 2018. 3. 15., 3.(1).

하는 유럽에서도 보험업 겸영은 보험상품의 판매를 겸영하는 것이지 보험상품의 제조를 은행이 겸영하는 경우는 없다.

3. 은행업과 증권업의 분리

가. 문제의 소재[16)]

[7-19] 미국에서 전통적인 은행의 업무범위 제한 논의는 증권업의 분리라는 간접적인 형태에서 은행규모의 축소라는 직접적인 형태로 발전하고 있다. 내로우뱅킹론(narrow banking)과 볼커규칙, 그리고 자산규모의 축소론도 있다. 미국에서의 논의는 도드-프랑크법상 볼커규칙으로, 영국에서의 논의는 빅커스위원회의 최종보고서에서 권고하는 소매은행업무와 도매/투자은행업무의 구조적 분리라는 형태로 정리되었다. 전통적으로 은행과 증권의 분리를 규제의 기본으로 유지해 온 미국과 달리 그러한 규제관념이 강하지 않았던 영국의 규제움직임은 국내 은행법상 논의에도 많은 시사점을 줄 수 있을 것으로 생각한다.

[7-20] 미국과 유럽은 은행업과 증권업의 관계에 관하여 전혀 다른 입장을 취해 왔다. 미국은 은행업과 증권업의 위험의 본질적 차이를 강조하는 분업주의를 채택하였다. 일본과 우리나라도 이러한 미국의 입장을 모델로 하고 있다. 반대로 유럽은 은행업과 증권업의 겸영을 통한 효율성을 강조하는 겸업주의를 기본원칙으로 하고 있다. 이러한 전통적인 구분은 최근 2008년 글로벌 금융위기 이후 큰 변화를 보이기 시작했다.

나. 미 국

[7-21] 미국은 대공황 이후 글라스스티걸법(Glass-Steagal Act 1933)에 의하여 은행과 증권의 분리에 관한 기본원칙을 정립하였다. 1999년 금융시장의 변화를 반영하여 이 원칙을 일부 완화하였다(Gramm-Leach-Bliley Act 1999[17)]). 2007년 말부터 시작된 서브프라임 모기지 사태는 금융선진국의 하나로서 세계 금융시장의 스탠더드 제공자로서의 역할을 자임해 왔던 미국에서 발생하여 더욱 큰 충격을 주었다. 이에 대한 반성

16) 이하 논의는 정순섭, “금융규제체계개편론 -은행의 업무범위에 대한 국제적 논의를 중심으로-”, 상사판례연구 제24집 제4권, 2011, 250-277면에 기초한 것이다.

17) 금융서비스현대화법(Financial Services Modernization Act of 1999)이라고도 한다.

으로 도드-프랑크법에서 볼커규칙(Volker Rule)을 입법하면서 은행업과 위험업무의 분리라는 새로운 접근을 도입하였다. 볼커규칙은 형태상 전통적인 상업은행업무와 투자은행업무의 겸영 금지와는 차이가 있다.

도드-프랑크법은 볼커규칙을 두 가지로 규정하고 있다(619조, 1956 은행지주회사 [7-22]
법(Bank Holding Company Act, BHCA) 13조). 첫째, '은행조직'(banking entity)의 자기계정 거래와 헤지펀드 또는 PEF에 대한 지분, 파트너십, 그 밖의 소유적 권리(ownership interest)의 취득이나 보유 또는 헤지펀드 또는 PEF에 대한 스폰서를 금지한다(BHCA 13(a)(1)). 둘째, 동일한 업무를 행하는 FRB감독 비은행금융회사에 대하여는 추가적인 자기자본요건 및 정량적 제한이 적용된다(BHCA 13(a)(2)). 그 외에 (ⅰ) 금융회사의 규모가 합병 등을 통하여 일정 규모 이상 확대되는 것은 제한하고 있다(BHCA 14(b)). (ⅱ) 금융회사가 금융안정에 위협이 된다고 판단할 때는 특정한 업무의 종료, 다른 회사와의 합병 등 금지, 금융업무나 상품의 제공 금지, 자산의 양도나 분리매각 등 조치를 명할 수 있다(도드-프랑크법 121조). (ⅲ) 은행의 장외파생상품거래에 대해서는 헤지 등 일정한 요건을 충족하는 경우를 제외하고 연방지원(federal assistance)의 대상에서 제외된다(도드-프랑크법 716조).

다. 영 국

소매은행업무와 투자은행업무의 분리를 포함한 은행개혁에 대한 권고안을 작 [7-23]
성하기 하여 설치된 독립위원회(Independent Commission on Banking, Vickers Commission)("위원회")는 2011년 9월 최종보고서를 각각 발표하였다.18) 이러한 권고를 반영하여 2013년 영국대형은행의 소매 및 상업은행업무와 도매 또는 투자은행업무의 "분리 또는 업무분리"(separate, or ring-fence)를 요구하는 입법이 이루어졌다(The Financial Services (Banking Reform) Act 2013). 여기서 분리는 별도 법인으로 구성하는 것을 말한다.

라. 우리나라

우리나라는 은행과 증권업의 분리가 법률상 명시적으로 규정되어 있지는 않다. [7-24]
현행법상 은행이나 금융투자업자 또는 보험회사가 은행업이나 금융투자업 또는 보

18) UK Independent Commission on Banking, Final Report: Recommendations, September 2011(이하 "최종보고서").

험업을 상호 겸영하기 위해서는 겸영업무로 인정되어야 한다. 그러나 은행이 증권업을 포함한 금융투자업을 영위하기 위해서는 첫째, 은행법상 겸영업무로서 금융위에 신고하고(은행 28조 2항), 둘째, 자본시장법상 금융투자업 인가나 등록을 해야 한다. 그러나 현재 투자자문업과 일부 투자일임업, 그리고 신탁업을 제외하고는 은행의 겸영업무로 허용되어 있지 않다. 다음으로 금융투자업자가 은행업을 하기 위해서는 첫째, 자본시장법상 겸영업무로 인정되고, 둘째, 은행법상 은행업 인가를 받아야 한다. 그러나 현재 자본시장법상 은행업은 겸영업무로 규정되어 있지 않고, 대주주가 은행법상 비금융주력자인 금융투자업자는 은행업 인가를 받을 수 없다. 은행업과 보험업의 관계도 마찬가지이다. 특히 은행업과의 관계는 전업주의와 금산분리가 복합되어 나타나는 분야이다. 그러나 금융투자업과 보험업의 관계는 순수한 전업주의의 문제이다.

[7-25] 자회사방식은 가능한가? 은행은 금융투자업자나 보험회사를 자회사로 소유할 수 있지만, 대주주가 비금융주력자인 금융투자업자나 보험회사는 은행을 자회사로 소유할 수 없다. 보험업법은 이를 명시하고 있다(보험 115조 4항). 우리나라에서 전업주의의 완화를 논의하는 데 현실적인 장애요인으로 작용하는 요소라고 할 수 있다.

4. 생명보험과 손해보험업의 분리

[7-26] 보험회사는 생명보험업과 손해보험업을 겸영하지 못한다(보험 10조 본문).[19] 생명보험과 손해보험의 겸영금지는 생명보험과 손해보험이 보장하는 위험의 본질이 다르므로 겸영에 따른 이익보다 위험의 전파에 따른 비용이 더 크다는 생각에 기초한 보험업 설계원칙이다. 그러나 생명보험의 재보험 및 제3보험의 재보험, 그 밖에 시행령으로 정하는 경우는 겸영할 수 있다(보험 10조 단서 1호－3호). 금산분리나 분업주의 규제와 함께 우리나라 금융업의 조직원리를 상징하는 기본원칙 중의 하나이다. 생명보험회사나 손해보험회사의 '1사 1라이선스' 정책도 진입규제의 하나로 논의되고 있다. 이는 하나의 금융그룹이 생명보험회사와 손해보험회사를 각각 1개만 소유할 수 있다는 규제로서 법률상 조직규제와는 의미가 다르다.

19) 고은희, "생손보겸영금지에 관한 소고", 보험법연구 제14권 제2호, 2020, 71－109면; 김선정, "보험업법상 겸영금지원칙에 관한 검토", 기업법연구 제20권 제4호, 2006, 253－272면.

제 4 절 진입절차

Ⅰ. 의의와 구조

진입규제의 절차는 금융기관별 진입규제와 금융기능별 진입규제로 구분할 수 [7-27] 있다. 전자는 은행법상 은행이나 보험업법상 보험회사와 같이 법률상 확정된 은행업을 대상으로 허용 여부를 판단하는 구조이다. 다만 보험업은 생명보험업과 손해보험업의 분리와 보험종목별 허가라는 요소를 통하여 금융기능별 진입규제의 요소도 일부 갖추고 있는 것으로 평가된다. 그러나 현실적으로는 대부분 모든 보험종목을 대상으로 생명보험업이나 손해보험업을 영위하는 구조를 취하고 있다.

후자는 첫째, 금융투자업을 하려는 자가 선택한 금융투자업(투자매매업 · 투자중개업 · 집합투자업 · 투자자문업 · 투자일임업 · 신탁업)과 금융투자상품(증권 · 장내파생상품 · 장외파생상품), 그리고 투자자(일반투자자 · 전문투자자)의 유형을 기초로 금융기능을 구성하고, 둘째, 그렇게 구성된 동일한 금융기능(금융투자업+금융투자상품+투자자)에 대해서는 동일한 인가요건이 적용되도록 금융기능별로 진입요건을 마련하고, 셋째, 금융투자업자는 필요한 인가단위나 등록단위를 추가함으로써 업무범위를 확장하도록 하는 방식(add on 방식)을 말한다. 금융기능별 진입규제는 금융업을 하려는 자가 그들의 사업모델에 적합한 금융기능을 선택하고 그에 상응하는 진입요건의 적용을 받는 구조로서 사업모델을 시장참여자들이 만들 수 있는 구조라고 평가된다. [7-28]

Ⅱ. 인가, 등록, 허가

1. 의의와 구조

금융규제법은 금융업자의 진입절차를 업종별로 달리 규정하고 있다. 은행법상 [7-29] 은행업은 인가(은행 8조 1항), 자본시장법상 금융투자업은 다시 둘로 나누어 투자매매업 · 투자중개업 · 집합투자업 · 신탁업은 인가, 투자자문업 · 투자일임업은 등록(자본 12조 · 18조), 그리고 보험업법상 보험업은 허가(보험 4조 1항 1호–3호)의 대상으로 각각 규정하고 있다. 자본시장법상 집합투자업과 투자중개업은 인가사항이지만, 일반 사모집합투자업과 온라인소액투자중개업은 등록으로 완화하고 있다(자본 249조 · 117조의4).

[7-30] 이와 함께 자본시장법은 인가나 등록 없이 금융투자업을 영위할 수 없다는 일반적 금지규정(자본 11조 · 17조 · 117조의3 · 249조)을 두고 있다. 이는 금융투자업의 영위를 위한 인가나 등록의무를 부과하면서 일반적 금지규정을 두어 그 취지를 더욱 강조한 것이다. 은행법이나 보험업법은 이러한 구조를 취하고 있지 않지만 실질은 동일하다.

2. 법적 성질

[7-31] 은행법과 자본시장법은 인가, 보험업법은 허가라고 규정하고 있지만, 강학상으로는 모두 허가에 해당한다. 금융업의 진입절차를 등록으로 완화할 것인지에 대해서도 논의가 있다. 그러나 금융업의 진입규제는 사업계획이나 대주주 등의 적격성심사(fit & proper)를 할 수밖에 없으므로 근본적인 차이는 없을 것으로 판단된다. 오히려 실무적으로 절차의 신속성을 확보할 수 있는 방안을 보완하는 것이 더 중요할 것으로 생각한다.

3. 본인가와 예비인가 등

[7-32] 금융업의 인가나 허가 또는 등록은 본인가 등과 예비인가 등으로 구성하는 것이 일반적이다(은행 8조 · 11조의2, 자본 12조 · 14조, 보험 4조 · 7조). 예비인가나 예비허가제도를 두는 이유는 바로 막대한 비용이 소요되는 본인가나 본허가 요건을 모두 갖출 것을 요구할 경우 인가 등을 받지 못할 경우의 위험이 지나치게 과도해질 수 있기 때문이다. 예비인가나 예비허가 여부를 결정할 때에는 예비인가나 예비허가를 받으려는 자가 본인가나 본허가요건을 모두 충족할 수 있는지를 확인하게 하는 것도 이러한 취지를 고려한 것이다(은행 11조의2 2항, 자본 14조 2항, 보험 시행규칙 10조 1항 1호).

4. 인가 · 허가 · 등록업무단위

가. 은행법

은행법은 전형적인 기관별 진입규제로서 인가업무단위라는 개념을 적용되지 않 [7-33]
지만, 전국은행과 지방은행 그리고 인터넷전문은행을 인가대상으로 구분하고 있다. 자본금의 규모, 동일인 주식소유한도, 영업방법 등에도 차이가 존재한다.

나. 자본시장법

자본시장법은 전형적인 기능별 진입규제로서 인가 · 등록업무단위(자본 시행령 15 [7-34]
조 · 20조)를 엄격히 규정하고 있다. 이론상 금융투자업을 하려는 자가 선택할 수 있는 금융투자업(투자매매업 · 투자중개업 · 집합투자업 · 투자자문업 · 투자일임업 · 신탁업)과 금융투자상품(증권 · 장내파생상품 · 장외파생상품), 그리고 투자자(일반투자자 · 전문투자자)의 유형별 조합은 무한대이다. 그러나 금융당국의 행정적 관리목적상 시행령으로 한정적으로 규정하고 있는 것이다.

다. 보험업법

1) 의의와 구조

보험업법은 허가업무단위를 보험종목별 허가단위라는 개념으로 설명하고 있다. [7-35]
보험업법상 보험업 허가는 생명보험, 손해보험, 제3보험을 기본단위로 한다. 따라서 보험업을 경영하려는 자는 생명보험, 손해보험, 제3보험의 보험종목별로 금융위 허가를 받아야 한다(보험 4조 1항 1호-3호). 생명보험업의 보험종목은 생명보험, 연금보험(퇴직보험을 포함), 그 밖에 시행령으로 정하는 보험종목을 말한다(보험 4조 1항 1호 가목-다목). 손해보험업의 보험종목은 화재보험, 해상보험(항공 · 운송보험을 포함), 자동차보험, 보증보험, 재보험, 그 밖에 시행령으로 정하는 보험종목을 말한다(보험 4조 1항 2호 가목-바목). 제3보험업의 보험종목은 상해보험, 질병보험, 간병보험, 그 밖에 시행령으로 정하는 보험종목을 말한다(보험 4조 1항 3호 가목-라목). 그러나 일반적으로 모든 보험종목을 포함하여 허가를 받고 있으므로 실무상 논의는 이루어지지 않고 있다.

2) 재보험과 제3보험업 등의 허가간주

[7-36] 보험업 허가를 받은 자는 해당 보험종목의 재보험에 대한 허가를 받은 것으로 본다(보험 4조 2항 본문). 다만, 소액단기전문보험회사(보험 9조 2항 2호)는 그렇지 않다(보험 4조 2항 단서). 생명보험업이나 손해보험업에 해당하는 보험종목의 전부(보증보험 및 재보험은 제외)에 관하여 허가를 받은 자는 제3보험업에 해당하는 보험종목에 대한 허가를 받은 것으로 본다(보험 4조 3항). 생명보험업 또는 손해보험업에 해당하는 보험종목의 전부(보증보험 및 재보험은 제외)에 관하여 허가를 받은 자는 경제질서의 건전성을 해친 사실이 없으면 해당 생명보험업 또는 손해보험업의 종목으로 신설되는 보험종목에 대한 허가를 받은 것으로 본다(보험 4조 4항). 제3보험업에 관하여 보험업 허가를 받은 자는 제3보험의 보험종목에 부가되는 보험종목(10조 3호)을 취급할 수 있다(보험 4조 5항).

5. 진입규제와 조건의 부과

가. 의의와 구조

[7-37] 금융위는 은행업 인가나 금융투자업 인가나 등록, 그리고 보험업 허가에 조건을 붙일 수 있다. 조건부 인가제도는 "은행의 공공성을 감안하여 획일적인 인가를 피하고 구체적 사정에 적응키 위해" 1983. 12 은행법 개정에서 도입한 것이다. 구체적인 구조는 금융규제법별로 차이가 있다. 은행법은 "금융시장의 안정, 은행의 건전성 확보 및 예금자 보호를 위하여 필요한 조건"(은행 8조 4항), 자본시장법은 "경영의 건전성 확보 및 투자자 보호에 필요한 조건"(자본 13조 4항)을 붙일 수 있지만, 보험업법에는 그러한 제한이 없다(보험 4조 7항). 그러나 취지상 동일한 제한이 적용되는 것으로 보아야 할 것이다. 예비인가나 예비허가에도 조건을 붙일 수 있다(은행 11조의2 3항, 자본 14조 4항, 보험 7조 3항). 금융위가 하는 은행업 인가나 금융투자업 인가 또는 보험업 허가의 공고에는 조건부 인허가의 조건도 포함되어야 할 것이다(은행 12조, 자본 13조 6항 1호-3호, 보험 195조 1항). 예비인허가의 조건은 본인허가 시에 확인한다(은행 11조의2 4항, 자본 14조 5항, 보험 7조 4항). 보험업법은 예비허가의 조건을 이행한 후에 본허가를 신청하도록 하고 있지만 같은 취지로 볼 수 있다. 본인가나 본

허가의 조건은 어떠한가? 금융위는 은행업이나 금융투자업 인가에 조건을 붙인 경우에는 그 이행 여부를 확인하여야 한다(은행 시행령 1조의7 4항, 자본 시행령 17조 11항). 보험업법은 그 조건을 이행한 결과를 5영업일 내에 금융위에 보고하게 하고 있다(보험 감독규정 2-5조 2항).

조건의 법적 성질은 무엇인가? 장래의 불확실한 사실의 성부에 행정행위의 효력을 의존하게 하는 의미의 조건에 한정되는 것이 아니라 기한과 부담을 포함한 부관 전체를 의미하는 것으로 보아야 할 것이다. 인터넷전문은행에 대한 은행업인가에서 조건으로 붙인 '은행업을 전자금융거래법상 전자금융거래의 방법으로 영위해야 함"은 대표적이다. 신탁업인가에 부동산신탁업을 제한하는 조건의 부과 등과 관련하여 조건의 내용상 한계가 문제될 수 있다. 조건의 내용은 인허가제도의 목적에 비추어 필요한 한도에서 비례의 원칙을 유지해야 할 것이다. 예컨대 해당 업무의 본질적 내용을 조건의 형태로 제한하는 것은 "은행의 공공성을 감안하여 획일적인 인가를 피하고 구체적 사정에 적응키 위해"라는 금융규제법상 조건부 인허가제도의 취지와 충돌할 수 있다. 이러한 목적은 인허가업무단위를 더욱 세분화하는 방법으로 제도화하는 것이 옳을 것이다. 인터넷은행법은 이를 법제화한 대표적인 사례이다. [7-38]

나. 조건의 취소나 변경

조건부 인허가를 받은 자는 사정의 변경, 그 밖에 정당한 사유가 있는 경우에는 금융위에 그 조건의 취소 또는 변경을 신청할 수 있다(은행 8조 5항 전단, 자본 13조 5항 전단, 보험 4조 8항 전단). 자본시장법상 조건부 금융투자업 인가의 조건 취소나 변경내용도 관보 및 인터넷 홈페이지 등에 공고해야 한다(자본 13조 6항 3호). 은행법이나 보험업법은 그 내용을 신청인에게 문서로 알리게 하고 있다(은행 8조 5항 후단, 보험 4조 8항 후단). [7-39]

제 5 절 진입요건

Ⅰ. 의의와 구조

[7-40] 진입요건은 기관별 진입규제와 기능별 진입규제에서 서로 다른 방식으로 규정된다. 기관별 진입규제에서는 법률에서 규정하고 있는 진입업무단위에 따라 진입요건이 부과된다. 그러나 기능별 진입규제에서는 금융업을 하려는 자가 선택한 금융기능별로 그 위험에 상응하여 진입요건이 규정된다.

[7-41] 은행법은 은행업의 인가요건으로서 자본금, 자금조달방안의 적정성, 주주구성계획의 적합성, 대주주의 자격(충분한 출자능력, 건전한 재무상태 및 사회적 신용), 사업계획의 타당성과 건전성, 발기인(개인인 경우만 해당) 및 임원자격요건의 적합성, 은행업을 경영하기에 충분한 인력, 영업시설, 전산체계 및 그 밖의 물적 설비요건의 적합성을 규정하고 있다(은행 8조 2항 1호-7호). 은행법은 재무적 기초를 확인하는 기준으로서 자본금요건을 규정하고 있다. 은행의 자본금은 원칙적으로 1천억원 이상이어야 하지만, 지방은행의 자본금은 250억원 이상, 인터넷전문은행은 250억원 이상이다(은행 8조 2항 1호 본문, 인터넷은행 4조 1항).

[7-42] 보험업법도 이와 유사한 내용으로 규정하고(보험 6조 1항 1호-4호), 재무적 기초를 판단하는 기준으로는 자본금요건을 규정하고 있다. 다만 보험종목별 허가제도의 취지를 반영하여 보험종목의 일부만을 취급하려는 보험회사가 납입하여야 하는 보험종목별 자본금을 각각 규정하면서, 보험회사가 둘 이상의 보험종목을 취급하려는 경우에는 각각의 금액의 합계액을 자본금으로 한다(보험 6조 1항 1호; 동 시행령 12조 1항 1호-14호, 3항 본문). 다만, 그 합계액이 300억원 이상인 경우에는 300억원으로 한다(보험 시행령 12조 3항 단서).

[7-43] 자본시장법도 진입요건 자체는 은행법이나 보험업법과 동일하게 구성하되, 기능별 진입규제의 취지를 반영하여 전반적인 진입요건은 완화하되, 금융기능의 특성에 따라 진입요건의 수준을 차등화하고 있다. ① (금융투자업의 특성) 인가제를 채택한 금융투자업의 진입요건은 등록제를 채택한 금융투자업에 비해 엄격하게 설정하되 객관적인 요건만을 요구하는 등록제와 달리 인가당국의 재량적 판단을 허용하는 요건(사업계획의 타당성 등)도 추가하고 있다. 인가제內에서도 고객과 채권채무관계를 갖는

금융투자업(투자매매업)에 대해서는 고객의 자산을 수탁하는 금융투자업(집합투자업, 신탁업등)에 비해 강화된 요건을 설정하고 있다. ② (금융투자상품의 특성) 취급대상 금융투자상품의 위험크기에 따라 장외파생상품 등 위험 금융투자상품을 대상으로 하는 인가에 대해서는 일반 금융투자상품에 비하여 강화된 진입요건을 설정하고 있다. ③ (투자자의 특성) 고객의 위험감수능력의 크기에 따라 일반투자자를 상대로 하는 금융투자업의 경우에는 전문투자자를 상대로 하는 경우보다 강화된 진입요건을 설정하고 있다. 다만 재무적 기초를 확인하는 기준으로서 자본금이 아니라 자기자본을 규정하고 있다. 자기자본이 자본금 보다 해당 금융회사의 손실흡수능력을 정확하게 반영할 수 있다는 판단에 따른 것이다.

Ⅱ. 진입요건의 해석과 적용

금융규제법상 진입요건은 적격성심사의 취지를 반영하여 정량기준과 정성기준 [7-44] 으로 구성된다. 특히 정성기준은 일반적 · 추상적인 내용으로 규정될 수밖에 없다. 그러나 우리나라에서는 금융당국에 대한 신뢰의 문제도 복합되면서 금융업의 진입요건을 하위규정으로 위임하는 과정에서 매우 구체적으로 규정하고 있다.[20] 진입규제에서 진입요건의 해석과 적용에 관하여 이와 같은 제한적인 접근과 포괄적인 접근 중 어느 방식이 타당할 것인가? 쉽게 판단할 수 있는 사항은 아니라고 할 것이다. 그러나 진입요건의 해석에는 상당한 정도의 재량이 인정될 수밖에 없을 것으로 본다.

이와 관련하여 또 한 가지 살펴볼 것은 시장영향평가를 할 것인지이다. 과거에 [7-45] 는 새로운 인가나 허가가 금융시장의 경쟁에 어떤 영향을 줄 것인지를 대상으로 하는 시장영향평가를 진입요건의 하나로 규정하기도 했다. 과도한 경쟁이 금융회사의 건전성을 침해할 수 있다는 발상에 따른 것이다. 그러나 금융당국은 사업계획의 타당성과 건전성 또는 해당 금융업자의 건전성규제의 관점에서 실질적으로 진입에 관한 판단에 고려하는 경우도 있다. 앞에서 본 바와 같이 우리나라는 금융시장경쟁도평가위원회의 평가결과를 진입정책에 활용하기도 한다([4-57]). 이러한 접근이 가능하다 해도 진입요건의 해석에 관한 과도한 재량으로 연결되어서는 안 될 것이다.

20) 현재 국내법상 진입규제의 내용에 대해서는, 금융민원센터, 금융회사 인허가 매뉴얼, 2021. 6.

Ⅲ. 진입요건의 유지

[7-46] 전통적으로 진입요건은 인허가나 등록 시에만 충족하면 그 후에 이를 충족할 수 없어도 퇴출요건에 해당할 정도가 아니면 금융업을 영위하는 데 지장이 없었다. 그러나 현재의 금융규제법은 진입요건 중 일부를 유지요건으로서 계속 유지할 것을 요구하고 있다. 이를 진입요건유지의무라고 하고 계속적 규제의 철학에 따른 것이라고 할 수 있다.

[7-47] 이를 가장 엄격하게 규정하고 있는 것은 자본시장법이다. 자본시장법상 금융투자업자는 인가요건은 물론 등록요건 중 자기자본과 사회적 신용요건에 대하여 일부 완화된 형태로 유지의무를 부담한다(자본 15조 · 20조). 보험회사는 인적 · 물적 설비요건에 대하여 보험업의 허가를 받은 이후에도 계속하여 유지하여야 한다(보험 6조 4항, 1항 2호). 은행법상 은행과 인터넷전문은행은 은행업을 경영할 때 최저자본금을 유지하여야 한다(은행 9조, 인터넷은행 4조 2항). 금융업자의 재무적 기초를 확인하는 요건으로서 자본금이나 자기자본에 대해서는 아래에서 설명할 건전성규제의 일환인 자기자본비율규제를 통하여 충분히 확보될 수 있는 점도 함께 고려된 것이다. 금융업자가 갖추어야 할 요건은 진입단계 - 유지단계 - 퇴출단계의 3단계로 구분하여 판단되어야 하는 것이다.

CHAPTER

08 건전성규제

제 1 절 서 언[21)]

금융회사의 건전성규제는 전통적으로 개별 금융회사에 대한 건전성규제를 말하 [8-1] 는 미시건전성규제(micro-prudential regulation)를 중심으로 해 왔다. 그러나 2008년 글로벌 금융위기과정에서 금융시스템 자체에 대한 거시적 차원의 건전성 확보가 강조되면서 거시건전성규제(macro-prudential regulation)가 더욱 구체화되고 있다. 당시 자기자본비율규제를 중심으로 하는 개별 금융회사차원의 건전성이 잘 유지되고 있었음에도 급격한 경기변화에 따른 금융회사 전체의 건전성 악화를 예방할 수 없었다는 인식에 기초한 것이다. 또한 건전성규제는 그 내용에 따라 지배구조규제, 업무범위규제, 재무건전성규제, 그 밖의 경영건전성규제로 구분할 수 있다. 금융규제의 목적을 고려하면 건전성규제는 금융시스템위험의 방지를 직접적인 목적으로 한다. 다만 금융소비자의 입장에서는 금융거래의 상대방인 금융회사의 건전성을 확보하여 결과적으로 금융소비자보호에도 기여할 수 있는 측면이 있다. 이하 차례대로 설명한다.

21) 이하 건전성규제에 관한 설명의 기본체계는 정순섭, 은행, 제5장 건전성규제와 정순섭, 자본, 제17장 건전성규제에 기초한 것이다.

제 2 절 지배구조규제[22)]

Ⅰ. 금융회사 지배구조

1. 기본원칙

[8-2] 금융회사의 지배구조는 주식회사를 출발점으로 한다. 금융규제법은 상호회사 형태를 취하는 보험회사와 투자자문업자 및 투자일임업자를 제외한 은행 등 금융회사의 진입요건으로서 주식회사의 법적 형태를 취할 것을 요구한다. 그 이유는 상법상 주식회사가 가장 엄격한 지배구조규율을 받고 있기 때문이다. 따라서 현행법상 금융회사의 지배구조는 주식회사의 법적 형태를 전제로 사외이사 중심의 이사회주도 경영, 감사위원회 중심의 감독구조 그리고 준법감시인 중심의 내부통제의 세 가지를 기본요소로 하고 있다.

2. 금융규제와 지배구조

[8-3] 상법상 주식회사에 대한 지배구조 규율이 엄연히 존재함에도 불구하고 지배구조법상 금융회사에 대한 지배구조규제를 따로 두는 이유는 무엇인가? 금융규제와 지배구조의 관계에 대해서는 상법상 지배구조원칙을 강조하는 견해와 금융규제의 역할을 주장하는 견해가 있다.

[8-4] 전자의 입장은 금융회사도 공공성이나 경제적 중요성에도 불구하고 영리를 목적으로 하는 주식회사이므로 상법상의 지배구조가 원칙적으로 적용되어야 한다는 것이다. 지배구조규율의 대상을 이사와 주주 사이의 대리인문제 또는 이해상충문제로 이해하는 전통적인 상법의 관점에서는 충분히 생각할 수 있는 주장이다.

[8-5] 후자의 입장은 금융규제관점에서는 상법상 지배구조규율만으로는 해소할 수 없는 한계가 있는 점을 강조한다. 특히 은행의 경우 주식소유의 분산으로 인한 지배적인 대주주의 부재와 그로 인한 전통적인 기업지배구조의 작동이 어려운 점, 그리고 금융회사의 규모가 대형화될수록 금융시스템위험의 발생가능성도 높아지는 점도 중

22) 이하 설명은 정순섭, “금융회사의 지배구조와 금융규제”, BFL 제79호, 2016, 6-18면에 기초한 것이다.

요한 고려사항이다. 상법상 지배구조규율은 금융회사에서 이사와 주주 사이의 대리인문제 또는 이해상충문제를 교정하는 것이 핵심이다. 이러한 문제가 해소되어 이사와 주주의 이해관계가 일치할 경우에는 위험이 전혀 없는가? 금융회사의 경우 단기실적을 원하는 주주나 성과보수에 초점을 맞춘 이사들의 과도한 위험인수경영에 의한 단기성과주의의 폐해가 개별금융회사는 물론 금융시스템 전체의 위험으로 확대될 수 있다. 이러한 위험은 전통적인 회사법상 지배구조규율만으로는 해소하기 어려우므로 금융규제가 개입해야 한다는 것이다. 지배구조법은 이러한 논리에 따라 제정되었다.

지배구조법은 "금융회사 임원의 자격요건, 이사회의 구성 및 운영, 내부통제제 [8-6]
도 등 금융회사의 지배구조에 관한 기본적인 사항을 정함으로써 금융회사의 건전한 경영과 금융시장의 안정성을 기하고, 예금자, 투자자, 보험계약자, 그 밖의 금융소비자를 보호하는 것을 목적"(1조)으로 한다고 하여 지배구조규제의 목적을 금융회사의 건전한 경영과 금융시장의 안정성 그리고 금융소비자의 보호로 규정하고 있다. 전통적인 회사법상 지배규조규율과는 차별화되는 금융규제목적과 내용으로 구성되어 있다. 그 적용대상은 자산규모 등을 고려하여 적용을 제외한 경우(지배 3조 3항)를 제외하고는 은행, 금융투자업자, 보험회사, 여신전문금융업자 등을 모두 포함한다(지배 2조 1호 가목－사목; 동 시행령 2조 1호－4호).

Ⅱ. 사외이사 중심의 이사회 주도 경영

1. 의의와 구조

현재의 금융회사 지배구조는 사외이사를 중심으로 하는 이사회주도형이다. 상 [8-7]
법상 이사회는 이사로 구성되는 주식회사의 업무집행에 관한 상설적 의사결정기관이다. 이사회의 기능은 집행과 감독을 포함하지만 최근에는 감독이 강조되는 추세이다. 금융회사의 경우에도 이사회는 업무집행기관으로서 의사결정기능을 수행하면서 사외이사를 중심으로 한 감독기능으로 규제상 중점이 이동하고 있다.

2. 이사회의 구성과 운영

가. 구 성

[8-8] 지배구조법상 이사회에 사외이사를 3명 이상 두어야 하고(지배 12조 1항), 사외이사의 수는 이사 총수의 과반수가 되어야 하므로(지배 12조 2항 본문) 금융회사의 이사는 최소한 5명 이상이 되어야 한다. 사외이사의 사임 · 사망 등으로 사외이사의 수가 지배구조법상 요건에 미치지 못하게 된 경우에는 사유발생 후 최초로 소집되는 주주총회에서 법정요건을 충족하도록 조치해야 한다(지배 12조 3항). 사외이사선임의무를 불이행하거나 이사회의 구성요건을 충족하지 않은 자에게는 1억원 이하의 과태료를 부과할 수 있다(지배 43조 1항 2호 · 3호, 12조 1항-3항).

[8-9] 자본시장법은 기업 의사결정기구의 성별 대표성을 확보하기 위하여 최근 사업연도말 현재 자산총액이 2조원 이상인 주권상장법인의 경우 이사회의 이사 전원이 특정 성(性)의 이사로 구성되지 않게 노력하도록 규정하고 있다(165조의20). 이사회의 다양성을 성별 관점에서 규정한 것이다. 이는 주권상장법인인 금융회사에도 당연히 적용된다.

나. 의 장

[8-10] 이사회 의장을 사외이사로 한정할 것인가? 사외이사가 아닌 자를 이사회 의장으로 선임할 수 있다(지배 13조 2항). 그러나 이사회 의장을 사외이사 아닌 이사로 선임할 경우 이사회는 사유를 공시하고, 사외이사를 대표하는 자로서 선임사외이사를 선임해야 한다(지배 13조 2항). 선임사외이사는 사외이사 전원으로 구성되는 사외이사회의의 소집 및 주재, 사외이사의 효율적 업무수행을 위한 지원, 사외이사의 책임성 제고를 위한 지원 등의 업무를 수행한다(지배 13조 3항 1호-3호). 금융회사 및 그 임직원은 선임사외이사가 업무를 원활하게 수행할 수 있도록 적극 협조해야 한다(지배 13조 4항). 사외이사가 아닌 자를 이사회 의장으로 선임하면서 그 사유를 공시하지 않거나 거짓으로 공시한 자에게는 3천만원 이하의 과태료를 부과(지배 43조 2항 2호의4, 동법 13조 2항)하고, 선임사외이사를 선임하지 않거나 선임사외이사의 업무를 방해하거나 협조를 거부한 자에게는 1억원 이하의 과태료를 부과한다(지배 43조 1항 4호 · 5호, 13조 2항 · 4항).

다. 권 한

이사회의 심의 · 의결사항은 경영목표 및 평가, 정관변경, 예산 및 결산, 해산 · 영업양도 및 합병 등 조직의 중요한 변경, 내부통제기준(지배 24조)및 위험관리기준(지배 27조)의 제개정 및 폐지, 최고경영자의 경영승계 등 지배구조 정책 수립, 대주주 · 임원 등과 회사 간의 이해상충 행위 감독에 관한 사항이다(지배 15조 1항 1호-7호). 상법상 이사회의 권한이 "중요한 자산의 처분 및 양도, 대규모 재산의 차입, 지배인의 선임 또는 해임과 지점의 설치 · 이전 또는 폐지 등 회사의 업무집행"이라고 규정되어 있는 것과 비교하면 상대적으로 구체적이라고 평가할 수 있다(393조 1항). 이사회의 심의 · 의결사항은 정관으로 정해야 한다(지배 15조 2항). 상법상 이사회의 권한(393조 1항) 중 지배인의 선임 또는 해임과 지점의 설치 · 이전 또는 폐지에 관한 권한은 정관에 따라 위임할 수 있다(지배 15조 3항). [8-11]

우리나라에서는 그동안 이사회의 심의 · 의결사항을 법률에 직접 명시하는 방법으로 구체화하려는 시도가 계속되어 왔다. 우리나라 이사회제도 특히 사외이사제도에 대한 부정적 평가는 대부분 사외이사의 낮은 반대비율을 근거로 한다. 그러나 핵심은 이사회에서 심의 · 의결할 사항으로서 이사회를 거치지 않은 사항의 비율이라고 생각된다. 평가기준으로서 이사회의 심의 · 의결사항은 정관에서 현재보다 구체적으로 명시되어야 할 것이다. 이와 함께 오히려 이사회에 상정된 안건에 대한 심의 · 의결자료의 충분성도 문제이다. 이는 이사의 의무와 연결된다. 안건의 중요성에 비추어 지나치게 간소한 회의자료는 이사의 의무, 특히 감시의무를 불이행하였다는 중요한 근거가 될 수 있을 것이다. [8-12]

라. 지배구조내부규범

이사회의 구성과 운영, 이사회내 위원회의 설치에 관한 사항을 지배구조내부규범에 규정해야 한다(지배 14조 1항). 매년 지배구조내부규범에 따라 이사회 등을 운영한 현황을 금융위가 정하는 바에 따라 인터넷 홈페이지 등에 공시해야 한다(지배 14조 3항 1호 · 2호). [8-13]

3. 이사회 내 위원회

[8-14] 금융회사는 이사회내 위원회(상 393조의2)로서 임원후보추천위원회, 감사위원회, 위험관리위원회, 보수위원회를 설치해야 한다(지배 16조 1항 전단 1호-4호). 이 경우 감사위원회는 상법 제415조의2에 따른 감사위원회로 간주한다(지배 16조 1항 후단). 보수위원회와 관련하여 정관에 따라 감사위원회가 보수에 관한 사항(지배 22조 1항)을 심의 · 의결하는 경우에는 보수위원회를 설치하지 않을 수 있다(지배 16조 2항 본문). 이사회 내 위원회는 사외이사 주도의 전문성과 독립성 강화 장치로서 금융회사는 필수적으로 설치해야 한다. 그리고 위원회 위원의 과반수는 사외이사로 구성하고, 위원회의 대표는 사외이사로 선임해야 한다(지배 16조 3항 · 4항). 이사회내 위원회를 설치하지 않거나 위원회 위원의 과반수를 사외이사로 두지 않은 자에게는 1억원 이하의 과태료를 부과한다(지배 43조 1항 6호 · 7호, 16조 1항 · 3항). 이사회 내 위원회는 이사회의 책임을 면제하는 구조는 아니다. 따라서 이사회의 권한을 이사회 내 위원회 이외의 기관에 최종적으로 위임하는 구조도 있을 수 없다.

4. 이 사

가. 의의와 구조

[8-15] 금융회사의 업무집행은 이사를 중심으로 이루어진다. 이사회는 이사로 구성되는 업무집행기관이다. 지배구조법은 업무집행기관으로서 이사를 포함한 임원이라는 개념을 사용한다. 지배구조법상 임원은 이사, 감사, 집행임원, 업무집행책임자를 말한다(2조 2호-5호).[23] 이사는 사내이사, 사외이사 및 비상임이사를 말한다. 사내이사는 사외이사와 비상임이사를 제외한 이사이므로 상시적인 업무에 종사하는 사외이사의 요건을 갖추지 못한 상임이사를 말한다. 사외이사는 상시적인 업무에 종사하지 않는 이사로서 사외이사로서의 요건을 갖추어 지배구조법 제17조에 따라 선임되는 사람을 말한다. 비상임이사는 상시적인 업무에 종사하지 않는 사외이사로서의 요건을 갖추지 못한 이사이다. 업무집행책임자는 이사가 아니면서 명예회장 · 회장 · 부회장 · 사장 · 부사장 · 행장 · 부행장 · 부행장보 · 전무 · 상무 · 이사 등 업무를 집행할

23) 상법상 임원은 이사와 감사를 말한다(상 312조).

권한이 있는 것으로 인정될 만한 명칭을 사용하여 금융회사의 업무를 집행하는 사람이다. 집행임원은 상법에 따른 집행임원을 둔 경우(상 408조의2)의 집행임원을 말한다. 업무집행책임자는 준법감시인이나 위험관리책임자와 같은 주요직무에 종사하는 직원을 임원에 준하는 권한과 의무를 부과하고 책임을 명확화하기 위하여 도입한 개념이다.

지배구조법은 임원의 자격제한과 적격성 심사를 통한 사전적 통제와 직무에 상응하는 권한과 의무의 부과를 통한 사후적 통제를 핵심으로 한다. 이를 위하여 첫째, 지배구조법은 임원의 자격요건을 규정하고 있다(지배 5조 1항). 원칙적으로 소극적 자격요건인 결격사유를 규정하고 있지만, 사외이사에 대해서는 적극적 자격요건도 규정한다. 둘째, 지배구조법상 임원 중에서 이사의 의무는 회사법상 의무에서 출발하여 지배구조법상 특칙으로 제도화되어 있다. [8-16]

나. 임원의 자격제한

1) 임 원

지배구조법은 임원의 자격요건(5조)을 규정하고 있다. 이는 임원의 소극적 자격요건 또는 결격사유로서 미성년자 · 피성년후견인 또는 피한정후견인, 파산선고를 받고 복권되지 않은 사람, 금고 이상의 실형을 선고받고 그 집행이 끝나거나(집행이 끝난 것으로 보는 경우를 포함) 집행이 면제된 날부터 5년이 지나지 않은 사람, 금고 이상의 형의 집행유예를 선고받고 그 유예기간 중에 있는 사람, 지배구조법 또는 금융관계법령에 따라 벌금 이상의 형을 선고받고 그 집행이 끝나거나(집행이 끝난 것으로 보는 경우를 포함) 집행이 면제된 날부터 5년이 지나지 않은 사람, 금융관계법령에 따른 영업의 허가 · 인가 · 등록 등의 취소나 금산법상 적기시정조치(금산 10조 1항) 또는 금산법상 행정처분(금산 14조 2항)을 받은 금융회사의 감사위원이나 임원 등으로서 해당 조치가 있었던 날부터 5년이 지나지 않은 사람 등에 해당하는 사람은 금융회사의 임원이 되지 못한다(지배 5조 1항 1호－8호; 동 시행령 7조 1항－3항). 주로 사회적 신용을 기초로 요건을 규정한 것이다. 임원이 금융회사의 의사결정에서 차지하는 역할을 고려하여 반사회적 세력의 금융회사 진출을 차단함으로써 금융시스템을 보호하는 데 기본목적이 있다. 지배구조법은 내부통제등관리의무의 대상인 임원은 적극적 요건으로서 책무구조도상 책무 수행에 적합한 자격요건을 요구한다(지배 5조 3항, 30조의2). [8-17]

[8-18] 금융회사의 임원으로 선임된 사람이 위의 결격사유에 해당하게 된 경우에는 그 직을 잃는다(지배 5조 2항 본문). 별도의 조치나 처분을 요하지 않는 자동실효사유이다. 다만 직무정지, 업무집행정지 또는 정직요구(재임 또는 재직 중이었더라면 조치를 받았을 것으로 통보를 받은 경우를 포함) 이하의 제재를 받은 경우를 제외한다(지배 5조 2항 단서; 동 시행령 7조 4항).

[8-19] 구 증권거래법상 임원 결격사유에 대하여 헌법재판소는 직업선택의 자유에 위반되지 않는다고 판단하였다(헌법재판소 2001. 3. 21. 99헌마150 전원재판부 결정). 헌법재판소는 "증권회사의 경영을 책임지는 임원은 고도의 윤리의식과 준법의식을 가질 것이 요청되고 특히 금융관련법령의 위반행위는 국가경제에의 막대한 피해발생에 직접적으로 연결되는 점"에 비추어 첫째, 위반행위자에 대하여 엄격한 책임 추궁의 일환으로 임원자격을 제한할 필요가 있는 점, 둘째, 증권회사의 준법경영을 위해서는 금융관련법령을 위반한 처벌전력에 내재된 성격이나 습성에 의하여 되풀이 될 수 있는 경영진의 위법행위를 예방할 필요가 있는 점, 셋째, 금융관련법령을 위반한 처벌전력이 없는 깨끗한 경영진을 유지하여 대외적으로 신용을 확보함이 필요한 점을 강조하고 있다.

2) 사외이사

[8-20] 지배구조법은 사외이사의 개념과 소극적 및 적극적 자격요건을 통일적으로 규정하고 있다. 사외이사는 첫째, 상시적인 업무에 종사하지 않으면서 둘째, 독립성의 요건을 갖춘 이사를 말한다(지배 2조 4호). 상시적인 업무에 종사하지 않으므로 그 주된 업무는 감시가 될 수밖에 없다. 현행법상 사외이사는 이사회중심 금융회사 지배구조의 핵심역할을 담당하게 된다.

[8-21] 사외이사의 소극적 자격요건은 주로 사외이사의 독립성의 관점에서 지분관계나 친인척관계 또는 근무관계나 거래관계 등으로 독립성을 유지하기 어렵다고 인정되는 사유를 규정하고 있다(지배 6조 1항 1호-8호; 동 시행령 8조 1항-3항). 지배구조법상 임원 결격사유(5조)가 주로 사회적 신용을 기초로 요건을 규정한 것임에 비하여, 사외이사의 결격사유는 주로 독립성의 관점에서 요건을 정한 것임에 주의할 필요가 있다. 현행법상 소극적 자격요건에 대해서는 독립성과 책임성 확보를 위해 강화해야 한다는 주장도 있지만, 너무 엄격하여 사외이사 후보군을 과도하게 제약한다는 지적도 있다.

사외이사의 적극적 자격요건은 금융, 경영, 경제, 법률, 회계, 소비자보호 또는 정보기술 등 금융회사의 금융업 영위와 관련된 분야에서 연구 · 조사 또는 근무한 경력이 있는 사람으로서 사외이사 직무수행에 필요한 전문지식이나 실무경험이 풍부하다고 해당 금융회사가 판단하는 사람이어야 한다(지배 6조 3항; 동 시행령 8조 4항). 이를 구체적인 요건으로 확인하는 것은 결코 쉽지 않은 사실판단문제가 될 것이지만, 임원후보추천위원회와 이사회안건에 대한 의안분석사례를 통하여 기준이 축적될 것으로 기대한다. [8-22]

현재 국내에서는 상법 및 지배구조법상 사외이사의 역할에 대해서 부정적인 평가가 적지 않게 이루어지고 있다. 특히 이사회에서 안건에 대한 사외이사의 반대율이 낮다는 지적이 그러한 평가의 중요한 근거인 것으로 생각된다. 그러나 최근 대법원을 중심으로 사외이사를 포함한 이사의 감시의무에 관한 엄격한 해석이 이루어지고 있는 점([8-32]-[8-40])을 고려하면 사외이사를 중심으로 한 이사회의 역할에도 많은 변화가 있을 것으로 기대된다. 물론 이와 같이 사외이사의 책임을 강조하려면 이사로서의 직무수행을 보조하기 위한 지원이나 조력장치도 함께 제도화될 필요가 있다. [8-23]

3) 업무집행책임자

가) 개 념

업무집행책임자는 "이사가 아니면서 명예회장 · 회장 · 부회장 · 사장 · 부사장 · 행장 · 부행장 · 부행장보 · 전무 · 상무 · 이사 등 업무를 집행할 권한이 있는 것으로 인정될 만한 명칭을 사용하여 금융회사의 업무를 집행하는 사람"이다(지배 2조 5호). 업무집행책임자는 첫째, 이사가 아니면서, 둘째, 명예회장 · 회장 · 부회장 · 사장 · 부사장 · 행장 · 부행장 · 부행장보 · 전무 · 상무 · 이사 등 업무를 집행할 권한이 있는 것으로 인정될 만한 명칭을 사용하여, 셋째, 금융회사의 업무를 집행하는 사람을 말한다. 따라서 명칭의 사용과 실제 그에 상응하는 업무의 집행을 요건으로 한다. 상법상 사실상 이사 중 업무집행자의 정의를 수정하여 도입한 것이다(상 401조의2 1항 3호). [8-24]

업무집행책임자가 아니라 상법상 집행임원이라는 용어를 사용하는 것이 적절했을 것이라는 주장도 있다. 그러나 상법상 집행임원이라는 용어를 사용하면 금융회사의 업무집행구조 자체가 집행임원설치회사(상 408조의2)로 변경되어야 하므로 업무집행책임자라는 용어를 사용한 것이다. 신용정보법에서 규정하는 신용정보관리 · 보호 [8-25]

인으로 지정할 수 있는 자 중 "상법상 업무집행자(상 401조의2 1항 3호)로서 신용정보의 제공 · 활용 · 보호 및 관리 등에 관한 업무집행 권한이 있는 사람"은 지배구조법상 업무집행책임자에 해당한다.

나) 법적 지위

[8-26] 지배구조법은 업무집행책임자를 임원으로 보아(지배 2조 2호), 임원의 자격요건을 적용하면서(지배 5조), 후보추천과 제재 등의 규정에서는 임원에서 제외하고 있다(지배 17조 1항, 35조 1항 · 2항). 업무집행책임자 개념은 준법감시인 등 주요직무종사자의 직위를 상향조정하여 독립성과 책임성을 부여하기 위한 의도에서 도입된 것이다. 대표이사 개인에 종속되지 않고 업무를 수행하고 이사회가 그 업무를 감독할 수 있도록 업무집행책임자의 정의, 자격요건, 임면절차와 임기, 이사회 출석 및 보고의무, 업무집행책임자의 책임 등을 규정하고 있다.

[8-27] 주요업무집행책임자는 이사회의 의결을 거쳐 임면한다(지배 8조 1항). 독립성의 확보를 위한 것이다. 주요업무집행책임자는 경영전략수립 등 전략기획업무, 재무, 예산 및 결산회계 등 재무관리업무, 자산운용 등에 대한 위험관리업무를 집행하는 업무집행책임자를 말한다(지배 8조 1항; 동 시행령 9조 1호－3호). 주요업무집행책임자 이외에 준법감시인과 위험관리책임자도 사내이사나 업무집행책임자로 임명해야 한다(지배 25조 2항 본문, 28조 2항). 주요업무집행책임자와 해당 금융회사의 관계에 관하여는 이사와 마찬가지로 민법 중 위임에 관한 규정을 준용한다(지배 8조 3항). 업무집행책임자도 민법상 수임인으로서 금융회사에 대하여 선량한 관리자로서의 주의의무를 부담한다. 주요업무집행책임자의 임기는 정관에 다른 규정이 없으면 3년을 초과하지 못한다(지배 8조 2항).

다. 이사의 의무

1) 의의와 범위

[8-28] 지배구조법상 금융회사의 이사는 지배구조법이나 그 밖의 금융규제법상 의무 외에 상법상 임원으로서 일반적인 의무를 부담한다. 그 의무는 첫째, 법령위반이나 임무해태에 해당하는 행위를 하지 않을 의무, 둘째, 이러한 위반행위가 이사회의 결의에 의한 경우 이의를 제기할 의무, 셋째, 대표이사를 비롯한 업무담당이사의 전반적인 업무집행을 감시할 의무, 넷째, 합리적인 정보 및 보고시스템과 내부통제시스템

을 구축하고 그것이 제대로 작동하도록 배려할 의무의 네 가지로 구성된다.

전통적으로 업무집행을 담당하지 않는 사외이사가 업무집행이사보다 의무수준이 [8-29] 낮다는 것이 판례의 입장이었다.[24] 그러나 최근 대법원은 사외이사 등에 대해서도 업무집행이사와 동일한 수준의 감시의무를 인정하고 있다.[25] 이사의 책임과 영국법상 고위경영진제도에서의 경영진책임을 비교하는 것은 의미가 있다. 영국의 단일금융법인 금융서비스 및 시장법상 고위경영진기능(senior management function)을 대상으로 하는 고위경영진 및 인증제도(Senior Manager and Certification Regime, SM&CR)는[26] 책임명세서(Statement of Responsibilities, SoR)와 책무구조도(management responsibilities map)를 작성하는 것을 기초로 한다. 금융회사가 규제에 위반한 경우로서 고위경영진이 합리적인 조치(reasonable steps)를 취하지 않은 경우 책임명세서와 책무구조도 등을 고려하여 그 책임의 유무와 정도를 판단하는 구조이다(FSMA section 66A(5)(a)–(d) / DEPP 6.2.9–C G 03/05/2017). 우리나라도 이러한 영국의 제도를 기초로 지배구조법상 내부통제제도를 재구축하는 내용의 개정이 이루어졌다(지배 30조의2, 30조의3, 30조의4).[27] 상법상 이사의 감시의무위반에 따른 책임과는 취지를 달리하는 것으로 이해된다.

2) 주의의무

이사는 회사에 대한 수임인으로서 선량한 관리자로서의 주의의무를 부담한다(상 [8-30] 382조 2항, 민 681조). 업무집행책임자도 마찬가지이다(지배 8조 3항). 특히 부당대출과 관련하여 이사의 주의의무가 자주 문제되었다. 대법원은 은행의 기업부실대출에 관하여 은행 임원의 선관주의의무위반을 이유로 한 손해배상을 청구한 제일은행 주주대표소송에 관한 판결에서 특히 은행 이사는 일반의 주식회사 이사의 선관의무에서 더 나아가 은행의 그 공공적 성격에 걸맞는 내용의 선관의무까지 다할 것이 요구된다고 판단하였다.[28] 부당대출로 은행 등 금융회사에 손해가 발생한 경우 그 은행 등

24) "일정한 업무분장하에 회사의 일상적인 업무를 집행하는 업무집행이사는 회사의 업무집행을 전혀 담당하지 아니하는 평이사에 비하여 보다 높은 주의의무를 부담한다고 보아야 한다"(대법원 2008. 9. 11. 선고2007다31518 판결).

25) "회사의 업무집행을 담당하지 않는 사외이사 등은 내부통제시스템이 전혀 구축되어 있지 않는데도 내부통제시스템 구축을 촉구하는 등의 노력을 하지 않거나 내부통제시스템이 구축되어 있더라도 제대로 운영되고 있지 않다고 의심할 만한 사유가 있는데도 이를 외면하고 방치하는 등의 경우에 감시의무 위반으로 인정될 수 있다" (대법원 2022. 5. 12. 선고 2021다279347 판결). 다만 해당 판례는 사외이사가 배상해야 할 손해배상책임액은 업무집행이사보다 감액하였다.

26) 주요기능(controlled function)을 수행하는 주요직무종사자제도(Approved Person Regime)를 발전시킨 형태이다.

27) 금융위 · 금감원, 「금융회사 지배구조법」상 내부통제 제도개선 방안, 2023. 6.

28) "은행은 주식회사로 운영되기는 하지만, 이윤추구만을 목표로 하는 영리법인인 일반의 주식회사와는 달리 예금

의 임직원이나 차주 또는 차주의 임직원은 손해배상책임과 함께 형법상 배임이나 사기죄가 문제될 수 있다.

[8-31] 파생상품거래와 관련하여 이사의 위험헤지의무가 문제되기도 한다. 파생상품거래를 한 것이 문제되기도 하였고 반대로 파생상품거래를 하지 않은 것이 문제되기도 했다. 미국에서 제분회사의 이사회가 헤지경험이 부족한 경영자를 선임하고 이러한 경영자에 대한 감시를 소홀히 하였으며, 원료가격변동에 대한 헤지활동을 지도하고 경영자를 적절하게 감독하기 위해 필요한 기본지식을 얻지 않아 결과적으로 곡물수익의 보호에 필요한 조치를 취하지 않음으로써 U$424,038의 손실을 초래하였다고 하여 이사의 책임을 인정한 사례가 있다(Brane v. Roth, 590 N.E.2d 587 (Ind. Ct. App. 1992)). 국내에서도 임시주주총회 소집허가신청사건에서 통화옵션거래가 대표이사의 선관주의의무 위반인지가 논의된 사례가 있다(서울남부지법 2008. 12. 16 선고 2008비합114 결정). 그러나 주식회사의 이사에게 특정 거래에서 발생하는 구체적인 위험관리를 위한 개별적 거래의무를 인정하기는 어려울 것이다. 오히려 이사는 회사의 전체적인 위험을 인식 · 측정 · 관리할 수 있는 위험관리체제를 구축할 의무가 인정된다.

3) 감시의무

가) 의 의

[8-32] 상법은 이사의 감시의무를 인정하고 그 위반시에 손해배상책임을 인정한다(대법원 1985. 6. 25. 선고 84다카1954 판결; 대법원 2004. 12. 10. 선고 2002다60467 판결). 이러한 의무는 사외이사나 비상근이사에 대해서도 동일하게 적용된다(대법원 2019. 11. 28. 선고 2017다244115 판결; 대법원 2014. 12. 24. 선고 2013다76253 판결).

나) 감시의무와 내부통제

[8-33] 상법상 이사의 감시의무는 개별 이사의 업무집행에 대한 감시를 넘어서 내부통제체계 구축의무로 확대되고 있다(대법원 2008. 9. 11. 선고 2007다31518 판결). 첫째, 감시의무의 구체적인 내용은 "회사의 규모나 조직, 업종, 법령의 규제, 영업상황 및 재무상태에 따라 크게 다를 수 있"다. 둘째, "고도로 분업화되고 전문화된 대규모의 회사에서 공동대표이사 및 업무담당이사들이 내부적인 사무분장에 따라 각자의 전문

자의 재산을 보호하고 신용질서 유지와 자금중개 기능의 효율성 유지를 통하여 금융시장의 안정 및 국민경제의 발전에 이바지해야 하는 공공적 역할을 담당하는 위치에 있"으므로, 은행 이사는 '일반 주식회사 이사의 의무'에서 나아가 '은행의 그 공공적 성격에 걸맞는 내용의 선관의무'까지 다할 것이 요구된다(대법원 2002. 3. 15. 선고 2000다9086 판결).

분야를 전담하여 처리하는 것이 불가피한 경우"에도 다른 이사들의 업무집행에 관한 감시의무를 면할 수는 없다. 셋째, 이사의 감시의무는 "합리적인 정보 및 보고시스템과 내부통제시스템을 구축하고 그것이 제대로 작동하도록 배려할 의무"로 확대되었다. 이 의무는 사외이사에게도 동일하게 인정된다(대법원 2022. 5. 12. 선고 2021다279347 판결).

다) 법령위반행위와 경영판단원칙

이사의 의무와 관련하여 경영판단원칙의 적용을 인정하고 있다(대법원 2023. 3. 30. 선고 2019다280481 판결). 금융기관의 경우에도 마찬가지이다(대법원 2002. 6. 14. 선고 2001다52407 판결). 그러나 뇌물제공이나 보험업법상 특별이익제공 등과 같은 법령위반행위에 대해서는 경영판단원칙은 적용될 수 없다(대법원 2005. 10. 28. 선고 2003다69638 판결). [8-34]

라) 이사회 결의와 이사의 책임

(1) 회사에 대한 손해배상책임

이사가 고의 또는 과실로 법령 또는 정관에 위반한 행위를 하거나 그 임무를 게을리한 경우에는 그 이사는 회사에 대하여 연대하여 손해를 배상할 책임을 진다(상 399조 1항). 이러한 위반행위가 이사회의 결의에 의한 것인 경우 그 결의에 찬성한 이사도 손해배상책임을 진다(상 399조 2항). 다만 이러한 이사회결의에 참가한 이사로서 이의를 한 기재가 의사록에 없는 자는 그 결의에 찬성한 것으로 추정한다(상 399조 3항). 실무상 기권이나 서면결의 등 다양한 상황에서 이사의 의무를 판단할 필요가 있다. 부당한 의사형성에 기여하였는지 여부가 기준이다. [8-35]

(2) 기권한 경우

이사회 결의에 참가한 이사로서 이의를 한 기재가 의사록에 없는 자는 그 결의에 찬성한 것으로 추정한다(상 399조 3항). 찬성이나 반대의 의사를 표시한 경우는 특별히 문제되지 않는다. 그러면 기권하면 찬성의 의사로 추정할 것인가? 강원랜드 사건의 원심과 1심은 "피고 B, C은 의사록에 이의를 한 기재가 있다는 주장, 입증이 없어(단지 기권한 것으로 기재되어 있을 뿐이다) 이 사건 결의에 찬성한 것으로 추정되므로(제399조 제3항)"라고 하여 기권을 찬성으로 추정하였다(서울고법 2016. 9. 23. 선고 2015나2046254 판결; 서울서부지법 2015. 7. 16. 선고 2014가합37507 판결). 그러나 대법원은 "이사가 이사회에 출석하여 결의에 기권하였다고 의사록에 기재된 경우에 그 이사는 "이 [8-36]

의를 한 기재가 의사록에 없는 자"라고 볼 수 없으므로, 상법 제399조 제3항에 따라 이사회 결의에 찬성한 것으로 추정할 수 없고, 따라서 같은 조 제2항의 책임을 부담하지 않는다고 보아야 한다"고 판단하였다(대법원 2019. 5. 16. 선고 2016다260455 판결). 기권은 적어도 부당한 의사형성에 기여한 것으로 볼 수 없다는 취지로 이해된다. 생각해 볼 문제이다.

(3) 이사회의 개최와 서면결의

[8-37] 회의체 기관인 이사회의 특성상 이사회에 참석하지 않고 이뤄지는 서면결의는 허용되지 않고, 이사회 개최 없이 의사록만 작성하여 이뤄지는 이사회 결의는 무효이다. 다만 실무상으로는 이사 전원이 찬성하는 것이 명확한 경우 서면결의 형태로 이뤄지는 경우도 존재한다. 이와 관련하여 대법원은 "주식회사의 이사는 이사회의 일원으로서 이사회에 상정된 의안에 대하여 찬부의 의사표시를 하는 데 그치지 않고, 담당업무는 물론 다른 업무담당 이사의 업무집행을 전반적으로 감시할 의무가 있고 이러한 의무는 비상근 이사라고 하여 면할 수 있는 것은 아니므로 주식회사의 이사가 이사회에 참석하지도 않고 사후적으로 이사회의 결의를 추인하는 등으로 실질적으로 이사의 임무를 전혀 수행하지 않은 이상 그 자체로서 임무해태가 된다"고 판단하였다(대법원 2008. 12. 11. 선고 2005다51471 판결).

(4) 불참한 경우

[8-38] 자본시장법 제162조의 사업보고서등 부실표시에 따른 손해배상책임의 책임을 질 자인 이사에 사외이사가 포함되는지가 문제된 사례가 있다. 갑 주식회사의 주식을 취득한 을 등이 사외이사 병을 상대로 사업보고서 허위기재에 따른 손해배상을 구한 사안에서, 병이 사외이사로서 실질적인 활동이 없었던 점 등에 비추어 상당한 주의를 하였더라도 허위기재 사실을 알 수 없었을 것이라고 볼 수 있는지가 구체적인 쟁점이었다. 자본시장법상 공시의무위반에 따른 사외이사의 책임이 문제된 최초의 사례라고 할 수 있다. 동일한 법리가 발행공시의무위반에 대해서도 적용될 수 있을 것이다.

[8-39] 이에 대해 원심은 "피고 2는 ○○○○의 제16기 사업보고서 제출 당시 ○○○○의 사외이사의 지위에 있기는 하였으나 출근을 하거나 이사회에 참석하여 결의에 참여하는 등 사외이사로서의 실질적인 활동은 없었던 점"을 근거로 "피고 2는 ○○○○ 제16기 사업보고서의 허위기재와 아무런 관련이 없거나 그가 상당한 주의를 하

였더라도 그 허위기재 사실을 알 수 없었을 것"이라고 하여 피고 2의 면책 주장을 받아들였다(서울고법 2013. 8. 21. 선고 2013나5376 판결). 그러나 대법원은 "주식회사의 이사는 선량한 관리자의 주의로써 대표이사 및 다른 이사들의 업무집행을 전반적으로 감시하고 특히 재무제표의 승인 등 이사회에 상정된 안건에 관하여는 이사회의 일원으로서 의결권을 행사함으로써 대표이사 등의 업무집행을 감시 · 감독할 지위에 있으며, 이는 사외이사라고 하여 달리 볼 것이 아닌 바, 피고 2가 회사에 출근하지도 않고 이사회에 참석하지도 않았다는 것은 사외이사로서의 직무를 전혀 수행하지 아니하였음을 나타내는 사정에 불과하고, 위 사정과 그 밖에 원심이 들고 있는 사정들은 피고 2가 그의 지위에 따른 상당한 주의를 다하였다는 사정이 아님은 물론이며 상당한 주의를 다하였더라도 허위기재 사실을 알 수 없었다고 볼 사정도 되지 아니한다"고 판단하였다(대법원 2014. 12. 24. 선고 2013다76253 판결)("강조필자"). 사외이사도 공시규제위반에 대한 손해배상책임을 질 자에 포함되고, 이사회에의 불참은 그 자체 의무위반을 나타내는 사정에 불과하다는 것이다.

(5) 전문가의 자문을 받은 경우

금융회사의 이사가 법률의견서에 근거하여 경영판단을 한 것만으로 이사로서 [8-40] 의 의무를 다한 것으로 볼 수 있는가? 부동산개발 프로젝트금융을 위한 부지매입대금을 대출하면서 "그 사업부지에 관하여 토지 소유자들과 ××주택과 사이에 매매계약의 효력을 다투는 법적 쟁송이 예상된다는 취지의 법률의견서"를 제출받은 금융기관 이사에 대하여 법원은 "최소한 법적 쟁송으로 인해 위 사업부지의 매입이 상당 기간 지연될 가능성에 대해서는 인식하였던 것"으로 판단하였다(대법원 2011. 10. 13. 선고 2009다80521 판결). 주식매매와 관련한 옵션계약에서 배임죄로 기소된 피고인의 각종 안전장치를 마련하였고 전문법무법인으로부터 옵션계약이 국내법상 문제없다는 법률의견서까지 받았으므로 배임죄 성립에 요구되는 임무위배가 없었다는 주장에 대하여 법원은 받아들이지 않았다(서울고법 2005. 6. 10. 선고 2003노1555 판결).[29)] 사안별로 판단할 문제이지만, 단순히 변호사의 법률의견서를 받은 것만으로 이사의 주의의무를 다한 것으로 볼 수는 없다는 것이다. 그러나 이사회에서 이사들의 안건에 관한 판단을 보조하기 위하여 법률전문가 등의 전문의견서를 첨부한 경우에는 이사의 감시의무가 충실히 이루어졌는지에 관한 판단에 긍정적인 자료가 될 수 있

29) 대법원 2008. 5. 29. 선고 2005도4640 판결로 확정.

을 것으로 판단된다.

라. 이사의 직무수행과 지원제도

[8-41] 그러면 이사 특히 사외이사가 이러한 엄격한 감시의무를 수행하기 위하여 충분한 지원제도가 필요하다는 논의가 있을 수 있다. 현재 지배구조법상 지원제도로는 사외이사에 대한 정보제공(18조), 감사위원회 또는 감사에 대한 지원 등(20조), 선임사외이사의 사외이사의 효율적인 업무수행을 위한 지원(13조 3항 2호) 등의 규정을 참고할 수 있다. 이와 함께 금융보안, 환경위험 등 분야에서 전문성의 보완을 위하여 금융회사의 비용으로 전문가의 조력, 업무를 지원하는 담당부서 설치 등을 고려할 수 있을 것이다. 또한 이사회는 이사의 직무의 집행을 감독하고, 이사는 대표이사로 하여금 다른 이사 또는 피용자의 업무에 관하여 이사회에 보고할 것을 요구할 수 있으며, 이사는 3월에 1회 이상 업무의 집행상황을 이사회에 보고하여야 한다(상 393조 2항－4항).

[8-42] 이와 함께 금융회사 이사의 감시의무는 첫째, 금융회사에 대해서는 금융위 · 금감원의 상시적인 감독이 적용되는 점, 둘째, 준법감시인을 중심으로 하는 내부통제가 사전적 · 예방적 기능을 수행하고 있는 점, 셋째, 금융회사에 적용되는 다양한 규제는 원칙중심규제가 아니라 규정중심규제에 입각하여 매우 상세한 행위규칙을 가지는 점 등에서 일반적인 사업회사의 이사와는 다른 것으로 생각하기 쉬울 것이다. 그러나 금융회사 사외이사의 의무도 일반사업회사의 경우와 전혀 다르지 않다.

Ⅲ. 감사위원회 중심의 감독구조

1. 의 의

[8-43] 상법상 이사회 내 위원회로서 감사위원회를 설치해야 한다(지배 16조 1항 2호). 이 경우 감사위원회는 상법(415조의2)상 감사위원회로 간주한다. 감사위원회의 지위와 역할과 관련하여 준법감시인 및 내부통제와의 구분이 중요하다. 핵심은 준법감시인의 사전적 · 예방적 기능과 감사위원회의 사후적 · 구제적 기능으로 생각된다. 감사는 회

사의 업무감사를 주된 직무로 하는 주식회사의 필요적 상설기관이다(상 409조). 감사위원회는 이사회 내 위원회로 구성되어 있으나 기능에 대해서는 감사에 관한 규정을 준용하고 있어(상 415조의2 6항) 감사와의 차이를 두고 논란이 있는 것도 사실이다. 감사위원회를 설치한 경우 상근감사를 둘 수 없다(지배 19조 8항 단서). 다만 필요한 경우 상근감사위원을 둘 수 있다.

2. 구성 및 감사위원의 선임 등

가. 구 성

감사위원회는 3명 이상의 이사로 구성된다(지배 19조 1항 전단). 이 경우 감사위원 중 1명 이상은 회계 또는 재무 전문가여야 하고(지배 19조 1항 후단), 사외이사가 감사위원의 3분의 2 이상이어야 한다(지배 19조 2항). 감사위원의 사임 · 사망 등의 사유로 감사위원의 수가 감사위원회의 구성요건에 미치지 못하게 된 경우에는 그 사유가 발생한 후 최초로 소집되는 주주총회에서 요건을 충족하도록 조치해야 한다(지배 19조 3항). [8-44]

나. 선 임

1) 추천위

감사위원 후보는 추천위에서 추천한다(지배 19조 4항 후단). 금융회사는 감사위원이 되는 사외이사 1명 이상에 대해서는 다른 이사와 분리하여 선임해야 한다(지배 19조 5항)[분리선출원칙]. 감사위원을 선임하거나 해임하는 권한은 주주총회에 있다(지배 19조 6항 전단). [8-45]

2) 의결권 제한

감사위원이 되는 이사의 선임에 대해서는 주주의 3% 의결권행사 제한이 적용된다. 대주주의 감사기능 통제를 방지하려는 것이다. 이러한 제한은 [개별주주]와 [최대주주 및 그 특수관계인등]의 두 가지 차원에서 적용된다. 첫째, 개별주주 차원에서는 의결권 없는 주식을 제외한 발행주식총수의 3%를 초과하는 수의 주식을 가진 주주는 그 초과주식에 관하여 감사위원의 선임에서는 의결권을 행사할 수 없다(지배 19 [8-46]

조 6항 후단, 상 409조 2항). 정관으로 이 비율을 낮출 수 있지만 높일 수는 없다(지배 19조 6항 후단, 상 409조 3항). 둘째, 최대주주 및 그 특수관계인등의 차원에서는 최대주주와 그 특수관계인, 최대주주 또는 그 특수관계인의 계산으로 주식을 보유하는 자, 최대주주 또는 그 특수관계인에게 의결권이나 의결권 행사 지시권한을 위임한 자가 소유하는 금융회사의 의결권 있는 주식의 합계가 그 금융회사의 의결권 없는 주식을 제외한 발행주식 총수의 3%를 초과하는 경우 그 주주는 3% 초과주식에 관하여 감사위원이 되는 이사를 선임하거나 해임할 때에는 의결권을 행사할 수 없다(지배 19조 7항 본문; 동 시행령 16조 2항). 정관으로 이 비율도 낮출 수는 있지만 높일 수는 없다(지배 19조 7항 단서).

다. 감사위원회에 대한 지원 등

[8-47] 감사위원회는 금융회사의 비용으로 전문가의 조력을 구할 수 있다(지배 20조 1항). 금융회사는 감사위원회 업무를 지원하는 담당부서를 설치해야 한다(지배 20조 2항). 감사업무 지원부서가 준법감시인의 업무를 겸할 수 있는가? 감사기능과 준법감시기능의 차이를 고려하면 별도 조직으로 유지하는 것이 옳을 것이다. 금융회사는 감사위원의 원활한 직무수행을 위해 충분한 자료나 정보를 제공해야 한다(지배 20조 4항, 18조 1항). 사외이사는 해당 금융회사에 대하여 직무수행에 필요한 자료나 정보의 제공을 요청할 수 있다(지배 20조 4항, 18조 2항 전단). 이 경우 금융회사는 특별한 사유가 없으면 이에 따라야 한다(지배 20조 4항, 18조 2항 후단). 금융회사는 감사위원회의 업무내용을 적은 보고서를 정기적으로 금융위에 제출해야 한다(지배 20조 3항).

라. 위반 시 제재

[8-48] 지배구조법상 요건을 모두 충족하는 감사위원회를 설치하지 않은 자, 감사위원회의 구성요건을 충족시키지 않은 자, 감사위원의 선임절차를 준수하지 않은 자에게는 1억원 이하의 과태료를 부과한다(지배 43조 1항 12호－14호, 19조 1항－7항). 지배구조법에 위반하여 감사위원에 자료나 정보를 제공하지 않거나 거짓으로 제공한 자, 감사위원회 담당부서를 설치하지 않은 자, 감사위원회 활동보고서를 제출하지 않은 자에게는 3천만원 이하의 과태료를 부과한다(지배 43조 2항 3호－5호, 18조 · 20조 2항－4항).

Ⅳ. 보수규제

1. 의 의

상법상 보수규제와 지배구조법상 보수규제는 다르다. 상법상 임원보수규제는 회사재산의 사외유출 방지라는 회사이익 또는 주주보호의 관점에서 이루어진다. 상법상 보수규율의 취지에 관하여 법원은 "이사들의 고용계약과 관련하여 사익 도모의 폐해를 방지함으로써 회사와 주주 및 회사채권자의 이익을 보호하기 위한 것"이라고 판단하였다(대법원 2016. 1. 28. 선고 2014다11888 판결). 이에 비하여 금융규제법상 보수규제는 성과보수제도에 따른 임직원의 강력한 단기성과동기를 통제하기 위한 목적에서 이루어진다. 지배구조법은 "임직원이 과도한 위험을 부담하지 아니하도록 보수체계를 마련"하는 것을 금융회사 보수규제의 기본원칙으로 규정하고 있다(지배 22조). 성과보수는 "보수의 일정비율 이상을 성과에 연동하여 미리 정해진 산정방식에 따라 지급하는 보수"를 말한다(지배 22조 3항 전단). [8-49]

2. 보수위원회

보수위원회는 '시행령으로 정하는 임직원'에 대한 보수 결정 및 지급방식, 보수지급에 관한 연차보고서의 작성 및 공시, 그 밖에 금융위가 고시하는 사항을 심의 · 의결한다(지배 22조 1항 1호－3호). 지배구조법상 보수규제의 대상이 되는 임직원은 금융회사에 단기성과주의에 의한 과도한 위험인수를 초래할 수 있는 임직원으로 한정되어야 한다. 지배구조법 시행령은 대상 임직원을 사외이사, 비상임이사, 감사위원, 준법감시인 및 위험관리책임자를 제외한 임원, 자본시장법상 금융투자상품의 설계 · 판매 · 운용 업무를 담당하는 직원으로서 보수위원회가 심의 · 의결한 금융투자업무 담당자로 규정하고 있다(지배 22조 1항; 동 시행령 17조 1항 1호 · 2호). 사외이사, 비상임이사, 감사위원은 직무상 은행의 단기적 경영성과에 연동된 보수를 받기에 부적합하고, 준법감시인 및 위험관리책임자에 대해서는 재무적 경영성과에 연동되지 않는 보수체계를 규정해야 한다(지배 25조 6항, 28조 2항). [8-50]

3. 성과보수규제

[8-51] 금융회사는 임직원이 과도한 위험을 부담하지 않도록 보수체계를 마련해야 한다(지배 22조 2항). 이러한 취지는 보수의 산정기준과 지급방법에 반영되어야 하고, 보수의 지급방법으로 시행령으로 정하는 임직원에 대하여 보수의 일정비율 이상을 성과보수로 일정기간 이상 이연하여 지급해야 한다(지배 22조 3항 전단). 여기서 '시행령으로 정하는 임직원'은 감사, 감사위원, 준법감시인 및 위험관리책임자는 제외한 임원, 금융투자업무담당자, 단기실적에 따른 성과보수를 지급할 경우 과도한 위험을 추구하는 등 부작용이 나타날 수 있는 업무에 종사하는 직원 중 고용계약에 따라 담당업무로부터 발생하는 이익의 일부를 성과보수로 받는 직원을 말한다(지배 22조 3항 전단; 동 시행령 17조 2항). 금융위가 고시하는 직원 및 기간제근로자 또는 단시간근로자는 제외할 수 있다.

[8-52] 성과보수 규제대상인 임직원(지배 22조 4항; 동 시행령 17조 2항)의 보수지급에 관한 연차보고서를 작성하고 결산 후 3개월 이내에 금융위가 정하는 바에 따라 인터넷 홈페이지 등에 그 내용을 공시해야 한다(지배 22조 4항). 이 보고서에는 보수위원회의 구성, 권한 및 책임 등, 임원의 보수총액이 포함되어야 한다(지배 22조 5항 1호 · 2호). 임원의 보수총액은 기본급, 성과보수, 이연성과보수 및 이연성과보수 중 해당 회계연도에 지급된 금액 등을 포함한다.

Ⅴ. 내부통제[30]

1. 의의와 취지

[8-53] 내부통제(internal control)는 전통적으로 재무보고의 신뢰성을 확보하기 위한 절차로 인식되어 오다가 회사의 일반적인 업무의 적정성과 효율성을 보장하기 위한 절차로 확대되고 있다. 표준적인 설명에 따르면 내부통제는 "이사회 및 회사 경영진이

30) 이하 설명은 정순섭, "금융회사의 조직규제—금융회사 지배구조의 금융규제법상 의미를 중심으로—", 상사판례연구 제24집 제2권, 2011, 31—41면; 정순섭, "금융회사 내부통제의 금융법상 지위 — 규제의 내부화 · 민영화의 관점에서", 선진상사법률연구 통권 제49호, 2010, 87—104면에 기초한 것이다.

경영의 실효성과 효율성, 재무 보고의 신뢰성, 법규준수 등의 세 가지 목적을 달성하기 위한 절차"라고 정의하고 있다.[31] 지배구조법은 내부통제기준을 "금융회사가 법령을 준수하고, 경영을 건전하게 하며, 주주 및 이해관계자 등을 보호하기 위하여 금융회사의 임직원이 직무를 수행할 때 준수하여야 할 기준 및 절차"라고 정의하여 비슷한 취지로 정의하고 있다(지배 24조 1항). 요컨대 내부통제는 "건전한 회사경영의 확립을 위해 법령준수를 포함한 위험관리체제의 구축과 당해 체제가 충분히 기능하고 있는지 여부를 감독하는 절차와 체제"라고 정의할 수 있으며, 회사의 건전한 경영을 사전적으로 담보하기 위한 핵심적인 절차로 이해되고 있다. 지배구조법은 개별 금융업법에 도입되어 있는 내부통제기준 및 준법감시인에 관한 사항을 통일적으로 규정하는 한편, 준법감시인의 지위를 강화하고, 준법감시인의 자격요건을 합리적으로 정비하였다.

2. 법적 지위

금융규제는 다양한 기준에 따라 구분할 수 있지만, 외부적 규제와 내부적 규제의 구분이 가장 중요하다([3-17]). 내부통제는 준법감시, 감사 또는 감사위원회 등과 함께 내부적 규제에 속한다. 다만 이들 내부적 규제 장치는 그 목적과 보호이익에서 차별화될 수 있다. [8-54]

내부통제는 금융규제의 완화를 위한 전제로서 원칙중심규제로의 전환과 같은 새로운 시도를 위한 기반이 된다([6-12]). 금융규제의 완화는 외부적 규제의 완화를 의미하는 것이며 금융회사의 내부통제는 외부적 규제의 완화 정도와 비례해서 강화되어야 하는 것이라고 할 수 있다([3-18]). 또한 원칙중심규제의 도입을 위해서는 규제준수의 구체적 기준을 금융회사 내부에서 형성할 수 있는 규제역량이 필요하다. 내부통제는 이를 위한 제도적 기초가 된다. [8-55]

31) The Committee of Sponsoring Organizations of the Treadway Commission("COSO"), Internal Control-Integrated Framework, 1992, p. 13. 이 보고서는 내부통제에 관한 표준을 제시한 것으로 인정되고 있다. "이러한 내부통제시스템은 비단 회계의 부정을 방지하기 위한 회계관리제도에 국한되는 것이 아니라, 회사가 사업운영상 준수해야 하는 제반 법규를 체계적으로 파악하여 그 준수 여부를 관리하고, 위반사실을 발견한 경우 즉시 신고 또는 보고하여 시정조치를 강구할 수 있는 형태로 구현되어야 한다"(대법원 2021. 11. 11. 선고 2017다222368 판결).

3. 구 별

가. 준법감시

[8-56] 현행법상 준법감시와 내부통제의 구별도 문제되고 있다. 그러나 내부통제의 의미를 "건전한 회사경영의 확립을 위해 법령준수를 포함한 위험관리체제의 구축과 당해 체제가 충분히 기능하고 있는지 여부를 감독하는 체제"로 이해하는 이 책의 입장에서 내부통제는 법적 위험뿐만 아니라 금융회사의 경영활동 전반에 걸친 다양한 위험에 대한 통제를 목적으로 하는 점에서 주로 법적 위험의 관리를 목적으로 하는 좁은 의미의 준법감시와 구별된다. 준법감시는 내부통제의 한 분야를 구성하는 것으로 보는 것이 옳다. 그러나 준법감시를 현행 금융규제법에서와 같이 넓게 이해할 경우 내부통제와 준법감시는 사실상 같은 의미를 가지게 된다.

나. 위험관리

[8-57] 모든 회사는 기업활동에 수반되는 각종 위험의 관리를 위하여 위험관리태세를 갖추고 있는 것이 일반적이다. 이러한 위험관리활동은 법령상의 근거가 있는 경우는 물론 없는 경우에도 이루어질 수 있다.32) 따라서 내부통제의 의미를 "건전한 회사경영의 확립을 위해 법령준수를 포함한 위험관리체제의 구축과 당해 체제가 충분히 기능하고 있는지 여부를 감독하는 체제"로 이해하는 입장에서는 그러한 일반적인 위험관리활동과 내부통제를 구분해 둘 필요가 있다. 금융회사는 내부통제와 별도로 위험관리기준을 마련하고, 위험관리책임자를 두어야 하며, 이사회 내 위원회로 위험관리위원회를 설치해야 한다(지배 27조, 28조, 16조 1항 3호).

[8-58] 준법감시를 포함한 내부통제는 일반적인 위험관리태세의 적정한 구축과 목표달성 여부도 그 관리대상에 포함하고 있는 점에서 위험관리와의 차이가 존재한다. 즉 위험에 대한 관계가 간접적인지 또는 직접적인지에 따른 구분이라고 할 수 있다. 예컨대 외국환 보유에 따른 환율변동위험 자체는 내부통제제도에서 직접적으로 관리하지 않고 일반 자금부서에서 담당하는 것이 현실적일 것이다. 내부통제가 환율변동위험관리와 관련하여 기능하는 분야는 자금부서에서 사전에 정해진 일정한 원칙과 절

---

32) 위험관리체제에 관한 논의로, Dermot Turing and Elizabeth Cramb, *Managing Risk in Financial Firms – The Practicalities without the Maths*, Tottel Publishing, 2009.

차에 따라 그러한 환율위험의 신속한 측정과 적정한 관리를 하고 있는지를 확인하는 것이다. 따라서 내부통제와 위험관리의 위험에 대한 관계는 전자가 간접적으로, 그리고 후자가 직접적으로 관여한다는 점에서 차이가 있다.

다. 감사 또는 감사위원회

특히 우리나라에서 감사 또는 감사위원회와 내부통제의 구분은 결코 쉽지 않다. [8-59]
일반적으로 감사기능은 주식회사의 경영활동에 대한 사후적 · 구제적 기능임에 비하여 준법감시를 포함한 내부통제는 사전적 · 예방적 기능인 점에서 구분된다고 설명하고 있다. 그러나 우리나라에서 감사 또는 감사위원회는 상시감사 또는 회계감사 등의 명칭으로 불리는 다양한 사전적 · 예방적 기능을 수행하고 있다. 그러나 현실적으로 금융규제위반을 이유로 감사 또는 감사위원이 직접 제재의 대상이 되는 경우는 거의 발견되지 않는다.

다만 상호저축은행이 상근감사위원이었던 을을 상대로 병주식회사 등에 대한 [8-60]
불법 · 부당대출로 인한 손해배상을 구한 사안에서, 그 감사위원의 책임을 인정한 사례가 있다(대법원 2017. 11. 23. 선고 2017다251694 판결). 법원은 주식회사의 감사위원으로서 상호저축은행 이사는 은행에 대하여 이사업무집행감사 등의 의무를 부담하고 그 위반에 대하여 손해배상책임을 지는 점을 전제로(상 415조의2 7항, 412조 1항, 391조의2, 402조, 414조 1항, 382조 2항) 판단한 것이다. 감사위원의 의무이행 여부의 판단기준에 대해서는 "금융기관 감사위원이 위와 같은 선량한 관리자의 주의의무를 위반하여 자신의 임무를 게을리하였는지 여부는 개별 대출에 대한 감사를 함에 있어 통상의 감사위원으로서 간과해서는 안 될 잘못이 있는지 여부를 제반 규정 준수 여부, 대출조건과 내용 및 규모, 변제계획, 담보유무와 내용, 채무자의 재산 및 경영상황, 성장가능성 등 여러 가지 사항에 비추어 종합적으로 판정해야 한다."

라. 자율규제

내부통제는 금융회사에 대한 내부적 규제 장치라는 점에서 외부적 규제에 속하 [8-61]
는 자율규제와 구별된다. 자율규제기관이 금융회사의 내부통제에서 갖추어야 할 원칙과 절차에 대한 표준적인 관행이나 모범규준 등을 설정할 수는 있지만, 내부통제 자체와는 구별된다. 오히려 해당 시장에서의 최선기준을 적절히 수집하여 규범화하는 과정을 통하여 개별금융회사에 적정한 기준을 제시하는 것이 자율규제의 역할이라고 할 수 있다. 자율규제는 규제의 주체와 절차의 면에서 분명히 외부적 규제에 해당한다.

4. 상법상 이사의 감시의무와 내부통제

[8-62] 상법은 내부통제제도를 직접 규정하고 있지는 않으나 이사의 감시의무를 근거로 내부통제체계구축의무를 인정하고 있다([8-33]). 이와 관련하여 상법은 준법지원인과 준법통제제도를 도입하였다. 상법상 최근 사업연도 말 현재의 자산총액이 5천억원 이상인 상장회사는 준법통제기준을 마련하여야 하고, "준법통제기준의 준수에 관한 업무를 담당하는 사람"을 말하는 준법지원인을 1명 이상 두어야 한다(상 542조의13 1항, 2항; 동 시행령 39조 본문). 상법상 준법지원인과 지배구조법상 준법감시인의 업무범위는 내부통제기준과 준법통제기준의 차이에 따라 결정된다. 상법상 준법통제기준은 "법령을 준수하고 회사경영을 적정하게 하기 위하여 임직원이 그 직무를 수행할 때 따라야 할 준법통제에 관한 기준 및 절차"를 말한다(542조의13 1항). 그리고 지배구조법상 내부통제기준은 "금융회사가 법령을 준수하고, 경영을 건전하게 하며, 주주 및 이해관계자 등을 보호하기 위하여 금융회사의 임직원이 직무를 수행할 때 준수하여야 할 기준 및 절차"를 말한다(지배 24조 1항). 오히려 업무범위의 면에서는 지배구조법상 준법감시인의 업무가 '준법통제기준의 준수에 관한 업무'를 담당하는 준법지원인의 업무보다 넓다. 따라서 지배구조법상 내부통제기준 및 준법감시인을 두어야 하는 상장회사인 금융회사에 대해서는 상법상 준법통제기준 마련 및 준법지원인 선임의무를 면제하고 있다(상법시행령 39조 단서).

5. 분야별 내부통제

가. 의의와 구조

[8-63] 현행법상 금융회사의 내부통제는 지배구조법상 내부통제를 원칙으로 하고 분야별로 필요에 따라 개별적인 내부통제구축의무를 규정하는 방식을 취하고 있다.

나. 금융소비자보호관련 내부통제

1) 의 의

금융상품판매업자등은 임직원 및 금융상품판매대리 · 중개업자가 업무를 수행할 때 법령을 준수하고 건전한 거래질서를 해치는 일이 없도록 성실히 관리하여야 한다(금소 16조 1항). 여기서 금융상품판매대리 · 중개업자는 보험중개사(보험 2조 11호)는 제외한다. 보험중개사의 경우는 보험회사와 업무위탁 관계없이 독립적 지위에서 업무를 수행하기 때문에 관리책임 대상에서 제외된다.[33] 상호저축은행중앙회, 온라인소액투자중개업자, 대부업자 및 대부중개업자, 온라인투자연계금융업자, 그 밖에 이러한 금융상품판매업자등에 준하는 자로서 금융위가 정하여 고시하는 자는 이러한 관리업무를 이행하기 위하여 그 임직원 및 금융상품판매대리 · 중개업자가 직무를 수행할 때 준수하여야 할 기준 및 절차(내부통제기준)를 대통령령으로 정하는 바에 따라 마련하여야 한다(금소 16조 2항; 동 시행령 10조 1항 1호−5호). [8-64]

2) 내 용

이러한 내부통제기준에는 업무의 분장 및 조직구조, 임직원이 업무를 수행할 때 준수해야 하는 기준 및 절차, 내부통제기준의 운영을 위한 조직 · 인력, 내부통제기준 준수 여부에 대한 점검 · 조치 및 평가, 내부통제기준에 따른 직무수행 교육에 관한 사항, 업무수행에 대한 보상체계 및 책임확보 방안, 내부통제기준의 제정 · 변경 절차, 그 밖에 이에 준하는 것으로서 금융위가 고시하는 사항이 포함되어야 한다(금소 16조 2항; 동 시행령 10조 2항 1호−8호). [8-65]

3) 절 차

금융상품판매업자등은 내부통제기준을 제정 · 변경하는 경우 이사회[34]의 승인을 받아야 한다(금소 16조 2항; 동 시행령 10조 3항 본문). 다만, 금융위가 고시하는 경미한 사항을 변경하는 경우에는 대표자의 승인으로 갈음할 수 있다(금소 16조 2항; 동 시행령 10조 3항 단서). 금융상품판매업자등은 내부통제기준을 제정 · 변경한 경우에는 금융위가 고시하는 바에 따라 그 사실을 공지해야 한다(금소 16조 2항; 동 시행령 10조 4 [8-66]

---

33) 양승현 · 손민숙, 『보험회사의 내부통제 규제 연구』, 보험연구원, 2022, 50면 주) 78.

34) 이사회가 없는 경우로서 금융위가 고시하는 경우에는 금융상품판매업자등의 대표자 또는 그 국내지점의 대표자가 참여하는 내부 의사결정기구로 한다.

항). 그 밖에 내부통제기준의 마련 절차 및 방법 등에 관하여 필요한 세부 사항은 금융위가 고시한다(금소 16조 2항; 동 시행령 10조 5항).

다. 자금세탁방지관련 내부통제

[8-67] 지배구조법은 자금세탁방지 관련 내부통제 핵심사항을 지배구조법상 금융회사의 내부통제기준에 포함하도록 의무화하고 있다(지배 감독규정 11조 2항 6호 가목-다목). 그 내용은 첫째, 자금세탁 위험평가 · 관리체계 강화, 둘째, 독립적 감사체계 구축, 셋째, 임직원의 교육 · 훈련 및 신원확인 의무화로 구성된다. 특히 자금세탁방지 업무를 효과적으로 수행하기 위해 자금세탁방지등을 위한 내부통제 정책의 설계 · 운영 및 평가와 관련하여 보고책임자를 선정하고, 역할과 책임을 부여해야 한다(자금세탁방지 및 공중협박자금조달금지에 관한 업무규정 6조). 보고책임자를 준법감시인과 분리하여 선임할 것인지도 쟁점 중의 하나이다.

라. 내부회계관리제도

[8-68] 내부회계관리제도는 외감법 적용대상인 회사가 신뢰할 수 있는 회계정보의 작성과 공시를 위하여 갖추는 회계정보(회계정보의 기초가 되는 거래에 관한 정보를 포함)의 식별 · 측정 · 분류 · 기록 및 보고 방법, 회계정보의 오류를 통제하고 이를 수정하는 방법에 관한 사항, 회계정보에 대한 정기적인 점검 및 조정 등 내부검증, 회계정보를 기록 · 보관하는 장부(자기테이프 · 디스켓, 그 밖의 정보보존장치를 포함)의 관리 방법과 위조 · 변조 · 훼손 및 파기를 방지하기 위한 통제 절차, 회계정보의 작성 및 공시와 관련된 임직원의 업무분장과 책임, 그 밖에 신뢰할 수 있는 회계정보의 작성과 공시를 위하여 필요한 사항으로서 시행령으로 정하는 사항이 포함된 내부회계관리규정과 이를 관리 · 운영하는 조직을 말한다(외감 8조 1항 본문). 회사의 대표자는 내부회계관리제도의 관리 · 운영을 책임지며, 이를 담당하는 상근이사 또는 해당 이사의 업무를 집행하는 자 1명을 내부회계관리자로 지정하여야 한다(외감 8조 3항).

[8-69] 내부회계관리제도는 "회사의 재무제표가 일반적으로 인정되는 회계처리기준에 따라 작성 · 공시되었는지에 대한 합리적 확신을 제공하기 위해 설계 · 운영되는 내부통제제도의 일부분으로서 회사의 경영진과 이사회를 포함한 모든 구성원들에 의해 지속적으로 실행되는 과정"이라고 설명되고 있다.[35] 그러나 법률상 내부회계관리제

도는 지배구조법상 내부통제제도의 하위개념으로서 내부회계관리자는 준법감시인과 구별된다.

마. 정보보호체계

[8-70] 금융회사 또는 전자금융업자는 전자금융업무 및 그 기반이 되는 정보기술부문 보안을 총괄하여 책임질 정보보호최고책임자를 지정하여야 한다(전금 21조의2 1항). 직전 사업연도 말을 기준으로 총자산이 2조원 이상이고, 상시 종업원 수가 300명 이상인 금융회사 또는 전자금융업자는 정보보호최고책임자를 임원(상법 401조의2 1항 3호의 업무집행자를 포함)으로 지정하여야 한다(전금 21조의2 2항; 동 시행령 11조의3 1항 전단). 정보보호최고책임자는 전자금융거래의 안정성 확보 및 이용자 보호를 위한 전략 및 계획의 수립, 정보기술부문의 보호, 정보기술부문의 보안에 필요한 인력관리 및 예산편성, 전자금융거래의 사고 예방 및 조치, 그 밖에 전자금융거래의 안정성 확보를 위하여 시행령으로 정하는 업무를 수행한다(전금 21조의2 4항 1호–5호). 직전 사업연도 말을 기준으로 총자산이 10조원 이상이고, 상시 종업원 수가 1,000명 이상인 금융회사의 정보보호최고책임자는 이러한 업무 외의 다른 정보기술부문 업무를 겸직할 수 없다(전금 21조의2 3항; 동 시행령 11조의3 2항 전단).

바. 신용정보보호 · 관리체계

[8-71] 신용정보회사, 본인신용정보관리회사, 채권추심회사, 신용정보집중기관 등은 신용정보보호 · 관리업무를 하는 신용정보관리 · 보호인을 1명 이상 지정해야 한다(신용 20조 3항 본문; 동 시행령 17조 1항). 신용정보관리 · 보호인은 사내이사, 집행임원(상법 408조의2에 따라 집행임원을 둔 경우), 상법상 업무집행자(상 401조의2 1항 3호)로서 신용정보의 제공 · 활용 · 보호 및 관리 등에 관한 업무집행 권한이 있는 사람,[36] 그 밖에 신용정보의 제공 · 활용 · 보호 및 관리 등을 총괄하는 위치에 있는 직원이어야 한다(신용 20조 3항 본문; 동 시행령 17조 3항 1호–4호). 다만, 종합신용정보집중기관, 개인신용평가회사, 개인사업자신용평가회사, 기업신용조회회사 및 본인신용정보관리회사, 신용조사회사, 채권추심회사 등은 신용정보관리 · 보호인을 임원[37]으로 해야 한다(신

35) 내부회계관리제도운영위원회, 『내부회계관리제도 설계 및 운영 개념체계』, 2018. 6. 28., 6면.

36) 지배구조법상 업무집행책임자에 해당한다.

37) 신용정보의 관리 · 보호 등을 총괄하는 지위에 있는 사람으로서 집행임원(상법 408조의2에 따라 집행임원을 둔

용 20조 3항 단서; 동 시행령 17조 2항 · 4항, 3항 2호 · 3호).

[8-72] 신용정보관리 · 보호인은 개인정보의 경우 개인정보 유출 및 오용 · 남용 방지를 위한 내부통제시스템의 구축, 기업신용정보의 경우 신용정보 유출 등을 방지하기 위한 내부통제시스템의 구축 및 운영을 담당한다(신용 20조 4항 1호 가목, 2호 라목; 개인정보보호법 31조 2항 4호). 신용정보 관리 · 보호에 대한 신용정보회사등의 내부통제의 구축 및 운영을 담당하게 하여 신용정보 보호를 강화하기 위한 것이다. 신용정보보호 · 관리체계의 일부로서의 내부통제시스템도 지배구조법상 내부통제의 일부로 이해된다.

6. 실효성 확보

가. 의의와 구조

[8-73] 지배구조법상 금융회사는 내부통제기준을 마련하여야 한다(지배 24조 1항). 다만 금융지주회사가 금융회사인 자회사등의 내부통제기준을 마련하는 경우 그 자회사등은 내부통제기준을 마련하지 않을 수 있다(지배 24조 2항). 지배구조법시행령에는 내부통제기준에 포함되어야 할 사항으로 금융회사의 내부통제가 실효성 있게 이루어질 수 있도록 일정 사항을 열거하고 있다(지배 24조 3항; 동 시행령 19조 1항 1호－13호). 지배구조법은 '마련'이라는 용어를 사용하고 있고 법원도 이를 내부통제 마련의무라고 해석하고 있다(대법원 2022. 12. 15. 선고 2022두54047 판결). 그러나 지배구조법은 단순한 내부통제 마련의무나 준수의무를 규정한 것이 아니다. 그 입법취지는 실효성 있는 내부통제체제를 구축하라는 것이고, 그 의무를 이행하였는지에 대한 판단기준은 금융회사의 실효성 있는 내부통제제도의 구축 여부이다.

[8-74] 개정 지배구조법은 내부통제기준의 마련의무와 함께 임원의 내부통제와 관련한 개별적 책임을 명확화하기 위하여 임원의 책무를 명확히 기술하도록 요구하는 책무구조도와 함께 임원의 내부통제등관리의무와 대표이사의 내부통제등 총괄관리의무를 규정하고 있다(지배 30조의2, 30조의3, 30조의4, 24조 3항; 동 시행령 19조 1항 1호－13호).

경우)과 상법상 업무집행자(상 401조의2 1항 3호)로서 신용정보의 제공 · 활용 · 보호 및 관리 등에 관한 업무집행 권한이 있는 사람을 포함한다.

나. 금융규제위반과 내부통제구축의무

금융당국이 내부통제마련의무 위반을 이유로 금융회사의 대표이사를 제재한 사례38)와 관련하여 내부통제마련의무의 의미 및 그 범위와 관련하여 논의가 이루어지고 있다([6-16]-[6-18]). 개정 지배구조법은 금융회사의 대표이사 등에 단순한 내부통제 마련의무에서 나아가 내부통제등의 관리의무를 부과하는 내용으로 개정되었다. 동법은 첫째, 금융회사의 대표이사등에 내부통등 관리의무를 부과하고, 둘째, 임원에 대하여도 내부통제등 관리의무를 부과한 후, 셋째, 임원등의 내부통제등관련 책무를 명확히 하여 개인책임의 근거로 하기 위하여 책무구조도를 작성하게 하는 내용으로 되어 있다(30조의2, 30조의3, 30조의4). 현행 지배구조법상 내부통제 준수의무 소홀에 대하여 책임소재가 불분명하고, 별도의 제재수단이 마련되어 있지 않아 내실 있는 운영을 담보하기 어렵다는 지적을 고려하여 관리책임자에 대하여 각각 관리의무를 부과하고, 그 의무를 소홀히 하는 경우 관련 임원의 제재근거를 마련하기 위한 개정이다.39) [8-75]

실효성 확보수단으로 내부통제기준 마련의무에 위반하는 자에게는 1억원 이하의 과태료를 부과한다(지배 43조 1항 16호). 금융위는 내부통제기준과 관련된 의무를 이행하지 않은 금융회사의 임직원에 대하여 해임요구 등의 조치를 할 수 있다(지배 35조 1항 1호-5호, 2항 1호-5호; [별표] 금융회사 및 임직원에 대한 조치(제34조 및 제35조 관련) 25호). 금융위는 임원이 내부통제등관리의무(지배 30조의2)를 위반하거나 대표이사등이 내부통제등총괄관리의무(지배 30조의4)를 위반하는 경우 임직원을 제재할 수 있다(지배 35조의2 1항, 35조). 이 경우 위반행위의 발생 경위, 정도와 그 결과 그리고 당해 위반행위의 발생을 방지하기 위하여 상당한 주의를 다하였는지 여부를 고려하여 제재조치를 감면할 수 있다(지배 35조의2 2항 1호 · 2호). 중요한 것은 상당한 주의의 판단기준이다. [8-76]

그러나 앞에서 본 바와 같이 내부통제구축의무는 원칙중심규제의 기본원칙에 따라 설계되고 해석 · 운용되어야 할 것이다. 내부통제 마련의무와 그 준수의무를 문언상 엄격히 구별하는 접근으로는 그 목적을 달성하기 어렵다. 현행법을 내부통제 마 [8-77]

38) 금감원 제재내용 공개안, 1. 금융회사명 : ㈜우리은행 2. 제재조치일 : 2020. 3. 4.

39) 국회 정무위원회 수석전문위원 이용준, 금융회사의 지배구조에 관한 법률 일부개정법률안 <임원후보추천위원회의 독립성 강화 등> 정부 제출(의안번호 제1148호) 검토보고, 2020. 7., 24면.

련의무라고 해석하고, 법령에서 개별적으로 열거한 특정한 내용을 내부통제기준에 기재하게 한 후, 이를 기재하였는지 여부를 사후적으로 따지는 구조라고 해석하는 것은 국내법 해석원칙상 불가피한 면이 있다고 해도 내부통제제도의 본질과 전혀 맞지 않는다. 지배구조법이나 금융소비자법은 내부통제기준에 기재될 사항을 열거하면서 '포함되어야 한다'는 문언을 사용하고 있다(지배 24조 3항; 동 시행령 19조 1항, 금소 16조 2항; 동 시행령 10조 2항).

[8-78] 이에 대한 대안으로 내부통제 마련의무와 별도로 내부통제 준수의무를 도입한다는 발상도 동일한 관점에서 한계에 부딪힐 수밖에 없을 것이다. 내부통제 관리의무를 도입한다 해도 "상당한 주의" 등의 해석과 관련하여 예측가능성과 자의적 법집행에 대한 우려는 여전히 남을 것이기 때문이다.[40] 개정 지배구조법상 금융회사 내부통제 제도에서 제시하는 금융회사가 규제에 위반한 경우로서 고위경영진이 상당한 조치를 취하지 않은 경우 책임명세서와 책무구조도 등을 고려하여 그 책임의 유무와 정도를 판단하는 구조도 비슷한 해석상 문제에 노출될 가능성을 부정할 수 없다([8-29]).

[8-79] 중요한 것은 내부통제 마련의무나 내부통제 준수의무와 같은 자구해석이 아니라 금융회사의 다양한 위험에 대한 통제를 위하여 작동할 수 있는 내부통제제도가 구축되어 있는지를 원칙중심규제의 관점에서 판단해야 하는 것이다.

Ⅵ. 대주주 주기적 자격심사제도[41]

[8-80] 지배구조법은 금융회사의 건전한 경영을 위해 대주주에 대하여 정기적으로 자격요건 유지 여부를 심사하고, 자격 미달 시에는 시정명령이나 의결권 제한 등의 조치를 통해 부적격자를 배제하고 있다. 진입요건의 유지의무와 마찬가지로 계속적 규제에 속한다. 임원 및 업무집행책임자와 함께 대주주에 대해서도 금융전문성과 사회적 신용요건을 주기적으로 확인하여 금융회사의 건전성을 확보하려는 조치라고 할 수 있다. 이러한 관점에서 동태적 적격성 심사(dynamic fit and proper test)라고 부르기

40) 위 보고서, 25면.
41) 이하 내용은 정순섭, "금융회사의 지배구조와 금융규제", BFL 제79호, 2016, 13-14면에 기초한 것이다.

도 한다. 상법에서는 주식회사에 대하여 대주주의 자격을 제한하는 등의 조치를 취하고 있지 않다. 금융회사의 시스템적 중요성을 고려하여 반사회적 세력의 금융시스템 접근을 차단하기 위해 부과되는 엄격한 규제라고 할 수 있다.

강력한 대주주가 존재하는 금융회사의 경우에는 대주주의 적격성을 확인하는 [8-81] 것이 금융회사 기관구성의 일차적인 과제가 될 수밖에 없다. 상호저축은행 사례에서 볼 수 있듯이 확실한 지배력을 가진 지배주주의 명확한 경영의사를 기존의 회사법상 지배구조규율로 해소하는 것은 불가능에 가깝다. 임원의 선임과 해임 등의 과정에서 절대적인 영향력을 행사하는 지배적인 대주주가 존재하는 경우에 전통적인 회사법원칙에 따라 대주주가 아닌 임원에 대한 결격사유만을 확인하는 것은 금융시스템 위험을 대상으로 하는 금융회사의 규제 목적상 큰 의미가 없다. 이러한 두 가지 기관구성상 문제는 전통적인 회사법원칙상 소유와 경영의 분리에 의한 기관 간 견제와 균형의 원리에 의하여 해결할 수 없다. 전통적인 회사법원칙에 대체하여 금융규제원칙으로서의 지배구조규제가 적용될 수밖에 없는 분야라고 할 수 있다. 이와 관련하여 최대주주의 자격심사제도를 도입하고 있다(지배 32조). 금융위는 금융회사의 최대주주 중 최다출자자 1인에 대하여 2년마다 적격성 유지요건에 부합하는지 여부를 심사하여야 한다(지배 32조; 동 시행령 27조). 이에 위반할 경우 금융위는 적격성 유지요건을 충족하기 위한 조치나 의결권 제한 등의 조치를 할 수 있다(지배 32조 4항 · 5항).

일반적으로 지배주주가 존재하지 않는 은행의 경우 기관구성상 핵심과제는 대 [8-82] 표이사인 은행장의 실질적인 영향력을 통제하는 것이 주로 문제된다. 이러한 문제는 금융지주회사의 경우에는 대표이사인 회장의 경우에 동일하게 발생할 수 있다. 국내에서는 금융지주회사의 후계승계상 혼란이나 금융지주회사의 회장과 그 자회사인 은행의 은행장 간 다툼이 지배구조상 문제로 부각된 적도 있다. 지배구조법은 이러한 문제 중 후계승계와 관련하여 최고경영자의 자격 등 경영승계에 관한 사항 등에 관하여 지켜야 할 구체적인 원칙과 절차를 규정한 지배구조 내부규범을 작성하게 하고(지배 14조), 최고경영자의 경영승계 등 지배구조 정책 수립에 관한 사항을 이사회의 권한으로 명시하고 있다(지배 15조 1항 6호).

제 3 절 업무범위규제

Ⅰ. 의의와 취지

[8-83] 금융규제법은 금융회사가 수행하는 업무를 고유업무, 겸영업무, 부수업무로 구분한다.[42] 이러한 방식은 은행업, 금융투자업, 보험업의 엄격한 분리를 전제로 각 업종의 고유한 핵심업무를 규정하고 그 이외의 업무에 대해서는 업무별로 허용하던 전통이 남아 있는 것이다. 따라서 금융회사 업무범위 규제에 관한 체계는 은행법과 자본시장법 그리고 보험업법이 모두 동일하다.

[8-84] 금융규제법상 고유업무는 은행법과 자본시장법 그리고 보험업법에서 은행과 금융투자업자 그리고 보험회사가 수행할 수 있는 업무로 규정한 것으로서 각각 은행업과 금융투자업, 그리고 보험업을 말한다. 원칙적으로 타업종에서 영위할 수 없는 업무단위로 인식되고 있다. 겸영업무는 다른 법령에서 진입규제의 대상으로 하고 있는 금융업무를 영위하는 경우를 말한다. 그리고 부수업무는 금융업무 이외의 업무로서 금융회사의 인적 물적 시설을 활용하여 취급할 수 있는 경우를 말한다. 이하 차례대로 설명한다.

Ⅱ. 고유업무

1. 기본원칙

[8-85] 고유업무는 각 업종별로 핵심적 기능에 해당하는 업무를 말한다. 현실적으로 문제되는 것은 해당 분야의 금융업 인허가를 받은 금융회사 이외의 자가 수행할 수 없는 핵심업무, 즉 배타적 고유업무의 범위이다. 순수한 법리적 판단이 아니라 금융감독관점에서의 고려도 필요하다. 배타적 고유업무의 범위를 정하는 것은 우리나라 금융회사의 업무범위규제의 기본원칙의 하나라고 할 수 있는 전업주의 또는 분업주의의 출발점이 되기 때문이다. 그러나 아래에서 보는 바와 같이 예금의 제조업무와 증

42) 기본체계에 관한 논의는 정순섭, 은행, 제5장 제4절 업무범위규제.

권을 대상으로 하는 투자중개업, 그리고 보험상품의 제조업무를 제외하고는 범위의 차이는 있지만, 전업주의 또는 분업주의는 실질적으로 완화되고 있음을 확인할 수 있다. 은행업과 금융투자업 그리고 보험업으로 나누어 설명한다.

2. 은행업[43)]

은행업의 고유업무로는 예금업무와 환업무를 들 수 있다. 은행법은 수신업무(예금·적금의 수입 또는 유가증권, 그 밖의 채무증서의 발행)와 여신업무(자금의 대출 또는 어음의 할인) 그리고 내국환 및 외국환업무를 은행업무로 정의하고 있다(은행 2조 1호, 27조). 첫째, 예금업무가 은행의 고유업무라는 점에 대해서는 이견이 없다. 그러나 예금의 판매 즉 예금계약 체결의 중개나 대리는 은행의 고유업무라고 할 수 없다. 따라서 은행의 고유업무는 예금계약의 체결과 이행이다. 둘째, 여신업무는 예금을 재원으로 하지 않는 한 여전법상 여신전문금융업자나 대부업자, 종합금융투자사업자 등에게도 허용되어 있다. 따라서 여신 자체는 은행의 고유업무라고 하기는 어렵다. 셋째, 문제가 되는 것은 환업무이다. 최근에는 지급결제업무와 관련하여 논의되고 있다. [8-86]

은행의 특수성과 관련하여 중요한 것은 그 특수한 지위를 규정하는 근거인 지급결제업무를 은행의 고유업무로 볼 수 있는지 여부이다. 이 문제가 국내에서 본격적으로 논의되기 시작한 것은 자본시장법 제정과정에서 금융투자업자의 예탁금계좌를 통한 자금이체업무의 허용이 중요한 계기가 되었다. 이와 관련하여 첫째, 은행법상 환업무가 은행의 고유업무에 해당하는지 여부, 둘째, 은행법상 환업무를 지급결제업무를 규정한 것으로 볼 수 있는지 여부, 셋째, 지급결제업무를 은행의 고유업무로 볼 것인지 여부의 세 가지 문제가 정리되어야 한다. [8-87]

[환업무와 고유업무] 은행법상 환업무가 은행의 고유업무에 해당한다고 볼 수 있는지에 대하여 찬성론과 반대론이 있고, 은행법 조문체계가 일본법과는 다르지만 환업무는 은행의 고유업무로 보는 것이 옳을 것이다. [8-88]

참고 일본의 은행법 제2조 제2호는 「이 법률에서 "은행업"이란 다음에 규정하는 행위를 하는 영업을 말한다. ① 예금 또는 정기적금의 수입과 자금의 대출 또는 어음 할인을 행하

43) 이하 설명은 정순섭, "금융규제체계개편론 −은행의 업무범위에 대한 국제적 논의를 중심으로−", 상사판례연구 제24집 제4권, 2011, 277−288면에 기초한 것이다.

는 것. ② 환거래를 행하는 것」이라고 규정하고 있어 환거래를 하면 은행이 되므로 환거래는 은행이 아니면 할 수 없다고 해석되어 왔다. 조문 체계상 "은행업"을 예금을 받거나 유가증권 또는 그 밖의 채무증서를 발행하여 불특정 다수인으로부터 채무를 부담함으로써 조달한 자금을 대출하는 것을 업(業)으로 하는 것으로, 그리고 은행업을 규칙적·조직적으로 경영하는 한국은행 외의 모든 법인을 "은행"으로 정의한 후, 환업무를 은행이 할 수 있는 은행업무 중 하나로 규정하는 우리나라의 은행법과는 조문체계상 차이가 있는 것이 사실이다(2조 1호, 2호; 27조 1항, 2항).

[8-89] **[환업무와 지급결제업무]** 은행법상 환업무가 지급결제업무를 규정한 것으로 볼 수 있는가? 지급결제업무를 은행의 고유업무로 볼 것인지 여부에 대해서는 다양한 입법례가 존재한다.[44] EU는 2007년 '지급업무지침'[45]을 제정하여 '지급업무'(payment services)를 은행을 포함한 '지급기관'(payment institutions)에 허용하였다. 독일은 종래 1961년 은행법에서 '비현금 지급결제와 청산업무'(the execution of cashless payment and clearing operations)를 은행업무로 규정하여(제1조 제1항 제9호),[46] 독일연방은행과 같이 특별법에 의하지 않는 한 은행업 인가를 받은 자만이 지급결제업무를 영위할 수 있었고, 비은행금융회사는 지급결제업무를 영위할 수 없었다.[47] 현재 독일에서 예금취급은행 이외의 기관이 지급업무를 취급하고자 할 경우에는 지급결제감시법(Payment Services Oversight Act)에 따라 별도의 인가를 취득하면 된다. 은행은 그 인가가 면제된다.[48] 따라서 EU에서는 지급업무를 은행의 고유업무로 보는 전통적인 입장을 지침으로 폐기한 것이다.[49] 미국은 환거래 또는 지급결제업무에 관하여 은행의 업무나 권한을 규제하는 근거는 없다. 주된 지급결제수단인 예금을 은행이 취급하므로 은행이 주된 지급결제업무의 취급기관이 될 수밖에 없다. 다만 은행 이외의 자가 수행하는 광의의 지급결제업무는 별도의 송금업자법(Money Transmitter Law)에 의하여 규율

---

44) 이에 관하여는 고전적인 저서인 岩原紳作, 『電子決濟と法』, 有斐閣, 2003, 526-532면.

45) Directive 2007/64/EC of the European Parliament and of the Council of 13 November 2007 on payment services in the internal market amending Directives 97/7/EC, 2002/65/EC, 2005/60/EC and 2006/48/EC and repealing Directive 97/5/EC Text with EEA relevance, Official Journal L 319, 05/12/2007 P. 0001 - 0036. 독일에서는 규제사항은 지급결제감시법(the Payment Services Oversight Act, Zahlungsdiensteaufsichtsgesetz, ZAG)의 제정으로, 그리고 사법사항은 독일 민법을 개정하는 형식으로 시행되었다.

46) 현재 독일의 은행법상 지급업무에 관한 근거는 삭제되었다.

47) Committee on Payment and Settlement System, Red Book, 2003, Payment Systems in Germany, p. 151.

48) Markus Escher and Daniela Eschenlohr, The Payment Services Directive implementation in Germany-regulatory part (Zahlungsdiensteaufsichtsgesetz/ZAG): Summary of the Government Draft of October 22, 2008, 12/30/2008, p. 5.

49) Despina Mavromati, The Law of Payment Services in the EU: The EC Directive on Payment Services in the Internal Market, 2008, pp. 152-153.

된다. 일본에서는 격지자간의 자금이동업무 자체를 지급결제업무로 이해하고 이를 은행의 배타적 업무로 해석하고 있다.[50] 「자금결제에 관한 법률」(법률 59호 2009. 6. 24.)은 이러한 인식에 기초하여 송금업에 해당하는 자금이동업(동법 2조 2항, 3항)을 별도의 규제대상업무로 규정한 입법이다.[51] 우리나라의 경우 협의의 지급결제업무는 은행 이외의 기관에게는 허용될 수 없다는 의미에서 은행의 배타적 고유업무에 해당한다. 협의의 지급결제업무에 해당하지 않는 자금이체업무를 은행의 고유업무라고 볼 것인지 여부에 대해서는 검토를 요한다. 그러나 다음 두 가지 이유에서 그러한 해석은 불가능하다고 생각한다. (ⅰ) 지급결제업무를 은행의 고유업무로 이해하고 이를 금융규제상 은행의 특수성을 인정하는 근거로 삼는 전통적인 접근방법의 기초는 지급결제수단으로서의 예금을 은행이 창조한다는 점에 착안한 것이다. 따라서 예금계좌간 이체가 아닌, 즉 지급결제수단이 예금이 아닌 모든 격지자간의 자금이동업무를 은행의 고유업무로 이해할 이론적 및 입법상 근거는 존재하지 않는다. 전통적으로 은행의 예금이 지급결제수단으로 발전하고 있는 점을 고려하여 모든 지급결제업무는 은행의 고유업무라는 인식이 정립된 것으로 생각된다.[52] (ⅱ) 지급결제수단을 이용한 지급결제업무의 수행주체로 주로 은행을 규정하게 된 것은 역사적으로 가장 신뢰도가 높은 금융업자가 은행이었다는 사실에 기인한 것으로 생각된다.[53] 따라서 은행 이외의 신뢰도를 보유한 금융업자에게 지급결제업무를 허용하는 것은 입법정책적 판단사항이라고 본다. 따라서 은행법상 '예금'을 지급결제수단으로 하는 지급결제업무만을 은행의 고유업무로 이해하는 것이 옳다.[54]

[지급결제업무와 고유업무] 그렇다고 은행 이외의 금융회사나 비금융회사로 자금이체업무가 무한정 확대되어도 무방하다고 볼 것인가? 자금이체업무도 넓은 의미 [8-90]

50) 岩原紳作, 앞의 책, 516-519면.

51) 高橋康文(編著), 逐條解說 資金決濟法, 2010; 모리시타 데쓰오, "자금결제법에 대하여", BFL 제41호, 서울대학교 금융법센터, 2010, 46-57면.

52) '환업무는 은행의 예금업무와 연관되어 발생하는 업무'(고동원, "은행의 경쟁력 향상을 위한 은행업무 범위의 확대방안", 은행법연구 제1권 제1호, 은행법학회, 2008, 10면)라거나 '은행 등 결제기관은 결제수단, 결제매체, 결제인프라와 깊이 관련 있는 결제주체가 된다'(도제문, "왜, 은행이 차액지급결제제도의 주체인가? (1), 월간금융 2006.5월호, 전국은행연합회, 37면)는 등의 표현은 이러한 인식에 기초한 것으로 생각된다.

53) Ross Cranston, Principles of Banking Law, 2002, p. 231. cf. 정찬형(대표편집), 「주석 금융법」 (I) [은행법], 한국사법행정학회, 2006, 380면(도제문 집필부분)("환거래를 은행의 고유업무로 규정하고 있는 것은 은행의 신용기능을 신뢰한 데 그 이유가 있다").

54) 정순섭, 금융환경변화와 자본시장규제에 관한 의견, 국회정무위원회, 자본시장과 금융투자업에 관한 법률 시행관련 공청회, 2008. 12. 4., 46면.

의 지급결제제도에 포함되는 것이므로 효율성 보다는 안전성이 더욱 강조되어야 한다. 결국 은행 이외의 금융회사가 지급결제업무를 수행할 경우에는 (ⅰ) 지급결제수단을 자본시장법상 투자자예탁금과 같이 지급결제업무를 수행하는 금융회사의 위험으로부터 완전히 분리되도록 구성하거나, (ⅱ) 지급결제업무를 수행하는 금융회사의 업무를 위험업무로부터 분리하는 두 가지 방안 중 하나를 강제할 수밖에 없다.

3. 금융투자업

[8-91] 금융투자업의 고유업무는 일반적으로 투자매매업과 투자중개업을 들 수 있다. 투자매매업은 증권과 파생상품을 구분해서 살펴보아야 한다. 장내증권과 장내파생상품의 경우 금융투자상품거래소가 개설한 증권시장이나 파생상품시장에서 회원으로서 매매할 수 있는 것을 의미하는 것으로 보아야 할 것이다. 장외파생상품의 경우에는 해당 거래의 매매당사자가 됨으로써 매도를 원하는 자에게는 매수의, 그리고 매수를 원하는 자에게는 매도의 기회를 제공하는 것을 말한다. 현행법상 파생상품에 관한 매매나 중개업무는 은행에도 허용되어 있다(은행 시행령 18조의2 2항 1호). 증권에 대해서도 종류에 따라 매매나 주선업무가 허용되어 있다(은행 시행령 18조의2 2항 2호－5호). 집합투자증권에 대해서는 투자매매업과 투자중개업이 허용되어 있다(은행 시행령 18조의2 2항 9호 · 10호). 집합투자업과 투자자문업, 투자일임업 그리고 신탁업도 범위의 차이는 있지만 은행 등의 겸영이 허용되고 있다(은행 시행령 18조의2 2항 6호－8호, 18호). 보험회사도 집합투자업, 투자자문업, 투자일임업, 신탁업, 집합투자증권에 대한 투자매매업과 투자중개업를 겸영할 수 있다(보험 시행령 16조 2항 1호－6호). 이와 같이 금융투자업 중 많은 업무가 이미 은행이나 보험회사가 수행할 수 있는 겸영업무로 허용되어 있다. 따라서 금융투자업자의 배타적 고유업무는 증권에 대한 투자중개업이라고 할 수 있을 것이다.

4. 보험업

[8-92] 보험계약의 체결 및 이행을 의미하는 보험상품의 제조는 보험업의 고유업무라고 할 수 있다. 그러나 범위에 차이가 있기는 하지만 보험상품판매는 은행의 보험대리점

업무, 금융투자업자의 보험대리점과 보험중개사업무 등의 형태로 허용되어 있다(은행 시행령 제18조의2 2항 14호; 자본 40조 1항 1호). 최근에는 빅테크를 포함한 새로운 참여자들이 비교추천 등의 형태로 실질적으로 보험상품판매에 진입하고 있는 상황이다.

Ⅲ. 겸영업무

1. 기본원칙

겸영업무는 다른 법령에서 진입규제의 대상으로 하고 있는 금융업무를 영위하 [8-93]
는 경우를 말한다. 은행법과 자본시장법 그리고 보험업법상 겸영업무의 구체적인 범위는 시행령으로 정하고 있다. 절차적으로는 은행법과 보험업법은 사전신고주의를, 그리고 자본시장법은 사후보고주의를 채택하고 있다. 현실적으로 겸영업무의 범위는 각 금융업종별 타협의 형태로 정해지는 경우가 많아 본래의 규제취지가 불명확해지고 있는 것도 부정할 수 없다.

2. 은행업

은행이 겸영업무를 운영하려는 경우에는 금융위에 신고해야 한다(은행 28조 2항). [8-94]
신고시점은 업무의 종류에 따라 겸영업무 중 ① 타 금융관련법령에서 인·허가 및 등록 등을 받아야 하는 업무는 관련 법령에 따라 인가·허가 및 등록 등을 신청할 때, ② 타 금융관련법령에서 은행이 운영할 수 있도록 한 업무와 ③ 기타 금융업무(비본질적 겸영업무)는 그 업무를 운영하려는 날의 7일 전까지 신고해야 한다. 겸영업무 신고를 하지 않은 자에게는 1억원 이하의 과태료를 부과한다(은행 69조 1항 1호).

금융위는 겸영업무 신고내용이 은행의 경영건전성을 해치는 경우, 예금자 등 은 [8-95]
행이용자 보호에 지장을 가져오는 경우 또는 금융시장 등의 안정성을 해치는 경우에 해당할 우려가 있는 때는 그 업무의 운영을 제한하거나 시정명령을 할 수 있다(은행 28조 3항, 27조의2 4항 1호-3호). 겸영업무에 관한 신고는 포괄주의의 취지를 고려하여 유연하게 운영되어야 한다.

3. 금융투자업

[8-96] 자본시장법은 투자자보호 및 건전한 거래질서를 해할 염려가 없는 한도에서 금융투자업자의 겸영업무를 허용한다. 이 경우 금융투자업자는 다른 법령에 따른 인허가를 요하는 경우(자본 40조 1항 1호)를 제외하고 겸영업무를 영위하고자 하는 때에는 그 업무를 영위하기 시작한 날부터 2주 이내에 이를 금융위에 보고해야 한다(자본 40조 1항 후단). 겸영업무 보고를 하지 않은 자에 대하여는 1억원 이하의 과태료를 부과한다(자본 449조 1항 19호). 2020. 5. 19. 개정 전 자본시장법은 은행법이나 보험업법과 같이 신고주의를 취하고 있었다.

[8-97] 금융위는 겸영업무 보고내용이 금융투자업자의 경영건전성을 저해하는 경우, 투자자 보호에 지장을 초래하는 경우, 금융시장의 안정성을 저해하는 경우에는 그 겸영업무의 영위를 제한하거나 시정할 것을 명할 수 있다(자본 40조 2항 1호−3호). 겸영업무에 관한 제한명령 또는 시정명령은 보고를 받은 날부터 30일 이내에 그 내용 및 사유가 구체적으로 기재된 문서로 해야 한다(자본 40조 3항). 금융위는 보고받은 겸영업무 및 제한명령 또는 시정명령을 한 겸영업무를 시행령으로 정하는 방법 및 절차에 따라 인터넷 홈페이지 등에 공고해야 한다(자본 40조 4항; 동 시행령 43조 7항, 44조).

[8-98] 자본시장법상 겸영업무규제에서 주의할 것은 겸영금융투자업자이다. 자본시장법은 금융투자업자의 겸영업무와 겸영가능한 금융투자업자의 범위에 관한 기본원칙을 제시하고 세부내용은 시행령에 위임하고 있다(자본 40조; 동 시행령 43조). 다만 겸영금융투자업자에 대해서는 자본시장법상 겸영업무규제가 적용되지 않고 해당 금융회사의 기관규제법률이 적용된다(자본 40조 전단).

4. 보험업

[8-99] 보험회사는 경영건전성을 해치거나 보험계약자 보호 및 건전한 거래질서를 해칠 우려가 없는 금융업무로서 금융관련법령에서 정하고 있는 금융업무로서 해당 법령에서 보험회사가 할 수 있도록 한 업무, 금융업으로서 해당 법령에 따라 인가 · 허가 · 등록 등이 필요한 금융업무, 그 밖에 보험회사의 경영건전성을 해치거나 보험계약자 보호 및 건전한 거래질서를 해칠 우려가 없다고 인정되는 금융업무를 겸영업무

로서 영위할 수 있다(보험 11조 전단 1호-3호). 겸영업무의 구체적인 범위는 시행령으로 정하고 있다(보험 11조 전단 1호-3호; 동 시행령 16조 1항-3항). 이 경우 보험회사는 금융관련법령에서 정하고 있는 금융업무로서 해당 법령에서 보험회사가 할 수 있도록 한 업무, 그 밖에 보험회사의 경영건전성을 해치거나 보험계약자 보호 및 건전한 거래질서를 해칠 우려가 없다고 인정되는 금융업무를 하려면 그 업무를 시작하려는 날의 7일 전까지 금융위에 신고해야 한다(보험 11조 후단). 보험회사가 신고하지 않고 겸영업무를 영위하는 경우에는 1억원 이하의 과태료를 부과한다(보험 209조 1항 1호). 보험회사가 신고하지 않고 겸영업무를 영위하는 경우에는 보험회사의 발기인·설립위원·이사·감사·검사인·청산인, 직무대행자(상 386조 2항, 407조 1항) 또는 지배인에 대하여 2천만원 이하의 과태료를 부과한다(보험 209조 6항 1호).

Ⅳ. 부수업무

1. 기본원칙

부수업무와 관련하여 부수성의 의미가 문제될 수 있다. 종래 실무는 부수업무는 금융회사의 고유업무와 직접 관련성을 갖출 것을 엄격하게 요구하는 경향이다.[55] 그리고 부수업무의 비중이 본업 자체를 형해화할 정도로 높아서는 곤란하다는 정도의 인식도 존재하였다. [8-100]

한편 금융규제법상 금융업자의 부수업무에 관한 규제는 사전신고주의나 사후보고주의로 전환했지만, 그 부수업무에 대한 별도의 규제법이 존재할 경우에는 그 규제를 준수해야 한다. 예컨대 금융투자업자는 부동산 매매 및 임대차의 중개업무를 신탁업에 부수되는 업무로 영위할 수 있지만, 「공인중개사의 업무 및 부동산 거래신고에 관한 법률」에 따른 중개사무소 개설등록을 해야 한다.[56] [8-101]

55) 금융위 금융혁신기획단, 금융회사의 핀테크 투자 가이드라인, 2019. 9., 6면.
56) 법제처 09-0242, 2009. 9. 4, 국토해양부 부동산산업과.

2. 은행업

[8-102] 은행이 부수업무를 운영하려는 경우에는 그 업무를 운영하려는 날의 7일 전까지 금융위에 신고해야 한다(은행 27조의2 2항 본문). 다만, 부수업무 중 법정부수업무는 신고 없이 운영할 수 있다(은행 27조의2 2항 단서). 은행이 부수업무 신고를 하는 경우에는 업무계획 및 예상손익서류 등을 첨부해야 한다(은행 27조의2 3항). 금융위는 부수업무의 신고내용이 은행의 경영건전성을 해치는 경우, 예금자 등 은행이용자의 보호에 지장을 가져오는 경우, 또는 금융시장 등의 안정성을 해치는 경우에는 그 부수업무의 운영을 제한하거나 시정할 것을 명할 수 있다(은행 27조의2 4항). 금융위는 신고받은 부수업무 및 제한 또는 시정명령을 한 부수업무를 인터넷 홈페이지 등에 공고해야 한다(은행 27조의2 5항).

3. 금융투자업

[8-103] 자본시장법은 금융투자업자의 부수업무 규제를 사후보고주의에 기초한 포괄주의로 전환하였다(자본 41조). 금융투자업자는 부수업무를 영위하기 시작한 날부터 2주 이내에 이를 금융위에 보고해야 한다(자본 41조 1항). 금융위는 당해 부수업무의 수행이 금융투자업자의 경영건전성을 저해하는 경우, 금융투자업의 영위에 따른 투자자 보호에 지장을 초래하는 경우 그리고 금융시장의 안정성을 저해하는 경우에 한하여 당해 업무의 수행을 제한하거나 시정을 명령할 수 있다(자본 41조 2항). 이러한 제한명령 또는 시정명령은 그 내용 및 사유가 구체적으로 기재된 문서로 해야 한다(자본 41조 3항). 금융위는 보고받은 부수업무 및 제한명령 또는 시정명령을 한 부수업무를 인터넷 홈페이지 등에 공고하여야 한다(자본 41조 4항).

4. 보험업

[8-104] 보험업법상 부수업무도 신고불요업무 또는 법정부수업무가 없는 것을 제외하고는 은행법과 동일하다(보험 11조의2). 금융위는 신고받은 부수업무 및 제한명령 또는 시정명령을 한 부수업무를 시행령으로 정하는 방법에 따라 인터넷 홈페이지 등에 공

고하여야 한다(보험 11조의2 5항). 이와 같이 공고된 다른 보험회사의 부수업무(제한명령 또는 시정명령을 받은 것은 제외)와 같은 부수업무를 하려는 경우에는 신고를 하지 않고 그 부수업무를 할 수 있다(보험 11조의2 1항 단서).

제 4 절 재무건전성규제

Ⅰ. 자기자본규제

1. 의 의

금융회사의 재무건전성규제는 자본건전성, 자산건전성, 유동성과 수익성을 기준 [8-105]
으로 이루어진다(은행 34조 2항; 자본 31조 1항; 보험 123조 1항). 예컨대 자본건전성규제는 자기자본비율규제를 통하여 이루어지는데 업종별로 접근방식은 다르다. 구체적인 비율은 은행법상 자기자본비율, 자본시장법상 순자본비율이나 영업용순자본비율, 그리고 보험업법상 지급여력비율과 같이 금융업종별로 각각의 특징을 고려한 자기자본규제가 적용되고 있다. 자산건전성규제는 금융회사가 보유하는 자산의 건전성을 정상, 요주의, 고정, 회수의문, 추정손실의 5단계로 분류하여 관리하는 체제를 취하고 있다.57)

재무건전성규제 기준으로서의 자기자본비율규제는 은행을 대상으로 1988년 최 [8-106]
초로 도입되었다. 이를 위한 핵심역할을 수행하는 것은 바젤은행감독위원회(Basle Committee on Banking Supervision, BCBS)이다. 일반적으로 국제결제은행(Bank for International Settlement, BIS)의 자기자본비율규제라고 표현하고 있다. 그러나 엄밀히 말하면 이 둘은 다른 기관이다. 그러나 은행법도 국제결제은행이라는 용어를 사용하고 있다(은행 2조 1항 5호, 34조 3항).

국제결제은행은 1930. 1. 20. 제1차 세계대전 이후 독일의 연합국에 대한 전쟁 [8-107]

---

57) 은행업감독규정 [별표 3] 자산건전성 분류기준; 금융투자업규정 [별표 7] 자산건전성 분류기준(제3-7조 제1항 관련); 보험업감독규정 [별표 13] 자산건전성분류기준(제7-3조 제4항 관련).

배상금의 추심과 분배를 위하여 설립되었다. 그 후 1974. 12. 국제적인 은행파탄에 따라 G10 국가의 중앙은행총재들이 설립한 바젤은행규제 및 감독관행위원회(Basel Committee on Banking Regulations and Supervisory Practices)가 1989. 명칭을 변경한 것이 오늘날의 바젤은행감독위원회이다. 이 바젤은행감독위원회가 1988. 7. 흔히 바젤 I 이라고 부르는 최초의 자기자본비율규제안(International Convergence of Capital Measurement and Capital Standards)을 권고하였다. 바젤 II 는 종합적인 자본규제제도로서 다음 3개의 축(3 Pillars)으로 구성된다. 첫째, 최저자기자본 규제(Pillar 1)은 현행 신용 · 시장리스크에 운영리스크를 추가하고, 신용리스크를 측정할 때 차주의 신용도에 따라 위험가중치를 차등화한다. 둘째, 감독기능 강화(Pillar 2)는 은행의 자본적정성과 리스크관리체계를 금융당국이 점검 · 평가하고 필요한 경우 적절한 감독조치를 취한다. 셋째, 시장규율 강화(Pillar 3)는 은행의 리스크수준과 자본적정성에 관한 정보를 시장에 공시하도록 의무화하는 것이다. 2008년 글로벌 금융위기 이후 바젤 III는 최소자본비율을 현행보다 2－4배 수준 강화하고, 최소 보통주자본비율 외에 Tier 1 최소자본비율을 규제하며, 미래의 위기 발생 가능성에 대비하기 위하여 보통주자본을 추가 확보하여야 하는 손실완충자본제도를 도입하였다. 이하 자본건전성규제를 은행의 자기자본비율, 금융투자업자의 순자본비율, 보험회사의 지급여력비율로 나누어 설명한다.

2. 은 행

가. 의 의

[8-108] 은행의 자기자본규제는 타인자본을 조달하여 과도하게 자산을 확대함에 따른 위험을 적정한 수준으로 통제하기 위하여 도입된 것이다. 이러한 규제목적을 달성하기 위하여는 금융회사가 보유해야 할 적정수준의 자기자본을 정하는 것이 관건이 된다. 이러한 적정자기자본은 자산에 대한 비율로 결정되고 있다. 그래서 자기자본비율규제라고 한다. 이를 정하기 위하여 자기자본보유에 따른 손실흡수능력과 기회비용 등을 종합적으로 고려하고 있다. 이와 같이 결정된 적정자기자본비율은 금융회사의 재무건전성 규제를 위한 통일적인 기준을 제시하게 된다. 또한 자기자본비율은 적기시정조치의 발동을 위한 정량기준으로서 적용된다. 자기자본비율규제는 적정자기자

본비율과 그 산출을 위한 일정한 규제모델을 제시함으로써 금융회사가 스스로 그 준수방법을 결정할 수 있게 하는 의미도 있다.

나. 은행법상 법적 구속력

바젤은행감독위원회의 자기자본규제안은 권고사항이다. 따라서 각국에서 직접 [8-109] 법적 구속력을 가지지는 못하며 국내법을 통한 수용이 필요하다. 은행법은 자기자본을 국제결제은행의 기준에 따른 기본자본과 보완자본의 합계액이라고 정의하고 있다(은행 2조 1항 5호). 또한 금융위가 경영지도기준을 정할 때에는 국제결제은행이 권고하는 은행의 건전성 감독에 관한 원칙을 충분히 반영하여야 한다고 하여 법적 구속력을 인정할 수 있는 근거를 두고 있다(은행 34조 3항). 국제적으로 통일적인 규제를 마련할 때 사용되는 방법 중의 하나인 연성법(soft law)이라고 할 수 있다.

현행법상 자기자본비율은 위험가중자산에 대한 자기자본의 비율로서 연결기준 [8-110] 으로 산출되며, 총자본비율 8%, 기본자본비율 6%, 보통주자본비율 4.5% 이상을 요구하고 있다(은행 34조 2항; 동 시행령 20조; 동 감독규정 26조 1항 1호). 여기에 자본보전완충자본(2.5%) 및 경기대응 완충자본(최대 2.5%)을 추가적으로 부과할 수 있다(은행 감독규정 <별표 2-10>, 26조의3 2항 본문). 자본보전완충자본은 은행의 손실흡수능력을 높이기 위해 추가적으로 유지해야 하는 자본(은행 감독규정 26조 4항), 경기대응완충자본은 신용공급에 따른 경기변동이 금융시스템 및 실물경제에 미치는 효과를 고려하여 은행에 적립을 요구하는 추가적인 자본(은행 감독규정 26조의3 1항)을 말한다. 금융체계상 중요한 은행에 대해서는 1%의 추가자본을 부과할 수 있다. 금융위는 매년 은행의 규모, 다른 금융회사와의 연계성 등 국내 금융시스템에 미치는 영향력을 말하는 금융체계상 중요도를 고려하여 금융체계상 중요한 은행을 선정하여야 한다(은행 감독규정 26조의2 1항 전단).

여기서 자기자본비율은 자기자본을 분자로, 그리고 위험가중자산을 분모로 하 [8-111] 여 백분율로 환산한 비율이 일정 비율 이상일 것을 요구하는 방식으로 계산된다. 여기서 분모인 자산도 단순총자산이 아니라 자산별로 정해져 있는 위험가중치를 곱한 위험가중자산(risk-weighted asset)이다. 자기자본비율을 높이기 위해서는 분자인 자기자본을 늘리거나 분모인 자산을 줄이는 방법이 적용될 수 있다. 그리고 자기자본은 보통주 등 기본자본(tier 1)과 후순위채 등 보완자본(tier 2)으로 구성된다(은행 2조 1항

5호). 자기자본을 늘리는 방법으로 신주발행을 통한 증자가 항상 가능한 것은 아니므로 기본자본이나 보완자본으로 신종자본증권이나 후순위채 등을 허용하고 있다(은행 2조 2항; 동 시행령 1조의2; 동 감독규정 <별표 1> 보통주자본, 기타기본자본, 보완자본 및 공제항목의 범위). 각국의 회계제도의 차이로 인하여 동일한 수준의 자기자본비율규제가 이루어질 경우 국가별로 유불리가 있을 수 있다는 의견도 초기에는 제기되었다.[58] 신종자본증권이나 후순위채를 자본으로 인정하기 위해서는 그 요건으로 규정되어 있는 후순위약정의 법적 효력 등이 인정되어야 한다.[59]

3. 금융투자업자

[8-112] 금융투자업자의 자본비율은 금융투자업자가 위험수준과 비교하여 어느 정도의 자본을 보유하고 있는지를 확인하는 지표이다. 영업용순자본비율은 총위험액에 대한 영업용순자본의 비율을 백분율(%)로 표시한 수치를 말한다(금융투자업규정 3-6조 5호). 금융투자업자는 영업용순자본비율을 100% 이상 유지하여야 한다(자본 30조 1항). 영업용순자본은 [자본금 · 준비금, 그 밖에 시행규칙으로 정하는 금액]에서 [고정자산, 그 밖에 단기간 내에 유동화가 어려운 자산으로서 시행규칙으로 정하는 자산을 뺀 금액]을 말한다. 그리고 총위험액은 금융투자업자의 자산 및 부채에 내재하거나 업무에 수반되는 위험을 금액으로 환산하여 합계한 금액을 말한다. 한편 순자본비율은 필요유지자기자본에 대한 순자본의 비율을 백분율(%)로 표시한 수치를 말한다(금융투자업규정 3-6조 3호). 순자본은 영업용순자본에서 총위험액을 차감한 금액을, 그리고 필요유지자기자본은 인가업무 또는 등록업무 단위별로 요구되는 유지의무의 대상인 자기자본(법정최저자기자본의 70%)을 합계한 금액을 말한다(금융투자업규정 3-6조 1호 · 2호). 자본시장법상 금융투자업자에 대해서는 금융투자업규정에서 정하는 금융투자업자의 종류별로 순자본비율이나 영업용순자본비율이 적용된다.

---

58) Hal S. Scott and Shinsaku Iwahara, In Search of a Level Playing Field: The Implementation of the Basle Capital Accord in Japan and the United States, Group of Thirty, 1994.

59) 정순섭, "조건부자본증권에 대한 법적 연구", 상사법연구 제30권 제3호, 2011, 9-45면; 정순섭, "후순위약정의 법적 문제", BFL 제35호, 2009, 39-48면.

4. 보험회사

보험업법은 보험회사의 재무건전성기준으로 지급여력비율을 적용하고 있다(보험 시행령 65조 1항 1호－3호). 지급여력비율은 보험가입자에게 요구되는 보험금을 지급할 수 있는 능력을 확인하는 지표이다. 지급여력 100%는 모든 보험가입자에 대해 보험금을 한 번에 지급할 수 있다는 의미이다. 지급여력비율은 지급여력금액을 지급여력기준금액으로 나눈 비율을 말한다. 지급여력금액은 자본금, 이익잉여금, 후순위차입금, 그 밖에 이에 준하는 것으로서 금융위가 정하여 고시하는 금액을 합산한 금액에서 영업권, 그 밖에 이에 준하는 것으로서 금융위가 정하여 고시하는 금액을 뺀 금액을 말한다. 그리고 지급여력기준금액은 보험업을 경영함에 따라 발생할 수 있는 손실위험을 금융위가 고시하는 방법에 따라 금액으로 환산한 것을 말한다. 현재 보험회사는 지급여력비율을 100% 이상 유지해야 한다(보험 시행령 65조 2항 1호). [8-113]

Ⅱ. 여신한도규제

여신한도규제는 신용위험의 집중을 방지하는 것으로서 건전성확보를 목적으로 한다. 그런 관점에서 재무건전성규제의 하나라고 볼 수 있다. 상세한 내용은 아래에서 살펴본다([11－17]－[11－22]). [8-114]

Ⅲ. 자산운용규제

1. 의의와 취지

은행과 금융투자업자 그리고 보험회사는 기본적인 위험－수익구조가 다르기 때문에 자산운용규제도 다를 수밖에 없다. 은행은 엄격한 건전성규제의 대상으로서 그에 상응하는 자산운용규제를 받게 된다. 은행의 자산운용에는 금산분리규제의 취지도 반영될 수밖에 없다. 보험회사는 자산운용을 본질적 기능으로 하므로 집합투자업자와 동일한 방법론에 기초한 자산운용규제를 받게 된다. 이에 비하여 금융투자업자 [8-115]

는 은행이나 보험회사에 비하여 상대적으로 유연한 자산운용규제의 대상이 된다. 그러나 대주주와의 거래제한 등에 대해서는 은행, 금융투자업자, 보험회사 모두 동일한 방법론에 기초한 규제의 대상이 되고 있다. 이하 은행과 보험회사의 자산운용규제를 설명한다. 대주주와의 거래제한에 대해서는 아래 제5절 기타 경영건전성규제에서 살펴본다.

2. 은 행

[8-116] 은행법상 은행에 대해서는 대주주와의 부당거래나 재무건전성관점에서의 일부 규제를 제외하고는 구체적 · 개별적인 자산운용규제를 두고 있지 않다. 은행법상 자산운용규제 중 특이한 것은 대주인 은행의 주식을 담보로 하는 대출의 제한이다. 이는 직접 · 간접을 불문하고 해당 은행의 주식을 담보로 하는 대출을 금지하는 것이다(은행 38조 4호). 여기서 직접 · 간접을 불문하고는 명의를 불문하고 은행의 계산으로 이루어지는 대출을 금지한다는 것이다.[60] 이를 금지하는 것은 은행이 담보를 취득하는 것은 채무자가 파탄한 경우에 대비하기 위한 것인데 은행이 파탄할 경우 그러한 효과를 기대할 수 없기 때문이다. 궁극적으로 은행의 재무적 건전성을 침해할 수 있는 행위로 본 것이다. 이러한 규제는 은행의 자기주식취득과 비교해 볼 필요가 있다. 경제적 효과는 매우 유사하지만 은행의 자기주식 취득은 특별한 제한 없이 허용된다. 다만 그렇게 취득한 자기주식은 실질적으로 은행의 자본충실에 기여하지 않는 것으로서 기본자본 및 보완자본에서 제외한다(은행 2조 2항; 동 시행령 1조의2 3호; 동 감독규정 <별표1>).

[8-117] 비슷한 취지에서 직접 · 간접을 불문하고 해당 은행의 주식에 대한 매입자금 대출도 금지된다(은행 38조 5호). 여기서 직접 · 간접을 불문하고도 명의를 불문하고 은행의 계산으로 이루어지는 대출을 금지한다는 뜻이다. 이 역시 은행주식담보대출과 마찬가지로 채무자가 상환하지 못할 경우 자본금을 환급하는 것과 유사한 효과가 발생하는 것을 우려한 것이다. 자본시장법상 시세조종의 수단이 될 수도 있다. 따라서 상법상 자기주식취득과 비교해 볼 필요가 있다. 상법상 자기주식의 취득 제한은 자기의 명의와 계산으로 하는 경우를 대상으로 한다(상 341조 1항 본문). 따라서 회사

60) 정순섭, 은행, 218면.

가 자금을 제공해도 제3자의 계산에 의한 주식취득은 상법상 자기주식취득의 제한의 대상이 되지 않는다. 그러나 대출을 업으로 하는 은행의 경우에는 이를 금지하는 것이다.

그러나 현재 대부분의 은행이 비상장회사인 상황에서는 은행이 상장회사인 소속 금융지주회사의 주식을 담보로 대출하거나 그 주식의 취득을 위한 자금을 대출하는 경우가 주로 문제될 것이다. 이러한 행위도 금지할 것인가? 은행주식담보대출의 금지 이유인 은행파탄 시의 담보로서의 효과나 은행주식매입자금대출을 제한하는 근거인 은행의 자본금 환급 효과나 시세조종가능성과 금융지주회사와 그 계열은행의 연결재무구조 등을 고려하면 동일한 취지의 제한이 필요한 것으로 본다. [8-118]

3. 보험회사

자산운용에 관하여 가장 엄격한 규제가 적용되는 것은 보험회사이다. 보험회사의 본질적 기능이 보험상품의 판매인지 보험료를 통하여 조성한 기금의 운용인지에 대해서는 다양한 견해가 있을 수 있다. 그러나 보험회사의 본질적 기능은 보험상품의 제조와 지급여력의 확보를 가능하게 하는 자산운용에 있다고 보는 것이 옳을 것이다. 이러한 특징을 반영하여 보험회사는 매우 엄격한 자산운용규제의 대상이 되고 있다. 보험업법은 먼저 자산운용의 원칙으로 안정성 · 유동성 · 수익성 및 공익성을 제시하면서, 보험회사에 대하여 자산운용에 관하여 선량한 관리자의 주의의무를 부과하고 있다(보험 104조 1항 · 2항). 그리고 자산유형별로 구체적인 금지 또는 제한행위와 비율규제를 적용하고 있다(보험 105조－108조). 이러한 엄격한 자산운용규제를 유지하는 것이 옳은 것인지에 대해서는 논란이 있을 수 있다. 그러나 보험회사도 은행이나 금융투자업자와 마찬가지로 지급여력비율을 포함한 엄격한 재무건전성규제의 대상이 되고 있으므로 구체적 · 개별적인 자산운용방법규제는 완화하는 것이 옳을 것으로 본다. [8-119]

제 5 절 기타 경영건전성규제

Ⅰ. 경영공시

1. 의 의

[8-120] 은행 등 금융회사는 정기적으로 금융당국에 업무보고서를 제출하고, 재무제표 등을 공고해야 한다(은행 43조의3; 자본 33조; 보험 124조). 이러한 경영공시는 건전성규제의 관점에서 금융소비자들에게 금융회사의 경영상황에 관한 정보를 공시하게 하는 것이다. 투자자들에 대한 투자정보의 제공을 목적으로 하는 자본시장법상 상장회사의 사업보고서 등의 공시제도와는 그 취지를 달리한다. 상장회사인 금융회사는 금융규제법상 경영공시와 자본시장법상 유통공시를 모두 이행해야 한다.

[8-121] 주의할 것은 은행법에서 은행정보의 공개를 거부할 수 있는 근거를 두고 있는 점이다. 은행은 상법상 회계장부와 서류의 열람 또는 등사의 청구가 있는 경우(상 466조 1항)에도 은행이용자의 권익을 심하게 해칠 염려가 있을 때에는 그 청구를 거부할 수 있다(은행 43조). 이는 주주의 권리를 침해한다고 볼 것은 아니고, 은행이용자의 정보를 보호한다는 관점에서 설명되어야 한다.

2. 금융회사의 회계[61)]

[8-122] 금융회사의 회계는 첫째, 금융감독의 관점에서 건전성규제와 중앙은행의 통화신용정책 수행을 위한 기본자료가 되는 점, 둘째, 금융회사의 관점에서는 순수한 회계목적 외에 금융사고의 예방 및 내부통제의 확보수단으로 이용되는 점, 셋째, 금융소비자의 관점에서 금융회사의 지급능력을 포함한 금융회사 선택을 위한 평가자료가 되는 점에서 엄격한 금융규제의 대상이 되고 있다.[62)] 따라서 금융회사의 회계는 일반적인 회계목적은 물론 금융규제와 중앙은행기능 수행을 위한 필수제도로 기능

---

61) 전국은행연합회, 『은행회계해설(상)』, 2018; 금감원 · 금융투자협회, 『금융투자회사 회계처리 해설서』, 2011. 3.; 금감원 · 생명보험협회 · 손해보험협회, 『보험회계해설서－한국채택국제회계기준 제1117호 보험계약 반영－』, 2022. 11.

62) 전국은행연합회, 위의 자료, 535면.

하고 있다.

금융회사의 회계에 대해서는 상법, 외감법 등 일반회계법률이 적용된다. 원칙적 으로 외감법상 한국채택국제회계기준(13조 1항 1호)을 적용하여 재무제표를 작성한다(은행 감독규정 32조; 자본 32조 1항 3호; 보험 107조 1항 2호). 그러나 동 회계기준에서 규정하지 않은 회계처리에 대해서는 금감원장이 정한다(은행 감독규정 32조; 금융투자업규정 3-1조; 보험 감독규정 6-1조). [8-123]

금융회사 경영의 상호비교를 가능하게 하는 점에서 금융회사의 결산일도 중요하다. 은행과 보험회사의 결산일은 12월 31일(은행 41조 3항 본문, 보험 118조 1항; 동 시행령 61조). 금융투자업자는 정관으로 정한다(자본 시행규칙 6조 1항). 실무상 12월 31일과 3월 31일 중 선택할 수 있다. 다만, 은행의 경우 금융위는 결산일의 변경을 지시할 수 있으며, 은행은 금융위 승인을 받아 결산일을 변경할 수 있다(은행 41조 3항 단서). 일부 외국은행은 본국은행의 결산일에 맞추기 위해 결산일을 변경하고 있다. [8-124]

Ⅱ. 대주주와의 거래제한

1. 의의와 취지

금융회사의 대주주와의 거래는 이해상충은 물론 금융회사의 재무건전성유지를 위하여 일정한 질적 규제를 하고 있다. 그 내용은 대주주가 발행한 증권의 보유나 대주주와의 불리한 거래를 규제하는 것이다. 대주주가 발행한 지분증권의 보유한도규제는 그 취지 자체가 명확하므로 특별히 설명할 필요는 없다(은행 35조의3; 자본 34조 1항; 보험 111조 2항, 3항 2호). 여기서 대주주는 특수관계인도 포함한다. [8-125]

대주주와의 거래제한 규정은 대주주에 대한 신용공여나 증권보유한도 등, 대주주의 부당한 영향력 행사의 금지, 그리고 대주주에 대한 자료제출요구 등의 세 가지로 구성된다(은행 35조의2 · 35조의4 · 35조의5; 자본 34조 · 35조 · 36조; 보험 111조 · 112조). [8-126]

대주주와의 거래제한은 첫째, 금융회사의 주주나 금융소비자의 이익과 대주주의 이익이 충돌하는 이해상충가능성, 둘째, 대주주와의 불리한 거래에 따른 금융회사의 재무건전성 침해 가능성, 셋째, 대주주에 대한 집중위험을 방지하는 데 목적이 있다. [8-127]

대주주와의 부당한 거래에 따른 이해상충방지뿐만 아니라 금융회사의 재무건전성유지에 목적이 있는 것이다. 이하 대주주와의 불리한 거래제한을 중심으로 설명한다.

2. 범 위

[8-128] 구체적으로 금지되는 대주주와의 거래유형은 업종별로 차이가 있다. 연혁적으로는 몰라도 현단계에서 동일한 취지의 규제로서 업종별로 차이를 두어야 할 합리적인 근거는 찾기 어렵다. 특히 적용요건으로서 신용공여와 자산 또는 거래와 같은 개념을 각각 사용하고 있는 데 그 범위를 달리해야 할 이유는 없다. 대주주와의 거래제한에 관한 한 신용공여의 개념은 거의 유사하게 정의되어 있다([11-8]-[11-10]). 자산 또는 거래에 대해서는 가장 포괄적인 규제를 두고 있는 자본시장법에 따라 입법적으로 정비하는 것이 옳을 것이다.

[8-129] 은행법은 은행의 개별 대주주와 전체 대주주에 대한 신용공여한도를 규제하면서 이를 회피하기 위한 목적으로 다른 은행과 교차하여 하는 신용공여를 금지하고 있다(은행 35조의2 1항-3항). 또한 은행은 그 은행의 대주주의 다른 회사에 대한 출자를 지원하기 위한 신용공여를 할 수 없다(은행 35조의2 7항). 그리고 은행은 그 은행의 대주주에게 자산을 무상으로 양도하거나 통상의 거래조건에 비추어 그 은행에게 현저하게 불리한 조건으로 매매 또는 교환하거나 신용공여를 해서는 안 된다(은행 35조의2 8항).

[8-130] 자본시장법상 금융투자업자는 일정한 예외적인 경우를 제외하고 대주주에 대하여 신용공여를 해서는 안 되며, 대주주는 그 금융투자업자로부터 신용공여를 받아서는 안 된다(자본 34조 2항 본문). 또한 대주주와 거래를 할 때 그 외의 자를 상대방으로 하여 거래하는 경우와 비교하여 해당 금융투자업자에게 불리한 조건으로 거래를 하는 행위, 대주주나 특수관계인 발행 증권보유제한(자본 34조 1항 1호 · 2호) 또는 대주주와의 불리한 거래제한(자본 시행령 37조 4항 1호)을 회피할 목적으로 하는 제3자와의 계약이나 담합 등에 의하여 서로 교차하는 방법으로 하는 거래행위나 장외파생상품거래, 신탁계약, 연계거래 등을 이용하는 행위도 금지된다(자본 34조 1항 3호; 동 시행령 37조 4항).

[8-131] 보험업법상 보험회사는 직접 또는 간접으로 그 보험회사의 대주주와 대주주가 다른 회사에 출자하는 것을 지원하기 위한 신용공여나 자산을 시행령으로 정하는 바

에 따라 무상으로 양도하거나 일반적인 거래 조건에 비추어 해당 보험회사에 뚜렷하게 불리한 조건으로 자산에 대하여 매매 · 교환 · 신용공여 또는 재보험계약을 하는 행위를 해서는 아니 된다(보험 111조 1항 1호 · 2호). 보험회사는 직접 또는 간접으로 그 보험회사의 대주주와 증권, 부동산, 무체재산권 등 경제적 가치가 있는 유형 · 무형의 자산을 무상으로 제공하는 행위, 대상자산을 정상가격(일반적인 거래에서 적용되거나 적용될 것으로 판단되는 가격)에 비하여 뚜렷하게 낮거나 높은 가격으로 매매하는 행위, 대상자산을 정상가격에 비하여 뚜렷하게 낮은 가격의 자산과 교환하는 행위, 정상가격에 비하여 뚜렷하게 낮은 가격의 자산을 대가로 신용공여를 하는 행위, 정상가격에 비하여 뚜렷하게 낮거나 높은 보험료를 지급받거나 지급하고 재보험계약을 체결하는 행위를 금지유형으로 규정하고 있다(보험 111조 1항 2호; 동 시행령 57조 1항 1호－5호).

3. 사 례

가. 부당한 신용공여나 자산매매

먼저 대주주와의 거래제한의 적용과 관련하여 부당한 신용공여와 자산매매의 [8-132]
구분이 문제된 사례가 있다. 대상행위는 대주주 소유의 개발회사 골프장회원권을 선매수한 것이다. 대법원은 행위유형의 구체적 차이를 기준으로 양자를 구별하고 골프장회원권의 선매수는 자산의 매매에 해당한다고 판단하였다(대법원 2015. 10. 29. 선고 2013두23935 판결).

다음으로 현저하게 불리한 경우의 의미와 관련하여 대법원은 “보험회사의 대주 [8-133]
주에 대한 일정한 자산거래와 신용공여를 규제함으로써 보험회사 보유 자산의 부실을 사전에 엄격하게 방지하고자 하는 취지를 고려할 때 실제 보험회사의 부실과 같은 위험의 발생을 요하는 것은 아니라고 판단하였다(대법원 2015. 10. 29. 선고 2013두23935 판결).

참고 **불리한 신용공여와 자산매매의 구분(대법원 2015. 10. 29. 선고 2013두23935 판결)**

“보험회사가 대주주와 현저하게 불리한 조건으로 자산을 매매하는 행위와 보험회사가 현저하게 불리한 조건으로 대주주에게 신용을 공여하는 행위는 개념상 서로 구별되고, 여기에서 ‘신용공여’는 금융거래상의 신용위험을 수반하는 거래를 개념적 표지로 하는 것으로서 거래 상대방의 장래의 지급능력에 따라 상환이 지급불능에 빠질 위험이 있거나 그와 실질적으로 동일한 위험을 수반하는 금융상의 거래를 의미하므로, 상대방에게 지원·교부된 자금이 특정한 상품 또는 용역의 거래를 전제로 하여 그와 대가관계에 있는 것임이 인정되는 때에는 자산을 매매하는 행위로 볼 수 있다. 따라서 설령 대가의 지급조건이 상대방으로부터 이행의 제공이 불확실한 상태에서 위험에 관한 적정한 담보 없이 이를 선이행하는등 통상적인 거래 관행에 비추어 보험회사에 현저히 불리하더라도, 이는 보험업법 제111조제1항제2호에 의하여 금지되는 자산 매매 행위이며, 이를 가리켜 신용공여를 하는 행위에 해당한다고 볼 수 없다"고 판단하였다.

참고 현저하게 불리한 경우의 의미(대법원 2015. 10. 29. 선고 2013두23935 판결)

"보험회사의 대주주에 대한 일정한 자산거래와 신용공여를 규제함으로써 보험회사 보유자산의 부실을 사전에 엄격하게 방지하고자 하는 구보험업법(2010. 7. 23. 법률 제10394호로 개정되기 전의 것, 이하 '보험업법'이라고 한다) 제111조제1항제2호의 입법 취지를 고려할 때, 자산거래나 신용공여의 거래조건이 보험회사에 객관적으로 현저하게 불리한 경우에는 특별한 사정이 없는 한 보험업법 제111조제1항제2호에 해당하고, 반드시 해당 거래로 인해 보험회사의 자산운용의 안정성 · 수익성 등에 악영향을 미치고 그로 인하여 보험금 지급능력을 저하시키는 등으로 보험계약자 등의 권리나 이익을 현저하게 해치는 정도에 이르러야만 위 규정에 해당한다고 볼 것은 아니다."

나. 자산의 무상양도

[8-134] 은행법상 자산의 무상양도(35조의2 8항)와 관련하여 은행이 대주주인 금융지주회사가 설립한 학교에 기부할 수 있는지 여부가 문제된 사례가 있다. 대주주가 설립한 학교는 대주주가 설립한 비영리법인인 특수관계인으로서 대주주와의 거래제한의 대상이 되었다(구 은행법시행령 1조의4 1항 2호).[63] 그 후 시행령 개정으로 상속세 및 증여세법상 공익법인등은 특수관계인에서 제외하여 현재는 은행법상 자산의 무상양도 규제의 적용을 받지 않는다(은행 시행령 20조의7 8항; 보험 시행령 57조 2항). 그러나 대주주가 사익목적으로 공익법인에 무상양여를 위한 영향력 행사는 금지된다(은행 시행령 20조의9 2호; 보험 시행령 57조 5항 2호).

다. 자산의 매매와 거래의 구분

[8-135] 자산의 매매와 거래의 구분도 쉽지 않은 문제이다. 증권회사나 보험회사가 대주주의 특수관계인으로부터 김치나 와인을 시가보다 높은 가격으로 매입한 경우는 자

63) 연합뉴스, 외환은행 하나고 250억원 출연 '백지화', 2012. 12. 6.

본시장법상 "대주주와 거래를 할 때 그 외의 자를 상대방으로 하여 거래하는 경우와 비교하여 해당 금융투자업자에게 불리한 조건으로 거래를 하는 행위"나 보험업법상 "대상자산을 정상가격(일반적인 거래에서 적용되거나 적용될 것으로 판단되는 가격)에 비하여 뚜렷하게 낮거나 높은 가격으로 매매하는 행위"에 해당하는 것을 매우 쉽게 인정할 수 있다. 그러나 보험회사가 계열사와 시가보다 높은 가격으로 전산용역계약을 체결한 것을 "자산을 정상가격(일반적인 거래에서 적용되거나 적용될 것으로 판단되는 가격)에 비하여 뚜렷하게 낮거나 높은 가격으로 매매하는 행위"라고 할 수 있는가? 역시 자본시장법상 "대주주와 거래를 할 때 그 외의 자를 상대방으로 하여 거래하는 경우와 비교하여 해당 금융투자업자에게 불리한 조건으로 거래를 하는 행위"에는 해당할 수 있을 것이다.

라. 불리한 조건의 거래

대주주가 설립한 학교에 금융투자업자의 건전성을 침해할 정도의 기부를 하는 [8-136]
것을 "대주주와 거래를 할 때 그 외의 자를 상대방으로 하여 거래하는 경우와 비교하여 해당 금융투자업자에게 불리한 조건으로 거래를 하는 행위"라고 하기는 어려울 것이다. 은행이나 보험회사의 자산의 무상양도를 제한하는 것은 건전성규제를 위한 것이다. 따라서 은행이나 보험회사의 건전성을 침해하지 않는 한 법령이나 정관으로 정한 목적에 반하지 않는 한 그리고 이사의 의무에 위반하지 않는 범위에서 충분히 가능한 것으로 보는 것이 옳을 것이다. 위에서 본 사례는 이를 매우 엄격하게 해석하였던 것으로 생각된다. 자산의 매매로는 규제할 수 없는 다양한 행위유형을 고려할 때 자본시장법의 예에 따라서 대주주 외의 자를 상대방으로 하여 거래하는 경우와 비교하여 해당 금융회사에게 불리한 조건으로 거래를 하는 행위를 금지하면 충분할 것으로 생각된다. 금융회사의 기부행위에 대해서는 회사법과 금융규제의 역할을 깊이 생각해 볼 문제이다.

CHAPTER

09 영업행위규제

제 1 절 서 언

[9-1] 금융회사가 금융소비자와 금융거래를 할 때 준수해야 할 규칙은 매우 다양하다. 영업행위규칙을 영국법을 모델로 체계적으로 정비한 것은 자본시장법이 최초이다. 자본시장법은 공통영업행위규칙으로 신의성실의무 등을 규정하고 투자매매업 등 업무별로 개별영업행위규제를 두는 구조이다. 그 중에서 특히 중요한 것은 금융소비자와의 관계에서 적용되는 금융상품판매규칙이다. 현재 금융상품판매에 적용되는 영업행위규칙은 일부 세부적인 사항을 제외하고는 금융소비자법에 규정되어 있다. 이 장에서는 첫째, 금융회사의 영업행위규제에 관한 기본구조를 정리하고, 둘째, 공통규칙과 개별규칙을 살펴본 후, 셋째, 금융소비자법상 금융상품판매규칙을 설명한다.

제 2 절 의의와 구조

[9-2] 우리나라에서 금융법상 영업행위규제를 대표하는 금융상품판매규제의 발전과정은 3단계로 구분할 수 있다. 이러한 발전과정을 가장 정확하게 볼 수 있는 것은 증권이나 파생상품과 같은 금융투자상품을 대상으로 한 규제이다. 금융투자상품의 경우에는 상품 자체의 구조와 위험을 중심으로 적합성원칙과 설명의무가 비교적 일찍부터 인정되어 왔다. 전형적인 안전상품으로 인식되어 왔고 예금보험제도를 통하여 특

별한 보호를 받아 온 예금에 대해서는 이러한 관점에서의 영업행위규칙은 크게 문제되지 않았다. 보험상품의 경우에는 오히려 보험계약자는 상법상 고지의무(상 651조 · 655조)의 주체였을뿐, 금융투자상품에 대한 것과 같은 영업행위규칙은 역시 주목의 대상이 되지 못하였다. 대출에 대해서는 금융회사에 의한 상환능력심사를 통한 금융회사의 위험관리의 문제로 인식했지, 차입자의 상환능력을 고려한 과잉대출방지는 역시 관심의 대상이 되지 못하였다. 물론 약관법상 설명의무(3조 3항)는 일찍부터 적용되었다. 이러한 전형적인 금융상품에 파생상품이 결합되면서 상황은 완전히 변화되었다. 파생결합예금이나 변액보험은 전통적인 예금이나 보험과 위험수익구조가 근본적으로 달라지게 되었기 때문이다. 2008년 글로벌 금융위기를 계기로 약탈적 대출에 대한 규제필요성이 높아지면서 대출에 대한 금융상품판매규제의 적용이 널리 인정되기 시작했다.

금융상품판매에 관한 영업행위규칙은 제1단계로 대등한 당사자 사이의 사적 계 [9-3]
약을 전제로 제도가 구축되기 시작하였다. 합리적인 금융소비자를 전제로 정보의 비대칭성을 교정하기 위한 수단으로 전통적인 공시규제를 부과하여 금융소비자가 스스로 판단하고 결과를 책임지는 자기책임의 원칙이 적용되는 단계이다. 제2단계는 금융상품의 다양화와 복잡화에 따라 충분한 정보가 제공되어도 비합리적 선택을 하는 금융소비자의 존재를 인정하는 행동경제학적 연구성과에 따라 금융회사의 보호의무가 강화되는 과정이다. 자본시장법에서 전통적으로 대법원에서 일반사법상 보호의무를 근거로 인정되어 왔던 적합성원칙과 설명의무 등을 인정하고, 은행법상 은행의 은행이용자에 대한 정보제공의무와 보험상품에 대한 설명의무가 인정된 것도 같은 발상에 따른 것이다. 이러한 판매규칙들은 지금은 모두 금융소비자법으로 이관되었다. 제3단계는 특히 2008년 글로벌 금융위기 이후 그동안의 금융상품판매관행에 대한 반성적 고려에서 금융상품의 위험등급표시제도와 상품개입제도를 반영한 판매 이전의 제조단계부터의 조기개입적인 규제가 나타나고 있다. 엄격한 의미에서 금융상품 제조단계의 개입은 아니지만, 금융소비자법은 위험등급표시제를 설명의무의 일부로 도입하고 금융위의 판매제한명령제도를 규정하고 있다.

최근에는 여기서 더 나아가 금융소비자가 의도하는 결과를 고려하여 금융상품을 [9-4]
판매할 의무를 부과하는 단계까지 발전하고 있다. 영국에서의 소비자의무(consumer duty)는 소매고객에게 좋은 결과(good outcomes)를 제공하기 위해 행위할 것을 요구하는 원칙이다.[64] 이러한 결과는 상품과 서비스, 가격과 가치, 소비자이해, 소비자지원을 말한다. 소비자의무는 금융회사에게 취약점을 가진 자를 포함한 소비자의 수요, 특징, 목적 그리고 고객으로서의 모든 과정에서의 행동방식을 고려할 것을 요구한다. 소비자결과를 제공할 뿐만 아니라 금융회사는 그러한 결과가 충족되었는지도 이해하고 증명할 필요가 있다는 것이다. 우리나라에서도 금융규제법상 영업행위규제 특히 금융상품판매규제를 설계하고 해석할 때 고려되어야 할 중요한 변화라고 생각한다.

제 3 절 영업행위규제의 설계

Ⅰ. 의의와 구조

[9-5] 자본시장법은 금융투자업자가 투자자와의 영업에서 준수해야 할 규칙을 공통영업행위규칙과 금융투자업자별 영업행위규칙으로 나누어 규정하고 있다. 전자는 신의성실의무 등 모든 영업에서 준수해야 할 일반적인 원칙을 말한다. 후자는 투자매매업자와 투자중개업자, 집합투자업자, 투자자문업자와 투자일임업자, 신탁업자, 온라인소액투자중개업자로 나누어 각 업자별로 준수해야 할 행위규칙을 규정한 것이다. 은행법도 약관의 변경 등(52조), 금융거래상 중요 정보 제공(52조의2)과 같은 영업행위규칙을 정하고 있지만 자본시장법과는 규제의 포괄성에서 차이가 있다. 보험업법도 약관심사(보험 127조 2항, 127조의2; 194조 3항; 동 시행령 100조 1항, [별표 8] 31호－33호)와 설명의무를 포함한 모집 관련 준수사항(보험 95조－101조의2)을 규정하고 있다. 특히 약관규제를 금융소비자법으로 이관해야 한다는 논의도 있다.

64) FCA, A new Consumer Duty: Feedback to CP21/36 and final rules, Policy Statement PS22/9, July 2022.

Ⅱ. 공통영업행위규제

1. 금융회사의 금융소비자에 대한 의무

자본시장법은 공통영업행위규제로서 신의성실의무 등(자본 37조)을 규정하고 있다. 금융소비자법도 금융상품판매업자등은 금융상품 또는 금융상품자문에 관한 계약의 체결, 권리의 행사 및 의무의 이행을 신의성실의 원칙에 따라 하여야 한다(금소 14조 1항). 금융상품판매업자등은 금융상품판매업등을 영위할 때 업무의 내용과 절차를 공정히 하여야 하며, 정당한 사유 없이 금융소비자의 이익을 해치면서 자기가 이익을 얻거나 제3자가 이익을 얻도록 해서는 아니 된다(금소 14조 2항). 이와 같은 일반적 보호의무를 규정하는 것에 선언적 의미 이외의 어떤 실천적인 의미가 있는지 의문을 제기하는 견해도 있다. 그러나 전통적으로 대법원에서 일반사법상 보호의무를 근거로 인정해 온 구체적인 영업행위규칙의 이론적 근거를 명확히 함과 동시에 구체적인 해석기준을 제시하는 것을 단순히 선언적 의미라고 평가절하할 수는 없을 것으로 본다. 영미법상 신인의무와의 관계에 대해서도 논의가 있을 수 있지만, 특별히 논의할 실익은 많지 않다고 생각된다([4-5]). [9-6]

2. 차별적 취급의 금지

금융상품판매업자등은 금융상품 또는 금융상품자문에 관한 계약을 체결하는 경우 정당한 사유 없이 성별 · 학력 · 장애 · 사회적 신분 등을 이유로 계약조건에 관하여 금융소비자를 부당하게 차별해서는 안 된다(금소 15조). 성별 · 학력 · 장애 · 사회적 신분은 예시적 열거이다. 이 규정은 공통영업행위규제로서 고령자나 장애인을 대상으로 한 예금이나 보험계약의 거절이나 대출연령상한제 등이 문제되었던 경험을 고려한 것이다.65) 장애인차별금지 및 권리구제 등에 관한 법률 등 차별금지법에 관한 특칙으로서 금융상품판매에 대해서는 우선 적용된다. 정당한 사유 없는 차별적 취급은 정당한 사유 없는 거래거절과 함께 논의될 수밖에 없다. 다만 신용등급 등을 이유로 한 거래거절을 정당한 사유가 있는 경우로서 차별적 취급이라고 보기는 어 [9-7]

65) 정순섭, 은행, 제6장 제3절 은행의 금융거래거절과 차별적 취급의 금지.

러울 것이다.

3. 상호규제

[9-8] 상호규제는 일정한 상호의 사용을 강제하는 적극적 상호규제와 일정한 상호의 사용을 제한하는 소극적 상호규제로 구분된다. 소극적 상호규제는 비금융회사가 금융회사로 오인될 가능성을 방지하기 위한 것이다. 그러면 적극적 상호규제의 취지는 무엇인가? 적극적 상호규제를 채택한 입법례는 금융소비자들의 혼동을 방지하기 위한 것이라고 설명한다. 우리나라는 은행법과 자본시장법은 소극적 상호규제만을, 그리고 보험업법은 소극적 상호규제와 적극적 상호규제를 모두 채택하고 있다. 명의대여와의 관계도 생각해 볼 필요가 있다.

[9-9] 첫째, 자본시장법은 공통영업행위규제로서 소극적 상호규제(자본 38조)를 규정하고 있다. 은행법도 한국은행과 은행이 아닌 자에 대하여 그 상호 중에 은행이라는 문자를 사용하거나 그 업무를 표시할 때 은행업 또는 은행업무라는 문자의 사용을 금지하고 있다(은행 14조). 둘째, 보험업법은 상호의 적극적 규제와 소극적 규제를 모두 규정하고 있다. 보험회사는 그 상호 또는 명칭 중에 주로 경영하는 보험업의 종류를 표시하여야 한다(보험 8조 1항). 보험회사가 아닌 자는 그 상호 또는 명칭 중에 보험회사임을 표시하는 글자를 포함해서는 안 된다(보험 8조 2항). 소극적 상호규제에서는 사용이 금지되는 용어와 같은 의미를 가지는 외국어 문자의 사용도 금지된다(은행 14조; 자본 38조). 그러나 보험업법은 명문의 규정은 없지만 같은 취지로 해석해야 할 것이다(보험 8조 2항).

[9-10] 자본시장법은 소극적 상호규제와 함께 금융투자업자는 자기의 명의를 대여하여 타인에게 금융투자업을 영위하게 하여서는 안 된다는 내용의 명의대여의 금지도 규정하고 있다(자본 39조). 이를 위반하여 타인에게 자기의 성명 또는 상호를 사용하여 영업을 할 것을 허락한 자는 자기를 영업주로 오인하여 거래한 제3자에 대하여 그 타인과 연대하여 변제할 책임이 있다(상 24조). 명의대여자의 책임에 맡기고 상호규제를 하지 않는 입법례도 있다.

4. 이해상충방지

금융소비자의 정보를 수집 · 분석 · 가공하는 것을 본질적 기능으로 하는 금융업 에서 금융소비자와 다른 금융소비자, 금융소비자와 금융회사 사이에 이해상충이 발생하는 것은 어떤 면에서는 당연하다고 할 수 있다. 자본시장법은 투자자와 다른 투자자, 투자자와 금융투자업자 사이의 이해상충을 인정하고 그 정도에 따라 이해상충을 공시하고 거래할 의무, 정보차단장치 등을 통하여 이해상충을 관리할 의무, 그리고 거래 자체를 단념할 의무의 세 가지를 규정하고 있다(자본 44조 · 45조). 우리나라 금융규제법상 이해상충방지체제의 기본구조라고 할 수 있다. 입법 당시에는 호주의 방식을 참고한 것이다. 은행법은 은행업무에 대하여 이와 동일한 이해상충방지체제를 구축할 의무를 규정하고 있다(은행 28조의2). 특히 은행법은 이를 지배구조법상 내부통제제도에 수용하도록 의무화하고 있다. [9-11]

금융소비자법도 독립금융상품자문업자의 이해상충행위로서 특정 금융상품직접판매업자의 금융상품으로 한정하여 자문에 응하는 행위, 금융소비자의 개인정보 및 신용정보 등을 자신 또는 제3자의 이익을 위해 사용하는 행위, 특정 금융상품판매업자 또는 특정 금융상품을 광고하는 행위, 자문업무에 관한 계약을 체결한 이후에 그 금융소비자의 동의 없이 자문업무를 제3자에게 위탁하는 행위 등을 금지하고 있다(금소 27조 5항 2호; 동 시행령 25조 5항). [9-12]

자본시장법은 자본시장법 등의 위반으로 손해배상책임을 질 금융투자업자가 이해상충과 관련하여 투자자이익우선의무 등(자본 37조 2항, 44조, 45조, 71조 또는 85조)을 위반한 경우 그 증명책임을 전환하는 특칙을 두고 있다(자본 64조 1항 단서). 자본시장법 제정 당시 증권업과 자산운용업의 겸영에 따른 이해상충가능성이 강조되면서 도입된 특칙이다. [9-13]

제 4 절 금융상품판매규제[66)]

Ⅰ. 의 의

[9-14] 금융소비자법은 금융상품판매기능을 금융상품판매업자와 금융상품자문업자로 나누어 포괄적으로 정의하고 그 기능을 수행할 때 준수해야 할 행위규칙을 정비하고 있다. 여러 가지 의미를 찾을 수 있겠지만, 과거와 같이 상품별 · 기관별로 금융상품판매규제가 이루어질 경우의 규제의 공백이나 차별을 방지할 수 있는 점이 핵심이다. 예컨대 상품별 · 기관별로 금융상품판매규제가 이루어질 경우에는 각 상품이나 기관의 특징이나 위험구조를 강조하여 특칙이나 예외를 만들기가 쉬워질 것이다. 그러나 금융소비자법과 같은 기능별 규제법을 통하여 금융상품판매규제를 부과할 경우에는 그러한 특칙이나 예외를 만들기 위해서는 정당하고 합리적인 근거가 있어야 할 것이다. 반대로 동일한 규제를 적용할 필요가 없는 상황도 더욱 분명하게 드러날 수 있을 것으로 본다. 예컨대 모든 금융상품에 적합성원칙이나 설명의무를 공통적으로 적용할 경우 그 판단기준은 상품이나 기관의 특성을 고려하여 각각 다르게 규정될 수밖에 없을 것이기 때문이다.

Ⅱ. 적합성원칙

1. 의 의

[9-15] 적합성원칙은 금융상품판매업자나 금융상품자문업자가 일반금융소비자에게 금융상품계약체결을 권유할 때 상품숙지의무(know your product)와 고객숙지의무(know your customer)라는 두 개의 의무를 기초로 하는 행위규칙이다. 금융소비자법상 금융상품판매규제를 적용할 때 '계약체결의 권유'는 금융상품자문업자가 금융상품자문요청에 응하는 경우를 포함한다. 권유의 상대방이 일반금융소비자가 아니거나 권유가

66) 이하 설명은 정순섭, "금융소비자보호법의 구조와 내용", BFL 제102호, 2020, 6-20면; 정순섭, "금융소비자보호의 기본법리 - "금융소비자보호기본법" 제정안을 중심으로", BFL 제80호, 2016, 86-112면에 기초한 것이다.

없는 경우에는 적합성원칙은 적용되지 않는다.

금융상품판매업자나 금융상품자문업자는 금융상품의 위험도와 고객인 금융소비 [9-16] 자의 위험감수능력을 정확하게 파악하고, 이를 비교하여 해당 금융소비자에게 적합하지 않은 금융상품을 권유하지 말라는 것이다(금소 17조). 원래 미국에서 취약투자자를 상대로 증권에 대한 강압적 판매가 이루어지는 것을 방지하기 위한 규칙으로 도입된 것이다.

2. 판단기준

적합성원칙에 따른 판단기준은 금융상품별로 다르게 규정되어 있다. 금융소비 [9-17] 자법은 보장성 상품 또는 투자성 상품에 대해서는 일반금융소비자의 정보를 파악한 결과 손실에 대한 감수능력이 적정한 수준일 것, 그리고 대출성 상품에 대해서는 일반금융소비자의 정보를 파악한 결과 상환능력이 적정한 수준일 것을 기준으로 제시하고 있다(금소 17조 3항 후단; 동 시행령 11조 4항).

3. 상품숙지의무와 고객숙지의무

금융소비자법은 상품숙지의무를 명시하지 않고 있다. 그러나 위에서 본 바와 같 [9-18] 이 적합성원칙은 금융상품의 위험도와 금융소비자의 위험성향을 비교하여 적합성을 판단하는 구조이므로 명시적인 규정의 유무를 불문하고 금융회사에 상품숙지의무가 인정되는 것으로 보아야 한다.

나아가 근본적으로 금융회사가 스스로 구조와 위험을 파악하지도 못한 금융상 [9-19] 품을 금융소비자에게 판매할 수 있는가? 스스로 구조와 위험을 파악하지 못한 금융상품을 판매할 경우에는 상대방이 비록 전문금융소비자라 해도 책임을 지는 것이 옳지 않을까? 물론 상대방인 전문금융소비자가 스스로의 노력으로 해당 금융상품의 구조와 위험을 파악할 수 있는 경우에는 독립적인 조사의무를 인정할 것인지도 문제될 수 있을 것이다.

4. 한 계

[9-20] 금융상품판매업자등이 적합성원칙을 적용한 결과 적합하지 않은 경우에는 어떻게 할 것인가? 판매해서는 안 된다는 생각도 가능할 것이다. 그러나 금융상품판매업자등이 적합하지 않은 금융상품임을 경고했음에도 불구하고 금융소비자가 적극적으로 해당 금융상품거래를 희망할 경우에는 권유 없는 금융상품판매상황으로 전환된다고 보는 것이 옳을 것이다.

Ⅲ. 적정성원칙

[9-21] 적정성원칙은 일반금융소비자를 상대방으로 권유 없이 금융상품을 거래하는 경우에 적용되는 행위규칙이다(금소 18조). 따라서 적정성원칙이 적용되는 금융상품은 일정한 범위의 위험상품으로 제한된다(금소 시행령 12조 1항). 적정성원칙도 상품숙지의무와 고객숙지의무에 기초하여 상품의 고객적정성을 판단하는 구조라는 점에서 상품숙지의무는 명시적인 규정이 없어도 당연히 인정되는 것이다. 적합성원칙과 동일한 수준의 의무를 권유가 없는 상황에서 적용하는 것이 옳은 것인가? 의문을 제기하는 견해는 있을 수 있다. 그러나 그 한계도 적정하지 않음을 경고하는 데 그친다.

Ⅳ. 설명의무

1. 의 의

[9-22] 금융소비자법은 금융상품판매업자등이 일반금융소비자에게 금융상품계약체결을 권유할 때 일정한 사항을 설명할 의무를 부과하고 있다(금소 19조). 금융소비자에게 금융상품계약체결 여부의 판단에 필요한 정보를 제공하려는 취지이다. 전통적인 공시주의에서 한 단계 나아가 금융상품계약체결 여부의 판단에 필요한 정보를 추가적으로 제공하는 제도이다. 1990년대 초부터 투자신탁판매를 중심으로 대법원에서

일반사법상 보호의무를 근거로 올바른 인식형성에 필요한 정보의 제공의무로서 인정되어 왔다([5-57]). 자본시장법에 명시된 이후 현재 금융소비자법에 규정되어 있다.

2. 설명사항, 설명방법, 설명정도

설명의무에서 핵심과제는 설명사항과 설명방법 그리고 설명정도이다. 설명사항은 금융상품별로 금융소비자법에서 매우 상세하게 명시하고 있다(금소 19조 1항; 동 시행령 13조). 설명방법은 설명서의 제공을 요하고 설명정도는 이해할 수 있도록 할 것을 요구하고 있다(금소 19조 2항). 문제는 설명의 정도이다. 금융소비자가 이해하였음을 확인받는 구조도 자본시장법에서 규정되었던 것(47조)과 동일하다(금소 19조 2항). [9-23]

3. 설명의무위반과 손해배상책임

설명의무위반에 따른 손해배상책임은 금융소비자법과 자본시장법으로 이원화되어 있다. 자본시장법은 금융투자상품을 대상으로 하는 경우 손해액과 인과관계의 증명책임을 금융투자업자에 전환하고 있다(자본 48조 2항). 그러나 금융소비자법은 금융투자상품을 제외한 설명의무의 대상인 금융상품에 대하여 고의와 과실의 증명책임만 전환하고 있다(금소 44조 2항 단서). 동일한 사항에 대하여 합리적 근거 없이 차이를 둔 대표적인 사례이다. 입법적으로 정비되어야 할 것이다. 금융소비자법을 제정할 때 증명책임의 배분에 관한 일반원칙을 고려한 입법이라고 하지만 쉽게 납득하기 어려운 입법태도이다. [9-24]

Ⅴ. 광고규제

금융소비자법은 금융상품등에 관한 광고 관련 준수사항으로서 광고의 주체와 광고의 내용을 규정하고 있다(금소 22조). 금융소비자법상 광고규제도 광고의 주체는 금융상품판매업자등과 각 금융업협회 등으로 제한하고, 광고에 적극적으로 포함될 사항과 소극적으로 포함되어서는 안 되는 사항으로 나누어 규정하고 있다. [9-25]

[9-26] 금융소비자법에서는 광고와 권유의 구분이 중요하다. 권유에 해당하면 금융상품판매규제가 적용되기 때문이다. 전통적으로 상대방이 특정되고 통신수단이 실시간 수단일 경우에는 권유로 보아 왔다. 그러나 기술의 발전에 따라 이러한 구분이 명확하지 않은 경우도 발생하고 있다. 예컨대 휴대전화의 문자메세지기능을 사용하여 특정 금융상품에 관한 정보를 구체적인 거래방법까지 명시하여 제공한 경우 광고로 볼 것인가 아니면 권유로 볼 것인가? 장기적으로 이러한 기술발전의 가능성을 고려하면 권유규제와 광고규제를 통합한 판매규제를 구상하는 것도 가능할 것으로 본다.

Ⅵ. 불공정영업행위규제

[9-27] 금융소비자법상 불공정영업행위는 대출성상품을 판매하면서 금융소비자의 의사에 반하여 다른 금융상품의 계약체결을 강요하는 행위와 같은 구속성금융거래를 금지한다(금소 20조). 금융규제법상 불공정영업행위는 금융회사의 우월적지위의 남용을 규제하는 것이다. 은행법은 고객의 우월적 지위에 따른 부정행위를 규제하는 것은 불건전영업행위라고 부른다(은행 34조의2). 물론 불건전영업행위라는 용어는 법률에 따라 다른 의미로 사용되고 있다(자본 71조). 합병규제나 약관규제와 함께 금융규제법상 경쟁법적 사고를 반영한 규제라고 할 수 있다.

Ⅶ. 부당권유행위 금지

[9-28] 금융소비자법은 금융상품판매업자등이 계약체결을 권유하는 경우에 불확실한 사항에 대하여 단정적 판단을 제공하거나 확실하다고 오인하게 할 소지가 있는 내용을 알리는 행위나 금융상품의 내용을 사실과 다르게 알리는 행위 등을 금지하고 있다(금소 21조). 자본시장법에서 규정되었던 내용(49조, 445조 6호)과의 차이점은 부당권유규제위반에 대한 형벌이 폐지되고 과징금으로 일원화된 점이다.

제3편 금융거래와 법

CHAPTER 10

지급거래

제 1 절 서 언[1]

지급(payment) 또는 지급결제(payment settlement)는 "경제주체들이 지급수단을 이용하여 각종 경제활동에 따라 발생하는 거래당사자간의 채권 · 채무관계를 해소하는 행위"를 말한다. 엄밀하게는 재화나 용역의 구매대금의 지급과 단순한 송금은 구분되지만, 금융규제법의 관점에서 양자의 구분은 불필요한 것으로 본다. 이와 같이 매매나 증여 등 다양한 경제활동은 결제를 기반으로 한다. 이와 같이 채무를 이행함으로써 그 채무를 최종적으로 종결시키는 과정을 결제(settlement)라고 한다. 결제는 그 대상에 따라 지급결제, 증권결제, 외환결제, 상품결제로 나눌 수 있다. 지급결제는 자금을 대상으로 하는 결제를 말한다. 다만 한국은행에서 사용하는 지급결제제도(payment settlement system)라는 용어는 순수한 의미의 지급결제뿐만 아니라 지급결제와 연계되어 직접적 또는 간접적으로 영향을 미치는 금융투자상품 청산 및 결제제도도 포함하고 있다. [10-1]

제2절에서는 지급거래의 기반이 되는 지급수단, 지급업무, 지급제도를, 제3절에서는 대표적인 지급수단인 현금 · 신용카드 · 비현금지급수단을 그리고 제4절에서는 현금 없는 사회의 법률문제를 간단히 살펴본다.

1) 정순섭, 은행, 제10장 환거래, 제16장 지급결제제도.

제 2 절 의의와 구조

Ⅰ. 지급수단

[10-2] 지급수단은 지급결제를 위해 사용되는 수단으로서 현금인지 여부와 장표의 사용 여부에 따라 현금과 비현금지급수단, 그리고 장표형과 비장표형지급수단으로 구분할 수 있다. 지급수단은 비현금 · 비장표형으로 발전하고 있다. 비현금지급수단은 현금 및 현금대체물인 어음이나 수표를 제외한 지급수단을 말한다. 은행 등 예금취급금융기관의 예금계좌, 은행 등 예금취급금융기관의 계좌이체에 기반한 유형, 은행 등 예금취급금융기관의 계좌이체에 기반하지 않는 유형 등으로 구분할 수 있다. 새로운 지급수단은 금융규제법상 허용될 경우 은행 등 예금취급금융기관의 예금계좌나 계좌이체에 기반하지 않는 유형으로 발전하게 될 것이다.

[10-3] 법적 논의를 위해서는 지급수단을 지급인의 자금부담시점에 따라 선불형, 직불형, 후불형으로 구분하는 것이 의미가 있다. 선불형은 지급인의 관점에서는 실제 수취인에 대한 지급시점 이전에 지급수단에 충전하는(지급업자에게 자금을 이체하는) 형태로 자금부담이 일어난다. 전자금융거래법상 선불전자지급수단이 대표적이다. 직불형은 실제 수취인에 대한 지급시점에 은행계좌로부터 수취인에게 이체되는 형태로 지급시점과 자금부담시점이 일치한다. 계좌이체에 기반한 직불카드가 이에 해당한다. 후불형은 수취인에 대한 실제지급시점에는 지급업자가 지급인에 대한 대출을 통하여 지급자금을 미리 부담하고, 지급인은 사후적으로 지급업자에게 그 자금을 상환하는 방식으로 지급인의 관점에서 자금부담시점이 지급시점 이후에 도래하는 경우이다. 여전법상 신용카드가 대표적이다.

Ⅱ. 지급업무

[10-4] 지급업무는 지급수단을 통하여 지급을 실행하는 업무를 말한다. 광의의 지급결제업무는 격지자간의 현금을 수반하지 않는 자금이동서비스를 의미한다. 여기에는 은행법상 환업무, 여전법상 신용카드업무, 전자금융거래법상 전자지급업무, 외국환거래

법상 외화이체업무, 정통망법상 통신과금서비스, 자본시장법상 금융투자업자의 자금이체업무가 모두 포함된다. 협의의 지급업무(지급결제업무)는 은행법상 은행이 예금을 지급수단으로 하는 경우를 말한다. 지급업무를 수행하는 자를 지급업자라고 한다. 현재 광의의 지급업무가 모두 지급업무 및 지급업자로서의 규제를 받고 있는 것은 아니다.

금융규제법상 지급업무가 되기 위해서 갖추어야 할 요건은 무엇일까? 기능적 요소와 계속성 요소, 그리고 영리성 요소를 충족해야 할 것이다. 첫째, 지급업무의 기능적 요소는 현금을 수반하지 않는 격지자간의 자금이동기능을 말한다. 위에서 본 광의의 지급업무는 이러한 요소를 모두 충족한다. 둘째, 그러면 일반 상거래에서 자주 발생하는 외상거래를 지급업무라고 볼 수 있는가? 특히 후불형 지급수단과 관련하여 BNPL이나 소액후불결제 등과 신용카드의 관계가 문제되고 있다. 지급업무라고 하기 위해서는 상당한 정도의 계속성이나 반복성을 요한다고 보아야 한다. 이를 지급업무의 계속성 요소라고 한다. 단순한 일회성 외상거래를 지급업무라고 볼 수는 없다. 셋째, 지급업무라고 하기 위해서는 지급업무 자체에 대한 대가를 수취하는 것을 목적으로 해야 한다. 이를 지급업무의 영리성 요소라고 한다. 상인이 상품의 판매를 촉진하기 위해 별도의 대가 없이 외상으로 판매하는 것을 지급업무라고 할 수는 없다. 따라서 BNPL이나 소액후불결제와 같이 첫째, 수취인에 대한 실제지급시점 이후에 지급인의 자금부담시점이 도래하는 경우로서 둘째, 이러한 행위에 대해 일정한 대가를 받으면서 셋째, 상당한 정도 계속적 또는 반복적으로 이루어지면 그 행위는 단순한 상거래가 아니라 금융규제법상 지급업무로 규제해야 한다. [10-5]

Ⅲ. 지급제도

지급제도 또는 지급결제제도는 지급수단과 지급업무 그리고 지급업자로 구성되는 시스템을 말한다. 지급결제제도는 거액결제와 소액결제로 구분되고 한국은행은 거액결제제도인 한은금융망(BOK Wire+)의 운영자이면서 금융결제원에서 운영하는 다양한 소액결제제도의 감시자로서의 역할을 수행하고 있다. 현금 이외의 지급수단과 지급업무 그리고 지급업자는 금융규제의 대상이 되고 있다. 지급제도에 대해서는 최종대부자 및 감시자로서의 중앙은행의 역할이 특히 중요하다. [10-6]

제 3 절 현금 · 신용카드 · 비현금지급수단

Ⅰ. 의 의

[10-7] 전통적으로 가장 일반적으로 사용되어 온 지급수단은 현금 즉 법화이다. 우리나라도 일본이나 중국 등의 국가와 함께 현금선호도가 매우 높은 것으로 알려져 왔다. 그러나 신용카드와 선불전자지급수단 등의 다양한 비현금지급수단의 등장과 함께 이러한 지급행태는 크게 변화하고 있다. 금융과 디지털기술의 접목은 지급분야에서 가장 많은 성과를 나타내고 있다. 가상자산에 화폐적 기능을 인정할 수 있는지는 여전히 논란의 대상이다. 그러나 다양한 형태의 가상자산은 그 기반이 되는 기술과 함께 화폐 기능의 분화를 가능하게 함으로써 궁극적으로 법화와의 경쟁을 가능하게 하고 있다는 평가도 있다.[2] 현단계에서도 가상자산이 블록체인과 같은 기술을 활용하여 새로운 디지털화폐를 설계할 수 있다는 확신을 준 것은 맞다.

Ⅱ. 법 화

1. 의의와 구조[3]

[10-8] 전통적으로 법화(legal tender)는 통화고권에 기초한 발권력의 독점과 지급방법에 관한 기본규칙으로서의 강제통용력을 요소로 한다. 우리나라의 법화에 관한 기본법은 한국은행법이다. 한국은행법상 법화는 화폐의 발권력을 독점하는(47조) 한국은행이 발행한 은행권과 주화이다(48조, 53조 2항). 동법상 화폐는 법화와 같은 의미로서 그 용어는 법률상 허용된 경우에만 신중하게 사용되어야 한다. 지급수단으로서의 현금의 비중이 빠르게 줄어들면서 법화제도 특히 강제통용력의 제도적 의의는 다시 평가되어야

2) Eswar S. Prasad, The Future of Money: How the Digital Revolution Is Transforming Currencies and Finance, Belknap Press, 2021, p. 11.

3) 화폐법에 관한 기본적인 교재는 Charles Proctor, Mann and Proctor on the Law of Money 8th ed, Oxford University Press, 2023이다. Simon Gleeson, The Legal Concept of Money, Oxford University Press, 2019도 유용하다. 국내에서는, 정순섭, "금전의 법적 측면에 관한 연구 – '지급결제수단'의 다양화에 대한 법적 대응을 중심으로 –", 상사판례연구 제22집 제2권, 2009, 237–287면; 정순섭, "CBDC와 금융시스템에 관한 법적 연구 – 화폐법과 중앙은행법상 쟁점을 중심으로", 은행법연구 제14권 제2호, 2021, 3–66면.

한다. 일반론으로는 법화제도의 존재이유에 대한 설명을 구하는 것이고, 현실론으로는 당사자간 합의로 법화의 강제통용력을 배제할 수 있는지 여부의 문제이다.

전통적으로 법화는 국가의 통화고권에 따라 발행되는 것으로 인식되어 왔다. 그러나 영국에서 외화인 유로를 법화로 인정하려던 움직임에서 알 수 있듯이 법화가 반드시 국가의 통화고권에 의하여 발행된 화폐에 한정되는지도 논의의 대상이 되었다.4) 화폐에 대한 기능적 관점에서는 법화로서의 본질적 요소는 통화고권으로 표시되는 발권력의 독점이 아니라 강제통용력에서 찾아야 한다는 접근도 가능할 것으로 본다. [10-9]

법화의 강제통용력은 한국은행법에 규정되어 있다. 한국은행이 발행한 은행권은 법화로서 모든 거래에 무제한 통용된다(한국은행법 48조). 주화에 대해서는 화폐에 관한 규정을 준용한다(한국은행법 53조 2항). 법화는 강제통용력을 가지고, 액면가로 통용되며, 지급채무의 변제능력을 가진다.5) 강제통용력은 민사법적 개념으로서 첫째, 채무자가 법화로 지급하는 것을 채권자가 수령하지 않으면 '채무불이행'이 아니라 '채권자지체'(민법 400조)가 되고, 둘째, 사인간의 거래는 물론 행정주체와 사인간의 거래도 포함하는 '모든 거래'에 적용되며, 셋째, 당사자간에 지급수단에 관한 다른 합의가 없는 경우에만 적용된다는 것이다. 강제통용력은 지급방법에 관한 합의가 없는 경우 지급의 편의와 완결성을 확보하는 의미가 있는 것이다. [10-10]

2. 신용카드 의무수납제와의 비교

신용카드가맹점은 신용카드로 거래한다는 이유로 신용카드 결제를 거절하거나 신용카드회원을 불리하게 대우하지 못한다(여전 19조 1항). 이를 신용카드 의무수납제라고 한다. 이를 위반한 자는 1년 이하의 징역 또는 1천만원 이하의 벌금에 처한다(여전 70조 4항 4호). 또한 1998년 법인세법 등을 개정하여 소비자를 상대로 하는 개인사업자나 법인에 대해서는 가맹점 가입을 사실상 강제하고 있다(법인세법 117조, 소득세법 162조의2, 부가가치세법 46조). [10-11]

의무수납제는 과거 현금비중이 압도적일 때 신용카드 사용을 강제함으로써 세 [10-12]

4) 영국은 채무자에게 영국 파운드화 채무를 유로로 이행할 수 있는 일방적인 권리를 부여하는 내용의 2001년 「유로 및 파운드 선택법안」(Euro and Sterling Choice Bill)을 의회에 제출하였지만, 입법에 이르지는 못하였다.

5) European Commission, Commission Recommendation of 22 March 2010 on the scope and effects of legal tender of euro banknotes and coins, OJ L 83, 30.3.2010, p. 70.

원을 투명화하기 위하여 도입된 것이다. 의무수납제를 법화의 강제통용력과 비교해 보는 것은 의미가 있다. 앞에서 본 바와 같이 법화의 강제통용력이 주로 민사적 접근이라면 의무수납제는 형사처벌이 가능하다는 점에서 차이가 있다. 일부 국가[6]를 제외하고는 법화에 의한 지급을 거절하는 행위에 대하여 형벌을 부과하지는 않는다. 이용강제라는 면에서는 적어도 신용카드가맹점을 대상으로 할 경우 신용카드가 법화보다 훨씬 강력한 효과를 가진다. 의무수납제가 직업선택의 자유를 침해한다는 주장에 대하여 헌법재판소는 합헌으로 판단하였다(헌재 2014. 3. 27. 2011헌마744 전원재판부 결정).

3. 법적 성질

[10-13] 현재 법화는 다른 법화로의 교환을 요구할 수 있을 뿐 금이나 다른 실물의 인도를 청구할 수 없다. 따라서 여전히 회계상 중앙은행 부채로 처리되고 있지만, 이는 금태환시대의 유산일 뿐 이미 법률상 채무로서의 성질은 상실했다.[7] 이러한 논의는 특히 CBDC에 대한 이자의 지급이 논의되면서 더욱 중요해졌다. 아래에서 보는 바와 같이 CBDC에 대하여 지급이 논의되고 있는 '이자'는 법률상 이자가 아니다.

4. CBDC[8]

가. 개 념

[10-14] CBDC에 대한 일반적 정의는 없다. 그러나 발행주체와 법화성을 중심으로 "중앙은행이 전자적 형태로 발행하는 법화"라고 정의할 수 있다. 법화의 발행형식이라

6) 나이지리아 중앙은행법은 법화인 "나이라를 지급수단으로 받기를 거부하는 자"를 형사처벌한다(section 19(5)).

7) 정순섭, "CBDC와 금융시스템에 관한 법적 연구— 화폐법과 중앙은행법상 쟁점을 중심으로", 은행법연구 제14권 제2호, 2021, 32면 주146. 외국에서의 논의로, 태환화폐는 자연채무로 변화했다거나, 불태환화폐는 특수한 유형의 동산이라는 주장, 중앙은행화폐의 채무성을 부정하면서 중앙은행화폐는 부채나 주주지분 또는 중앙은행의 자산은 아니고, 화폐시스템에서 인프라스트락쳐 역할을 수행하는 복합금융수단으로서, 지급제도와 경제에 참여할 수 있는 '사회적 지분'(social equity)이라는 견해가 있다. 위의 논문, 32면 주146에 소개된 외국 논문 참조. 국내에서의 논의로, 정순섭, "금전의 법적 측면에 관한 연구 — "지급결제수단"의 다양화에 대한 법적 대응을 중심으로—", 상사판례연구, 제22집 제2호, 2009, 254—256면.

8) 이하 설명은 정순섭, "CBDC와 금융시스템에 관한 법적 연구— 화폐법과 중앙은행법상 쟁점을 중심으로", 은행법연구 제14권 제2호, 2021, 3—66면에 기초한 것이다.

는 관점에서는 종이(은행권)와 금속(주화) 외에 전자적 기록(CBDC)을 인정하는 것이다. 국내법상 지급수단에 대한 법화성 인정은 입법사항이다. 그러나 한국은행법상 '화폐'는 법화를 말하고(47조), 동법은 법화에 관한 기본법으로서 법화 이외의 지급수단을 규율하는 것은 체계적으로 맞지 않는 점 등을 고려할 때 중앙은행이 발행하는 CBDC에는 법화로서의 지위를 부여하여야 한다.

CBDC는 다양한 기준에 따라 구분할 수 있다. 발행구조에 따라 직접형, 간접형, 혼합형, 발행형태에 따라 토큰형과 계좌형, 용도에 따라 거액결제용과 소매결제용 등의 구분이 중요하다. 이 책에서는 토큰형과 계좌형의 구분만 살펴본다. 토큰형은 "원장에는 각 CBDC별 발행 및 거래 내역만을 기재하고 개별보유자별 CBDC 보유액은 전체 원장의 거래내역을 차감계산하여 산출하는 방식"을, 그리고 계좌형은 "원장에 개별보유자별로 계좌를 설정하여 CBDC 보유액을 증감기재하여 관리하는 방식"을 말한다.[9] [10-15]

나. 발행근거

한국은행법상 화폐발행권(47조)을 근거로 토큰형 CBDC도 발행할 수 있는가. 각국의 화폐법 입장이 다르고, 한국은행의 화폐발행권에 대해서도 다양한 해석이 가능하지만, 한국은행법은 한국은행이 발행할 수 있는 화폐를 은행권과 주화로 한정하고 있다고 보는 것이 옳을 것이다. 따라서 토큰형 CBDC를 발행하기 위해서는 한국은행법상 법적 근거를 신설해야 한다. [10-16]

계좌형 CBDC에 대해서는 한국은행법상 민간과의 거래제한규정이 문제된다(79조 본문). 개인에게 한국은행이 직접 CBDC계좌를 개설해 주어야 하기 때문이다. 여기서 민간과의 거래가 제한되는 범위를 가장 넓게 보아 예금 또는 대출뿐만 아니라 "상업금융기관과 경쟁관계에 서는" 모든 거래라고 해도[10] 계좌형 CBDC는 거래라고 할 수는 없으므로 민간과의 거래제한에 관한 한국은행법 제79조에 반하지 않는다. 다만 CBDC에 관한 한국은행법상 발행근거를 둘 경우 계좌형 CBDC도 대상으로 할 수 있다. [10-17]

---

9) 정순섭 · 정준혁 · 이종혁, "중앙은행 디지털화폐(CBDC) 관련 법적 이슈 및 법령 제 · 개정 방향", 한국은행연구보고서, 2020. 12. 14., 31−32면.

10) 한국은행 법규제도실, 『한국은행법해설』, 2018. 1., 295면.

다. 외국통화의 범위

[10-18] 법화와 관련하여 흥미로운 문제가 있다. 외국환거래법상 내국통화는 "대한민국의 법정통화인 원화(貨)"를, 그리고 외국통화는 "내국통화 이외의 통화"를 말한다(3조 1항 1호 · 2호). "대한민국의 법정통화인 원화(貨)"는 한국은행법상 법화인 화폐를 말한다(47조). 엘살바도르나 중앙아프리카공화국에서 법화로 채택한 비트코인은 외국통화에 해당하는가? 특정 지급수단이 법화에 해당하는지 여부는 국제사법상 화폐의 준거법인 발권국의 법률(lex monetae)에 따라 판단한다. 그러나 비트코인은 발권국이 없다. 따라서 이를 법화로 채택한 국가의 법이 준거법으로 적용될 수 있을 것이다. 그러나 외환관리를 목적으로 하는 외국환거래법상 외국통화는 내국통화 즉 한국은행법상 화폐에 준하는 것으로 한정해야 한다. 따라서 엘살바도르 등에서 법화로 채택한 비트코인은 외국환거래법상 외국통화에 해당하지 않는다. 자본시장법상 기초자산으로서의 외국통화(자본 4조 10항 2호)도 동일하게 해석해야 한다.

라. 이자의 지급

[10-19] 법화에 대해 이자를 지급할 수 있는가. 법화 자체는 중앙은행에 대한 금전의 소비임치나 소비대차 또는 중앙은행에 의한 채권의 발행은 아니므로 금전의 사용대가로서의 이자는 지급할 수 없다. CBDC를 논의할 때 '이자'라고 부르는 것은 통화정책상 화폐가치의 증감분을 말한다. 그 법적 성질을 불문하고 CBDC에 대하여 일정한 이익기회를 제공할 경우 그리고 그 수익률이 예금금리보다 높을 경우에는 예금이 CBDC로 이전함으로써 은행건전성을 침해할 수 있다는 우려도 있다. 필요하면 그 한도를 정하거나 금융위기상황에서는 그러한 이전을 제한하는 등 다양한 규제수단이 있을 것으로 본다.

Ⅲ. 신용카드

[10-20] 국내에서 지급수단으로서의 사용비중이 가장 높은 것은 신용카드이다.[11] 2021년 한국은행 조사에 따르면 신용카드가 이용금액(49.5%)과 이용건수(43.4%)에서 가장

11) 송상현 · 김성수 · 오건우 · 최윤석, "2021년 지급수단 및 모바일금융서비스 이용행태 조사결과", 2022. 5.

큰 비중을 차지하고 있다. 그 다음으로는 체크 · 직불카드와 현금이라는 응답이 가장 높았다. 우리나라에서 지급수단으로서의 신용카드의 비중을 높이는 주요인으로는 첫째, 신용카드의무수납제([10-11])와 둘째, 1999년 도입된 신용카드사용액 소득공제와 2000년 도입된 신용카드 영수증 복권제(2006년 폐지) 등을 들 수 있다.

여전법은 신용카드를 "이를 제시함으로써 반복하여 신용카드가맹점에서 결제금액을 제외한 사항을 결제할 수 있는 증표(證票)로서 신용카드업자(외국에서 신용카드업에 상당하는 영업을 영위하는 자를 포함)가 발행한 것"(여전 2조 3호)이라고 형식적 정의를 채택하고 있다([2-104]). 그러나 BNPL이나 소액후불결제의 발전 등 후불형 결제수단의 발전 가능성을 고려할 때 신용카드의 정의도 비현금 자금이동기능과 계속성과 반복성 그리고 영리성이라는 지급업무의 요소([10-5])와 대출기능을 결합하여 기능적 정의로 변경될 필요가 있다. [10-21]

Ⅳ. 비현금지급수단

비현금지급수단은 현금 즉 법화가 아닌 지급수단을 모두 포함하는 용어이다. 후불형인 신용카드를 제외하면 선불형인 선불전자지급수단과 직불형인 직불카드 등이 대표적이다([2-102]). 비현금지급수단은 기술의 발전에 따라 다양하게 발전하고 있다. 특히 중요한 것은 두 가지이다. 첫째는 은행 등 예금취급금융기관의 예금계좌나 계좌이체에 기반하지 않는 비현금지급수단의 가능성이다. 예컨대 지급업자가 직접 예금계좌 등과 연계되지 않은 지급수단을 제조하여 운영하는 것이다. 둘째는 가상자산이다. 이하 가상자산의 지급수단측면에 관하여 간략히 설명한다. [10-22]

Ⅴ. 가상자산

1. 가상자산의 지급수단성

2008년 비트코인이 처음 등장할 때 스스로 지급수단임을 밝혔던 가상자산의 지 [10-23]

급수단성에 대해서는 여전히 의문이 있다. 특히 문제는 가치의 안정성이다. 일반적인 지급수단과 비교하면 그 문제가 명확히 나타난다. 현재까지 당사자들이 별도로 합의하여 지급수단으로 사용하는 경우를 제외하고 법률상 지급수단으로 규제되는 것은 모두 발행인을 전제로 한다. 발행인이 발행의 대가로 일정한 자금을 이용자로부터 수취하여 이를 지급재원으로 하는 구조이다. 지급수단규제의 핵심은 발행인의 자격을 한정하거나 그 지급수단의 안전성을 지급재원의 분리보관이나 보험의 적용과 같은 방식으로 확보하는 것이다. 법화는 발행인이 국가로 한정되고, 예금은 은행만이 거래하게 된다. 선불전자지급수단에서는 발행인의 선불업자규제와 지급재원인 선불충전금의 보호가 핵심과제가 되는 것이다. 그러나 가상자산은 발행인이 없거나 있는 경우에도 발행인에 대한 이용자의 권리가 불명확하거나 지급재원규제가 전혀 존재하지 않는다. 따라서 전통적인 지급규제의 기본원칙이 적용될 수 없는 것이다.

[10-24] 약간 다른 각도에서 이 문제를 보면 가상자산의 가치가 지속적으로 상승할 것으로 예상될 경우 지급인의 관점에서 지급수단으로의 사용가능성은 없을 것이다. 이익기회를 노릴 것이기 때문이다. 가치가 지속적으로 하락할 것으로 예상되면 수취인의 관점에서 역시 지급수단으로 수용할 가능성이 없을 것이다. 손실이 명확한 경우 구매대상인 재화나 용역과의 등가교환이 불가능하기 때문이다. 가치가 안정될 경우 그 가상자산에 대한 추가적인 투자목적의 자금투입이 없을 것이므로 그 가치는 하락할 수밖에 없을 것이다. 따라서 당사자 사이에 다른 특별한 수요가 존재하는 경우를 제외하고 일반적인 경우 가상자산은 지급수단으로 사용될 가능성이 높지 않을 것이다. 이러한 경우에 대하여 법률상 지급수단규제를 적용할 필요성은 높지 않을 것이다.

2. 스테이블코인

[10-25] 가상자산의 지급수단으로서의 한계를 보완하기 위하여 그 가치를 법화나 국채와 같은 안전자산에 연동시키려는 시도가 나타난 것은 어떤 면에서는 당연한 수순이다. 스테이블코인을 지급수단으로 사용할 경우 지급규제가 정면으로 적용되어야 한다. 앞에서 본 바와 같이 지급수단으로서의 스테이블코인의 발행인의 자격제한과 발행절차 그리고 지급재원의 보호와 같은 전통적인 지급수단규제가 적용될 수밖에 없다. EU의 암호자산규칙상 자산준거토큰이나 전자화폐토큰 그리고 일본의 자금결제

법상 전자결제수단에 대해서는 이러한 규제가 적용된다. 국내에서도 스테이블코인을 허용한다면 발행인의 자격과 발행절차, 지급재원의 보호와 함께 특히 전자금융거래법상 전자화폐와의 관계를 어떻게 설정할 것인지에 대해서 논의가 우선적으로 이루어져야 한다. EU의 암호자산규칙상 전자화폐토큰은 토큰으로서의 측면을 제외한 지급수단으로서의 측면은 전자화폐규칙의 적용을 받게 된다.

제 4 절　현금없는 사회[12)]

Ⅰ. 의의와 구조

1. 의　의

지급수단으로서의 법화, 즉 현금의 사용비중이 급격히 줄어들고 있다. 우리나라는 세계에서 가장 비현금화결제비율이 높다. 이론상으로는 현금 자체가 아예 사용되지 않는 비현금 사회도 가능하다. 그러나 다양한 이유에서 현실적으로 현금 자체가 완전히 사라지기는 어려울 것으로 본다. 따라서 현금없는 사회(cashless society)는 지급수단으로서의 현금이 없어도 살 수 있는 저현금사회(less cash society)를 의미하는 것으로 보는 것이 정확하다. [10-26]

지급수단으로서의 현금의 사용비중을 나타내는 비현금화결제비율을 산정하는 방식은 다양하다. 그러나 일본에서 사용하는 비현금화결제비율은 분모를 가계최종소비지출액, 그리고 분자를 신용카드사용액과 전자화폐 및 선불전자지급수단사용액을 합산한 금액으로 백분율을 산출한 것이다. 이에 따르면 우리나라는 2020년 93.6%로서 일본 29.8%, 독일 21.3%에 비하여 세계에서 가장 높은 수준을 보이고 있다.[13)] [10-27]

국내에서도 아직은 소수이지만 현금 없는 매장이 등장하고 있다. 한 커피전문점 [10-28]

12) 이하 설명은 정순섭, “현금없는 사회의 법적 과제 －법화의 강제통용력을 중심으로－”, 은행법연구 제12권 제1호, 2019, 195－235면에 기초한 것이다.

13) 一般社団法人キャッシュレス推進協議会, 「キャッシュレス・ロードマップ 2022」, 2022. 6., 9면.

에서는 신용카드를 포함한 비현금지급수단을 '적극적으로 권유'하고, 현금 고객에 대해서는 자사 카드와 같은 비현금지급수단에 충전해 사용할 것을 안내하고 있다. 그 밖에도 유료도로의 통행료, 주차장의 주차료, 키오스크 형태의 식당주문 및 식사료와 영화관의 관람료 등의 지급장비도 현금을 받지 않는 경우가 많다. 최근에는 현금 없는 버스도 등장하였다.

2. 분 석

가. 장점과 단점

1) 장 점

[10-29] 증권의 무권화와 비교하면 비현금화의 장점도 쉽게 이해할 수 있다. 증권의 결제방식도 전통적인 실물증권과 예탁제도에 기초한 부동화(immobilization)의 과정을 거쳐 전자등록방식에 기반한 무권화(dematerialization)로 발전하고 있다. 예탁제도도 실물증권의 혼장임치를 전제로 하는 점에서 기본적으로 실물증권방식이다. 그러나 무권화는 증권의 발행과 유통을 전자증권법상 전자등록부에의 등록과 계좌간 대체를 통하여 진행하는 방식을 말한다. 현재는 분산원장방식에 기초한 토큰증권을 전자증권법의 범위내로 수용하기 위한 논의가 진행되고 있다. 전자증권제도를 통하여 첫째, 실물증권의 거래비용을 절감하고, 둘째, 증권의 보유현황과 거래내역의 파악이 쉬워져 거래의 투명성을 높일 수 있으며, 셋째, 실물증권이 없어지게 됨으로써 도난이나 분실위험을 완전히 제거할 수 있다. 효율성과 투명성 그리고 안전성이라는 세 가지로 요약할 수 있는 전자증권제도의 장점은 현금없는 사회에도 그대로 적용될 수 있다.

[10-30] 첫째, 효율성 측면에서 현금 발행을 감소시켜 제조 및 관리비용을 줄일 수 있다. 예컨대 2006년 이전에는 10원 동전 하나(구리 65%, 알루미늄 35%)를 만드는 데 30－40원이 들었으며, 재료구성(구리 48%, 알루미늄 52%)을 변경한 2006년 이후에도 여전히 액면가보다 많은 20원 정도인 것으로 알려져 있다.[14] 2021년 중 한국은행이 폐기한 손상화폐는 4억 352만장(2조 423억원)으로, 은행권 환수량 감소와 주화 환수량 증가와

14) 이승훈, "동전(현금)없는 사회 논의와 시사점," KB지식비타민 2016－85호, 2016. 11. 9., 2면.

같은 시중 화폐수요의 구조적 변화 등의 영향으로 전년 동기 6억 4,256만장(4조 7,644억원) 대비 2억 3,904만장 감소(−37.2%)하였다.[15] 지급인이나 수취인의 회계처리나 자산관리도 쉬워진다. 둘째, 투명성 측면에서 현금의 익명성을 폐기하고 모든 거래내역을 전자기록의 형태로 확인할 수 있게 되어 세원확보가 가능해진다. 비현금지급수단이 자금세탁 등 금융범죄의 가능성을 줄일지 아니면 늘릴지는 불분명하다는 의견이 있지만, 현금에 비해 추적가능성이 높아지는 것은 명확하다. 셋째, 안전성 측면에서 현금의 도난이나 분실, 위조 등의 위험을 완전히 제거할 수 있다. 은행강도나 택시강도와 같은 현금을 노리는 범죄도 줄어들 것이다.

2) 단 점

그러나 비현금지급수단에도 문제점이 없는 것은 아니다. 첫째, 통신사의 화재사 [10-31]
고로 해당 지역의 신용카드결제가 중단된 사례와 같은 시스템 단절에 따른 결제실패의 위험이다. 둘째, 지급내역을 통하여 개인의 경제활동정보를 파악할 수 있는 등 새로운 형태의 개인정보보호문제를 야기할 수 있다. 셋째, 현금을 대상으로 하는 범죄가 줄어드는 대신 새로운 지급수단을 대상으로 하는 범죄가 증가할 가능성도 있다. 넷째, 비현금지급수단의 사용에 익숙하지 않은 고령자 등 디지털 약자들이 소외될 가능성도 있다. 다섯째, 현금없는 사회로의 전환이 '과소비를 부추기는 현상'이 생겨날 수 있다는 지적도 있다.[16]

3) 검 토

그러나 기술발전에 따른 거래환경의 변화는 비현금지급수단의 사용을 수반하게 [10-32]
될 것이다. 결제실패위험 등은 시스템보완과 금융보안 등으로 대응하고, 개별 경제주체나 기관의 입장이 아니라 사회 전체의 비용과 편익을 보아 판단할 문제라고 생각한다. 그러나 법화의 강제통용력과 디지털취약계층의 지급수단측면에서의 금융소외문제는 반드시 정리되어야 한다.

---

15) 한국은행, 보도자료: 2021년 중 손상화폐 폐기 규모, 공보 2019−02−07호, 2022. 2. 5.

16) 명순영, '현금 없는 사회'의 명과 암−카드 쓰다 과소비 둔감해질라, 매일경제 Citylife 제632호, 2018. 6. 12.

Ⅱ. 강제통용력과 지급수단의 수용성

1. 법화의 강제통용력 한도와 고객보호

가. 의 의

[10-33] 법화는 그 통용력과 지급력에 제한이 있는지 여부에 따라 무제한 법화와 제한 법화로 구분된다.[17] '무제한 법화'는 상거래 또는 채무변제 등에 제한 없이 사용할 수 있는 법화를, 그리고 '제한 법화'는 일정한 수량이나 금액을 넘어서는 상거래 또는 채무변제에 사용할 수 없는 법화로 강제통용력이 부여되는 수량 또는 금액에 제한이 있는 법화를 말한다. 지급방법에 관한 특별한 합의가 없는 경우에도 거액거래를 현금으로 결제하는 것은 신의성실의 원칙에 반하는 변제방법이 될 수 있다.[18] 예컨대 국내에서 종종 보도되는 밀린 임금을 동전으로 지급하는 문제도 주화의 강제통용력과 관련된 것이다. 이 문제를 근로기준법상 임금을 화폐로 지급할 경우 지폐나 계좌이체방식으로 지급하도록 하려는 법안도 제출된 적이 있었다.[19] 그러나 이 문제는 주화의 법화로서의 강제통용력에 한도를 두어 해결할 문제이다. 우리나라를 제외한 대부분의 국가에서는 법화 특히 주화의 강제통용력에 일정한 한도를 두고 있다.

나. 외국입법례

[10-34] 한국은행권과 주화의 법화로서의 통용력에는 한도가 없다. 이를 한국은행법은 '무제한'이라고 규정한 것이다. 주화의 강제통용력을 제한하고 있는 입법례와 비교하면 그 의미가 명확해진다. 일본은행법은 "일본은행권은 법화로서 무제한 통용된다"고(46조 2항), 그리고 주화는 "액면가격의 20배까지를 한도로 법화로서 통용된다"고(통화의 단위 및 화폐의 발행등에 관한 법률 7조) 규정하고 있다. 영국에서도 주화는 법화로서 통용되지만, 금화가 아닌 주화에 대해서는 일정한 금액을 한도로 강제통용력을 인정하고 있다(Coinage Act 1971, Art 2(1)). 호주(Currency Act 1965, Act No. 95 of 1965, Art 16(2))와 캐나다(Currency Act, R.S.C., 1985, c. C−52, Art 8(2))도 유사한 취지의 규정을

17) 국회 기획재정위원회 수석전문위원 석영환, 한국은행법 일부개정법률안 검토보고, 2018. 9., 61면.
18) 지원림, 『민법강의』, 제13판, 홍문사, 2015, 48면.
19) 「근로기준법 일부개정안」(의안번호: 제995호, 발의연월일: 2016. 7. 20., 이용득 의원 대표발의).

두고 있다. 싱가포르도 마찬가지로 MAS가 발권한 주화는 불법적으로 취급된 경우를 제외하고는 그 액면가까지 금전의 지급을 위한 법화가 된다(Currency Act, Art 13(3)). 다만 그 법화성에 한도를 두어 50센트를 초과하는 액면가를 가진 주화의 경우 모든 금액의 지급을 위하여, 50센트 주화의 경우 10싱가포르달러를 초과하지 않는 금액의 지급을 위하여 그리고 50센트 미만인 액면가를 가진 주화의 경우 2싱가포르달러를 초과하지 않는 금액의 지급을 위하여 법화로서의 강제통용력을 가지게 된다. 이와 같은 법화성의 제한에 관하여 일본에서는 "1회당 사용매수가 지나치게 많아지면 수취인측의 계산이나 보관이 번잡하게 되는 등"의 이유를 들고 있다.[20]

다. 법화의 강제통용력 제한

한국은행법 제53조에 제2항을 신설하여 주화의 법화성에 한도를 두려는 개정안 [10-35]
이 국회에 발의된 적이 있다.[21] 이러한 제안에 대해서는 찬반론이 존재한다. 주화의 강제통용력에 한도를 두려는 개정안에서 제시하는 문제는 첫째, 신용카드나 전자결제수단이 있어 주화의 무제한 통용에 따른 실익이 작은 점과 둘째, 체불임금을 동전으로만 지급하는 등 사회적 부작용이 크다는 점의 두 가지이다. 문제점별로 대응방식이 달라질 수 있다고 본다.

첫째 문제의식에 대해서는 (ⅰ) 주화의 강제통용력을 제한해도 당사자가 원하 [10-36]
는 경우에는 무제한하게 통용될 수 있는 점, (ⅱ) 주화의 제조 및 관리에 소요되는 막대한 비용을 고려할 때 최소한 그 사용을 원하지 않는 자에게는 기회를 제공하는 의미가 있는 점, (ⅲ) 주화의 과도한 지급은 민법상 신의성실에 반하는 변제행위로서 현행법상으로도 문제될 수 있고[22] 강제통용력 제한은 판단기준을 제시하는 의미가 있는 점을 고려할 때 주화의 강제통용력 제한은 의미가 있다고 본다.

둘째 문제의식에 대해서는 주화가 아닌 소액 은행권을 남용하는 경우도 있을 [10-37]
수 있다는 점이 고려되어야 한다. 그러면 주화와 같은 이유에서 은행권의 강제통용력도 제한할 것인가? 지급거래에서 수취인의 권리를 보장하는 방안을 도입하는 것이 우선적으로 고려되어야 할 것으로 본다.[23]

---

20) 古市峰子, 「現金, 金銭に関する法的一考察」, 金融研究 第14券 第4號, 1995, 109면.

21) 한국은행법 일부개정법률안(의안번호 14064, 발의연월일 : 2018. 6. 28., 송옥주의원 대표발의).

22) 지원림, 위의 책, 48면.

23) 예컨대 노르웨이 1999년 금융계약 및 금융양도에 관한 법률(Act on Financial Contracts and Financial Assignments)

2. 법화의 강제통용력과 계약자유의 원칙

[10-38] 지급방법에 관한 특별한 합의가 있는 경우에는 강제통용력이 적용되지 않는다. 다만 첫째, 그러한 합의의 성립을 어떤 요건하에서 인정할 것인지에 대해서는 엄격한 사실확인이 필요한 점, 둘째, 당사자간 협상력의 차이와 같은 불평등요소가 존재하는 경우 특정한 지급수단의 사용이 사실상 강제되는 경우도 있을 수 있는 점에 유의할 필요가 있다.

[10-39] 현금 없는 사회로의 변화에 가장 적극적인 국가는 스웨덴이다. 스웨덴 중앙은행법도 중앙은행이 발행하는 은행권이나 주화를 강제통용력 있는 법화로 규정하고 있다(The Sveriges Riksbank Act Chapter 5 Notes and coins Art. 1). 그 의미는 모든 사람은 지급에 관하여 은행권과 주화를 수취할 의무가 있다는 것으로 해석되고 있다. 다만 스웨덴도 지급방법에 관한 당사자간 별도의 합의가 있는 경우에는 강제통용력이 적용되지 않는 것으로 보고 있다. 상인들이 그 가게에서는 현금을 수령하지 않음을 미리 입구에 게시물 등의 형태로 고지하고, 해당 고지내용을 알고 그 가게에 들어온 경우 고객과 상인 간에는 지급방법에 관한 특별한 합의가 이루어진 것으로 보는 것이다. 은행에 대해서도 같은 논리가 적용되고 있다. 공적 거래에 대해서도 같은 논리를 적용할 수 있는지에 대해서는 논의가 있다. 예컨대, 조세납부는 현금으로 할 수 있도록 법률상 허용되어 있다. 다만 공공의료와 같은 공공기관에 대해서는 이러한 합의의 효력을 제한하는 하급심 판결이 있다.

[10-40] 법화의 강제통용력은 절대적인 개념이라고 할 수는 없다. 일정한 입법정책목적에 따라 강제통용력에 한도를 둘 수도 있다. 같은 논리로 당사자간에 지급수단에 관한 별도의 합의가 있는 경우에는 그 합의가 우선하는 것이 당연하다. 다만 그로 인하여 발생할 수 있는 취약계층의 보호문제는 아래 지급수단으로서의 현금선택권 보장에서 설명한다.

상 수취인은 지급인에게 중대한 비용이나 다른 불편을 초래하지 않을 경우에는 지급방법에 관하여 추가적인 지시를 할 수 있다(section 38(2)).

Ⅲ. 금융포용과 지급수단선택권

1. 문제의 의의

지급수단으로서의 현금 사용을 이용자의 권리로 볼 것인가? 이와 관련하여 특히 [10-41]
디지털 소외계층을 위하여 지급수단으로서의 현금 수취 거절을 금지하는 입법례를 볼 수 있다. 그리고 자금세탁방지나 세원확보를 위하여 일정금액 이상의 고액 현금거래 자체를 제한하는 입법도 있다. 더욱 넓은 관점에서 지급수단과 금융포용의 관계 또는 지급수단의 금융포용측면에 대한 검토도 필요하다.

2. 현금사용과 금융포용

지급수단의 확보는 금융거래를 포함한 경제활동을 위한 출발점이 된다. 경제주 [10-42]
체가 적정한 지급수단을 가능한 비용으로 확보하는 것은 금융포용의 관점에서도 중요하다. 국제기구에서도 개인과 기업은 대부분의 지급수요를 충족하고, 가치를 안전하게 저장할 수 있으며, 다른 금융서비스를 위한 접근경로로 활용할 수 있는 최소한 1개의 규제대상 지급업자가 운영하는 거래계좌를 보유할 수 있어야 한다는 원칙을 제시하였다.24) 현금없는 사회의 전제가 되는 비현금지급수단의 사용에 익숙하지 않은 디지털 소외계층에게 현금의 사용을 특별히 허용하는 것은 금융포용의 관점에서 볼 문제인가? 전통적으로 금융포용 논쟁은 금융시스템의 핵심 구성 요소인 은행서비스에 대한 접근가능성을 중심으로 논의되어 왔기 때문이다. 현금사용을 지급수단에 대한 선택권 보장이라는 관점에서 보는 것은 금융포용측면에서도 접근할 수 있다.

3. 현금수취 거절 제한 사례

가. 개 관

일부 국가에서는 거래과정에서 지급수단으로서의 현금수취를 거절하는 행위를 [10-43]

24) Committee on Payments and Market Infrastructures and World Bank Group, Payment Aspects of Financial Inclusion, April 2016, p. 53. <https://www.bis.org/cpmi/publ/d144.pdf> (2019. 5. 5. 방문)

금지하는 입법을 하고 있다. 덴마크와 미국의 일부 주나 도시가 대표적이다.

나. 덴마크

[10-44] 2009년 당시의 지급서비스법(Payment Services Act)상 지급카드와 같은 지급수단의 수취인은 유인판매와 관련하여 지급으로서 현금을 수취할 법률상 의무를 가진다(Payment Services Act, section 56 1st clause). 이를 현금규칙(cash rule)이라고 한다. 이 규정은 민간분야뿐만 아니라 공공기관에도 적용된다.

[10-45] 다만 현금규칙은 첫째, 원격판매와 무인셀프서비스환경에서의 지급거래, 둘째, 자금세탁방지법상 현금거래가 제한되는 경우에는 적용되지 않는다(Payment Services Act, section 56 2nd clause). 주무장관은 특정서비스나 특정유형의 서비스에 대하여 현금규칙을 포함한 지급법의 적용을 면제할 수 있다(Payment Services Act section 1(3)). 무인셀프서비스의 해석과 관련하여 첫째, 공중운송서비스인 버스의 운전기사와 둘째, 라디오나 TV 매장에 설치된 축구티켓터미널 운영에서 매장직원들의 역할과 관련하여 무인점포로 해석한 사례가 있다.

[10-46] 2018년부터 현금사용규정은 오후 22:00－오전 06:00까지 직원이 있는 점포에도 적용되지 않는다. 강도위험이 높은 지역에서는 오후 20:00부터 면제된다. 주무장관인 산업기업금융장관은 24시간 약국과 같은 일정한 수취인에 대해서는 현금수취를 의무화할 수 있다.

다. 미 국

[10-47] 미국의 매사추세츠 주는 이미 1978년부터 일정한 요건하에 현금사용을 의무화하는 규정을 두고 있다(Massachusetts General Law－Part III, Title IV, Chapter 255D, Section 10A). 미국의 일부 도시는 상인들의 현금수취거절을 금지하는 입법을 하였다. 필라델피아 시는 소매점에서 현금수취를 거절하거나 해당 점포에서 현금수취를 거절한다는 게시를 하거나 현금을 지급하는 자에게 다른 지급수단을 사용하는 자에 비하여 높은 가격을 부과하는 행위를 금지하고 있다(Philadelphia Code §9－1132(1)). 여기서 소매점은 개인적으로 이루어지는 소매거래를 포함하고 전화, 우편, 인터넷거래를 제외한다(Philadelphia Code §9－1132(2)). 미국은 특히 주화의 사용을 보장하기 위하여 정부기관이나 금융기관 등 일정한 범위의 기관에 대해서는 주화의 수령을 가능하게 하는 수

단의 확보를 의무화하는 등의 주화사용확대를 위한 의무규정(31 U.S. Code §5112)을 두고 있다.

4. 현금사용 제한 사례

현금사용을 제한하는 입법례는 주로 세원확보나 자금세탁방지의 관점에서 거래자의 현금 사용을 제한하고 있다. 호주와 EU의 사례를 살펴본다. EU는 입법에 이르지 못했지만, 일부 회원국은 호주와 유사한 규제를 가지고 있다. [10-48]

호주는 지하경제의 양성화라는 관점에서 2019. 7. 1.부터 10,000호주달러 이상의 현금거래를 금지하기로 했다.[25] 다만 금융기관과의 거래나 소비자간 비기업거래에는 적용되지 않는다. 이는 탈세 및 자금세탁방지를 위하여 2017년 재무부 산하 지하경제연구팀의 권고에 따른 것이다. 연구팀은 모든 경제 분야에서 10,000호주달러 이상의 현금거래를 금지하고, 이러한 거래는 은행시스템을 통하게 할 것을 권고하였다. 이를 정부가 수용한 것이다. [10-49]

2016년 이후 EU도 "공중협박 자금조달에 현금이 널리 이용되고 있다"는 인식하에 "현금지급에 대한 잠재적인 상한도입의 적정성"을 검토하였다. 그러나 2018년 현금지급은 유럽시민들에게 민감한 문제이고 현금지급을 기본적인 권리로 인식하고 있어서 부적절하게 제한되어서는 안 된다는 점을 밝히면서 현단계에서 그러한 입법을 고려하지 않는다고 발표하였다.[26] [10-50]

25) Australian Government, Budget measures: budget paper no. 2: 2018-19, 2018, p. 23.

26) European Commission, Report from the Commission to the European Parliament and the Council on restrictions on payments in cash, COM(2018) 483 final, 12 June 2018.

CHAPTER

11 여신거래

제 1 절 서 언[27)]

[11-1] 여신은 신용을 공여하는 행위를 말한다. 여기서 신용은 단순하게는 금전 등을 의미한다. 대표적인 여신거래는 대출과 지급보증이다. 대출은 대출약정 이후 일정한 인출선행조건을 충족하면 대주가 차주에게 자금을 제공하는 구조이다. 반면, 지급보증은 보증약정 이후 일정한 대지급사유가 발생하면 보증인으로서 주채무자를 대신하여 채권자에게 대지급을 하게 된다. 자금인출사유와 시점에 차이가 있을 뿐 일정한 자금을 제공함으로써 차주나 주채무자에 대하여 신용위험을 부담하는 점은 같다. 그러한 의미에서 여신이라는 표현을 사용한다. 이하 여신의 종류와 법적 구조, 금융규제법상 문제와 금융거래법상 문제를 차례대로 살펴본다.

27) 이하 설명은 정순섭, 은행, 제9장 대출, 제13장 신디케이티드 대출에 기초한 것이다. 추가적인 설명은, 박준 · 한민, 금융거래와 법, 박영사, 2022, 제3장 여신 · 대출 총론, 제4장 신디케이티드 대출, 제5장 은행 지급보증.

제2절 종 류

Ⅰ. 문제의 범위

은행실무상 여신거래는 "어음대출 · 어음할인 · 증서대출 · 당좌대출 · 지급보증 · 외국환 기타의 여신에 관한 모든 거래"를 의미한다(여신거래기본약관(기업용) 1조). 어음대출 · 어음할인 · 증서대출 · 당좌대출은 전통적인 금전소비대차인 대출의 종류를 구분한 것이다. 지급보증은 민법상 보증에 기초한 여신거래이다. 그 밖에 거래의 종류나 형태, 그리고 표시통화를 불문하고 차주나 주채무자에 대한 신용위험을 부담하는 구조는 모두 여신에 해당할 수 있다. 이를 '외국환 기타의 여신에 관한 모든 거래'라고 표시한 것이다. 여신거래도 다양한 형태로 발전하고 있다. [11-2]

Ⅱ. 종 류

1. 대 출

대출은 금전소비대차계약이다. 여신거래기본약관은 대출을 어음대출, 어음할인, 증서대출, 당좌대출의 네 가지로 구분한다. 형식에 따른 구분으로서 종류별로 본질적인 차이가 있는 것은 아니다. 어음대출은 어음을 받고 하는 대출이다. 대출채권을 행사하는 것보다 어음상 권리를 행사하는 것이 효율적이라는 판단에 기초한 대출형식이다.[28] 증서대출은 대출약정서와 같은 증서를 작성하고 하는 대출을 말한다. 어음대출보다는 복잡한 조건의 대출에 적합하다고 설명한다. 어음할인은 법적 형식은 어음의 매매이지만, 법적 성질에 관한 논의가 있다. 당좌대출은 예금과 대출을 결합하여 어음금지급 등의 업무를 은행에 위임하는 구조이다. [11-3]

어음할인은 "아직 만기가 도래하지 아니한 어음의 소지인이 상대방에게 어음을 양도하고 상대방이 어음의 액면금액에서 만기까지의 이자 기타 비용을 공제한 금액 [11-4]

28) 채무자가 발행하거나 배서 · 보증 · 인수한 어음에 의한 여신의 경우, 은행은 어음채권 또는 여신채권의 어느 것에 의하여도 청구할 수 있다(은행여신거래기본약관 (기업용), 2조(어음채권과 여신채권)).

을 할인의뢰자에게 교부하는 거래"를 말한다(대법원 2002. 4. 12. 선고 2001다55598 판결). 금융회사는 어음할인을 통하여 차주에게 자금을 공급할 수 있다. 어음할인은 경제적 실질과 법적 형식이 충돌할 수 있는 형태로서 그 법적 성질은 "약정의 내용과 거래의 실태 등을 종합적으로 고려하여 결정"할 문제이다(대법원 2002. 9. 24. 선고 2000다49374 판결). 어음할인은 "어음소지인이 어음에 기재된 지급기일이전에 돈을 융통받고자 할 때 금융기관이 그 기일까지의 이자등을 액면금에서 공제한 돈을 지급하고 그 어음을 매입하는 것"으로서, 다른 특별한 사정이 없는 경우 그 법적 형식에 따라 매매로 보아야 할 것이다(대법원 1985. 2. 13. 선고 84다카1832 판결). 그러나 여신거래기본약관상 할인어음에 문제가 발생할 경우 은행이 할인의뢰인에 대한 환매청구권을 유보하고 있어 할인의뢰인의 자행예금과 상계할 수 있다(여신거래기본약관(기업용) 9조). 이 경우 그 경제적 실질은 할인대상인 어음을 담보로 할인의뢰인에게 어음매입대금을 대출한 것이므로 어음담보부대출로 보는 것이 옳다(대법원 2002. 9. 24. 선고 2000다49374 판결).[29]

[11-5] 당좌대출은 "은행이 당좌예금거래자에 대하여 약정한도액까지 당좌예금잔액을 초과하여 해당 거래약관에 따라 발행된 어음이나 수표를 은행이 지급하는 방식으로 이루어지는 대출"이다. 예금과 대출 그리고 어음이나 수표의 지급업무 위임이 혼합된 계약이다.

2. 지급보증

[11-6] 지급보증은 타인의 채무를 보증하는 업무를 말한다. 은행법상 은행업무(은행 2조 1항 6호), 그리고 자본시장법상 금융투자업자의 겸영업무(자본 40조 1항 5호; 동 시행령 43조 5항 6호)[30]에 해당한다. 보험업법상 보험회사는 일정한 예외를 제외하고는 타인을 위한 채무보증이 금지된다(보험 113조; 동 시행령 57조의2). 여신거래로서의 지급보증은 반드시 전형적인 민법상 보증에 해당하지 않아도 무방하다. 지급보증은 어음인수나 어음보증을 포함한다. 신용장 개설도 지급보증에 포함된다. 외국환업무에 해당할

29) 수표할인도 가능하고 어음할인과 동일한 기준에 따라 그 법적 성질을 판단한다. 대법원 1997. 4. 25. 선고 97다6636 판결.

30) 다만 금융투자업자의 지급보증업무는 인수를 포함한 증권 투자매매업자 및 장외파생상품 매매업자에 한정된다(자본시행령 43조 5항 단서 3문).

경우에는 외국환거래법상 규제도 준수해야 한다.

독립적 은행보증이나 보증신용장도 특수한 형태의 지급보증에 속한다. 독립적 은행보증(first demand bank guarantee)은 "주채무자(보증의뢰인)와 채권자(수익자) 사이의 원인관계와는 독립되어 그 원인관계에 기한 사유로서는 수익자에게 대항하지 못하고 수익자의 청구가 있기만 하면 보증인의 무조건적인 지급의무가 발생하게 되는" 보증으로서 주채무에 대한 관계에서 부종성을 지니는 통상의 보증과 다르다(대법원 1994. 12. 9. 선고 93다43873 판결). 보증신용장(Stand-by Letter of Credit)에 의한 보증은 수익자가 보증신용장 조건과 일치하는 지급청구를 하는 경우 보증신용장이 발행된 기초계약상 의무불이행 여부와 상관없이 수익자에 대한 보증신용장에 기재된 금액의 지급의무가 인정되는 보증이다(대법원 2022. 7. 28. 선고 2021다215909 판결). 독립적 은행보증과 보증신용장에 따른 보증에는 수익자와 보증의뢰인 사이의 원인관계와 단절되는 추상성과 무인성이 있다. [11-7]

Ⅲ. 구 별

1. 신용공여

여신거래와 신용공여라는 개념은 구별해야 한다.31) 금융규제법은 규제목적에 따라 신용공여라는 개념을 다양하게 활용하고 있다. 금융규제법상 신용공여의 정의는 거의 유사하지만 규제목적과 업무범위 등을 고려하여 약간의 차이가 존재한다. [11-8]

은행법상 신용공여는 대출, 지급보증 및 유가증권의 매입(자금지원적 성격인 것만 해당), 그 밖에 금융거래상의 신용위험이 따르는 은행의 직접적 · 간접적 거래를 말한다(은행 2조 1항 7호). 보험업법상 신용공여는 지급보증업무가 제한되는 점을 고려하여 "대출 또는 유가증권의 매입(자금 지원적 성격인 것만 해당)이나 그 밖에 금융거래상의 신용위험이 따르는 보험회사의 직접적 · 간접적 거래"라고 정의하면서 구체적인 내용 [11-9]

31) "사전적으로 '신용공여'는 '금융거래에서 자기의 재산을 타인에게 빌려주어 일시적으로 이용하게 하는 일'을 의미하고, '금융기관에서 고객에게 돈을 빌려주는 일'이라는 의미의 '여신'(與信)과는 구별된다. 또한 '신용'은 '거래한 재화의 대가를 앞으로 치를 수 있음을 보이는 능력'을 말하고, '공여'란 '어떤 물건이나 이익 따위를 상대편에게 돌아가도록 함'을 의미한다." 서울고법 2022. 1. 26. 선고 2020누51909 판결(확정).

은 시행령으로 정하는 바에 따라 금융위가 정하도록 위임하고 있다(보험 2조 13호; 동 시행령 2조). 보험업법시행령은 대출, 어음 및 채권의 매입, 그 밖에 거래 상대방의 지급불능 시 이로 인하여 보험회사에 손실을 초래할 수 있는 거래, 보험회사가 직접적으로 이상에 해당하는 거래를 한 것은 아니나 실질적으로 이상의 거래에 해당하는 거래를 한 것과 같은 결과를 가져올 수 있는 거래를 규정하고 있다(보험 시행령 2조 1항 1호−4호). 이러한 신용공여 개념을 기초로 동일인 여신한도규제, 자회사등에 대한 신용공여 제한, 대주주에 대한 신용공여 제한이 이루어진다(은행 35조, 37조 3항, 35조의2; 보험 106조 1항 1호 · 3호 · 4호 · 5호 · 7호, 111조 1항 2호, 116조 1호). 은행이나 보험회사와 신용공여 계약을 체결한 자에게 금리인하요구권을 인정하고 있다(은행 30조의2 1항; 보험 110조의3 1항).

[11–10] 자본시장법상 신용공여는 여신업무를 주로 하지 않는 점을 고려하여 은행법이나 보험업법과는 규제형식이 다르다. 첫째, 금융투자업자는 일정한 예외를 제외하고는 대주주(그의 특수관계인을 포함)에 대하여 신용공여를 할 수 없다(자본 34조 2항 본문). 자본시장법은 이 경우의 신용공여를 "금전 · 증권 등 경제적 가치가 있는 재산의 대여, 채무이행의 보증, 자금 지원적 성격의 증권의 매입, 그 밖에 거래상의 신용위험을 수반하는 직접적 · 간접적 거래로서 대통령령으로 정하는 거래"(자본 34조 2항; 동 시행령 38조 1항 1−5호)라고 정의하고 있다. 시행령은 대주주를 위한 담보제공 등 대주주를 위한 거래로 한정하여 정의하고 있다. 자본시장법은 이 신용공여 정의의 적용범위를 '이 절에서 같다'라고 하여 대주주와의 거래제한에 한정하고 있다. 둘째, 투자매매업자 또는 투자중개업자는 증권과 관련하여 금전융자 또는 증권대여의 방법으로 투자자에게 신용공여를 한다(자본 72조 1항 본문). 이 경우의 신용공여는 금전융자와 증권대여를 말한다. 셋째, 종합금융투자사업자는 기업에 대한 신용공여 업무를 할 수 있다(자본 77조의3 3항 1호). 이 경우의 신용공여는 대출과 기업어음증권에 해당하지 않는 어음의 할인 · 매입을 말한다(자본시행령 77조의5 1항 1호, 3호). 이와 관련하여 자본시장법상 종합금융투자사업자가 할 수 없는 행위로서 다른 정의 없이 규정된 '개인에 대한 신용공여'(자본시행령 77조의6 2항 4호 가목)의 의미가 문제된 사례가 있다. 이에 대하여 법원은 상법과 은행법 그리고 보험업법을 포함한 금융규제법상 신용공여 규제의 취지와 자본시장법상 종합금융투자사업자제도의 기능과 목적 등을 고려하여 '대출, 어음의 할인 · 매입'뿐만 아니라 '자금지원적 성격의 증권의 매입, 그 밖에 거래상

신용위험을 수반하는 직접적 · 간접적 거래'를 포함한다고 해석하였다(서울고법 2022. 1. 26. 선고 2020누51909 판결(확정)).

2. 사모사채의 매입

금융법상 오래된 과제 중의 하나가 특히 사모사채의 매입을 신용공여로 볼 것인지의 문제이다. 법적 형식과 경제적 실질이 충돌하는 대표적인 사례이기도 하다. 사채의 법적 성격에 관하여는 논의가 있지만 자금제공기능을 수행하는 것은 명백하고, 금융규제법상 신용공여의 정의도 모두 "자금지원적 성격인 유가증권이나 증권의 매입"을 포함하고 있다. 그러면 자금지원적 성격인 유가증권이나 증권의 매입을 판단하는 기준은 무엇인가? 발행시장에서의 취득 또는 매입과 유통시장에서의 매입은 구별해야 한다. 유통시장에서의 매입을 신용공여로 보기는 어렵다. 발행시장에서의 취득이나 매입 중에서 공모에 해당하는 경우도 마찬가지이다. 그러나 발행시장에서의 사모사채의 취득이나 매입은 자금지원적 성격의 유가증권 매입에 해당할 가능성이 높다. [11-11]

자본시장법상 종합금융투자사업자의 사모사채 매입이 '개인에 대한 신용공여'에 해당하는지 여부가 문제된 사안에서 법원은 "단기금융업무를 허용한 취지, 단기금융 조달자금의 운용기준에 대한 법령의 체계와 내용, 이 사건 사모사채의 발행 경위, 목적, 성격, 이 사건 사모사채의 매입 과정, 매입에 따른 효과 등을 종합적으로 고려하여 실질적으로 판단하여야" 한다고 하면서, "이 사건 사모사채의 매입은 A이 단기금융업무를 통해 조달한 단기금융 조달자금으로 실질적으로는 F의 이 사건 주식 매수에 필요한 자금 등을 사모사채 매입의 형식으로 경제적 지원을 함으로써 금융거래상 개인의 신용위험을 수반하는 거래를 한 것"이므로, 개인에 대한 신용공여에 해당한다고 판단하였다(서울고법 2022. 1. 26. 선고 2020누51909 판결(확정)). 경제적 실질을 우선한 판단으로서 옳은 접근이라고 생각한다. [11-12]

3. 신용파생상품

신용파생상품은 신용위험을 기초자산으로 하는 파생상품이다. 특정한 발행인이 [11-13]

나 차입자 또는 그가 발행한 증권의 신용등급의 변화를 포함한 신용위험 자체를 기초자산으로 선도나 옵션 또는 스왑거래를 하는 것이다. 신용부도스왑(credit default swap)이나 총수익스왑(total return swap) 등이 여기에 해당한다. 대출채권이나 증권의 보유자가 그 신용위험을 상대방에게 이전하고, 그 상대방은 그 신용위험이 현실화되는 일정한 신용사유(credit event)가 발생하면 그 손실액을 현금으로 지급하거나(차액결제, settlement by cash payment) 사전에 약정된 가격으로 대출채권이나 증권을 양수하는(현물인도에 의한 결제, settlement by physical delivery) 방식으로 신용위험을 부담하는 거래이다. 거래상대방은 신용위험의 인수에 따른 수수료를 취득한다.

[11-14] 신용파생상품은 보증과는 법적 형식상 첫째, 주채무자의 부탁에 의하여 보증인이 보증하게 되는 일반적인 보증거래와는 달리 채권자 또는 증권보유자가 거래상대방과 직접 신용위험이전에 관한 거래를 체결하는 점, 둘째, 거래상대방이 신용위험을 최종적으로 부담한 경우에도 주채무자에 해당하는 대출채권의 차입자나 증권의 발행인에 대하여 구상권을 가지지 않는 점 등 구조적으로는 명백히 차이가 있다.

[11-15] 이 경우 대출채권이나 증권의 보유자는 위험을 거래상대방에게 이전한 점에서 위험매도자(risk seller)이면서 보장매수자(protection buyer)가 되고, 그 상대방은 위험매수자(risk buyer)이면서 보장매도자(protection seller)가 된다. 여기서 위험매수자이면서 보장매도자인 거래상대방은 준거자산인 대출채권이나 증권에 대한 신용위험을 부담하게 되므로 지급보증과 실질적으로 동일한 신용공여가 이루어진 것으로 볼 수 있다. 따라서 금융규제목적상으로는 위험매수자이면서 보장매도자로서의 기능을 수행하는 금융업자에 의한 신용공여로 보아야 한다.

제 3 절 금융규제법상 문제

Ⅰ. 금융규제 대상으로서의 여신

금융규제의 대상으로서의 여신에는 대출과 지급보증 이외에 다양한 신용공여거래가 포함된다. 여신거래에 대해서는 금융회사의 건전성 확보를 위한 건전성규제와 금융소비자 보호를 위한 영업행위규제가 모두 적용된다. 첫째, 여신거래에도 다양한 위험이 발생하지만 신용위험이 가장 중요하다. 금융소비자가 금융업자에게 자금을 맡기는 예금성이나 투자성 또는 보장성 상품과는 달리 대출성상품의 경우 오로지 금융업자만 차입자나 보증채무자와 같은 금융소비자에 대한 신용위험을 부담한다. 이러한 구조적 차이로 인하여 여신에 관한 금융규제법상 문제는 금융업자의 건전성규제를 중심으로 한다. 둘째, 금융소비자법은 대출성 상품도 판매규제의 대상으로 포함하고 있다. 따라서 예금성이나 투자성 또는 보장성 상품과 다른 대출성 상품의 특성을 고려한 판매규제의 논리가 설명되어야 한다. 셋째, 대출에서도 대출금리나 중도상환수수료와 같은 정보의 비대칭성이 발생할 수 있는 분야가 존재한다. 이하 첫째 관점에서 동일인 여신한도 규제를, 둘째 관점에서 금융소비자법상 적합성원칙을, 셋째 관점에서 대출금리와 중도상환수수료에 관한 문제를 설명한다. [11-16]

Ⅱ. 동일인 여신한도규제[32]

1. 의 의

실무상 대출이나 지급보증과 같은 여신거래에 따른 차입자나 보증채무자의 신용위험관리를 위하여 다양한 수단이 사용되고 있다. 그러나 금융업자의 건전성관점에서 가장 중요한 것은 신용위험이 특정차주나 기업집단에 집중되는 집중위험(concentration risk)을 방지하는 것이다. 동일인 여신한도 규제는 이러한 관점에서의 규제이다. 그러나 대출채권의 회수가능성에 대한 우려를 직접 반영한 것은 아니다(대법 [11-17]

32) 이하 설명은 정순섭, 은행, 제5장 제5절 Ⅲ. 여신한도규제에 기초한 것이다.

원 2012. 4. 12. 선고 2010다75945 판결). 동일인 여신한도규제는 채무자의 범위를 기준으로 동일인, 동일차주, 거액여신의 세 가지 단위로 구성된다.

2. 채무자의 범위

[11-18] 첫째, 동일인규제는 동일한 개인이나 법인 각각에 대한 여신한도를 규제하는 것이다. 은행법상 자기자본의 20%(은행 35조 3항 본문), 그리고 보험업법상 일반계정은 총자산의 3%, 특별계정은 각 특별계정 자산의 5%(보험 106조 1항 1호 가목 · 나목)를 한도로 한다. 둘째, 동일차주규제는 동일차주에 대한 여신한도를 규제하는 것이다. 은행법상 자기자본의 25%(은행 35조 1항 본문), 보험업법상 일반계정은 총자산의 12%, 특별계정은 각 특별계정자산의 15%를 한도로 한다(보험 106조 1항 3호 가목 · 나목). 여기서 동일차주는 "동일한 개인 또는 법인 및 이와 신용위험을 공유하는 자로서 공정거래법상 기업집단(2조 11호)에 속하는 회사를 말한다(은행 35조 1항 본문; 동 시행령 20조의4, 보험 2조 16호; 동 시행령 5조)를 말한다. 셋째, 거액여신규제는 동일인 또는 동일차주에 대한 신용공여가 일정 규모를 넘는 거액 신용공여인 경우 그 한도를 규제하는 것이다. 거액여신은 은행법상 자기자본의 10%, 보험업법은 총자산의 1%를 초과하는 여신을 말한다. 은행법상 자기자본의 5배(은행 35조 4항 전단), 보험업법상 일반계정은 총자산의 20%, 특별계정은 각 특별계정자산의 20%를 한도로 한다(보험 106조 1항 4호 가목 · 나목).

3. 신용공여자의 범위

[11-19] 은행이나 보험회사에 자회사가 있는 경우 그러한 금융회사와 자회사 등의 동일인에 대한 신용공여액을 합산하여 규제할 것인지도 중요한 문제이다. 영국이나 일본과 달리 은행법이나 보험업법은 이러한 규제를 가지고 있지 않다. 그러나 금융지주회사법상 동일차주에 대한 금융지주회사 및 자회사등의 신용공여의 합계액은 금융지주회사등의 자기자본의 순합계액의 25%를 초과할 수 없다(45조 1항 전단).

4. 적용범위

첫째, 신용공여도 차명으로 이루어질 수 있다. 예컨대 동일인 여신한도규제를 회피하기 위하여 직원이나 가족 명의로 차명대출을 받을 수도 있는 것이다. 이러한 경우 여신한도규제를 적용하는 기준이 문제된다. 금융회사의 건전성 확보라는 동일인 여신한도규제의 취지를 고려할 때 해당 여신이 실질적으로 귀속되는 자를 기준으로 판단하는 것이 옳다. 법원도 "각각의 대출명의인이 형식적으로 독자성을 갖거나 독립된 법인격을 갖추고 있고 대출명의인을 기준으로 한 대출금은 동일인에 대한 대출한도를 초과하지 않는다고 하더라도, 대출금이 실질적으로 귀속되는 자를 기준으로 할 경우 대출한도를 초과하는 이상 그 대출행위는 상호저축은행법 제12조의 동일인에 대한 대출한도 제한규정에 위배된다"고 하여 같은 취지로 판단하고 있다(대법원 2004. 10. 15. 선고 2003도7018 판결; 대법원 2010. 5. 13. 선고 2009도13879 판결; 대법원 2013. 10. 24. 선고 2013도7201 판결). 실무상 동일한 여신한도규제를 회피하기 위하여 이루어지는 차명대출의 전형적인 사례는 실질차주인 개인이나 기업의 직원이나 가족 등을 형식상 차주로 하여 대출을 받고, 그 대출금을 대출 당일에 실질차주의 계좌로 이체한 후, 원리금도 실질차주의 계좌에서 형식차주의 계좌를 통하여 지급되는 구조를 취한다. [11-20]

둘째, 대환은 "현실적인 자금의 수수 없이 형식적으로만 신규대출을 하여 기존채무를 변제하는 거래"(대법원 2001. 6. 29. 선고 2001도2189 판결)를 말한다. 대환도 형식상 대출에 해당하는 점을 근거로 동일인 여신한도규제의 적용대상으로 볼 것인가? "특별한 사정이 없는 한 형식적으로는 별도의 대출에 해당하나 실질적으로는 기존채무의 변제기의 연장에 불과하므로" 동일인 여신한도규제의 대상인 신용공여로 볼 수 없다(대법원 2001. 6. 29. 선고 2001도2189 판결). 그러나 실제로 자금이동이 있는 경우에는 적용대상이 된다(대법원 2012. 6. 28. 선고 2012도2087 판결; 대법원 2014. 6. 26. 선고 2014도753 판결). [11-21]

5. 효 과

여신한도규제는 신용위험의 집중을 방지하는 것으로서 건전성확보를 목적으로 한다. 그러나 대출채권의 회수가능성에 대한 우려를 직접 반영한 것은 아니다(대법원 [11-22]

2012. 4. 12. 선고 2010다75945 판결). 여신한도규제에 위반해도 대출의 사법상 효력에는 영향 없다(대법원 1997. 8. 26. 선고 96다36753 판결 외). 동일인 대출한도 위반만으로 바로 손해배상책임 성립은 부정하고 있다(대법원 2012. 4. 12. 선고 2010다75945 판결). 동일인 대출한도 위반만으로 바로 배임죄가 성립되는가? 대법원은 배임죄의 일반요건을 충족해야 한다고 보고 있다(대법원 2008. 6. 19. 선고 2006도4876 판결).

Ⅲ. 대출거래와 금융상품판매규제

[11-23] 금융소비자법상 금융상품판매규제는 대출성상품도 그 대상으로 하고 있다. 특히 문제되는 것은 대출성상품과 적합성원칙의 적용이다. 전통적인 의미의 적합성원칙은 증권이나 파생상품이 그 투자자의 투자지식이나 경험 등을 기초로 판단한 위험감수능력에 비추어 적합한지를 판단하여 부적합한 상품을 금융회사가 권유하면 안된다는 것이다. 그러나 대출은 이러한 투자와는 반대방향의 현금흐름을 가지기 때문에 규제상 의미가 다르다. 금융소비자법도 대출성상품에 대한 적합성원칙의 내용을 채무자의 상환능력에 비추어 적합한 대출인지를 판단하는 구조로 규정하고 있다(금소 17조 3항; 동 시행령 11조 4항 2호). 대부업법상 "대부업자는 거래상대방의 소득 · 재산 · 부채상황 · 신용 및 변제계획 등을 고려하여 객관적인 변제능력을 초과하는 대부계약을 체결하여서는 아니 된다"라는 과잉대부의 금지(7조 2항)와 같은 취지이다.

[11-24] 전통적인 의미의 적합성원칙이 투자판단능력이 떨어지는 취약투자자들이 과도한 위험에 투자하는 것을 방지하기 위한 보호장치라는 점에서 차입자의 상환능력을 고려한 과잉대부의 금지를 적합성원칙으로 규율하는 접근 자체는 가능한 것으로 본다. 이러한 규제는 금융상품판매규제로 도입하지 않아도 신용위험관리라는 금융회사 본연의 기능상 당연한 것이라는 지적도 있을 수 있을 것이다. 그러나 금융소비자법은 약탈적 대출 등의 과도한 대출관행이 실제로 있을 수 있음을 고려하여 이를 금융상품판매규제의 하나로 명시적으로 규정한 것이다. 금융회사가 대출을 하면서 신용위험관리상 필요한 직무를 소홀히 한 것과 금융규제법상 금융상품판매규제를 위반한 것의 법적 의미는 크게 다르다.

Ⅳ. 대출금리와 중도상환수수료규제[33)]

대출금리나 중도상환수수료의 산정구조와 관련하여 전통적인 의미의 정보의 비대칭성이 존재할 수 있다. 대출금리는 대출금융회사의 조달금리에 일정한 비용과 마진을 반영하여 산정하게 된다. 여기에는 당연히 차입자의 신용위험도 반영되어야 한다. 그러나 그 상세한 산정구조는 채무자인 차입자가 쉽게 알 수 있는 정보가 아니다. [11-25]

중도상환수수료도 마찬가지이다. 중도상환수수료는 "금융소비자가 대출만기일이 도래하기 전 대출금의 전부 또는 일부를 상환하는 경우에 부과하는 수수료"를 의미한다(금소 19조 1항 1호 라목 1)). 채무자입장에서는 조기상환하면 대출금융회사에도 유리할텐데 추가적인 수수료를 부담하는 구조 자체가 이해하기 어려울 것이다. 그러나 금융회사입장에서는 조달자금을 특정한 대출을 위하여 사용한 경우 원계약상 대출기간에 앞서 조기상환하게 되면 새로운 대출처를 찾는 등 비용이 발생하는 것을 중도상환수수료라는 이름으로 채무자에게 부과한 것이라고 생각할 것이다. [11-26]

이에 대하여 금융규제법은 다음과 같이 대응하고 있다. 첫째, 금융소비자법은 대출성상품의 계약체결을 권유할 때 금융회사가 설명할 사항으로 금리 및 변동 여부, 중도상환수수료 부과 여부 · 기간 및 수수료율 등 대출성 상품의 내용, 그리고 상환방법에 따른 상환금액 · 이자율 · 시기를 규정하고 있다(금소 19조 1항 1호 라목1) · 2)). 둘째, 은행법과 보험업법은 은행이나 보험회사와 신용공여 계약을 체결한 자는 "재산 증가나 신용등급 또는 개인신용평점 상승 등 신용상태 개선이 나타났다고 인정되는 경우" 은행 등에게 금리인하를 요구할 수 있는 금리인하요구권을 규정하고 있다(은행 30조의2 1항; 보험 110조의3 1항). 셋째, 금융소비자법은 대출계약이 성립한 날부터 3년 이내에 상환하는 경우, 다른 법령에 따라 중도상환수수료 부과가 허용되는 경우, 금융소비자 보호 및 건전한 거래질서를 해칠 우려가 없는 행위로서 시행령으로 정하는 경우를 제외하고 중도상환수수료를 부과하는 행위를 불공정영업행위로서 금지하고 있다(금소 20조 1항 4호 나목 1)−3)). [11-27]

33) 중도상환수수료에 관한 상세한 논의는, 정순섭, 은행, 제9장 제3절 Ⅴ. 중도상환수수료.

제 4 절 금융거래법상 문제

[11-28] 금융거래법상 여신거래에 대해서는 계약법상 일반적인 문제와 함께 특히 대출계약의 당사자 확정, 대출금의 출자전환, 부당대출과 책임 등 금융법상 특유한 법률문제가 발생할 수 있다.[34] 증권이나 어음 그 밖의 자산의 매매를 대출로 볼 경우와 같은 성질재결정위험에 대해서는 이미 설명하였다. 대출과 투자, 대출과 증여의 구별도 실무상 자주 문제되고 있다.

[11-29] 대출계약의 당사자 확정은 금융회사의 관점에서는 실질적인 신용위험의 주체를 확인하는 과정으로서 신용위험관리상 중요한 의미를 가진다. 금융실명법상 실명확인의무는 대출거래에는 적용되지 않는다. 그러나 모든 금융거래는 다른 특별한 사정이 없는 한 계약상 명의자를 대출계약의 당사자로 보는 것이 옳을 것이다. 다만 동일인 여신한도규제와 같이 개별 금융규제의 목적과 취지를 고려하여 실질적 당사자를 고려해야 하는 경우도 있을 수 있다.

[11-30] 대출금의 출자전환은 특히 기업구조조정과정에서 대출채권을 주식으로 전환하는 것이다. 예컨대 은행이 구조조정대상기업에 대하여 3천억원의 대출채권을 가지고 있다고 하자. 그 기업의 구조조정을 위하여 필요한 경우 은행이 그 대출채권을 신주납입대금으로 하여 그 기업이 발행하는 주식을 인수하는 것이다. 그 법적 성질에 대해서는 현물출자설과 대출변제설, 그리고 상계설 등이 있다. 이 경우 과제는 대출채권을 출자전환하는 경우에 소멸하는 대출채권의 범위이다. 회생절차와 같이 당사자의 의사에 의하지 않은 출자전환의 경우에는 논의의 여지는 있지만, 원칙적으로 인수한 신주의 시가평가액에 상당하는 채권액이 변제된 것으로 해석한다(대법원 2003. 3. 14. 선고 2002다20964 판결). 그러나 신주인수대금과 대출채권을 상계한 것으로 볼 수 있는 경우에는 그 계약에서 정한 금액만큼 소멸한다고 보고 있다(대법원 2010. 9. 16. 선고 2008다97218 전원합의체 판결). 따라서 출자전환이 이루어지는 구체적인 절차와 상황에 따라 개별적으로 판단되어야 한다. 과거 대출채권과 신주납입채무를 상계할 수 있는지도 문제되었지만 상법 개정으로 해결되었다(상 421조 2항).

[11-31] "은행의 지점장 등 대출업무를 담당하는 자가 그 업무취급에 관한 은행의 관계규정을 위반하여 담보물에 대한 대출한도액을 초과하여 대출하거나 담보로 할 수 없

34) 상세한 설명은, 정순섭, 은행, 381면 이하.

는 물건을 담보로 하여 대출을 하는 등" 불량대출(대법원 1987. 4. 4. 선고 85도1339 판결) 또는 부당대출에 대해서는 은행 등 금융회사 이사의 선량한 관리자로서의 주의의무 위반에 따른 책임과 상법상 이사의 책임(399조)이 문제될 수 있다(대법원 2011. 10. 13. 선고 2009다80521 판결). 형법상 배임죄도 문제될 수 있다.

CHAPTER

12 수신거래

제 1 절 서 언[35)]

[12-1] 수신거래는 여신거래의 반대방향의 거래이다. 여신거래가 금융업자가 금융소비자에게 신용을 제공하는 행위라면 수신거래는 금융업자가 금융소비자로부터 신용을 받는 거래이다. 은행법상 예금으로 대표되는 예금취급금융기관에 의한 금전소비임치가 여기에 해당한다. 예금은 엄격한 건전성규제를 받는 은행과의 거래로서 예금보험과 같은 특별한 보호를 받고 있어서 매우 안전한 금융상품으로 인식되어 왔다. 그래서 과거 예금으로 대표되는 수신거래에 관한 법적 논의는 예금자의 확정과 같은 쟁점에 한정되어 이루어졌다.

[12-2] 그러나 첫째, 예금은 대표적인 지급수단으로서 계좌이체는 물론 신용카드나 선불전자지급수단 등 각종 비현금지급수단의 기반이 되고 있다. 둘째, 금리의 변동이 과거에 생각할 수 없었던 정도로 이루어지면서 금리의 산정기준과 변동가능성 등에 관한 정보의 비대칭성이 문제되고 있다. 셋째, 예금에도 파생상품을 결합함으로써 복잡하고 위험한 금융상품을 만들 수 있게 되었다. 이러한 상황변화에 따라 예금을 중심으로 하는 수신거래에 대해서도 다양한 법적 논의가 이루어지게 되었다.

35) 이하 설명은 정순섭, 은행, 제8장 예금에 기초한 것이다. 추가적인 설명은 박준ㆍ한민, 『금융거래와 법』, 박영사, 2022, 제2장 예금.

제 2 절 의의와 종류

Ⅰ. 의 의

1. 금전소비임치계약

예금계약은 "은행등 법률이 정하는 금융기관을 수치인으로 하는 금전의 소비임치 계약"이다.[36] 첫째, "그 예금계좌에 입금된 금전의 소유권은 금융기관에 이전"된다.[37] 따라서 은행은 입금된 금전을 자유롭게 소비할 수 있다. 둘째, "예금주는 그 예금계좌를 통한 예금반환채권을 취득하는 것이므로, 금융기관의 임직원은 예금주로부터 예금계좌를 통한 적법한 예금반환 청구가 있으면 이에 응할 의무가 있을 뿐"이다.[38] 따라서 은행은 예금주와 사이에서 그의 재산관리에 관한 사무를 처리하는 자의 지위에 있다고는 할 수 없다.[39] 예금은 다른 계약 요소가 함께 결합될 수도 있다. 예컨대 당좌예금은 금전소비임치와 위임의 혼합계약이다. [12-3]

2. 금전소비대차계약과의 구별

예금을 금전소비대차계약으로 볼 수 있는가? 경제적 기능의 관점에서는 일정한 금전의 사용을 가능하게 하고 그 대가를 취득하는 점에서 금전소비임치와 금전소비대차는 매우 유사하다. 예금을 금전소비임치로 보는 것은 다음 두 가지 의미를 가진다. 첫째, 기한의 이익이다. 금전소비임치에서는 은행이 임치물인 금전을 소비하고 동종·동량·동질의 원물을 반환할 의무를 지게 되므로 소비대차에 관한 규정이 준용된다(민법 702조 본문). 다만 소비대차에서 기한은 채무자의 이익을 위한 것이지만 소비임치에서의 기한은 임치인의 이익을 위한 것이므로 예금자는 반환시기의 약정이 없는 경우 최고 없이 언제든지 반환청구할 수 있다(민법 702조 단서). 둘째, 이자의 지급이다. 창고업 등 일반임치계약에서 임치의 대가는 임치인이 수치인에게 보관료 등 [12-4]

36) 대법원 1985. 12. 24. 선고 85다카880 판결.
37) 대법원 1985. 12. 24. 선고 85다카880 판결(대법원 1972. 11. 14. 선고 72도1946 판결, 대법원 2007. 3. 15. 선고 2006도2704 판결 등 참조).
38) 대법원 2008. 4. 24. 선고 2008도1408 판결.
39) 대법원 2008. 4. 24. 선고 2008도1408 판결.

의 형태로 지급한다. 그러나 예금의 경우에는 수치인(은행 등)이 임치인(예금자)에게 이자의 형태로 대가를 지급한다. 금리가 마이너스로 결정되는 마이너스 금리 상황에서 예금자가 그 절대금액을 은행에 지급하게 될 경우 유상임치계약과 유사한 대가구조가 복원된다는 설명도 있다. 이러한 상황은 금전소비대차에서도 발생할 수 있다.

3. 원금보전성

[12-5] 예금의 원금보전성은 만기 또는 상환시의 보장을 의미한다. 민법상 금전소비임치에서 원물과 "동종 · 동량 · 동질의 물건에 의한 반환"은 이러한 특징을 말한다. 이를 금전신탁과 비교하여 설명하면 쉽게 이해할 수 있다. 금전신탁에서 "신탁된 금전은 금융기관의 고유재산이 아닌 신탁재산에 속하게 되고 신탁행위 또는 관계 법령에서 정한 바에 따라 자금운용이 이루어져야 하며, 실적배당주의가 적용되어 원칙적으로 원본과 이익이 보장되지 아니할 수 있다는 점 등에서, 예금된 금원이 금융기관의 고유재산에 속하게 되고 예금에 관한 금융기관의 자금운용 방법에 원칙적으로 제한이 없으며, 원금 및 약정이율에 따른 이자의 지급이 보장되는 금전의 소비임치계약인 예금과 차이가 있다"(대법원 2007. 11. 29. 선고 2005다64552 판결).

4. 금융투자상품

[12-6] 예금계약도 계약내용에 따라 달라질 수 있지만, 중도해지시에는 중도해지수수료 적용으로 원금손실이 발생할 수 있다. 중도해지시 적용되는 이자율을 0%로 하고, 예금가입기간을 1개월 미만, 2개월 미만, 3개월 미만, 4개월 미만, 5개월 미만, 6개월 미만으로 구분하여 각각 0.87%, 0.72%, 0.58%, 0.43%, 0.29%, 0.14%의 중도해지수수료율을 적용할 경우를 생각해 보자.[40] 이 경우 특히 자본시장법상 금융투자상품의 기본요소인 투자성 판단에서 중도해지수수료의 지급에 따른 원금손실을 어떻게 평가할 것인가? 자본시장법은 투자성 판단에서 중도해지수수료는 고려하지 않도록 제외하였다(자본 3조 1항; 동 시행령 3조 2항 1호).

40) 우리은행 「기업전용구조화복합예금 **호」 요약 상품설명서 심의번호: 2021. 3. 22 준법감시인-1599 심의필 (유효기간: 2021. 12. 31.).

Ⅱ. 종 류

예금도 다양한 기준에 따라 구분할 수 있다. 예금계약에서 기한의 이익은 예금자에게 있기 때문에 예금자는 언제든지 예금의 지급을 청구할 수 있다. 이를 요구불예금이라고 한다. 요구불예금에는 당좌예금, 가계당좌예금, 보통예금, 별단예금이 포함된다. 정기적금이나 정기예금과 같이 일정한 기한을 정하여 결제성예금이나 저축성예금으로 활용하기도 한다. 이 경우에도 예금자는 기한의 이익을 포기하면 언제든지 예금의 지급을 청구할 수 있다. 특수한 형태의 예금으로 당좌예금과 별단예금을 설명한다. [12-7]

당좌예금은 "은행과 당좌거래계약을 체결한 고객이 일반적인 상거래 등에서 취득한 현금, 수표 등을 은행에 예치하고 그 예금 잔액 범위 또는 당좌대출한도 범위 내에서 거래은행을 지급인으로 하는 당좌수표(또는 거래은행을 지급지로 하는 약속어음)의 발행에 의해서 현금지급을 대신하는 등, 일상적인 출납업무를 은행이 대행토록 위임하고자 개설한 예금"이다.[41] 당좌예금은 사전에 약정된 일정한 한도액(당좌대출한액)까지 예금잔액이 없어도 은행이 지급하는 예금으로서 어음이나 수표금의 지급사무를 은행에 맡기는 위임계약이 결합된 예금계약을 말한다. 당좌예금에 대해서는 당좌대출과 함께 살펴볼 필요가 있다. [12-8]

별단예금은 "환, 대출, 보관 등 은행의 업무수행상 발생하는 미결제자금, 미정리예수금 또는 타 예금계정으로 처리할 수 없는 자금, 기타 특정자금을 일시 예수하는 계정으로서, 은행의 회계목적 달성에 필요한 계정"이다.[42] 동 예금은 후일 다른 계정으로 대체되거나 고객에게 환급될 과도적인 예금인 만큼, 일정한 거래기한이나 거래약관이 없음은 물론 예금증서나 통장 등도 발행하지 않으며, 필요한 경우에는 예치증, 영수증, 또는 확인서 등을 발행할 뿐이다. 별단예금은 예컨대 "어음채무자의 어음의 도난, 분실, 피사취 등을 이유로 지급은행에 사고신고와 함께 그 어음금의 지급정지를 의뢰하면서 당해 어음금의 지급거절로 인한 부도제재를 면하기 위하여 하는 별도의 예금으로서 일반의 예금채권과는 달리 사고신고 내용의 진실성과 어음채무자의 자력을 담보로 하여 부도제재회피를 위한 사고신고의 남용을 방지함과 아울러 어 [12-9]

41) 전국은행연합회, 『은행회계해설』, 2018, 535면.
42) 전국은행연합회, 위의 책, 537면.

음소지인의 어음상의 권리가 확인되는 경우에는 당해 어음채권의 지급을 담보하려는"(대법원 1989. 1. 31. 선고 87다카800 판결) 것과 같은 일정한 제한된 목적을 위하여 이용된다. 따라서 법원은 과거부터 "별단 예금 채권을 압류한 당해 어음채권자에 대한 관계에 있어서 그 예금을 수동채권으로 하는 은행의 상계는 상계에 관한 권리를 남용하는 것이 되어 그 효력을 인정할 수 없다"고 판단해 왔다. 나아가 사채원리금지급대행계약에 따라 별단예금의 형태로 은행에 개설된 원리금지급용 예금계좌에 입금된 금원을 신탁재산으로 하는 묵시적 신탁이 성립되었다고 판단한 사례도 있다([4-14]). 일정한 제한된 목적을 위하여 이용되는 점에서 다양한 처분제한이 인정되어 왔으며 신탁의 성립이 인정되기도 하였다.

제 3 절 금융규제법상 문제

Ⅰ. 금융규제 대상으로서의 수신

[12-10] 금융규제의 대상으로서의 수신에는 은행법상 예금 그 밖에 이와 유사한 것으로서 금전소비임치에 해당하는 다양한 거래가 포함된다. 수신거래에 대한 금융규제법적 접근의 기초는 지급수단으로서의 안전성 확보와 금융범죄를 위한 남용의 방지의 두 가지라고 할 수 있다. 이를 위해서는 금융회사의 건전성 확보를 위한 건전성규제와 금융소비자 보호를 위한 영업행위규제가 모두 적용된다. 특히 지급수단으로서의 예금은 금융소비자의 금융거래 나아가 경제활동을 위한 출발점이 되기 때문에 금융소외의 예방이라는 관점도 특히 중요하게 고려되어야 한다. 최소한 1개 이상의 지급기능을 갖춘 예금계좌의 보유는 금융제도에 의하여 보장되어야 할 것으로 본다.

[12-11] 특히 중요한 것으로 첫째, 수신거래에 대해서도 금융상품판매규제가 적용된다. 여신거래와 마찬가지로 특히 수신금리를 포함한 수익구조에 대한 설명은 중요한 과제가 되고 있다. 둘째, 실명거래와 금융거래의 비밀보장으로 구성되는 금융실명법은 우리나라 수신거래의 기본이 되고 있다. 셋째, 자금세탁방지법은 현금과 금융자산 특히 예금과의 이동가능성을 기초로 한다. 넷째, 지급수단으로서의 예금의 특수성을 고

려하여 예금자보호법상 예금보험제도가 적용되고 있다. 다섯째, 유사수신법은 예금에 의한 불특정 다수인으로부터의 자금조달에 의한 대출이라는 은행기능의 보호와도 연계되는 규제체계라고 할 수 있다.

Ⅱ. 수신거래와 금융상품판매규제

금융소비자법상 금융상품판매규제는 예금성상품에도 적용된다. 특히 건전성규제의 대상인 은행 등 예금취급금융기관이 취급하는 전형적인 금융상품이라는 점에서 투자성상품에 비하여 상대적으로 안전한 금융상품으로 인식되어 왔다. 이러한 이유로 은행법은 예금에 대한 금융상품판매규제를 상세히 규정하지 않았다. 그러나 금융소비자법은 예금성상품에 대해서도 일반적인 금융상품판매규제를 전면적으로 적용하고 있다. 특히 중요한 것은 예금성상품의 내용 그 밖에 이자율(만기 후 적용되는 이자율을 포함) 및 산출근거, 수익률 및 산출근거, 계약의 해지 · 해제, 이자 · 수익의 지급시기 및 지급제한 사유 등의 설명의무이다(금소 19조 1항 1호 다목 1) · 2); 동 시행령 13조 5항 1호–5호). [12-12]

Ⅲ. 금융실명제

1. 취 지

금융실명법의 입법목적은 "실명에 의한 금융거래를 정착시킴으로써 금융거래를 정상화하여 그동안 만연하던 각종 부조리와 부패, 탈세, 탈법, 불법 등 반사회적 행위를 방지하고, 금융거래를 정상화하여 경제정의가 정착될 수 있는 기반을 마련함으로써 국민경제의 건전한 발전을 이루려는" 것이다(대법원 2009. 3. 19. 선고 2008다45828 전원합의체 판결). 1993. 8. 12.「금융실명거래 및 비밀보장에 관한 긴급재정경제명령」으로 제정된 후 국회입법절차를 거쳐 1997. 12. 31. 금융실명법이 제정되는 독특한 역사를 가지고 있다. 금융실명법은 실명거래와 금융거래의 비밀보장의 두 가지 내용 [12-13]

으로 구성되어 있다.

[12-14] 자금세탁방지나 개인정보보호법제가 명확하게 존재하지 않았던 금융실명법 입법 당초와는 달리 이제는 우리나라에도 이러한 법체계가 도입되어 있다. 금융실명법상 실명거래의무는 특정금융정보법상 금융회사등의 고객확인의무(5조의2), 그리고 금융거래의 비밀보장은 개인정보보호법이나 신용정보법상 개인정보나 신용정보보호체제와 동일한 취지의 제도라고 할 수 있다. 따라서 금융실명법은 특정금융정보법과 정보보호법상 제도로 수용하는 것이 규제의 방향으로는 옳을 것이다.

2. 실명거래

가. 적용범위

[12-15] 금융실명법상 금융회사등은 거래자의 실지명의에 의하여 금융거래를 하여야 한다(실명 3조 1항). 금융거래와 실지명의가 기준이 된다. 금융거래는 금융회사등과 금융자산을 기초로 정의되어 있다.

[12-16] 여기서 금융거래는 "금융회사등이 금융자산을 수입(受入)·매매·환매·중개·할인·발행·상환·환급·수탁·등록·교환하거나 그 이자, 할인액 또는 배당을 지급하는 것과 이를 대행하는 것 또는 그 밖에 금융자산을 대상으로 하는 거래로서 시행규칙으로 정하는 것"을 말한다(실명 2조 3호). 금융회사등은 "은행 그 밖의 예금수취기관, 한국은행, 자본시장법상 금융투자업자등, 보험회사 등 금융자산을 업무로 취급하는 자"를 말한다(실명 2조 1호 가목－하목). 금융자산은 "금융회사등이 취급하는 예금·적금·부금(賦金)·계금(契金)·예탁금·출자금·신탁재산·주식·채권·수익증권·출자지분·어음·수표·채무증서등 금전 및 유가증권과 신주인수권을 표시한 증서, 외국이나 외국법인이 발행한 증권 또는 증서"를 말한다(실명 2조 2호; 동 시행규칙 2조 1호·2호). 대출이나 보험상품은 금융자산에 해당하지 않는다.

[12-17] 실지명의는 주민등록표상의 명의, 사업자등록증상의 명의 기타 명의를 말한다(실명 2조 4호). 개인의 경우 주민등록증, 주민등록증에 의하는 것이 곤란한 경우에는 국가기관, 지방자치단체 또는 학교의 장이 발급한 것으로서 실지명의의 확인이 가능한 증표 또는 주민등록표등본과 신분을 증명할 수 있는 증표를 말한다(실명시행규칙 3

조 1호 가목). 실명확인방법과 관련하여 종래 대면 확인만을 허용해 왔으나 2015년 비대면 확인도 허용하였다([18-9]). 중요한 것은 이러한 실명확인의무는 금융회사등의 임직원에게만 적용될뿐 고객에게는 적용되지 않는다는 점이다. 이에 위반할 경우 3천만원 이하의 과태료가 부과된다(실명 7조 1항). 예금거래기본약관(공정위 표준약관 제10012호(2022. 12. 23. 개정))은 거래처에게 실명거래의무를 부과하고 있다(2조 1항).

나. 비실명예금계약의 효력

금융실명법상 비실명예금계약의 사법상 효력에 대해서는 유효하다고 보고 있다 [12-18] (대법원 2001. 12. 28. 선고 2001다17565 판결).[43] 유효설의 관점에서 "만일 입법자가 금융실명법 제3조 제1항을 위반한 예금계약의 사법상 효력을 부정할 의도를 가지고 있었다면, 그 중대성과 파급효를 고려하여 당연히 부동산실명법 제4조 제1항과 같이 그 사법적 효력을 부정하는 명문의 규정을 두었을 것이라고 봄이 합리적"이라는 보충의견이 있다(대법원 2009. 3. 19. 선고 2008다45828 전원합의체 판결 대법관 차한성의 보충의견).

다. 비실명예금계약의 당사자확정

금융실명법 시행 전 예금계약의 당사자확정에 대해서는 출연자로 보는 견해와 [12-19] 예금행위자로 보는 견해가 있었지만, 주로 출연자를 당사자로 보는 견해가 학설과 판례상 일반적이었다. 그러면 이러한 논의상황은 금융실명법 시행 이후에도 동일하게 볼 것인가? 대법원은 "본인인 예금명의자의 의사에 따라 예금명의자의 실명확인 절차가 이루어지고 예금명의자를 예금주로 하여 예금계약서를 작성하였음에도 불구하고, 예금명의자가 아닌 출연자 등을 예금계약의 당사자라고 볼 수 있으려면, 금융기관과 출연자 등과 사이에서 실명확인 절차를 거쳐 서면으로 이루어진 예금명의자와의 예금계약을 부정하여 예금명의자의 예금반환청구권을 배제하고 출연자 등과 예금계약을 체결하여 출연자 등에게 예금반환청구권을 귀속시키겠다는 명확한 의사의 합치가 있는 극히 예외적인 경우로 제한되어야 한다"고 하여 명의자를 당사자로 판단하였다(대법원 2009. 3. 19. 선고 2008다45828 전원합의체 판결; 대법원 2011. 9. 29. 선고2011다47169 판결). 그러나 위에서 본 바와 같이 금융실명법에 위반한 예금계약의 사법상 효력을 부정하는 입장에서는 예금반환청구권을 갖는 예금계약의 당사자는 출연자이다.

43) 무효설로는 대법원 2009. 3. 19. 선고 2008다45828 전원합의체 판결 대법관 박시환의 별개의견이 있다

3. 금융거래의 비밀보장

가. 제공 및 제공요구의 금지

[12-20] 금융회사등의 종사자는 명의인의 서면에 의한 요구나 동의를 받지 않고 그 거래정보등을 타인에게 제공하거나 누설할 수 없으며, 누구든지 그 종사자에게 거래정보등의 제공을 요구할 수 없다(실명 4조 1항 본문). 신탁의 경우에 명의인은 위탁자 또는 수익자이다(실명 4조 1항 본문). 위탁자와 수익자가 다른 경우에는 신탁법의 취지상 수익자를 명의인으로 보는 것이 옳을 것이다.[44]

나. 거래정보등

[12-21] '거래정보등'은 명의인의 금융거래 내용에 대한 정보 또는 자료를 말한다. 거래정보등은 '금융거래'에 관한 정보를 대상으로 하는 법취지상 정보주체의 금융거래의 세부내역을 파악할 수 있는 것에 한정된다. 따라서 개별 정보로부터 파생된 정보, 예컨대 국세청이 각종 과세자료를 통하여 스스로 생성한 '개인별 이자 및 배당소득총액'은 거래정보등에 해당하지 않는다(금융위유권해석 2017. 6. 22.).

다. 제공 및 제공요구의 허용

[12-22] 법원의 명령 또는 영장, 조세관련법률상 제출의무, 국정조사, 금융감독 · 검사, 금융회사 내부 또는 금융회사 상호간 거래, 감독정보교환 등 일정한 제한된 경우에는 사용목적에 필요한 최소한의 범위에서 거래정보등의 제공이나 그 제공요구가 허용된다(실명 4조 1항 단서 1호－8호). 금융감독 · 검사는 금융위(증권시장 · 파생상품시장의 불공정거래조사의 경우에는 증선위), 금감원장 및 예보사장이 금융회사등에 대한 감독 · 검사를 위해 필요로 하는 거래정보등의 제공을 말한다(실명 4조 1항 4호). 다만 구체적으로는 내부자거래 및 불공정거래행위 등 조사, 고객예금 횡령이나 무자원입금 기표후 현금 인출 등 금융사고 적발, 구속성예금 수입이나 자기앞수표 선발행 등 불건전 금융거래행위의 조사, 금융실명거래 위반이나 장부 외 거래, 출자자 대출 및 동일인 한도초과 등 법령 위반행위의 조사, 예금보험업무 및 금산법에 따라 예보사장이 예금자표 작성업무를 위해 필요한 경우로 제한된다.

---

44) 정순섭, 은행, 712면.

다만 정보보호법의 일반원칙에 따라 거래정보등의 제공이나 제공요구가 허용되는 예외사유에 해당하더라도 그 제공이나 제공요구는 그 사용목적에 필요한 최소한의 범위에서 허용되어야 한다는 필요최소성의 원칙이 적용된다(실명 4조 1항 단서). 특히 법원의 명령이 영장에 의한 경우를 제외하고는 헌법상 영장주의에 대한 중대한 예외라는 점을 염두에 두고 신중하게 거래정보등의 제공이나 제공요구가 이루어져야 할 것으로 본다. [12-23]

Ⅳ. 자금세탁방지[45)]

1. 의의와 취지

자금세탁방지(anti-money laundering, AML)는 자금세탁행위에 대한 규제체계를 말한다. 자금세탁행위는 "범죄행위로부터 얻은 불법자산을 합법적인 자산인 것처럼 위장하는 과정"으로서 주로 현금과 예금 등 금융거래 사이의 자금의 이동을 통한 범죄자금의 합법자금화를 규제 대상으로 한다. 그리고 현금과의 자금이동가능성이 명확하면 반드시 금융회사나 금융거래에 한정되지 않는다. 실제 자금세탁방지체제는 카지노사업자나 가상자산사업자의 카지노칩이나 가상자산을 규율대상에 포함하고 있다. [12-24]

구체적으로 자금세탁은 자금세탁행위와 공중협박자금조달행위를 포함한다. 자금세탁행위는 "불법재산의 취득·처분 또는 발생 원인에 대한 사실을 가장하거나 그 재산을 은닉하는 행위 및 불법수익등의 성질, 소재, 출처 또는 귀속 관계를 숨기거나 가장하는 행위 또는 탈세목적으로 재산의 취득·처분 또는 발생 원인에 대한 사실을 가장하거나 그 재산을 은닉하는 행위"(특정금융정보법 2조 5호 가목-다목)를 말한다. 여기서 불법재산은 「범죄수익은닉의 규제 및 처벌 등에 관한 법률」에 따른 범죄수익등(2조 4호), 「마약류 불법거래 방지에 관한 특례법」에 따른 불법수익등(2조 5항), 「공중 [12-25]

45) 정순섭, 은행, 356-364면. 자금세탁방지제도에 대해서는, 우선 이명신, "자금세탁방지의 법적 구조에 관한 연구: 금융규제법상 지위와 책임구조를 중심으로", 법학박사학위논문, 서울대학교 대학원, 2023. 실무적인 참고자료로는, 법무부, 『범죄수익은닉의 규제 및 처벌 등에 관한 법률해설』, 2002; 최성진·이종근·이준엽·권정훈·박영준·이영상, 『자금세탁범죄 해설과 판례』, 법무부·금융정보분석원, 2011. 1.

등 협박목적 및 대량살상무기확산을 위한 자금조달행위의 금지에 관한 법률」에 따른 공중협박자금(2조 1호)을 말한다(특정금융정보법 2조 4호 가목－다목). 공중협박자금조달행위는 "공중협박자금에 이용된다는 점을 알면서 자금 또는 재산을 모집 · 제공하거나 이를 운반 · 보관하는 행위와 자금 또는 재산의 모집 · 제공 · 운반 · 보관을 강요하거나 권유하는 행위"(특정금융정보법 2조 6호)를 말한다.

[12-26] 이러한 자금세탁행위에 대한 규제근거법은 금융회사등의 보고의무를 중심으로 하는 특정금융정보법, 공중협박자금조달행위의 범죄화를 위한 공중 등 협박목적 및 대량살상무기확산을 위한 자금조달행위의 금지에 관한 법률, 그리고 범죄수익은닉행위 자체를 범죄화하는 범죄수익은닉의 규제 및 처벌 등에 관한 법률이다. 이 중 특히 좁은 의미의 자금세탁방지법은 보고의무와 고객확인의무를 중심으로 하는 특정금융정보법이다.

2. 특정금융정보법

가. 구 조

[12-27] 특정금융정보법은 금융정보분석원을 설치하여 금융회사등의 자금세탁 및 공중협박자금조달 관련 특정금융거래 보고의무와 금융회사등의 고객확인의무, 그리고 내부보고체계 등 구축 및 운용, 특정금융거래정보 등의 비밀보장에 관한 사항을 규정하고 있다. 보고의무와 고객확인의무가 중요하다.

나. 보고의무

1) 의 의

[12-28] 보고의무는 불법재산이라고 의심되는 합당한 근거가 있는 경우 등에 이루어지는 의심거래보고제도(Suspicious Transaction Report, STR)(특정금융정보법 4조 1항)와 1천만원 이상의 현금이나 수표 등을 지급하거나 영수하는 경우의 고액현금거래보고제도(Currency Transaction Report, CTR)(특정금융정보법 4조의2 1항; 동 시행령 8조의2)를 포함한다.

2) 적용요건

[12-29] 특정금융정보법은 금융회사등의 금융거래등을 대상으로 한다. 그 대상을 정하

는 기준은 현금과 예금 등 금융거래 사이의 자금이동을 통하여 불법자금을 합법자금으로 보이게 할 가능성이다. 첫째, 금융회사등은 원칙적으로 금융회사로서 고객의 자금을 수취하여 보관하는 자(특정금융정보법 2조 1호; 동 시행령 2조)를 포함한다. 은행 등 예금취급기관, 고객자금을 수취하는 일부 금융투자업자, 보험회사, 체신관서 등이 주 대상이다. 주의할 유형으로는 카지노사업자와 가상자산사업자, 전자금융업자이다. 현금과 카지노칩과 가상자산 그리고 전자지급수단 사이의 자금이동 가능성을 고려한 것이다.

금융거래등은 금융회사등이 금융자산(실명 2조 2호)을 수입 · 매매 · 환매 · 중 [12-30]
개 · 할인 · 발행 · 상환 · 환급 · 수탁 · 등록 · 교환하거나 그 이자 · 할인액 또는 배당을 지급하는 것과 이를 대행하는 것, 자본시장법에 따른 파생상품시장에서의 거래, 카지노사업자의 카지노칩과 현금 또는 수표를 교환하는 거래, 가상자산사업자가 수행하는 가상자산거래를 의미한다(특정금융정보법 2조 2호; 동 시행령 3조 1항 · 2항). 카지노칩이나 가상자산이 포함된 것은 자금세탁방지규제의 적용범위는 현금과 비현금거래 사이의 자금이동 가능성을 기초로 하는 것임을 잘 나타내고 있다.

다. 고객확인의무

자금세탁방지제도로서의 고객확인의무는 "금융회사등이 금융거래등을 이용한 [12-31]
자금세탁행위 및 공중협박자금조달행위를 방지하기 위하여 합당한 주의로써 고객의 신원과 실제소유자 등을 확인할 의무"를 말한다(특정금융정보법 5조의2 1항 전단). 실제소유자는 고객을 최종적으로 지배하거나 통제하는 자연인을 말한다(특정금융정보법 5조의2 1항 후단 1호 나목). 이 경우 금융회사등은 이를 위한 업무지침을 작성하고 운용하여야 한다(특정금융정보법 5조의2 1항 후단). 그 의무이행의 방법은 고객의 유형과 거래의 종류에 따라 차별화되는 위험중심규제를 채택하고 있다.

이러한 고객확인의무도 일반적으로 Know Your Customer(KYC)라고 부른다. 그 [12-32]
러나 동일한 명칭으로 부르지만 금융소비자법상 적합성원칙의 한 내용으로서 금융소비자의 금융거래에 따른 위험감수능력을 확인하는 고객숙지의무(Know Your Customer, KYC)와는 취지가 다르다. 또한 실무상 확인사항 등에서 차이가 있지만, 금융실명법상 실명확인제도도 제도의 기본취지는 특정금융정보법상 고객확인의무와 동일한 점을 고려하여 자금세탁방지제도로 포함할 필요성이 있다.

V. 예금보험제도[46)]

1. 의의와 취지

[12-33] 예금보험제도는 “금융회사가 파산 등으로 예금등을 지급하지 못할 경우 예금자에게 예금보험금을 지급하는 공적보험제도”를 말한다. 예금이라는 지급수단을 창조하는 은행의 기능에 기초한 은행의 특수성을 배경으로 하는 예금인출사태 및 그로 인한 금융시스템위험의 방지를 기본목적으로 한다. 다만 금융소비자의 선택에 따른 시장규율의 작동가능성을 제약하는 점에서 도덕적 해이의 가능성도 지적되고 있다. 예금보험제도의 취지를 고려할 때 적용대상 회사와 상품은 엄격히 금융시스템위험을 발생시킬 가능성이 있는 부문으로 한정되어야 한다.

2. 적용범위

[12-34] 예금보험제도는 부보금융회사의 예금등을 대상으로 한다. 첫째, 부보금융회사는 예금보험의 적용을 받는 자로서 은행, 외국은행의 국내지점 및 대리점, 증권을 대상으로 투자매매업 · 투자중개업의 인가를 받은 투자매매업자 · 투자중개업자, 보험회사, 종합금융회사, 상호저축은행 및 상호저축은행중앙회를 말한다(예금자보호법 2조 1호 가목－카목).

[12-35] 둘째, 예금등은 원칙적으로 예금을 말한다(예금자보호법 2조 2호 가목). 예금보험의 적용대상상품과 관련하여 우리나라 예금보험제도의 특징으로는 다음 5 가지를 들 수 있다. (i) 자본시장법상 원본이 보전되는 금전신탁 등을 통하여 조달한 금전(103조 3항)을 포함한다(예금자보호법 2조 2호 가목). (ii) 증권거래를 위한 예탁금도 포함한다(예금자보호법 2조 2호 나목). (iii) 보험계약에 따라 받은 수입보험료, 변액보험계약(보험 108조 1항 3호)에서 보험회사가 보험금 등을 최저보증하기 위하여 받은 금전도 포함한다(예금자보호법 2조 2호 다목). (iv) 종합금융회사가 발행어음으로 조달한 금전(자본 336조 1항)과 불특정다수인을 대상으로 자금을 모아 이를 유가증권에 투자하여 그 수익금을 지급하는 금융상품으로 조달한 금전도 포함된다(예금자보호법 2조 2호 라목). (v) 상호저축은

46) 정순섭, 은행, 649－662면.

행이 “계금 · 부금 · 예금 및 적금 등으로 조달한 금전”과 상호저축은행중앙회가 자기앞수표를 발행하여 조달한 금전을 포함한 것이다(예금자보호법 2조 2호 마목).

3. 평 가

예금보험제도는 원본보전상품의 원본반환의무를 보장하는 것이다. 그러나 그 대 [12-36] 상은 은행에 한정되지 않는다. 증권거래를 위한 투자자예탁금을 포함한 것과 관련하여 예탁금은 이미 자본시장법상 별도예치의무에 따라 분리보관되어 있다(자본 74조 1항 · 2항). 이에 대해 예금보험을 적용하는 것은 논리적으로는 설명하기 어렵다. 상호저축은행과 그 예금에 예금보험을 적용한 것도 예금보험제도의 본래 취지라는 관점에서는 설명하기 어렵다. 금융회사가 파산하는 경우 금융소비자가 맡긴 자산을 보호하기 위한 기능을 모두 예금보험제도의 대상으로 할 것인가. 타당하지도 가능하지도 않다. 오히려 금융회사의 영업행위규제위반에 따른 손해배상청구권을 행사하였으나 금융회사의 파탄 등으로 인한 책임재산부족으로 지급받지 못할 경우 그 지급을 보장하는 금융소비자보상기금은 고려할 수 있다. 시스템보호와 소비자보호는 구분되어야 한다.

Ⅵ. 유사수신규제47)

1. 취 지

유사수신법은 유사수신행위(3조) 및 유사수신행위의 표시 · 광고(4조), 유사수신 [12-37] 행위를 하기 위한 금융업유사상호의 사용(5조)을 금지한다. 유사수신행위는 예금 등 금융거래의 형식으로 원금을 보장하는 조건으로 불특정다수인으로부터 자금을 조달하는 행위를 말한다. 우리나라에서는 1990년대 말 파이낸스사의 변칙적인 영업으로 인한 거래자의 피해를 방지하기 위하여 제정되었다. 그 입법취지는 상환능력이 없는 자(또는 상환능력의 보장을 위한 규제가 없는 자)에 의한 불특정 · 다수인을 대상으로 한 자금조달행위를 금지하여 선량한 거래자를 보호하는 것이다.48) 일본에서는 은행중심

47) 정순섭, 은행, 351－355면.

의 금융구조 하에서 원본보전성 자금조달행위를 은행으로 한정하여 은행으로의 자금 집중을 통한 경제개발자금의 확보도 입법취지의 하나로 설명한다. 그러나 국내에서는 이러한 목적은 명확하지 않다. 유사수신법은 유사수신행위를 한 자를 5년 이하의 징역 또는 5천만원 이하의 벌금으로 처벌한다(6조 1항).

2. 적용범위

가. 유 형

[12-38] 유사수신법상 유사수신행위는 “다른 법령에 따른 인가·허가를 받지 아니하거나 등록·신고 등을 하지 아니하고 불특정 다수인으로부터 자금을 조달하는 것을 업으로 하는 행위”로서 네 가지로 구분된다(2조 1호－4호). 첫째, 출자금형은 장래에 출자금의 전액 또는 이를 초과하는 금액을 지급할 것을 약정하고 출자금을 받는 행위이다. 둘째, 예금형은 장래에 원금의 전액 또는 이를 초과하는 금액을 지급할 것을 약정하고 예금 · 적금 · 부금 · 예탁금 등의 명목으로 금전을 받는 행위를 말한다, 셋째, 사채형은 장래에 발행가액 또는 매출가액 이상으로 재매입할 것을 약정하고 사채를 발행하거나 매출하는 행위를 의미한다. 넷째, 회비형은 장래의 경제적 손실을 금전이나 유가증권으로 보전하여 줄 것을 약정하고 회비 등의 명목으로 금전을 받는 행위이다. 무허가 보험사업을 하여 회비 등의 명목으로 불특정다수인으로부터 자금을 조달하는 것을 업으로 하는 행위는 여기에 포함된다(대법원 2001. 12. 24. 선고 2001도205 판결).

나. 불특정다수인의 의미

[12-39] ‘불특정’은 “자금조달의 상대방의 특정성을 중시하지 아니한다는 의미로서 상대방의 개성 또는 특성이나 상호간의 관계 등을 묻지 아니한다는 뜻”이다(대법원 2013. 11. 14. 선고 2012도6674 판결). 법원은 불특정다수인의 의미에 관하여 누구든지 참여기회가 열려 있기만 하면 해당할 수 있다고 유연하게 해석하고 있다. “모집의 대상이 특정 직업군등으로 어느 정도 제한되어 있다고 하더라도” 동일한 해석을 유지하고 있다.[49] 유사수신행위의 유형이 지속적으로 변화하는 점과 선량한 거래자보호라는

48) 대법원 2005. 11. 24. 선고 2003도2213 판결; 대법원 2006. 5. 26. 선고 2006도1614 판결; 대법원 2013. 11. 14. 선고 2013도9769 판결.

취지를 고려할 때 적절한 접근으로 평가된다.

참고 "광고를 통하여 투자자를 모집하는 등 전혀 면식이 없는 사람들로부터 자금을 조달하는 경우뿐만 아니라 평소 알고 지내는 사람에게 직접 투자를 권유하여 자금을 조달하는 경우라도, 그 자금조달 행위의 구조나 성격상 어느 누구라도 희망을 하면 투자에 참여할 수 있는 기회가 열려 있다고 한다면 이는 불특정 다수인으로부터 자금을 조달하는 행위로서 유사수신행위에 해당한다고 봄이 상당"하다고 하여 불특정다수인의 의미를 유연하게 해석한다(대법원 2006. 5. 26. 선고 2006도1614 판결).

다. 상품의 거래가 수반되는 경우는 제외

유사수신행위규제법은 출자금, 예금, 사채, 회비 등의 명목으로 불특정다수인의 [12-40] 자금을 모으는 수신거래와 유사한 거래를 대상으로 한 것이다. 따라서 "실질적으로 상품의 거래가 매개된 자금을 받는 행위"는 "상품의 거래를 가장하거나 빙자한 것일 뿐 사실상 금전의 거래라고 볼 수 있는 경우"에 한하여 유사수신행위로 볼 수 있다(대법원 2005. 11. 24. 선고 2003도2213 판결 등).

참고 "피고인 A 등이 위탁자들로부터 받은 위탁대금으로 돼지를 사육하여 위탁자들에게 성돈을 인도하기로 하고 그 성돈을 미리 매수하여 선물매매대금을 지급한다는 등의 외형을 취하였더라도 이는 실질적으로 불특정 다수의 위탁자들로부터 T 등의 양돈사업에 필요한 자금을 투자받고 T의 수입금으로 위탁자들에게 위탁대금 원금과 고율의 수익금을 지급하겠다고 보장하는 내용으로서 위탁자들로부터 출자금을 받는 행위라고 할 수 있을 뿐 실물 거래인 돼지 위탁사육이나 성돈 거래가 매개된 것이라고 할 수 없으므로 이는 유사수신행위규제법 제2조 제1호에 정한 유사수신행위에 해당한다고 할 것이다"(대법원 2016. 9. 8. 선고 2015도14373 판결).

라. 평 가

실무상 외환증거금거래, 크라우드펀딩, 가상자산투자 등을 사칭한 유사수신행위 [12-41] 가 지속적으로 등장하고 있다. 상품거래를 개입시키는 구조로 설계하는 경우도 늘어나고 있다. 그러나 현행 유사수신법은 '수신거래와 유사한 거래'를 대상으로 한 것이므로 해석론으로 적용범위를 확대하는 데는 한계가 있다. 다만 금융기능과 직접적 관련성이 없는 거래유형은 금융규제법이 아닌 사기적인 상거래에 관한 일반 형사법의 영역에서 입법과 처벌이 이루어지는 것이 법체계상으로는 옳을 것이다.

---

49) 대법원 2013. 11. 14. 선고 2013도9769 판결.

제 4 절 금융거래법상 문제

Ⅰ. 문제의 범위

[12-42] 예금 등 수신거래와 관련한 금융거래법상 문제로는 전통적으로 예금거래의 당사자확정, 예금의 양도, 예금의 상속, 착오송금 등이 주로 문제되어 왔다.

[12-43] 첫째, 예금거래의 당사자 확정에 대해서는 종래 출연자설과 명의자설이 대립되어 왔으나, 금융실명법 시행 이후 실명확인절차를 거친 예금의 경우 명의자를 예금자로 보는 대법원판결이 확정되었다([12-19]). 금융실명법의 취지상 당연한 논리이다.

[12-44] 둘째, 예금의 양도와 관련하여 예금은 은행과 예금자 사이의 계약으로서 원칙적으로 양도성이 인정되지 않는다.[50] 예금자의 확인이 곤란한 점 등이 고려된 것이다. 그러나 정기예금을 양도가능한 증서의 형태로 발행하는 양도성예금증서는 상법상 유가증권에 해당하면서 자본시장법상 증권으로서의 요소를 모두 갖추고 있다. 그러나 그 발행이 은행업무에 속하는 것임을 고려하여 원화표시 양도성예금증서는 자본시장법상 금융투자상품의 정의에서 제외하고 있다(자본 3조 1항 1호). 외화표시 양도성예금증서는 환위험을 고려하여 자본시장법상 금융투자상품으로 보고 있다.

[12-45] 셋째, 예금의 상속은 특히 상속인에 대한 예금지급실무와 관련하여 공동상속예금을 공유로 보아 각 상속인의 권리행사를 인정하는 이론과 공동상속인 전원의 동의를 요하는 실무 사이에 불일치가 문제되고 있다.[51]

Ⅱ. 착오송금

[12-46] 착오송금은 "송금인의 착오로 수취금융회사, 수취계좌번호 등을 잘못 기재하거나 입력하여 수취인에게 자금이 이동된 거래"를 말한다(예금자보호법 2조 9호). 착오송금의 경우 일반적인 해석론은 첫째, 수취인의 예금채권을 인정하고, 둘째, 그 부당함은 송금인의 수취인에 대한 부당이득반환청구권으로 해결하되, 셋째, 수취인이 이를

50) 정순섭, 은행, 308-311면.
51) 정순섭, 은행, 339-341면.

인출한 경우에는 횡령죄를 인정하는 것이다.[52] 이와 같은 일반적인 해석론은 예금의 지급수단으로서의 기능과 지급결제제도의 완결성을 고려한 것이다.

문제는 송금인의 수취인에 대한 부당이득반환청구권의 행사를 통한 문제의 해 [12-47]
결이 결코 쉽지 않다는 것이다. 수취인이 적극적으로 협력하는 경우에는 몰라도 그렇지 않은 경우에는 송금은행이나 수취은행도 금융실명법 등 다양한 제도적 제약으로 인하여 쉽게 개입하거나 협력하기 어렵다. 그리고 결국 소송에 의하여야 하는데 그 시간과 비용도 만만치 않다. 예금자보호법은 이러한 착오송금문제의 심각성을 고려하여 예금보험공사가 착오송금 반환지원 및 그 부수업무를 할 수 있도록 착오송금관리계정을 도입하였다(예금자보호법 18조 1항 6호의2, 7호). 예금보험공사는 금융회사등을 통하여 착오송금한 송금인의 신청이 있는 경우 지원계정의 부담으로 착오송금 수취인에 대한 부당이득반환채권을 사후정산 등의 방식으로 매입하여 소송을 제외한 반환 안내 등의 방법으로 회수할 수 있다(예금자보호법 39조의2 1항 본문). 소송을 제외하였기 때문에 소송신탁의 금지는 문제되지 않는다. 사적거래관계에 공적기능이 개입한다는 지적도 있었지만, 착오송금액이 소액인 경우로 한정하는 경우 금융소비자보호의 관점에서 부당한 개입이라고 할 것만은 아니라고 생각한다.

52) 정순섭, 은행, 393-400면.

CHAPTER 13

증권거래

제 1 절 서 언[53)]

[13-1] 자본주의 시장경제의 발전에 가장 중요한 역할을 수행한 제도 중의 하나로 주식회사를 들 수 있다. 주식회사는 불특정 다수의 투자대중으로부터 소액의 투자자금을 모아서 대규모 모험사업을 추진할 수 있는 경제적 기반을 제공해 주었다. 주식회사제도의 이러한 기능은 주식을 포함한 다양한 증권의 발행을 통한 것이다. 이를 위하여 제도적으로는 근대자본주의 시장경제의 초석이 된 것은 여러 요소가 있지만 주식회사의 등장이라고 할 수 있다. 주식회사가 존재하기 위해서는 다수의 투자대중으로부터 투자자금을 모아서 위험을 분산함으로써 대규모 산업자금을 조성할 수 있어야 한다. 이를 위해 첫째, 주식을 소액으로 단위화하여 발행하고, 둘째, 투하자본의 회수를 원하는 자가 언제든지 매도할 수 있도록 유동성을 공급하며, 셋째, 정보에 기초한 공정한 가격형성을 통하여 자금중개의 효율성과 투자자의 신뢰를 확보할 수 있어야 한다. 이러한 제도는 증권의 가격은 이미 공개된 모든 정보를 반영하고 있다는 효율적인 자본시장을 전제로 한 것이다.

[13-2] 자본시장의 효율성과 공정성 그리고 신뢰성은 자본주의 시장경제의 발전을 위한 초석이라고 할 수 있다. 이러한 자본시장의 육성을 위해 각국은 특히 안정적인 규제체계의 정립을 위한 다양한 노력을 기울이고 있다. 직접금융시장인 자본시장에서 간접금융시장에서와 달리 특별히 고려해야 할 사항은 은행과 같은 금융중개기관의

53) 이하 설명은 정순섭, 자본에 기초한 것이다. 기본적인 판례를 소개한 것으로는, 박준ㆍ정순섭, 『개정판 자본시장법 기본 판례』, 소화, 2021.

부재에 따른 정보의 비대칭과 부정한 거래방법을 제거하는 것이다. 자본시장법은 정보의 비대칭성에 대해서는 공시규제를, 그리고 부정한 거래방법에 대해서는 불공정거래규제로 대응해왔다. 자본시장의 효율성과 안전성을 높이려는 노력은 매매체결과 청산 그리고 결제라는 금융투자상품시장 인프라의 발전을 위한 제도적 장치에서도 확인할 수 있다(제15장 금융시장제도). 전통적으로 자본시장규제는 공시규제와 불공정거래규제를 중심으로 발전해왔다. 학계나 실무계에서의 논의도 이를 중심으로 이루어지고 있다.

증권거래에 관한 금융법적 문제를 정확히 이해하기 위해서는 첫째, 증권으로 [13-3]
규제할 대상인 금융상품의 범위를 정하는 기준을 확인할 필요가 있다. 둘째, 정보의 비대칭성에 대한 규제상 대응으로서 공시규제를 이해하는 것은 직접 연결된다. 다만 공시규제에 따른 비용과 편익은 반드시 함께 고려되어야 한다. 규제목적만을 생각하면 공시의 대상과 빈도를 계속 확대해 가는 것이 유용할 것으로 생각되지만 시장 자체의 지속가능성도 생각해야 한다. 셋째, 증권거래와 관련하여 이루어지는 다양한 부정한 거래방법을 퇴치하지 않으면 자본시장의 제도적 기초라고 할 수 있는 가격에 대한 신뢰가 무너지게 된다. 불공정거래규제는 단순히 투자자들의 투자손실을 보호하기 위한 것이 아니라 자본시장의 효율성과 공정성 그리고 신뢰성을 보호하려는 것이다. 불공정거래제의 설계와 해석 · 운영에서는 증권범죄자의 인권과 자본시장의 효율성과 공정성 그리고 신뢰성이라는 사회적 · 경제적 법익을 항상 비교 · 형량하여야 한다. 넷째, 앞으로 고령사회에서 노후자금의 확보를 위한 다양한 투자수요에 부응하기 위한 투자관리수단의 제공은 자본시장에서 가장 중요한 과제의 하나가 되고 있다. 이를 위한 투자관리구조에 대한 규제도 살펴볼 필요가 있다. 이하 차례대로 설명한다.

제 2 절 증권의 의의와 범위

Ⅰ. 의 의

[13-4] 증권을 정의하는 방법에는 여러 가지가 있을 수 있다. 크게 나누면 증권에 해당하는 상품을 열거하는 방법과 증권이 수행하는 금융기능을 정의한 후 이를 수행하는 금융상품을 증권으로 포괄하는 방법의 두 가지를 생각할 수 있다. 이러한 방법에는 각각 장단점이 있지만, 첫째, 증권을 대상으로 하는 금융투자업의 범위를 정하고, 둘째, 증권에 대한 규제의 적용범위를 정하는 증권의 정의가 가지는 두 가지 기능을 고려해야 한다. 따라서 자본시장규제의 실효성을 확보하고 유지하기 위해서 가장 중요한 것이 적용대상인 증권을 포괄적으로 정의하는 것이 필요하다.

[13-5] 우리나라 최초의 증권거래법은 일본의 증권거래법을 모델로 한정적인 열거주의 방식으로 증권을 정의하였다. 국채나 지방채 또는 사채, 주식과 같은 이미 알려진 증권을 한정적으로 열거하는 것이다. 이러한 방식의 장점은 구체성과 명확성을 확보하는 것이다. 특히 형벌을 제재수단으로 활용하고 있는 우리나라의 자본시장법에서는 죄형법정주의의 요청도 충실히 갖출 수 있을 것이다. 그러나 급속히 발전하는 금융시장에서 새로이 등장하는 금융상품이나 거래기법을 수용하는 데는 한계가 있다. 금융혁신과 경쟁에는 오히려 지장을 초래할 수 있는 것이다. 한정적 열거주의에 의한 증권의 정의는 사회적으로 합의된 금융상품만을 증권으로 열거하여 거래할 수 있게 하는 점에서 새로운 금융상품을 만들려는 경쟁 또는 혁신의 동기를 저해하게 될 것이다. 그러나 어느 정도 확인된 금융상품만 거래하게 될 것이므로 대규모의 투자손실을 발생시킬 가능성은 낮을 수도 있다.

[13-6] 또 하나의 방식은 증권이 수행하는 기능을 투자기능으로 정의하고, 이러한 투자기능을 수행하는 금융상품을 증권으로 포괄적으로 정의하는 방식(포괄주의)이다. 장점으로는 새로이 등장하는 금융상품을 수용할 수 있어 금융혁신과 경쟁의 측면에서는 분명히 장점이 있다. 그러나 단점으로는 종래에 없던 새로운 금융상품이 포괄적으로 정의된 금융상품에 해당하는지 여부가 불확실할 수 있다는 점이다. 특히 우리나라와 같이 죄형법정주의의 관점에서는 문제제기가 있을 수밖에 없을 것이다. 따라서 이러한 정의방식을 채택할 경우에는 이미 알려진 금융상품 중 증권에 해당하는 것을 명

시적으로 증권에 포함된다고 규정하고, 반대로 그에 해당하지 않는 상품을 명시적으로 증권에서 제외하는 방식을 동시에 사용한다. 이와 같이 일반적 정의 - 명시적 포함 - 명시적 제외를 통하여 일반성 · 포괄성과 구체성 · 명확성이라는 서로 모순되는 법적 요청을 동시에 충족하려는 것이다. 현재 자본시장법은 이 방식을 채택하고 있다 (자본 4조).

Ⅱ. 상법상 유가증권과의 구별

상법상 유가증권과 자본시장법상 증권은 다른 개념이다. 상법상 유가증권은 증서와 권리의 관계에 초점을 맞춘 법리이다. 그러나 자본시장법상 증권은 투자성을 핵심요소로 하는 것으로서 증서와의 관계는 개념요소가 아니다. 따라서 자본시장법상 증권은 상법상 유가증권 개념과는 직접적인 관련성이 없다. 현재 자본시장법상 증권은 증서 형태의 실물증권, 중앙예탁기관에 예탁한 실물증권에 기초하여 작성된 장부상 기재를 의미하는 예탁증권, 전자등록방식으로 발행된 전자증권의 세 가지 형태로 발행될 수 있다. 그러나 상장회사는 전자증권의 발행이 의무화되어 있으므로 현실적으로 대부분의 증권은 전자등록방식으로 발행될 것이다. 최근에는 분산원장방식의 토큰증권도 논의되고 있다. 우리나라에서 토큰증권의 발행이 가능하기 위해서는 전자증권법상 전자등록부제도에 분산원장을 수용하는 입법이 먼저 이루어져야 한다. [13-7]

상법상으로는 주식회사가 발행하는 증권으로 주식과 사채, 그리고 특수사채를 규정하고 있다. 따라서 상법상 증권과 자본시장법상 증권의 관계도 흥미로운 과제 중의 하나이다. 예컨대 자본시장법상 파생결합증권이 상법상 파생결합사채(상 469조 2항 3호)에 해당하는지와 같은 의문이 그것이다. 그러나 양법은 입법목적이 다르다는 점에서 그 정의가 반드시 일치할 필요는 없다. 자본시장법은 규제목적상 필요한 범위에서 상법상 증권의 정의와 독립적으로 증권의 정의와 규제체계를 마련하고 있다. 상법상 주식회사는 상법상 파생결합사채를 발행할 수 있지만, 자본시장법은 규제목적상 일정한 요건을 충족하는 파생결합사채의 발행인을 투자매매업자로 한정하는 것과 같은 입법이 그것이다(자본 7조 1항 2호). [13-8]

Ⅲ. 자본시장법상 증권

[13-9] 자본시장법상 증권은 증권에 표시되는 권리의 종류에 따라 채무증권, 지분증권, 수익증권, 투자계약증권, 파생결합증권, 증권예탁증권의 6가지로 구분된다(자본 4조 2항). 각각 지급청구권, 출자지분 또는 출자지분을 취득할 권리, 신탁의 수익권, 손익을 귀속받는 계약상의 권리, 미리 정하여진 방법에 따라 지급하거나 회수하는 금전등이 결정되는 권리, 그 예탁받은 증권에 관련된 권리가 표시된 증권이다. 자본시장법은 채무증권, 지분증권, 수익증권에 대해서는 포괄주의의 구현을 위하여 지급청구권, 출자지분 또는 출자지분을 취득할 권리, 신탁의 수익권과 유사한 권리를 표시하는 것도 포함하고 있다. 자본시장법상 증권 정의에 관한 포괄주의의 입법취지를 살리기 위해서는 유사성 기준을 최대한 활용하는 것이 중요하다.

제 3 절 공시규제

Ⅰ. 의의와 구조

[13-10] 증권가격에 영향을 미치는 정보는 발행인인 기업의 과거의 성과와 장래의 전망과 같은 기업정보와 그 증권에 대한 수요와 공급으로 대표되는 시장정보이다. 이 중 시장정보에 대해서는 사전적으로 금융규제가 개입하기 어려우므로 기업정보가 주로 문제된다. 발행인과 투자자를 비교하면 이러한 기업정보에 대해서는 발행인이 정보의 우위에 설 수밖에 없다. 이러한 현상을 정보의 비대칭성이라고 한다. 정보의 비대칭성을 교정하기 위한 규제가 공시규제이다.

[13-11] 공시규제는 발행공시와 유통공시로 구분한다. 발행공시는 발행시점을 기준으로 과거의 정보를, 유통공시는 발행시점 이후에 발생한 정보를 대상으로 한다. 이하에서는 기본적인 공시제도인 발행공시와 유통공시를 설명한다.

Ⅱ. 발행공시

발행공시는 발행시점을 기준으로 과거의 정보를 투자자에게 공시하는 제도로서 증권신고서와 투자설명서를 통하여 이루어진다. 증권신고서는 금융당국에 제출하여 증권의 구조와 내용을 공시하는 것이고, 투자설명서는 투자자에게 교부하여 투자판단의 기초자료가 되는 것이다. 공시주의를 원칙으로 하는 자본시장규제에서 가장 핵심적인 제도라고 할 수 있다. [13-12]

발행공시규제는 증권의 공모 즉 모집과 매출을 대상으로 한다. 자본시장법상 모집은 "50인 이상의 투자자에게 새로 발행되는 증권의 취득의 청약을 권유하는 것"을, 그리고 매출은 "50인 이상의 투자자에게 이미 발행된 증권의 매도의 청약을 하거나 매수의 청약을 권유하는 것"을 말한다(자본 9조 7항 · 9항). 모집과 매출 즉 공모에 해당하지 않는 것을 사모라고 한다. 사모는 새로 발행되는 증권의 취득의 청약을 권유하는 것으로서 모집에 해당하지 않는 것을 말한다(자본 9조 8항). 구체적인 모집과 매출의 판단방법은 시행령으로 정하고 있다(자본 시행령 11조). 일정한 범위의 전문가나 연고자는 정보에 대한 접근성을 이미 가지고 있는 것으로 보아 50인 산정에서 포함하지 않는다. 발행공시규제는 공모의 경우에만 적용된다. 그리고 발행에 해당하는 매출은 이미 발행된 증권을 대규모 투자자가 보유하고 있다가 일반적인 투자자들에게 소액으로 분산매도하는 것을 말한다. 자본시장법상 증권의 발행은 새로 발행되는 경우뿐만 아니라 이미 발행된 증권을 매도하는 것도 포함하는 점에서 새로 발행되는 경우만을 의미하는 상법상 발행과는 다르다. [13-13]

증권신고서나 투자설명서에 중요사항을 기재 또는 표시하지 않거나 허위로 기재 또는 표시한 경우에는 과징금(자본 429조 1항)과 함께 투자자에 대하여 손해배상책임(자본 125조)을 지게 된다. 여기서 자본시장법상 손해배상책임과 민법상 불법행위책임의 관계도 문제된다. 자본시장법상 손해배상책임도 민법상 불법행위책임과 동일한 성질의 것으로 보아야 한다. 따라서 투자자는 선택적으로 권리를 행사할 수 있다([3-79]). 특정 증권의 발행공시위반을 이유로 유통시장인 거래소가 개설한 증권시장에서 해당 증권을 취득한 투자자가 발행공시규제위반을 이유로 손해배상청구를 할 수 있는가? 현재 대법원은 발행공시와 유통공시를 각각 분리된 독립적인 제도로 보아 그러한 청구를 허용하지 않는다. [13-14]

Ⅲ. 유통공시

[13-15] 유통공시는 발행시점 이후에 발생한 정보를 대상으로 공시하는 제도이다. 일정한 제출시기를 정해두고 대상기간 중에 발생한 정보를 공시하는 정기공시와 정기공시서류의 제출시점 전후에 발생하는 중요사항을 공시하는 수시공시, 그리고 공정공시와 특수공시로 구성된다.

[13-16] 정기공시는 일정한 제출시기를 정해두고 대상기간 중에 발생한 정보를 공시하는 것이다. 정기공시는 3개월마다 하는 분기보고서, 6개월마다 하는 반기보고서, 그리고 사업연도 말에 하는 사업보고서로 구성된다. 중복될 경우 대상기간이 긴 보고서만 제출하므로 2회의 분기보고서, 1회의 반기보고서와 1회의 사업보고서가 1년에 총 4회 제출되어야 한다. 수시공시는 중요사항을 발생할 때마다 공시하는 제도이다. 수시공시는 금융당국에 제출하는 주요사항보고서와 거래소에 제출하는 거래소수시공시로 구성된다. 금융위와 거래소는 공시사항을 상대방에게 제공하는 구조를 취하고 있다. 공정공시는 투자자 등 정보수요자의 관점에서 특정 투자자에게만 정보가 제공됨으로써 발생하는 정보의 비대칭성을 교정하기 위한 공시이다. 현재 공정공시는 거래소규정으로 이루어지고 있지만, 미국의 'Regulation FD'나 EU의 시장남용규칙, 그리고 일본의 금융상품거래법상 중요정보의 공표제도(동법 2장의6)와 같이 공정공시도 법제화되는 추세이다. 특수공시는 합병 등 특정한 사유가 발생한 경우에 이루어지는 공시로서 개별적인 경우에 각각 규정을 두고 있다.

[13-17] 사업보고서나 분반기보고서, 그리고 주요사항보고서를 제출하지 않거나 중요사항을 기재 또는 표시하지 않거나 허위로 기재 또는 표시한 경우에는 과징금(자본 429조 3항)과 함께 투자자에 대하여 손해배상책임(자본 162조)을 지게 된다.

Ⅳ. 공시규제의 한계

[13-18] 공시규제는 적정한 정보를 적정한 방법으로 적정한 시기에 투자자에게 제공하면 합리적인 투자자로서 그 정보에 기초하여 스스로 투자 여부를 결정하고 그 투자결과는 자기가 책임진다는 것을 전제로 한다. 그러나 공시규제의 근본적인 한계는 투

자자들이 공시내용을 읽지 않는다는 것이다. 투자자들이 공시규제를 읽지 않는 상황에서는 오히려 공시주의가 아니라 실질심사주의에 따라 금융당국이 현재보다 더 개입적인 규제가 필요하지 않은지라는 질문이 나올 수 있다. 또한 투자자가 읽지 않은 공시내용에 부실표시가 있다는 이유로 그 투자자에게 손해배상책임을 지게 하는 것이 옳은지 라는 의문도 함께 제기될 수 있다. 그러나 공시규제는 공시된 정보가 증권의 가격에 반영되었다고 보고 역시 투자자의 투자판단의 기초자료가 되었음을 전제로 하는 제도이다. 따라서 현실적으로 읽었는지 여부는 묻지 않는다.

제 4 절 불공정거래규제

Ⅰ. 의의와 구조

자본시장에서의 증권거래에 대해서는 투자자들에게 공개되지 않은 중요정보(미공개중요정보)를 이용하거나 허위의 정보나 거래를 통하여 시가 자체를 조종하는 등의 다양한 부정적인 거래행위가 있을 수 있다. 이러한 부정적인 거래행위를 방지하기 위한 규제를 불공정거래행위규제라고 한다. 앞서 본 바와 같이 불공정거래규제의 보호법익은 투자자의 재산적 이익이라는 개인적 법익이 아니라 자본시장의 효율성과 공정성 그리고 신뢰성이라는 사회적 · 경제적 법익이다. [13-19]

Ⅱ. 유 형

1. 의 의

자본시장법상 불공정거래행위는 제재수단을 기준으로 형벌이 부과되는 유형과 과징금이 부과되는 유형의 두 가지로 구분되고, 형벌이 부과되는 유형은 미공개중요정보이용행위와 시세조종행위 그리고 일반적 부정거래행위(자본 174조 · 176조 · 178조) [13-20]

의 세 가지 유형으로 구분된다. 과징금유형은 시장질서교란행위(자본 178조의2)이다. 시장질서교란행위는 과징금 부과대상인 불공정거래행위유형이 필요하다는 의견에 따라 추가된 행위유형이다. 그러나 최근 자본시장법 개정으로 종래의 형사책임형에 대해서도 과징금 부과가 가능하게 되었다(자본 429조의2). 이 책에서는 편의상 종래의 형사책임형과 행정책임형으로 구분하여 설명한다.

2. 형사책임형

[13-21] 미공개중요정보이용행위는 상장법인의 내부자가 미공개중요정보를 이용하여 대상증권등을 거래하는 경우를 말한다. 우리나라의 미공개중요정보이용행위는 회사관계형모델에 기초한 것으로서 그 주체는 내부자와 내부자로부터 정보를 수령한 자로 한정하고 정보의 범위도 공개매수정보와 대량취득처분정보를 제외하고는 원칙적으로 발행인인 상장법인에 관한 정보에 한정된다.

[13-22] 시세조종행위는 정보의 유포나 거래를 통하여 매매가 성황을 이루고 있는 듯한 착각을 하게 하여 거래에 참여하게 함으로써 궁극적으로 수요공급의 법칙에 의한 가격형성을 저해하는 행위를 말한다. 다양한 유형으로 변형되고 있어 위장거래에 의한 시세조종, 현실거래에 의한 시세조종, 표시 등에 의한 시세조종, 시세의 고정 · 안정행위의 금지, 연계 시세조종행위의 금지와 같은 매우 구체적인 행위유형을 규정하고 있다.

[13-23] 일반적 부정거래행위는 미공개중요정보이용행위나 시세조종으로 처벌할 수 없는 행위유형을 대상으로 하는 것으로서 부정한 수단 등의 사용, 허위표시, 거짓시세이용, 그리고 풍문유포, 위계사용, 폭행 또는 협박으로 구성된다. 죄형법정주의의 관점에서 문제가 제기되기도 하지만 이미 상당한 선례가 확보되어 있다.

3. 행정책임형

[13-24] 시장질서교란행위는 미공개중요정보이용행위나 시세조종행위 또는 일반적 부정거래행위로 처벌할 수 없는 불공정거래행위에 대하여 과징금 대상으로 규제하려는 유형이다. 예컨대 미공개중요정보이용행위로 처벌할 수 없는 제2차 정보수령자 이후의 정보수령자나 정보를 절취하거나 해킹한 자 등을 정보이용형 시장질서교란행위

로, 그리고 허수성호가나 가장성매매 또는 통정매매성 거래나 풍문유포나 거짓 계책을 꾸미는 행위 등을 시세관여형 시장질서교란행위로 처벌한다. 그러나 동일한 법익에 대한 침해행위를 과징금이라는 전혀 다른 제재의 대상으로 하는 것에 대해서는 논란이 있다.

제 5 절 투자관리거래[54)]

Ⅰ. 의의와 구조

금융소비자는 스스로 자산을 관리할 수도 있지만, 전문가에게 일정한 수수료를 지급하고 투자관리를 맡길 수도 있다. 은행금리의 하락과 고령화 등의 환경 변화로 이러한 자산관리수요는 점점 더 커지고 있다. 국민연금을 포함한 공적연금이 노후생활을 완벽하게 보장할 수 없는 현실을 고려할 때 퇴직연금 등 사적연금과 함께 다양한 투자관리서비스를 통한 노후자금의 확보는 우리 사회의 안정적인 유지와 발전을 위해서도 중요하다. [13-25]

전통적으로 이러한 투자관리기능은 투자신탁이나 투자회사와 같은 집합투자, 투자자문이나 투자일임, 신탁과 금융상품판매기능을 결합한 형태로 제공되고 있다. 우리나라에서는 은행의 PB(private banking), 금융투자업자의 WM(wealth management)이나 종합자산관리계좌(CMA) 및 랩어카운트, 보험회사의 생애자산관리 등 각 금융업종별 특성을 반영한 다양한 고객자산관리서비스가 제공되고 있다. 경우에 따라 부동산이나 세무와 같은 비금융업무도 함께 제공되고 있다. 우리나라의 금융규제법상 전업주의로 인하여 이러한 업무가 모든 금융업종에 허용되는 것은 아니다. 이하 금융업으로서의 투자관리의 법적 개념을 간략히 살펴보고, 법적 구조로서 집합투자, 투자자문이나 투자일임, 신탁을 설명한다. [13-26]

투자관리는 타인의 자산을 관리하는 서비스로서 그 업무 자체는 자본시장법의 규율대상이다. 기업자산관리, 고객자산관리 등 다양한 경우에 사용되고 있지만, 금융 [13-27]

54) 이하 설명은 정순섭, 자본, 제21장 집합투자에 기초한 것이다.

규제의 대상으로서의 투자관리는 타인인 고객의 자산관리서비스를 영업으로 하는 경우를 말한다. 우리나라는 자산관리서비스를 그 법적 구조에 따라 집합투자업, 투자일임업, 투자자문업, 신탁업으로 가장 세분화하여 규제하는 입법례라고 할 수 있다. 투자자문업과 투자일임업 그리고 신탁업은 금융투자업에 관한 부분에서 이미 설명하였다([2-55]). 이하 집합투자업을 중심으로 우리나라 자산관리업규제의 연혁을 정리하고, 자산관리의 법적 구조와 자산관리업자규제를 설명한다.

Ⅱ. 집합투자업 규제의 연혁[55)]

[13-28] 국내 투자관리업, 특히 집합투자업 규제는 다음 3단계로 나눌 수 있다. 이러한 단계 구분은 집합투자의 정의와 투자기구의 유형 그리고 운용대상자산의 범위를 기준으로 한다. 사모펀드도 각 단계별 발전에 맞추어 변화하고 있다.

[13-29] 1단계는 1969년 증권투자신탁업법과 함께 시작되었다. 1998년 증권투자회사법이 제정되면서 1단계 규제가 완성된다. 증권을 주요투자대상자산으로 하는 경우만을 투자신탁이나 투자회사로 정의하는 미국식 펀드규제라고 할 수 있다. 1998년 증권투자회사법은 펀드 지배구조의 개선, 펀드유형의 다양화 등을 이유로 종래의 투자신탁형 외에 주식회사형태를 취하는 투자회사형 펀드를 도입하였다. 사모펀드도 1998년 증권투자신탁업법 개정으로(33조 2항) 1단계에 처음으로 등장하였다. 투자자문업과 투자일임업은 증권거래법, 신탁업은 신탁업법의 규제대상이었다.

[13-30] 2단계는 2004년 간접투자자산운용업법의 제정과 함께 시작된다. 기존의 증권투자신탁업법과 증권투자회사법은 간투법에 흡수되고 폐지되었다. 기능별 규제원칙에 따라 간접투자라는 명칭으로 종래의 증권투자신탁과 증권투자회사를 통합한 영국식 펀드규제라고 할 수 있다. 그러나 여전히 간접투자기구의 법적 형태(신탁, 주식회사, 합자회사)와 운용대상자산에 대한 제한은 남아 있는 상태라고 할 수 있다. 일반사모펀드와 함께 2004년 PEF의 원조인 사모투자전문회사제도가 도입되었다. 투자자문업과 투자일임업은 간투법, 신탁업은 신탁업법의 규제대상이었다. 다만 불특정금전신탁과 변액보험은 투자신탁으로 분류되었다.

55) 정순섭, 자본, 제21장 제2절 Ⅰ. 집합투자의 연혁.

3단계는 자본시장법상 집합투자규제이다. 종래의 간접투자라는 용어를 집합투자 로 변경하고, 집합투자기구의 법적형태(신탁, 주식회사, 합자회사, 유한회사, 유한책임회사, 익명조합, 합자조합)와 운용대상자산에 대한 제한을 폐지하였다. 사모펀드규제도 종래의 일반사모펀드와 사모투자전문회사체제를 2015년 운용전략을 기준으로 전문투자형과 경영참여형 사모펀드로 개편하였다가, 2021년 참여투자자의 자격을 기준으로 일반사모펀드와 기관전용사모펀드로 변경하였다. 그러나 여전히 우리나라의 사모펀드규제는 운용방법과 레버리지한도에 대한 엄격한 규제를 전제로 하는 펀드 자체의 규제를 유지하고 있어 미국이나 유럽 등의 펀드규제에 비하여 엄격하다고 평가할 수 있다. 투자자문업과 투자일임업 외에 신탁업도 자본시장법의 규제대상으로 통합되었다. [13-31]

Ⅲ. 투자관리업자의 규제

1. 문제의 범위

투자관리업은 고도의 전문성과 함께 투자자에 대한 충실성이 요구되는 기능이라고 할 수 있다. 첫째, 투자관리업을 수행하기 위해서는 높은 수준의 전문성을 가진 인적 · 물적 설비요건이 부과된다. 투자관리업자에게 고객인 금융소비자에 대하여 고도의 주의의무를 부담하게 하는 것은 이러한 전문성에 요구되는 인적 · 물적요건에 기초한 것이다. 둘째, 투자관리서비스는 타인의 자산관리라는 점에서 자신의 자산관리와 이해상충이 발생할 수밖에 없다. 투자관리업자의 고유재산관리를 엄격히 제한하거나 고객재산과 고유재산을 엄격하게 분리하게 하는 등 다양한 규제가 시도되고 있다. 셋째, 자산관리업자는 자산을 운용하는 과정에서 일반기업의 주식을 대규모로 보유하게 된다. 이와 관련하여 이러한 영향력을 긍정적으로 발휘하게 하여 기업지배구조에 기여하게 하려는 움직임과 함께 부정적인 남용을 방지하기 위한 규제도 적용된다. [13-32]

2. 투자관리의 전문성 확보

투자관리업자에 속하는 집합투자업자, 투자자문업자, 투자일임업자, 신탁업자는 [13-33]

투자관리의 전문가로서 고도의 전문성이 요구된다. 자본시장법은 이들 투자관리업자를 포함한 금융투자업자가 투자자에게 부담하는 의무에 관하여 신의성실의무와 투자자이익우선의무를 규정하고 있다(자본 37조 1항 · 2항). 중요한 것은 투자관리업자에 대하여 선관주의의무와 충실의무를 별도로 규정하고 있는 것이다(자본 79조 · 96조 · 102조). 선관주의의무는 집합투자재산의 운용, 투자자문이나 투자일임, 신탁재산의 운용 등 투자관리에 필요한 고도의 전문성을 갖출 의무를 포함한다. 이러한 전문성을 갖추지 못한 자는 전문성을 갖춘 자에게 투자관리업무를 위탁하거나 그 밖의 방법으로 전문성을 확보할 의무도 부담한다. 이러한 전문성이 없는 자가 타인의 투자관리를 맡는 자체가 이 의무에 위반하는 것으로 보아야 한다.

3. 이해상충의 관리

[13-34] 투자관리업자는 투자자의 이익을 보호하기 위하여 해당 업무를 충실하게 수행할 투자자이익우선의무를 부담한다(자본 79조 2항 · 96조 2항 · 102조 2항). 특히 이 의무와 관련하여 영미법상 신인의무를 도입한 것인지에 대한 논의가 있다. 이러한 입법이 신인의무의 도입을 주장하는 국내외 논의의 영향을 받은 것은 명확하다. 그러나 영미법상 신인의무의 도입은 이론상 신의성실의무나 선관주의의무와 같은 민법상 법리로 해결할 수 없는 새로운 법적 의미나 효과를 도입할 때 유의미한 것이 된다. 그러한 차이로는 어떤 것을 생각할 수 있을까?

4. 투자관리와 기업지배구조

[13-35] 일반적으로 주주로 대표되는 투자자들이 기업경영 자체에 크게 관심을 기울이지 않는 상황에서 집합투자업자나 연기금을 포함한 대규모 투자자들이 적극적인 경영관여를 통하여 기업지배구조의 개선을 위한 긍정적인 역할을 해주기를 기대하는 것은 너무나 당연한 접근이다. 우리나라도 예외는 아니다. 자본시장법은 집합투자업자와 신탁업자에 대하여 "투자자나 수익자의 이익을 보호하기 위하여 집합투자재산에 속하는 주식의 의결권을 충실하게 행사"할 의무를 부과하고 있다(자본 87조 1항, 112조 1항). 법률상 직접적인 의결권 행사방법에 관한 제한이 있는 경우를 제외하고

집합투자업자나 신탁업자의 의결권 행사가 충실하게 이루어진 것인지를 판단할 수 있는 기준으로는 무엇을 생각할 수 있을까? 스튜어드십코드도 그러한 요구를 반영한 것이다.

이와 관련하여 집합투자업자의 경우만을 살펴보면 두 가지 관점에서의 관찰이 필요하다. 첫째, 우리나라 집합투자업자는 은행이나 외국인이 대주주인 경우를 제외하고는 대부분 비금융주력자가 대주주이다. 둘째, 집합투자업자 등의 운용대상 자산은 대부분 비금융주력자를 포함한 대규모 투자자들로부터 공급될 것이다. 셋째, 집합투자업자 등의 운용상 의무는 주로 투자자나 수익자의 재무적 이익의 극대화를 의미할 것이다. 이러한 상황에서 투자자로부터의 직접적인 동의나 승인이 있는 경우를 제외하고 투자대상기업의 장기적인 기업지배구조 개선을 위하여 단기적인 운용성과를 포기할 수 있을까? 집합투자업자 등의 적극적인 의결권 행사가 기업지배구조 개선에 기여하기 위해서는 갖추어야 할 요건이 많다. [13-36]

이러한 논의는 최근의 지속가능경제를 위한 집합투자업자 등의 역할과도 연결된다. 과거 사회적 책임투자(SRI) 등으로 논의되다가 지배구조와 환경까지 고려한 투자(ESG), 나아가 기후위험을 포함한 지속가능경제 등의 고려가 집합투자업자 등에게 요구되기 시작했다. 지나치게 법기술적인 이야기로 들릴 수 있지만 집합투자업자 등의 투자자에 대한 투자자이익우선의무의 이행 여부를 판단하는 기준으로 재무적 이익의 극대화와 그 밖의 환경적, 사회적, 지배구조적 고려를 비교형량할 수 있는 기준이 법률상 제시되어야 한다.[56] [13-37]

이러한 접근은 간접금융시장에도 존재한다. 담보로 취득한 부동산에 환경오염물질이 있는 경우 이를 정화할 책임은 누구에게 있는가. 은행도 일종의 대주책임(lender liability)에 따라 책임의 주체가 된다는 것이다.[57] 우리나라도 마찬가지이다. 담보권자인 은행도 토양환경보전법상 토양오염이 발생한 토지를 소유하고 있었거나 현재 소유 또는 점유하고 있는 자로서 토양정밀조사, 오염토양의 정화 또는 오염토양 개선사업을 실시해야 한다(동법 10조의4 1항 4호, 11조 3항, 14조 1항, 15조 1항 · 3항 또는 19조 1항). 마찬가지 논리에서 은행은 기업의 지배구조개선에도 기여할 수 있다. 환경파괴나 인권침해의 문제가 있는 프로젝트에는 금융을 제공하지 않는 적도원칙 [13-38]

56) 정순섭, "환경친화적 녹색금융을 위한 법적 과제", 환경법연구 제31권 제2호, 2009, 87-113면.
57) 정순섭, 은행, 375-376면.

(equator principle)도 같은 취지로 이해할 수 있다.

Ⅳ. 투자관리의 법적 구조

1. 의의와 구조

[13-39] 투자관리는 그 법적 구조에 따라 네 가지 유형으로 구분할 수 있다. 구체적으로는 첫째, 투자자의 수. 둘째, 투자재산을 투자관리업자에게 위탁하는지 여부. 셋째, 최종적인 투자판단의 주체, 넷째, 투자자가 가지는 권리의 내용이 기준이 된다. 그 중에서도 특히 투자자가 투자관리업자 및 투자재산에 대하여 가지는 권리가 중요하다. 타인의 재산을 관리하는 투자관리업에서는 투자관리업자가 타인인 투자자의 재산과 자신의 고유재산을 동시에 관리함에 따라 전형적인 이해상충상황이 발생한다. 이러한 이해상충의 정도와 유형은 투자관리의 법적 구조에 따라 달라진다. 투자관리업에 대한 규제는 이러한 이해상충의 규제가 핵심과제가 된다,

2. 집합투자

가. 의 의

[13-40] 집합투자는 첫째, 다수의 투자자로부터 모은 금전등을 둘째, 전문적인 투자관리업자인 집합투자업자가 투자자의 일상적인 운용지시를 받지 않고 운용하여 셋째, 그 실적을 배분하는 것이다(자본 6조 5항). 집합투자를 영업으로 하는 것을 집합투자업, 금융투자업자 중에서 집합투자업을 영위하는 자를 집합투자업자라고 한다. 현재의 집합투자 정의는 영국의 집합투자기구(collective investment scheme) 개념을 모델로 한 것이다([2-64]-[2-67]).

[13-41] 집합투자가 투자관리업의 법적 구조로 이용되는 이유는 두 가지이다. 하나는 다수의 투자자로부터 금전등을 모아서 거액의 투자재산을 형성함으로써 증권거래 등에 따른 비용을 절감할 수 있고, 분산투자와 같은 투자기법을 사용할 수 있게 되는 등 규모의 경제에 따른 운용의 효율성을 확보할 수 있다는 점이다. 또 하나는 전문적인

투자관리업자인 집합투자업자를 활용할 수 있다는 점이다. 특히 우리나라와 같이 개인투자자의 비중이 매우 높은 상황에서 집합투자업자의 전문적인 운용능력을 활용하는 것은 불공정거래 등 다양한 분야에서 긍정적인 영향을 미칠 것으로 예상된다. 그러나 과거의 대우채사태나 최근의 사모펀드사건 등으로 집합투자업에 대한 투자자들의 신뢰가 그렇게 높은 것은 아니라고 평가된다.

나. 지배구조

집합투자에서 가장 중요한 문제는 집합투자업자와 투자자의 사이에서 발생하는 대리인문제이다. 주식회사의 이사와 주주의 사이에서 발생하는 대리인문제와 같은 것이다. 구체적으로는 투자자들로부터 모은 금전등을 의미하는 집합투자재산과 집합투자업자의 고유재산이 혼장될 경우 전형적인 이해상충상황이 발생할 수 있게 된다. 이에 대응하여 자본시장법은 집합투자기구, 집합투자재산을 보관 · 관리하는 신탁업자, 집합투자자총회라는 세 가지 장치를 두고 있다. 이를 집합투자의 지배구조라고 표현하기도 한다. [13-42]

첫째, 집합투자기구는 투자자들로부터 모은 집합투자재산과 집합투자업자의 고유재산을 분별관리하기 위하여 도입한 것이다. 집합투자재산을 집합투자업자가 보관할 수 없게 하여 이해상충의 가능성을 원천적으로 차단하자는 것이다. 집합투자기구의 법적 형태는 전통적인 신탁과 주식회사 외에 합자회사, 유한회사, 유한책임회사, 익명조합, 합자조합을 허용하고 있다. 합자회사는 과거 경영참여형 사모집합투자기구(현재의 기관전용 사모집합투자기구)로 불렸던 PEF의 법적 구조로 인정되었지만 이를 일반적인 집합투자기구로 확대한 것이다. 그러나 실무상으로는 신탁을 이용한 투자신탁과 주식회사를 이용한 투자회사가 일반적으로 이용되고 있다. 합자회사는 현재도 PEF에 이용되고 있다. [13-43]

둘째, 집합투자재산을 보관 · 관리하는 신탁업자는 집합투자재산을 보관 · 관리하고 집합투자업자의 집합투자재산운용을 감시한다. 최근 사모펀드의 경우에는 집합투자재산을 보관 · 관리하는 신탁업자의 감시의무가 면제되는 점(자본 249조의8 1항; 249조의20 1항)을 고려하여 일반사모펀드의 집합투자증권 판매업자에게 판매자료의 검증의무와 집합투자업자의 집합투자재산의 운용등에 관한 감시의무를 도입하였다(자본 249조의4 3항, 249조의4 5항). 그러나 집합투자증권의 판매업자에게 이러한 의무를 [13-44]

부과하는 이론적 근거는 무엇일까? 판매업자가 이 의무에 위반하면 투자자에 대하여 손해배상책임을 지게 되는 것일까?

[13-45] 셋째, 집합투자자총회는 집합투자기구의 투자자 전원으로 구성된 의사결정기관으로서 수익자총회, 주주총회, 사원총회, 조합원총회 및 익명조합원총회를 말한다(자본 9조 23항). 집합투자기구의 합병이나 환매연기 등 집합투자와 관련한 중요사항을 심의 · 의결하는 권한을 가진다(자본 190조 1항 등). 상법상 주식회사의 주주와 같은 역할을 집합투자의 투자자에게 기대하는 것이다. 투자신탁의 수익자나 투자회사의 주주 등에게 이러한 역할을 기대하는 것은 현실성이 있을까? 상법상 일반적인 주식회사의 주주에게도 의결권 행사 등 적극적인 참여를 기대하기 어려운 상황에서 순수한 재무적 투자를 목적으로 집합투자에 참여한 투자자들에게 그러한 역할을 기대하기는 쉽지 않을 것이다.

다. 법적 구조

[13-46] 첫째, 투자자의 수는 2인 이상이어야 한다. 투자자 수가 1인인 경우 집합투자로서의 특성을 가지지 못하므로 원칙적으로 청산한다. 둘째, 투자재산을 투자관리업자에게 위탁한다. 그러나 이해상충가능성을 고려하여 집합투자기구를 따로 두고 집합투자재산을 보관 · 관리하는 신탁업자는 집합투자재산을 보관 · 관리한다. 셋째, 최종적인 투자판단의 주체는 집합투자업자이다. 넷째, 투자자가 가지는 권리의 내용은 집합투자기구의 법적 형태에 따라 다르다. 투자신탁의 경우에는 신탁수익권, 투자회사의 경우에는 주식이다. 그러나 법적 형식의 차이에도 불구하고 투자자는 집합투자업자와 집합투자재산에 관하여 거의 동일한 내용의 권리를 행사할 수 있고 집합투자자총회에 참석하여 의결권을 행사할 수 있다.

3. 투자일임

가. 의 의

[13-47] 투자일임은 "투자자로부터 금융투자상품등에 대한 투자판단의 전부 또는 일부를 일임받아 투자자별로 구분하여 그 투자자의 재산상태나 투자목적 등을 고려하여

금융투자상품등을 취득 · 처분, 그 밖의 방법으로 운용하는 것"을 말한다(자본 6조 8항). 투자자와 투자일임업자 간의 1:1 법률관계에 기초하여 투자자별로 개별성과 상대성을 가진 운용행위를 본질로 하는 점에서 집합투자와 구별된다([2-71]).

나. 법적 구조

첫째, 투자자의 수는 1인이어야 한다. 투자자와 투자일임업자 간의 1 : 1 법률관계에 기초하여 투자자별로 개별성과 상대성을 가진 운용행위를 본질로 한다. 둘째, 투자재산은 투자자 명의의 계좌에 보관된다. 셋째, 최종적인 투자판단의 주체는 투자일임업자이다. 넷째, 투자자가 가지는 권리의 내용과 관련하여 자기재산을 유지하므로 투자재산에 대한 권리는 특별히 문제되지 않고, 투자일임업자에 대한 채권적 권리만이 문제된다. [13-48]

4. 투자자문

가. 의 의

투자자문은 "금융투자상품등의 가치 또는 금융투자상품등에 대한 투자판단에 관한 자문에 응하는 것을 말한다(자본 6조 7항). 여기서 투자판단은 금융투자상품등의 종류, 종목, 취득 · 처분, 취득 · 처분의 방법 · 수량 · 가격 및 시기 등에 대한 판단을 말한다([2-70]). [13-49]

나. 법적 구조

첫째, 투자자의 수는 1인이어야 한다. 투자자와 투자자문업자 간의 1 : 1 법률관계에 기초하여 투자자별로 개별성과 상대성을 가진 자문행위를 본질로 한다. 둘째, 투자재산은 투자자 명의의 계좌에 보관된다. 셋째, 최종적인 투자판단의 주체는 투자자이다. 투자일임이 운용을 맡기는 것임에 비하여 투자자문은 자문을 맡기는 것이다. 넷째, 투자자가 가지는 권리의 내용과 관련하여 자기재산을 유지하므로 투자재산에 대한 권리는 특별히 문제되지 않고, 투자자문업자에 대한 채권적 권리만이 문제된다. [13-50]

5. 특정신탁

가. 의 의

[13-51] 특정신탁은 신탁의 구조를 이용한 투자관리형태이지만 집합투자에 해당하지 않는 것을 말한다. 투자자가 특정한 재산에만 운용하는 신탁으로서 불특정신탁은 집합투자에 해당한다([2-64]). 투자관리로서의 특정신탁은 신탁법상 신탁의 법적 구조를 취하고, 투자관리업자가 신탁법상 수탁자에 해당하는 신탁업자라는 점에 특징이 있다.

나. 법적 구조

[13-52] 첫째, 투자자의 수는 불문한다. 신탁에서 위탁자나 수익자의 수에는 제한이 없기 때문이다. 다만 2인 이상인 위탁자가 신탁재산의 운용방법을 특정하지 않는 경우에는 불특정신탁으로서 집합투자에 속한다. 신탁에서 투자자는 계약체결시점까지는 위탁자, 그 후에는 수익자라고 보아야 한다. 둘째, 투자재산은 수탁자인 신탁업자 명의의 계좌에 보관된다. 셋째, 최종적인 투자판단의 주체는 신탁업자이다. 넷째, 투자자가 가지는 권리의 내용은 신탁수익권이다. 투자재산에 대한 물권적 내용의 권리와 신탁업자에 대한 채권적 권리가 복합된 것으로 본다.

CHAPTER 14

위험관리거래

제 1 절 서 언

기능별 규제의 관점에서 금융을 정의할 때 투자 및 비현금지급과 함께 금융의 또 하나의 기능으로 드는 것은 위험관리이다. 전통적으로 위험관리는 보험상품과 파생상품을 통하여 이루어졌다. 이 장에서 위험관리거래라는 제목으로 보험상품과 파생상품을 설명하는 것은 이러한 이유에 따른 것이다. 이 장에서는 금융규제의 일반적인 관점에서 보험상품과 파생상품의 구분과 위험관리상품에 대한 규제의 초점을 이해하는 데 필요한 사항만 간략히 설명한다.58) [14-1]

제 2 절 위험관리상품의 기본원리

Ⅰ. 위험관리와 도박59)

보험상품은 사람의 생명이나 재산에 관한 손해를 의미하는 일정한 보험사고에 따른 위험을 직접 관리하는 분야로서 오랜 역사를 가지고 있다. 파생상품도 고대로부터 노예나 와인과 같은 다양한 위험의 관리수단으로 이용되었다는 기록이 남아 있다. [14-2]

58) 보험규제에 대해서는 정채웅, 『보험업법 해설』, 진한앰앤비, 2017; 한기정, 『보험업법』, 박영사, 2019.
59) 이하 설명은 정순섭, "금융거래와 도박규제－자본시장통합법상 도박면제규정의 입법론적 고찰", 증권법연구 제7권 제2호, 2006, 173－197면에 기초한 것이다.

이러한 위험관리상품의 공통된 특징의 하나는 보험상품에서의 보험사고나 파생상품의 기초자산의 위험과 분리되어 거래될 경우 강력한 투기수단이 될 수 있다는 점이다. 위험관리상품은 위험과의 관계가 일반화 · 추상화될수록 도박에 접근한다. 이러한 특징은 대표적인 위험관리상품인 보험상품과 파생상품에서 공통적으로 나타난다. 구체적인 위험과 분리된 위험관리는 도박에 쉽게 접근할 수 있게 되는 것이다.

[14-3] 보험규제는 손해보험계약에서는 피보험이익(상 668조 · 669조)을 요구하고 있고, 타인의 사망을 보험사고로 하는 보험계약에는 보험계약 체결시에 피보험자의 동의(상 731조 1항)를 받게 하는 등의 방법으로 이러한 투기적 이익추구행위를 엄격하게 제한해 왔다. 손해보험에 적용되는 이득금지의 원칙도 같은 취지라고 할 수 있다. 중복보험에 대한 제한도 같은 취지로 이해된다. 그러나 파생상품의 경우에는 그러한 투기거래를 당연한 것으로 허용해 왔다. 오늘날 파생상품의 경제적 기능에 관한 부정적 입장은 대부분 이러한 투기적 요소에 기인한다. 반면 파생상품의 투기적 요소는 그 시장의 유동성을 증가시켜 위험헤지를 원하는 거래자들에게 효율적인 시장을 제공해 준 측면도 있다. 그러나 최근에는 특히 일반금융소비자를 중심으로 과도한 투기거래를 방지하기 위하여 규제상 파생상품의 거래목적을 위험회피거래로 한정하고 있다. 순수한 위험회피거래로 한정할 경우 파생상품은 보험상품과 매우 유사해진다.

참고 타인의 생명보험에 있어서 피보험자의 서면동의 조항의 입법취지(대법원 2006. 9. 22. 선고 2004다56677 판결)

"상법 제731조 제1항의 입법 취지에는 도박보험의 위험성과 피보험자 살해의 위험성 외에도 피해자의 동의를 얻지 아니하고 타인의 사망을 이른바 사행계약상의 조건으로 삼는 데서 오는 공서양속의 침해의 위험성을 배제하기 위한 것도 들어 있다고 해석되므로"

참고 서울민사지법 1984. 1. 19. 선고 83가합3629, 제5부판결

"보험계약자가 타인 소유의 물건을 자기 소유인 것처럼 보험목적으로 하여 체결한 화재보험계약은 피보험이익이 없어 무효이다."

참고 대법원 2022. 4. 14. 선고 2019다286441 판결

"보험계약자가 다수의 보험계약을 통하여 보험금을 부정취득할 목적으로 보험계약을 체결한 경우, 이러한 목적으로 체결된 보험계약에 의하여 보험금을 지급하게 하는 것은 보험계약을 악용하여 부정한 이득을 얻고자 하는 사행심을 조장함으로써 사회적 상당성을 일탈하게 될 뿐만 아니라 합리적인 위험의 분산이라는 보험제도의 목적을 해치고 위험발생의 우발성을 파괴하며 다수의 선량한 보험가입자들의 희생을 초래하여 보험제도의 근간을

해치게 되므로, 이와 같은 보험계약은 민법 제103조에서 정한 선량한 풍속 기타 사회질서에 반하여 무효라고 할 것이다(대법원 2000. 2. 11. 선고 99다49064 판결 등 참조)."

자본시장법은 금융투자업자가 금융투자업을 영위하는 경우에는 형법상 도박죄 [14-4] (246조)를 적용하지 않는다고 하여 법적 확실성을 추구하고 있다(자본 10조 2항). 과도한 사행성이 인정될 경우의 통제방법이 필요하지 않을까? 민법 제103조의 선량한 풍속 기타 사회질서에 반하는 행위로서 거래를 무효화시킬 수는 있을 것이다. 파생상품의 법적 확실성을 위하여 민법 제103조도 적용제외할 것인가? 입법기술상 곤란할 뿐만 아니라 과도한 사행성이 인정될 경우에는 법적 통제장치를 유지할 필요가 있다고 보아야 할 것이다.

Ⅱ. 보험상품과 파생상품의 구분

한동안 미국에서는 위험회피목적의 파생상품거래를 뉴욕의 보험규제의 대상으 [14-5] 로 하자는 주장이 보험업계를 중심으로 강하게 제기되었다. 이와 같이 보험사고의 발생 여부나 기초자산에 관한 위험의 발생 여부를 기준으로 일정한 위험관리기능을 추구하는 보험과 파생상품은 매우 유사하다. 특히 신용위험을 나타내는 신용사유(credit event)의 발생 여부에 따라 누가 얼마를 지급할지가 결정되는 신용파생상품은 구조와 기능의 양면에서 보험과 차이가 없다. 보험상품과 파생상품의 구분이 본격적으로 문제되기 시작한 것은 신용파생상품의 등장과 시기를 같이 한다. 우리나라에서는 자본시장법에서 기초자산의 정의를 사람의 생명이나 재산에 관한 손해를 포함할 수 있도록 확대하면서 보험과 파생상품의 구분이 현실적인 문제로 등장하였다.

그러나 보험과 파생상품은 그 상품구조나 위험관리방법에는 큰 차이가 있는 것 [14-6] 도 사실이다. 보험상품은 주로 대수의 법칙에 기초한 단체성을 활용하여 위험을 관리하고 있다. 그러나 개별적인 위험관리가 불가능한 것은 아니므로 결정적인 구분기준이 될 수는 없다. 그렇지만 현재 각국의 입장은 보험상품과 파생상품이 각각의 상품규제를 받으면서 거래되고 있어 특별히 구분을 논의할 실익은 많지 않은 것으로 이해되고 있다. 2008년 글로벌 금융위기 이후 미국에서는 이 문제가 다시 논의되었으나 장외파생상품에 관한 규제를 신설하면서 오히려 장외파생상품은 보험계약에 해당하지 않는다는 입법을 하였다(7 U.S. Code § 16(h)).

Ⅲ. 보험상품과 파생상품의 가격규제

[14-7] 위험관리상품의 또 하나의 특징은 가격산정이 어려운 점이다. 위험의 발생가능성을 기초로 가격이 결정되어야 하므로 사전적인 원가산정이 매우 곤란할 수밖에 없다. 현재 금융상품의 가격은 원칙적으로 금융규제의 대상이 아니다. 금융규제 운영규정은 금융당국의 금리 · 수수료 등 금융회사등이 정하는 금융상품의 가격, 금융회사등의 배당 등에 대한 금융행정지도를 금지하고 있다(7조 6항 본문). 다만, 법령등에 따른 경우와 금융회사등의 건전성을 현저히 저해하거나 저해할 우려가 있는 경우, 금융소비자 보호를 위하여 불가피한 경우에는 예외적으로 이를 허용하고 있다(7조 6항 1호-3호). 그러나 금융회사의 인적 · 물적설비의 하나로서 금융상품의 가격결정방법의 적정성과 일관성 등에 대해서는 금융감독상 개입이 불가피한 경우도 있다.

[14-8] 보험상품에 대해서는 보험요율이 문제된다. 현재 보험업법상 보험요율규제는 자율판매 원칙이 정착되어 있다. 보험회사가 보험상품취급시 기초서류 작성 · 변경원칙(보험 128조의3)과 보험요율 산출의 원칙(보험 129조) 등을 준수하여 자율적으로 보험상품을 개발 · 판매하되 예외적인 경우 사전신고의무가 있다. 금융위는 보험회사에 분기별 보험상품 판매목록을 제출하게 하는데 이때 선임계리사가 검증 · 확인한 기초서류, 보험요율산출기관(보험개발원)이나 독립계리업자의 검증확인서 등을 제출하도록 요구할 수 있고(보험 127조; 동 시행령 71조 2항 1호 · 2호), 기초서류가 기초서류 작성 · 변경원칙을 준수하는지 확인하고 있다(보험 127조의2). 금융소비자법상으로는 보장성 상품에 대한 설명의무의 적용대상인 설명사항에 보험료가 포함되어 있다(금소 19조 1항 1호 가목 2)).

[14-9] 파생상품의 경우 블랙숄즈모델로 대표되는 가격결정모델에 기초하여 가격이 산출되지만, 그 가격 자체에 대한 규제는 존재하지 않는다. 금융소비자법상 설명의무의 적용대상인 설명사항에 수수료가 포함되어 있지만 해당 거래의 당사자가 됨으로써 신용위험을 부담하는 대가로서 취득하는 마진 그 자체도 설명사항에 포함된다고 볼 것인가? 그렇게 보기는 어려울 것이다. 금융당국이 각 금융회사가 사용하고 있는 가

격결정모델의 적정성과 일관성을 수학적 · 논리적으로 확인하는 것은 가능할 것이다.

Ⅳ. 위험의 확대

파생상품의 가치는 기초자산의 가치로부터 파생된다. 따라서 파생상품거래의 역사는 기초자산에 대한 위험관리 또는 투기수요와 함께 시작된 것이다. 따라서 초기의 파생상품거래는 곡물이나 광물과 같은 일반상품을 대상으로 이루어질 수밖에 없었던 것이다. 특히 환율과 같은 금융분야에서의 위험을 기초자산으로 포함하게 된 것은 1970년대 초반 변동환율제로의 전환의 결과라고 할 수 있다. 주가변동과 같은 가격위험이나 신용위험을 거쳐 최근에는 날씨나 강수량, 지진과 같은 자연재해나 사람의 생명이나 그 밖의 손해도 대상으로 포함하게 되었다. 보험상품의 헤지대상인 보험사고도 마찬가지의 발전과정을 보이고 있다. 신용보험은 신용생명보험과 신용손해보험을 말한다. 신용생명보험은 "금융기관으로부터 대출을 받은 피보험자가 사망하였을 때 미상환액을 보상하는 보험"을, 신용손해보험은 "금융기관으로부터 대출을 받은 피보험자가 상해로 인하여 사망하였을 때 미상환액을 보상하는 보험"을 말한다(보험 감독규정 4-13조 1항 · 3항). 풍수해보험이나 날씨보험(보험 시행령 1조의2 3항 14호)도 거래되고 있다. [14-10]

Ⅴ. 보험사기

1. 의의와 구조

위험관리상품으로서의 특성상 보험사기에 대해서는 특별한 주의를 요한다. 사기적인 보험계약의 체결, 보험사고의 고의적 유발, 보험사고의 위장 및 날조, 보험사고의 과장과 같은 상황이 발생할 수 있기 때문이다.60) 이를 보험사기라고 한다. 보험사기행위는 "보험사고의 발생, 원인 또는 내용에 관하여 보험자를 기망하여 보험금 [14-11]

60) 금감원 보험사기방지센터 <https://www.fss.or.kr/fss/main/contents.do?menuNo=200529>.

을 청구하는 행위"를 말한다(보험사기방지 특별법 2조 1호). 보험업법에서도 보험사기행위에 관하여 특칙을 두고 있다. 보험계약자, 피보험자, 보험금을 취득할 자, 그 밖에 보험계약에 관하여 이해관계가 있는 자는 보험사기행위를 해서는 안 된다(보험 102조의2). 또한 보험회사의 임직원, 보험설계사, 보험대리점, 보험중개사, 손해사정사, 그 밖에 보험 관계 업무에 종사하는 자도 고의로 보험사고를 발생시키거나 발생하지 아니한 보험사고를 발생한 것처럼 조작하여 보험금을 수령하도록 하는 행위나 이미 발생한 보험사고의 원인, 시기 또는 내용 등을 조작하거나 피해의 정도를 과장하여 보험금을 수령하도록 하는 행위를 해서는 안 된다(보험 102조의3).

[14-12] 동일한 위험관리상품인 파생상품의 경우에도 비슷한 상황이 발생할 수 있지만 형법상 사기죄에 맡겨져 있다. 보험상품에 비하여 주로 엄격한 금융규제의 대상이 되고 있는 금융회사나 기업들이 참여하는 도매시장으로서의 특성을 고려한 것이다.

2. 보험사기이득액연동제

[14-13] 보험사기행위로 보험금을 취득하거나 제3자에게 보험금을 취득하게 한 자는 10년 이하의 징역 또는 5천만원 이하의 벌금에 처한다(보험사기방지 특별법 8조). 보험사기행위를 범한 사람은 그 범죄행위로 인하여 취득하거나 제3자로 하여금 취득하게 한 보험금의 가액("보험사기이득액")이 5억원 이상일 때에는 가중처벌한다. 보험사기이득액이 50억원 이상일 때는 무기 또는 5년 이상의 징역, 보험사기이득액이 5억원 이상 50억원 미만일 때는 3년 이상의 유기징역으로 가중처벌한다(보험사기방지 특별법 11조 1항). 이 경우 보험사기이득액 이하에 상당하는 벌금을 병과할 수 있다(보험사기방지 특별법 11조 2항). 보험사기의 법정형을 보험사기이득액에 연동시키는 구조는 자본시장법상 불공정거래행위에 대한 형벌을 부당이득액(얻은 이익이나 회피한 손실액)과 연동시키는 제도와 동일한 취지이다. 보험사기이득액의 산정은 제3자의 행위나 외부적 요인이 개입할 가능성이 적어 자본시장법상 불공정거래행위로 부당이득액의 산출에 비하여 상대적으로 명확하다. 보험업법상 보험사기이득과 자본시장법상 부당이득의 산출방식을 구체적으로 비교해 볼 필요가 있다([3-84]-[3-85]).

3. 보험사기와 보험계약의 효력

보험사고가 보험계약자 또는 피보험자나 보험수익자의 고의로 인하여 생긴 때 [14-14] 에는 보험회사는 보험금액을 지급할 책임이 없다(상 659조 1항). 보험사기의 경우 보험회사의 보험금지급책임을 면제한 것이다. 사기에 의하여 체결된 초과보험계약(보험금액이 보험계약의 목적의 가액을 현저하게 초과한 때)과 중복보험계약(동일한 보험계약의 목적과 동일한 사고에 관하여 수개의 보험계약이 동시에 또는 순차로 체결된 경우)은 무효가 된다(상 669조 4항, 672조 3항).

제 3 절 파생상품[61)]

Ⅰ. 거래의 발전

파생상품의 역사는 고대 메소포타미아지역으로까지 거슬러 올라간다. 영국박물 [14-15] 관에 소장되어 있는 설형문자로 기록된 점토판을 해석한 자료를 기초로 당시에도 노예나 와인을 대상으로 일종의 선도나 옵션거래가 이루어졌다는 설명이 있다.[62)] 고대 그리스의 철학자가 어느 해 올리브 농사가 풍년이 될 것을 예상하여 그 씨앗을 분리하는 기구(olive press)를 사용할 수 있는 옵션을 거래하여 많은 이익을 올렸다는 이야기도 전해진다. 세계 최초의 조직화된 선물거래소는 17세기 말 일본에서 시작되었다.[63)] 그렇지만 본격적인 선물거래는 1848년 시카고 상품거래소(CBOT, Chicago Board

61) Ligia Catherine Arias−Barrera, Regulation and Supervision of the OTC Derivatives Market, Routledge, 2020; Alexandra G. Balmer, Regulating Financial Derivatives: Clearing and Central Counterparties, Edward Elgar, 2018; Alastair Hudson, The Law on Financial Derivatives, Sweet & Maxwell, 2018; Simon James, The Law of Derivatives, Informa Law from Routledge, 2014; Gary Kalbaugh, Derivatives Law and Regulation 3rd ed, Carolina Academic Press; 3rd ed, 2021; David Murphy, Derivatives Regulation: Rules and Reasoning from Lehman to Covid, Oxford University Press, 2022; Alan N. Rechtschaffen, Capital Markets, Derivatives, and the Law: Positivity and Preparation 3rd ed, Oxford University Press, 2019.

62) Edward J. Swan, Building the Global Market, A 4000 Year History of Derivatives, Kluwer Law International, 2000.

63) 堂島米穀取引所. Mark D. West, “Private Ordering at the World’s First Futures Exchange”, Michigan Law Review Vol.98 , 2000, pp. 2574−2615. 도지마거래소에 관한 흥미로운 소개로, 柳沢逸司, 『堂島のDNAを取りもどせ』, 財界研究所, 2003.

of Trade)와 시카고상업거래소(CME, Chicago Mercantile Exchange)에서 시작되었다고 보는 것이 정확할 것이다.

[14-16] 주로 농축산물을 기초자산으로 선물거래가 이루어지던 선물거래소에서 금융자산이나 지표 등을 기초자산으로 하기 시작한 것은 1973년부터이다. 1971년 금태환정지선언에 따라 브레튼우즈체제로 불리던 금－미국달러－주요국통화로 연결되는 고정환율제가 붕괴되면서 환율변동위험을 민간에서 직접 헤지해야 하는 시대가 되었다. 이를 위험의 민간화(privatization of risks)라고 한다. 이에 따라 1972년 CME가 주요 7개국 통화에 대한 선물거래를 시작하였다. 장외파생상품거래도 주로 실물자산을 기초로 이루어지다가 금융자산이나 지표 등을 기초자산으로 하기 시작했다. 최초의 거래는 1981년 IBM과 세계은행(World Bank) 간에 이루어진 통화스왑거래라고 알려져 있다. 그러나 1979년 런던에서 금리스왑계약서를 작성한 경험이 있다는 실무변호사의 회고도 있다.

Ⅱ. 미국의 파생상품규제

[14-17] 미국의 파생상품규제는 전형적인 상품별규제원칙에 따르고 있다. 증권은 1933년 증권법(Securities Act)과 1934년 증권거래소법(Securities Exchange Act)에 따라 증권거래위원회(Securities Exchange Commission, SEC)의 감독을 받으면서 증권거래소에서 거래된다. 증권에 대한 옵션은 증권으로 규제된다. 장내파생상품거래는 1936년 상품거래소법(Commodity Exchange Act)에 따라 상품선물거래위원회(Commodity Futures Trading Commission, CFTC)의 감독을 받으면서 상품거래소에서 거래된다. 미국의 파생상품규제는 다음 4단계로 발전하였다.

[14-18] 제1단계는 장내파생상품에 대한 규제의 시대이다. 장외파생상품거래가 본격화되기 전의 시기를 대상으로 한다. 미국 최초의 선물규제법인 1921년 선물거래법(Futures Trading Act)은 연방최고재판소에서 위헌판결을 받게 된다. 그 후 1922년 곡물선물법(Grain Futures Act)이 제정되어 농업부 내에 곡물선물위원회를 설치하였다. 그러나 이 법은 제재대상을 거래소로 하고 있어서 거래를 제재할 수 없었다. 그 후 대공황을 거치면서 이 법을 바탕으로 1936년 상품거래소법이 제정되었다. 1974년 상품거래소법

상 기초자산을 의미하는 상품의 범위를 확대하면서 연방독립행정위원회로 상품선물거래위원회를 설치하였다. 동법은 적용대상상품을 장래인도를 위한 상품의 매매(contract of sale of a commodity for future delivery)라고만 규정할 뿐 선물이나 파생상품과 같은 용어를 정의하고 있지 않다. 장내외거래의 구분도 엄밀하게 이루어지지 않았다. 다만 상품거래소법의 적용대상이라고 인정되면 상품거래소 밖에서의 거래가 불법으로 무효가 되는 구조였다. 미국의 특유한 규제로 개별주식에 대한 선물거래를 금지한 것도 대표적인 법적 위험의 사례라고 할 수 있다. SEC는 개별주식선물은 주식에 대한 장래인도 매매로서 주식매매와 다를 바 없으므로 증권법의 적용대상이라고 주장하였다. 그 후 1982년 SEC와 CFTC에 의한 개별주식선물과 9종목 이하의 주식으로 구성되는 좁은 의미의 주가지수(narrow-based stock indexes)에 기초한 선물은 금지하고, 주식옵션에 대한 관할권은 SEC에, 그리고 좁은 의미의 주가지수가 아닌 주가지수(broad-based stock indexes)에 기초한 선물거래는 CFTC에 관할권을 부여하는 내용의 합의(Shad-Johnson Agreement)를 법제화하였다(Futures Trading Act 1982).

제2단계는 CFTC가 장외파생상품에 대한 규제가능성을 언급하기 시작한 때부터 [14-19]
2000년 상품선물현대화법(Commodity Futures Modernization Act)이 제정될 때까지의 시기이다. 상품거래소법상 장외거래무효규정에 따라 장외파생상품이 동법의 적용대상으로 결정되면 거래 자체가 무효화되는 심각한 법적 위험에 노출되게 되었다. CFTC도 통화나 금리를 기초자산으로 하는 장외파생상품거래에 대해서는 관심을 보이지 않았다. 그러나 1987년 상품스왑이 상품거래소법의 적용대상인 선물거래에 해당하는지를 검토하기 시작하였다. 증권거래위원회도 증권을 기초자산으로 하는 장외파생상품을 증권옵션으로 성질결정하여 증권법의 적용대상임을 주장하였다.[64] 금리스왑의 지급액이 국채가격이나 수익률에 연동되어 있는 경우 국채에 대한 옵션에 해당하는 것으로 보려는 시도이다. 투자자들도 장외파생상품을 증권으로 성질결정하게 되면 보통법상 사기보다 증명이 쉬운 증권법상 사기조항을 적용할 수 있는 장점이 있었다.[65] 여러 차례의 유권해석과 비조치의견서를 통하여 법적 위험을 최소화하기 위하

64) Re BT Securities Corp., Exchange Act Release No. 35,136 (22 December 1994), 1994 SEC LEXIS 4041.

65) 대표적인 사례로 Procter & Gamble v Bankers Trust, 925 F Supp 1270 (SD Ohio 1996)(금리스왑의 증권성을 부정). 상세한 설명으로, Willa E. Gibson, "Are Swap Agreements Securities or Futures?: The Inadequacies of Applying the Traditional Regulatory Approach to OTC Derivatives Transactions", The Journal of Corporation Law Vol.24, 1999, pp. 379-416.

여 노력하였지만 시장에서는 거래장소를 영국으로 이동시키는 시장의 이동으로 대응하게 되었다. 이러한 현상은 우리나라나 일본에서도 발견된다. 규제의 불확실성을 피해서 홍콩이나 싱가포르에서 장외파생상품을 거래하는 것이다. 세계 장외파생상품거래는 대부분 미국계 은행 등이 주도하고 있지만, 거래장소기준으로는 런던이 뉴욕보다 훨씬 거래규모가 많은 것은 이를 나타낸다. 이에 대응하여 미국 금융시장의 국제경쟁력을 강화한다는 명분으로 제정한 것이 2000년 상품선물현대화법이다. 동법은 장외파생상품을 증권법과 상품거래소법의 적용대상에서 배제하는 방식으로 대응하였다.

[14-20] 제3단계는 2000년 상품선물현대화법 시행 이후 2010년 도드-프랑크법(Dodd-Frank Wall Street Reform and Consumer Protection Act)이 제정될 때까지의 시기이다. 상품선물현대화법은 개별주식선물과 넓은 의미의 주가지수에 기초한 선물거래의 금지를 폐지하여 증권선물거래로서 SEC와 CFTC의 공동감독 대상으로 하였다. 이 시기에는 장외파생상품규제는 금융회사에 대한 건전성규제를 제외하고는 존재하지 않았다. 2000년 상품선물현대화법의 장외파생상품에 대한 규제면제가 2008년 글로벌 금융위기의 원인으로 작용한 것인지에 대한 논란을 거쳐 2010년 도드-프랑크법이 제정되었다. 특히 기능별규제원칙에 따라 증권과 파생상품을 일원적인 금융규제법의 적용대상으로 규제하고 있는 1986년 금융서비스법 이후의 영국이나 2000년 회사법 개정 이후의 호주, 2009년 자본시장법 시행 이후의 우리나라와는 상당히 다른 접근법이라고 평가된다.

[14-21] 제4단계는 2010년 도드-프랑크법의 제정으로 시작되었다. 동법은 첫째, 개별주식선물은 허용하되 SEC와 CFTC의 공동관할의 대상으로 하고, 둘째, 증권기초장외파생상품은 SEC, 비증권기초장외파생상품은 CFTC, 그리고 이들이 결합된 혼합장외파생상품은 SEC와 CFTC의 공동관할의 대상으로 규정하였다. 도드-프랑크법의 제정으로 미국에는 역사상 최초로 체계적인 장외파생상품규제가 도입되었다고 평가할 수 있다.

Ⅲ. 장내파생상품

장내파생상품에서 법률문제는 금융규제법상으로는 금융상품으로서의 장내파생 [14-22] 상품 제조규제와 판매규제로 구분된다. 금융거래법상으로는 앞에서 본 바와 같이 계약서작성이 큰 의미를 가지지 않기 때문에 주로 개별거래자들의 위험관리가 문제된다. 그러나 개별거래자들이 금융규제법의 적용을 받는 금융회사나 집합투자기구 등인 경우에는 자산운용한도 규제 등을 통하여 금융규제법이 개입할 수 있다. 나아가 이사의 의무를 중심으로 한 각 거래당사자들의 내부적인 위험관리시스템에 의존할 수밖에 없다. 그러나 개인투자자의 경우에는 각 개인의 건전한 투자상식에 의존할 수밖에 없다. 예탁금을 상향하거나 일정한 교육의무를 부과하는 등의 방법도 생각할 수 있지만, 본래의 자본시장 기능에 부합하는 것은 아니다.

장내파생상품은 파생상품시장을 개설한 거래소가 제조하게 된다. 기초자산별로 [14-23] 특별한 수요가 있는 경우에는 거래소요를 감안하여 특별히 제조하기도 할 것이다. 증권에 결합하여 거래하는 파생결합증권의 경우에는 발행인이 따로 존재하게 된다. 거래소가 장내파생상품을 제조하면 파생상품시장규정을 개정하는 형식으로 도입하게 된다. 이를 위하여 금융위의 승인을 요하게 될 것이다(자본 412조 1항). 이러한 과정을 거쳐 장내파생상품에 대해서는 그 제조과정부터 금융당국의 개입이 가능하게 되어 있다.

장내파생상품에 대해서는 대규모거래자의 시장영향력이 강할 수밖에 없고, 그 [14-24] 시세에 영향을 미칠 수 있는 정보에 접근할 수 있는 자의 정보이용행위도 문제될 수 있다. 특히 그 기초자산시장의 규모가 작을 경우 이러한 문제가 더욱 심각해진다. 과거 돈육선물을 도입할 때 많이 논의되었다. 자본시장법은 첫째, 일반상품 등을 기초자산으로 하는 동일 품목의 장내파생상품을 일정 수량 이상 보유하는 자에게 보고의무(변동보고 포함)를 부과하고 있다(자본 173조의2 1항). 둘째, 파생상품시장에서의 시세에 영향을 미칠 수 있는 정보에 접근할 수 있는 자의 그 정보의 이용행위나 타인에 대한 제공행위를 규제하고 있다(자본 173조의2 2항). 정보에 접근할 수 있는 자는 장내파생상품의 시세에 영향을 미칠 수 있는 정책을 입안 · 수립 또는 집행하는 자, 장내파생상품의 시세에 영향을 미칠 수 있는 정보를 생성 · 관리하는 자, 장내파생상품의 기초자산의 중개 · 유통 또는 검사와 관련된 업무에 종사하는 자를 말한다.

Ⅳ. 장외파생상품

[14-25] 장내파생상품과 장외파생상품은 거래구조의 차이와 함께 계약서작성실무를 포함한 법적 구조의 차이로 인하여 규제상 많은 차이를 나타내고 있다. 장내파생상품은 표준화된 형태로 거래소에 상장되어 거래되므로 선물회사 등으로 불리는 투자중개업자를 통하여 거래되고 있다. 따라서 장내파생상품거래를 하게 되면 거래소가 정한 규정이 일종의 단체계약으로서 자동적으로 적용된다. 따라서 계약서작성이 크게 문제되지 않는다. 그러나 장외파생상품의 경우에는 당사자들의 상대계약으로서 계약서작성이 실질적으로 중요한 의미를 가지게 된다.

[14-26] 장외파생상품 규제체계가 만들어지기 전에는 이러한 계약서가 공시규제 등 금융규제를 보완하는 의미도 가졌다. 주로 진술 및 보장조항 등을 이용하여 거래당사자인 일반사업회사에 관한 재무적 또는 비재무적 정보를 상대방에게 통지하게 하거나 재무관련비율 등을 제한하는 방식으로 위험을 관리할 수도 있다. 담보화구조를 이용하는 것도 위험관리의 관점에서는 건전성규제의 일환으로도 이해할 수 있다. 이러한 표준계약서의 규제기능은 장외파생상품에 대한 규제체계가 도입되면서 자연스럽게 법률에 의한 규제를 확인하는 의미를 갖게 되었다.

[14-27] 장외파생상품에 관한 계약서는 최초 각 당사자들이 자신의 계약서식을 관철하려는 서식분쟁(Battle of Forms)이 존재하였다. 그러나 시장경쟁이 격화되면서 그러한 계약서작성비용을 줄이려는 목적에서 표준계약서를 만드는 작업이 시작되었다. 국제스왑파생상품협회가 만든 ISDA 마스터계약서는 대표적인 사례라고 할 수 있다. 본문(body), 부속서(schedule), 확인서(confirmation)의 3부분으로 구성되는 ISDA 마스터계약서 구조에서([4-45]) 서식분쟁은 주로 부속서의 내용을 중심으로 하게 되어 부속서분쟁(Battle of Schedules)으로 변하였다.

제 4 절 위험관리상품의 판매

보험상품이나 파생상품의 판매에 관하여도 판매조직과 판매규칙으로 구분하여 살펴볼 수 있다. 보험상품의 경우 보험설계사 · 보험대리점 · 보험중개사가 중요한 판매조직이지만, 파생상품의 경우 투자권유대행인은 파생상품을 판매할 수 없다(자본 51조 1항 전단). 파생상품의 위험성을 고려한 것이다. 금융소비자법상 설명의무의 설명사항도 다르다. 보험상품의 경우 위험보장기간과 같은 위험보장기능을 포함하고 있지만(금소 19조 1항 1호 가목 4); 동 시행령 13조 1항 1호), 파생상품에 대해서는 주로 기초자산의 변동성, 신용등급, 금융상품 구조의 복잡성, 최대 원금손실 가능금액 등 원본손실위험을 중심으로 한다(금소 19조 1항 1호 나목 2); 동 시행령 13조 3항 1호-4호). 금융상품으로서의 판매규제에는 보험상품과 파생상품에서의 투기목적거래의 허용 여부와 그 정도의 차이가 반영된 것이다. 또한 보험상품의 경우 중복계약체결 확인의무(보험 95조의5)와 같은 고유의 판매규칙은 여전히 보험업법에 있다. [14-28]

보험상품의 판매조직은 보험업법상 모집종사자로서 보험회사의 임직원과 함께 보험설계사, 보험대리점, 보험중개사가 규정되어 있다(보험 83조 1항). 금융소비자법상 보험회사는 금융상품직접판매업자 또는 금융상품판매대리 · 중개업자로, 보험설계사 · 보험대리점 · 보험중개사는 금융상품판매대리 · 중개업자로 분류된다(금소 4조 9호-12호). 보험설계사 · 보험대리점 · 보험중개사는 금융상품판매조직에 관한 개별법 우선원칙에 따라 보험업법에 따라 등록하면 금융소비자법상 등록을 요하지 않는다(금소 12조 1항 1호). 보험상품의 판매규칙에 대해서는 금융소비자법상 판매규제와 함께 보험업법상 모집관련 준수사항(보험 95조-101조의2)이 적용된다. 예컨대 보험업법상 설명의무(보험 95조의2 3항 · 4항)는 "보험계약의 체결 시부터 보험금 지급 시까지의 주요 과정"과 "보험금의 지급절차 및 지급내역 등과 보험금의 감액지급이나 부지급 시에는 그 사유"를 설명사항으로 한다. 따라서 금융소비자법상 설명의무와는 취지가 다르다. [14-29]

파생상품 특히 장외파생상품의 판매조직은 자본시장법상 투자매매업자와 투자중개업자이다. 투자매매업자와 투자중개업자는 금융소비자법상 금융상품직접판매업자로 규제된다. 장외파생상품의 판매규칙으로는 금융소비자법상 판매규제와 함께 일반투자자를 대상으로 장외파생상품의 매매 및 그 중개 · 주선 또는 대리를 할 경우에 [14-30]

는 그 일반투자자가 위험회피 목적의 거래를 하는 경우에 한할 것 등 자본시장법상 장외파생상품매매에 관한 특칙이 적용된다(자본 166조의2).

제4편 금융시장기초

CHAPTER 15

금융시장제도

제1절 서 언[1)]

금융시장에서 이루어지는 모든 금융거래는 금융상품과 대금의 교환구조를 기초로 한다. 기본적으로 거래소가 개설한 증권시장이나 장내파생상품시장에서 이루어지는 증권이나 장내파생상품의 매매에서는 증권이나 장내파생상품을 매도하거나 매수하고 그 대금을 수취하거나 매도하게 된다. 금융상품의 구조에 따라 매매의 형식을 취하지 않는 경우도 있다. 매도에 해당하는 행위로는 증권의 발행이나 풋옵션의 매수, 그리고 매수에 해당하는 행위로는 증권의 취득이나 풋옵션의 매도를 생각할 수 있다. 발행시장에서 모집의 경우에 취득이라는 용어를 사용한 것은 아직 발행되지 않은 증권을 매매의 대상으로 할 수 없다는 고려에 따른 것이다([2-91]). 그러나 그 경제적 실질을 보면 모두 매도나 매수에 해당한다는 취지이다. 자본시장법에서 파생상품의 경우에 "매매계약이 아닌 계약의 체결은 매매계약의 체결로 본다"(자본 5조 4항)는 규정을 두고 있는 것도 같은 의미를 밝힌 것이다. [15-1]

당사자들은 증권 등 금융상품을 매도하거나 매수하고 그 대가로서 일반적으로 금전을 수취하거나 지급하게 된다. 금융상품에 관한 매매체결이 이루어진 후 증권의 [15-2]

1) 기본적인 교재로, Banque de France, Payments and Market Infrastructures in the Digital Era, 2018; Jens-Hinrich Binder and Paolo Saguato(eds), Financial Market Infrastructures: Law and Regulation, Oxford University Press, 2022; Michael Blair, George Walker and Stuart Willey(eds), Financial Markets and Exchanges Law 3rd ed, Oxford University Press, 2021; Dick Frase and Helen Parry, Exchanges and Alternative Trading Systems: Law and Regulation, Sweet & Maxwell, 2001; Ruben Lee, Running the World's Markets: The Governance of Financial Infrastructure, Princeton University Press; 2010; Dermot Turing, Clearing and Settlement 3rd ed, Bloomsbury Professional, 2021.

인수도와 대금의 수취나 지급이라는 결제가 이루어지는 것을 설명한 것이다. 증권의 인수도는 증권의 발행형태에 따라 예탁결제원(예탁증권의 경우)이나 전자등록기관(전자증권의 경우)에서 관리하는 계좌부에서의 계좌간 대체를 통하여 결제된다. 한편 대금은 중앙은행을 정점으로 하는 지급결제제도를 거쳐 결제가 이루어진다. 장내증권이나 장내파생상품의 경우 다수의 매매가 이루어져 있으므로 이를 다수당사자 사이의 상계를 이용하여 단일한 채권채무로 정리하는 과정을 거치게 된다. 이를 청산이라고 한다. 거래소가 개설한 증권시장이나 파생상품시장에서의 매매는 매매체결 - 청산 - 결제의 과정을 거쳐 매매의 목적인 증권의 매수나 매수 그리고 대금의 수취나 지급이라는 목적을 달성하게 되는 것이다. 이러한 관점에서 금융투자상품거래제도는 금융시장제도의 하나로 분류되는 것이다.

[15-3] 위에서 본 대금의 지급이나 수취는 증권의 매매에 대한 대가의 형태를 취한 것이지만, 그러한 대가 관계없이 단순히 송금하는 경우도 지급결제제도의 범위에 포함된다. 송금인이 수취인에게 원하는 금액을 송금하려는 경우 원칙적으로 은행간 자금이체시스템을 이용하게 되는 것이다. 이와 같이 지급에는 재화나 용역의 대가의 지급과 단순송금이 모두 포함된다. 이와 같이 지급결제제도는 금융시장에 존재하는 모든 지급수요를 최종적으로 이행함으로서 채권채무관계를 종결시키는 기능을 수행한다. 이러한 관점에서 지급결제제도는 금융시장제도의 하나로 분류되는 것이다.

[15-4] 특히 금융시장제도는 지급결제제도와 매매체결 · 청산 · 결제를 포함하는 금융투자상품거래제도로 구성된다. 그동안 국내에서는 이러한 금융시장제도에 대한 관심은 상대적으로 적었다. 자본시장법은 공시규제와 불공정거래규제라는 전통적인 주제를 중심으로 주로 회사법적 시각이 강하게 반영된 상태에서 연구되어 왔다. 은행법이나 보험업법 분야에서도 금융시장제도에 대한 깊은 관심이 표시된 경우는 많지 않다. 최근에는 증권회사나 보험회사도 지급업무에 깊은 관심을 표시하기 시작했다. 비은행금융회사의 지급업무에 관한 법률문제를 정확하게 이해하기 위해서는 지급결제제도를 알아야 한다. 그렇지 않으면 지급업무의 수행 가부를 단순히 금융업종 간의 이해관계의 관점에서만 바라볼 수밖에 없게 될 것이다. 이러한 설명은 금융투자상품거래제도에 대해서도 동일하게 적용될 수 있다. 매매체결과 청산 그리고 결제에 관한 이해가 없이는 금융투자상품시장의 구조와 위험을 정확하게 파악할 수 없다. 이하 지급결제제도와 금융투자상품거래제도를 차례대로 설명한다.

제 2 절 지급결제제도[2)]

Ⅰ. 의의와 구조

지급결제의 설명은 결제제도에서 시작하는 것이 유용하다. 결제제도는 결제대 [15-5] 상의 종류에 따라 증권을 대상으로 하는 증권결제, 자금을 대상으로 하는 지급결제, 일반상품을 대상으로 하는 상품결제, 외국환을 대상으로 하는 외환결제로 구분된다. 지급결제제도는 자금결제제도를 말한다.

지급결제(payment settlement)는 지급 · 청산 · 결제의 세 가지 요소로 구성된다.[3)] [15-6] 지급(payment)은 지급인이 채무 해소를 위해 수취인에 대한 자금이체를 의뢰하는 지급지시를 송부하고 수취인이 이를 수취하는 과정을 말한다. 실제로 이루어지는 지급은 지급수단의 종류에 따라 현금, 어음, 수표 등의 지급수단의 교부나 예금계좌간 이체의 형식을 취하게 된다. 신용카드를 이용할 경우에는 재화나 용역을 구입한 신용카드회원의 대금지급의무가 신용카드회사로 이전되고 신용카드회원은 신용카드회사에 대한 신용카드대금지급의무를 부담하게 되는 것이다. 청산(clearing)은 청산기관이 당사자 사이에 개입하여 결제를 위해 교환된 어음, 수표 등의 지급수단을 확인한 후 최종적으로 수취하거나 지급할 차액을 산출하는 것이다. 청산은 결제 대상인 채권채무를 확정하는 절차로서 거래 이후 지급수단의 수령, 조회, 통지 및 차감이나 결제전의 포지션 산출과정 모두가 청산에 해당된다. 결제(settlement)는 청산을 통해 산출된 금액을 지급하여 완결시키는 과정이다. 중앙은행의 당좌예금계좌 간 자금이체 등을 통하여 지급은행에서 수취은행으로 실제로 자금이 이동되는 것을 말한다.

Ⅱ. 소액결제와 거액결제

지급결제제도는 결제금액을 기준으로 거액결제제도와 소액결제제도로 구분된 [15-7] 다.[4)] 거액결제는 거액자금을 결제하는 제도로서 한은금융망(BOK－Wire＋)과 같이 중

2) 정순섭, 은행, 제16장 지급결제제도; 한국은행, 『한국의 지급결제제도』, 2014.
3) 한국은행, 위의 책, 7면.
4) 한국은행, 위의 책, 145－234면.

앙은행이 직접 운영한다. 소액결제는 어음교환시스템, 지로시스템, 금융공동망(CD공동망, 타행환공동망, 직불카드공동망, CMS공동망, 지방은행공동망, 전자금융공동망, 전자화폐공동망, 국가간ATM공동망)과 전자상거래 지급결제시스템과 같이 개인이나 기업의 소액자금을 결제하는 제도를 말한다. 주요 소액결제제도의 운영기관은 금융결제원이다.

Ⅲ. 지급결제의 기본원리

[15-8] 지급결제제도의 기본원리는 결제의 완결성(finality)을 확보하는 것이다. 결제의 완결성은 "지급결제제도의 참가자에 대하여 회생절차가 개시되거나 파산선고된 경우 도산법원칙에 따라 지급지시 등 지급결제관련행위가 정지되거나 실효될 경우 지급결제제도 자체의 붕괴로 이어질 시스템위험의 방지를 위해 지급결제관련행위 자체의 법적 효력은 인정한다는 의미"이다.[5] 현재 채무자회생법은 한국은행이 지정한 지급결제제도에서의 지급결제제도의 완결성을 보장하고 있다(회생 120조 1항, 336조).

[15-9] 이러한 지급결제의 완결성은 현실적으로 지급결제제도의 운영에 어떻게 반영되는가? 어음교환제도에서 제시은행에 추심을 의뢰하여 예입한 약속어음이 지급은행에 개설된 발행인 계좌의 예금부족으로 현실적으로 추심되지 않았음에도 불구하고, 어음교환업무규약 등에 정해진 시각까지 부도어음통보 등이 이루어지지 않아 그 어음이 정상적으로 추심된 것처럼 결제자금이 입금 · 처리되고 추심을 의뢰한 어음소지인이 이를 인출하여 간 경우, 어음소지인이 지급은행에 대하여 위 인출금 상당액에 대한 부당이득반환의무를 부담하는지 여부와 같은 문제에서 나타난다.

[15-10] 그러면 먼저 어음교환제도의 법적 성질을 알아야 한다. 어음교환제도에 대한 전통적인 설명은 은행이 발행한 자기앞수표나 약속어음의 교환은 상호계산, 은행이 지급담당자로 되어 있는 어음의 교환은 추심의 방법으로 보는 것이 대표적이었다.[6] 그러나 어음교환소를 통한 어음결제제도는 지급결제제도의 일부인 참가은행들 사이의 다자간 상계결제 시스템으로 보는 것이 옳다(대법원 2006. 5. 26. 선고 2003다65643 판결).

---

5) 정순섭, 은행, 543면.
6) 이철송, 『어음 · 수표법』, 박영사, 2014, 451면.

지급결제제도는 결제의 완결성을 위하여 지급결제는 먼저 이행하고 당사자들 사이의 분쟁은 동 제도 밖에서 당사자간의 분쟁으로 해결해야 하는 것이 기본원리라고 할 수 있다. 쉽게 말해 교환대상인 어음이 발행인 계좌의 예금부족으로 현실적으로 추심되지 않았더라도 일단 이행하고, 당사자간 다툼은 어음교환제도 밖에서 당사자들끼리 다투라는 것이다. 지급결제제도의 완결성을 위하여 선이행한 후에 분쟁을 하라는 선이행 · 후분쟁이라고 표현할 수 있다. 이러한 원리는 모든 지급결제제도에 동일하게 적용되어야 한다. 지급결제제도의 참가자에 대하여 회생절차가 개시되거나 파산선고를 받은 경우에도 일단 이루어진 지급지시는 그대로 이행되어야 한다는 것이 현재 채무자회생법에서 규정하고 있는 지급결제제도에서의 지급결제제도의 완결성이다(회생 120조 1항, 336조). 역시 지급결제는 선이행한 후에 당사자들끼리 분쟁을 통하여 해결하라는 취지이다. [15-11]

참고 대법원 2006. 5. 26. 선고 2003다65643 판결

"어음의 지급과 관련한 개별적, 실체적 권리관계의 확정 내지 안정과는 상관없이 어음교환소 및 참가은행들 사이의 업무처리방법을 획일화함으로써 대규모 어음교환결제의 신속, 원활 및 편의 도모를 주목적으로 '선이행(결제) 후분쟁'을 원칙으로 하는 참가은행들 사이의 다자간 상계결제 시스템으로서, 규약 등에서 정한 어음의 교환결제에 수반되는 법률적 분쟁에 대하여는 해당 은행들 사이의 개별적 해결절차를 유보하고."

Ⅳ. 청 산

지급결제제도의 일부로서의 청산은 앞에서 설명한 바와 같이 "청산기관이 당사자 사이에 개입하여 결제를 위해 교환된 어음, 수표 등의 지급수단을 확인한 후 최종적으로 수취하거나 지급할 차액을 산출하는 것"을 말한다. 수표를 기준으로 살펴보면 어음교환제도에서와 같이 은행들이 당일 지급해야 할 수표금총액과 다른 은행으로부터 수취할 수표금총액을 계산한 후 이를 상계하여 단일한 채권 또는 채무액을 산정하는 것이다. 채무자회생법상 결제의 완결성은 이렇게 산출된 "최종적으로 수취하거나 지급할 차액"을 지급결제제도의 참가자가 파산하는 등의 경우에도 보장하려는 것이다. 따라서 채무자회생법상 지급결제제도의 완결성이라는 목적을 달성하기 [15-12]

위해서는 다수당사자간의 상계의 법적 효력이 확보되어야 한다.

[15-13] 이와 같이 "최종적으로 수취하거나 지급할 차액"을 산출하는 방법으로는 첫째, 지급결제제도의 참가자인 다수당사자들이 서로 부담하는 채권채무를 면책적 채무인수 등의 방법을 통하여 청산기관을 상대방으로 하는 단일한 채권채무로 상호화하는 방법과 둘째, 청산기관이 당사자로 개입하지는 않고 단순히 다수당사자간 상계와 동일한 효과가 발생하도록 계산만 하는 방법의 두 가지를 생각할 수 있다. 전자를 청산기관(central counterparty, CCP)청산, 후자를 대리인청산이라고 한다. 대리인청산의 문제는 상계의 요건 중 자동채권과 수동채권이 동일한 당사자간의 채권채무여야 한다는 상호성의 요건을 충족할 수 없는 점이다. 영국에서는 1970년대에 이미 항공사간의 요금정산을 위하여 IATA에서 이루어진 대리인청산을 상계요건으로서의 상호성의 부재를 이유로 동 무효로 판단하였다(British Eagle International Airlines Ltd v Air France [1975] 1 WLR 756 (HL)). 채무자회생법은 지급결제제도에서의 지급결제의 효력에 관하여 채무자회생법의 적용을 배제하고 있다(120조 1항, 336조). 그러나 채무자회생법도 상계의 요건으로서의 상호성의 부재를 해결할 수는 없다. 따라서 지급결제제도에서의 청산이 채무자회생법상 효력을 유지하기 위하서는 상계의 요건을 갖추어야 한다.

제 3 절 금융투자상품거래제도[7)]

Ⅰ. 의의와 구조

금융투자상품시장인프라는 기능적 관점에서는 매매체결, 청산, 결제, 거래정보 저장을 말한다. 거래정보저장은 2008년 글로벌 금융위기 이후 장외파생상품의 거래정보를 금융감독기관 등이 정확하게 파악함으로써 위험관리를 위한 규제에 활용하기 위해 등장한 것이다. [15-14]

자본시장 역사의 초기에는 매매체결기관이 청산기능과 결제기능을 모두 수행했다. 그러나 시장의 발전에 따라 실물증권을 거래별로 주고받는 종래의 결제방식으로는 거래량의 증가에 대응할 수가 없었다. 이를 미국에서 1960년대 말에 진행되었던 사무금융위기(paperwork crisis)라고 한다. 이러한 사무금융위기를 극복하는 방안으로서 미국 증권거래위원회가 제안한 것이 첫째, 다자간 상계에 기초한 청산기능의 도입을 통한 결제회수와 결제에 소요되는 총금액과 증권량을 줄이고, 둘째, 예탁제도를 통하여 실물증권에 대한 수요 자체를 없애는 것이었다. 여기서 청산기능과 결제기능이 명확하게 분리되기 시작하였다. 결제제도는 실물증권에서 예탁제도를 거쳐 현재 전자증권제도로 이행하였다. [15-15]

금융투자상품인프라는 한 나라 또는 전세계 금융시스템의 중핵을 형성하는 요소로서 이론적으로나 실무적으로 중요한 지위를 차지하고 있다. 매매체결은 민법상 매매와 상법상 위탁매매법리에, 청산은 상계, 그리고 결제는 임치에 기반하여 만들어졌다. 증권결제제도는 현재 전자등록제도에 기초한 전자증권제도와 분산원장에 기반한 토큰증권으로 발전하고 있다. 증권의 결제제도는 곧 발행제도를 의미하는 것으로서 각국의 금융법과 회사법 그리고 민법은 물론 국제금융규제의 일차적인 관심사항이 되고 있다. 국제적으로 금융시장인프라원칙(PFMI)이 규율하고자 하는 금융시장인프라의 일부를 구성한다. [15-16]

7) 정순섭, 자본, 제12장 금융투자상품시장, 제14장 금융투자상품의 청산 · 결제; 정순섭, "자본시장 인프라에 관한 법적 연구 – 장외파생상품 청산의무화를 중심으로 –", 증권법연구 제12권 제3호, 2011, 57 – 114면에 기초한 것이다.

Ⅱ. 매매체결

1. 의 의

[15-17] 매매체결은 증권이나 파생상품을 대상으로 매도인과 매수인 사이의 매매의 체결을 가능하게 하는 기능이다. 매매체결기능은 거래소(자본 373조 이하), 다자간매매체결회사(자본 78조), 장외거래중개업무를 통하여 이루어지고 있다. 장외거래중개업무는 종합금융투자사업자의 내부주문집행업무(자본 시행령 77조의6 1항 1호)와 금융투자협회의 호가중개시장(자본 286조 1항 5호)을 통하여 이루어지고 있다. 매매체결기능을 누가 어떻게 수행할 것인지도 중요한 정책과제이다.

2. 거래소

[15-18] 전통적으로 매매체결기능은 거래소가 수행해 왔다. 역사적으로 알려진 최초의 거래소는 1600년대 초 네덜란드의 암스테르담에서 만들어져 동인도회사의 주식을 거래하였다. 이후 1773년 런던증권거래소, 1792년 뉴욕증권거래소(NYSE), 1878년 도쿄증권거래소 등이 등장하였다. 거래소는 전문브로커 간에 정보교환과 거래중개 등의 기회를 제공하였던 장소였다.

[15-19] 거래소의 법적 구조는 최초 상호형조직인 클럽형태에서 주식회사로 발전하였다. 클럽형태를 취하게 된 것은 역사적인 발전과정과 관련된다. 거래소가 주식회사로 변하는 현상을 탈상호화(demutualization)라고 한다. 기존의 상호형조직을 탈상호형조직으로 변경시키는 과정을 말한다. 그 결과물이 주식회사이기 때문에 일반적으로 주식회사화라고 번역한다.

Ⅲ. 청 산

[15-20] 청산은 지급결제제도에서의 청산과 마찬가지로 장내증권과 장내파생상품시장에서 다수의 회원들 사이에 이루어진 복수의 채권채무를 청산기관을 상대방으로 하는 면책적 채무인수구조를 통하여 단일한 최종잔액채권을 산출하는 과정을 말한다. 채

무자회생법은 청산결제제도에 대해서도 도산법의 적용을 배제하는 방식으로 결제의 완결성을 보장하고 있다(회생 120조 2항, 336조). 이를 위해서도 상계의 요건 중 상호성의 요건을 먼저 갖출 필요가 있다. 현재 자본시장법상 장내증권과 장내파생상품청산은 한국거래소가 담당하고 있다(자본 378조 1항). 장외파생상품청산은 금융투자상품거래청산회사로서 인가를 받은 것으로 간주되어 있다. 자본시장법상 청산기관은 면책적 채무인수를 통하여 상호성 요건을 충족하고 있다(자본 9조 25항, 378조).

Ⅳ. 결 제

장내증권시장에서의 결제기관은 예탁결제원이다(자본 297조). 거래소 파생상품시 [15-21]
장에서의 거래에서는 지정거래소가 청산기관과 결제기관의 역할을 수행한다(자본 378조). 증권결제제도는 발행제도의 변화에 따라 함께 발전한다.

증권결제제도는 최초 실물증권에서 예탁제도에 기초한 예탁증권을 거쳐 전자등록 [15-22]
방식으로 발행되는 전자증권으로 발전하였다. 예탁증권을 증권의 부동화(immobilization) 그리고 전자증권을 증권의 무권화(dematerialization)라고 한다. 예탁결제원은 자본시장법에 의하여 설립되어 "증권등을 예탁받아 그 증권등의 수수를 갈음하여 계좌 간의 대체로 결제하는 업무"를 독점적으로 수행한다(자본 298조 1항). 그러나 "주식등의 종류, 종목, 금액, 권리자 및 권리 내용 등 주식등에 관한 권리의 발생 · 변경 · 소멸에 관한 정보를 전자등록계좌부에 전자적 방식으로 기재하는 것"을 영업으로 하는 전자등록업은 전자등록기관으로서 허가를 받아 수행하고 있다(전자증권법 5조).

현재 전자증권법은 상장법인의 경우 전자증권의 발행이 의무화되어 있다. 따라 [15-23]
서 예탁증권은 현실적으로 문제되지 않는다. 전자증권은 전자등록기관으로서의 예탁결제원이 관리하는 전자등록부에 등록되는 방식으로 유통된다. 전자증권은 실물이 없어 점유가 불가능하고 따라서 임치나 상사유치권의 대상이 될 수 없을 것이다. 종래의 예탁증권은 실물증권은 현실적으로 발행되지 않지만, 실물증권의 발행을 전제로 하므로 실물증권에 관한 점유와 혼장임치를 전제로 제도를 설계한 것이다. 분장원장기반으로 토큰증권이 발행될 경우 그 법적 지위나 법적 성질은 전자증권에 가장 가까울 것으로 생각된다.

CHAPTER

16 금융분쟁해결제도

제 1 절 서 언[8)]

[16-1] 금융상품이나 금융거래에서 이해관계가 대립되는 거래당사자 사이에 분쟁이 발생하는 것은 어떤 면에서는 지극히 당연하다. 전문가시장에서의 금융분쟁과 소매시장에서의 금융분쟁은 해결비용이라는 관점에서 서로 다른 접근이 필요하다. 과거 거액의 금융거래가 이루어지는 전문가시장에서는 분쟁해결의 최종성과 선례로서의 활용가능성 등을 고려하여 소송을 통한 분쟁해결을 시도하였다. 그러나 최근에는 이 분야에서도 중재나 그 밖의 재판외분쟁해결제도를 활용하는 경우가 늘어나고 있다. 소매시장에서는 소액, 다수의 분쟁이라는 특징을 고려할 때 소송을 활용하는 데는 근본적인 한계가 있었다. 대규모 금융회사를 상대로 소액의 배상금을 위하여 변호사를 위촉하여 대법원까지 이르는 지난한 소송을 계속할 수 있는 금융소비자의 수는 그렇게 많지 않을 것이다. 그러나 금융회사의 입장에서는 분쟁해결의 최종성과 선례로서의 활용가능성 등을 고려하지 않을 수 없을 것이다. 따라서 금융소비자의 관점에서 금융분쟁을 대상으로 하는 재판외분쟁해결제도는 금융소비자보호제도의 일부라고 볼 수 있다. 그러나 금융회사의 권리 또한 부정할 수 없는 점에서 다양한 고려사항을 반영할 수밖에 없을 것으로 본다. 이하 현행법상 금융분쟁해결제도를 정리하고, 분쟁해결절차의 법적 구속력 확보에 관한 논의를 살펴본 후 금융회사의 배상책임을 위한 재원확보방안으로서 금융소비자 보상기금을 설명한다. 이하 차례대로 설명한다.

8) 이하 설명은 정순섭, "금융규제개혁과 금융소비자 보호", 상사판례연구 제23집 제2권, 2010, 3-67면에 기초한 것이다.

제 2 절 의의와 구조

Ⅰ. 의 의

현재 국내에서 이용되고 있는 금융분쟁해결절차로는 금융당국이 주도하는 행정형(금감원 금융분쟁조정위원회, 대부업분쟁조정위원회)(금소 33조－43조; 대부 18조 1항)과[9] 자율규제기관들이 운영하는 민간형(금융투자협회, 한국거래소)(자본 286조 1항 2호 · 288조 및 377조 1항 10호 · 402조 1항 5호 · 405조)이 혼재되어 있다. [16-2]

금융소비자가 금융업자의 규제위반행위에 대하여 사법상의 권리를 주장하여 손해배상을 청구하는 것은 사실상 금융업자의 규제준수를 강제하는 금융규제의 실효성 확보수단인 민사제재로서의 의미를 가지게 된다. 국내에서 금융소비자가 소송을 통하여 금융분쟁을 해결하고자 할 경우의 문제가 무엇일까? 첫째, 많은 소송비용과 시간이 드는 것을 들 수 있다. 소송제도로서의 본질상 불가피한 문제라고 할 수 있다. 둘째, 금융소비자의 권리의식을 드는 견해도 있었지만 최근에는 타당한 지적이라고 할 수 없다. 셋째, 오히려 중요한 문제는 증거의 확보에 있다. 금융분쟁의 경우 대부분의 증거를 금융회사가 보유하고 있는 상황에서 미국식의 증거개시제도(discovery)가 없는 우리나라에서는 증거 자체의 확보가 어려워지는 것이다. 그러나 이러한 문제 중에서도 가장 핵심적인 것은 첫째 문제라고 할 수 있을 것이다. 이러한 경우에 활용할 수 있는 것이 재판외금융분쟁해결제도로서의 금융분쟁조정제도이다. 그러나 국내에서의 재판외 금융분쟁해결절차의 실효성에 대해서는 행정형과 민간형을 불문하고 의문이 제기되고 있다. 그 이유는 무엇보다도 법원외 금융분쟁해결절차의 법적 구속력에 한계가 있기 때문이다. [16-3]

현행법상 금융회사의 내부분쟁해결절차의 구비의무도 법제화되어 있지 않다. 분쟁해결은 금융회사 내부적으로 처리하는 것을 원칙으로 하고, 불가능할 경우 외부분쟁해결제도에 의존하게 하는 것이 논리적일 것이다. [16-4]

9) 소비자기본법에 따라 한국소비자원에 설치되어 있는 소비자분쟁조정위원회도 금융분쟁조정기능을 수행하고 있다(60조). 이 책에서는 설명을 생략한다.

Ⅱ. 효 력

1. 금감원 분쟁조정

[16-5] 행정형에 속하는 금감원 분쟁조정제도는 양 당사자가 조정안을 수락한 경우 해당 조정안은 재판상 화해와 동일한 효력을 갖는다(금소 39조, 36조 5항). 조정대상기관은 일반금융소비자가 신청한 사건으로서 조정을 통하여 주장하는 권리나 이익의 가액이 2천만원 이하인 소액분쟁사건에 대하여 조정절차가 개시된 경우에는 조정안을 제시받기 전에는 소를 제기할 수 없다(금소 42조 본문 1호 · 2호, 36조 6항; 동 시행령 36조). 다만, 합의권고를 하지 않거나 조정위원회에 회부하지 않는 내용의 서면통지(금소 36조 3항)를 받거나 조정회부일로부터 60일 이내에(금소 36조 5항) 조정안을 제시받지 못한 경우에는 그렇지 않다(금소 42조 단서).

[16-6] 분쟁조정은 당사자에 대하여 강제관할권과 같은 절차적인 관점에서의 구속력을 갖지 않는다. 조정신청사건에 대하여 신청 전 또는 신청 후 소가 제기되어 소송이 진행 중일 때에는 수소법원은 조정이 있을 때까지 소송절차를 중지할 수 있다(금소 41조 1항 전단). 만일 수소법원이 소송절차를 중지하지 않을 경우에는 조정위원회는 해당 사건의 조정절차를 중지하여야 한다(금소 41조 2항). 다만 분쟁조정신청은 시효중단의 효력은 있다(금소 40조 1항 전단).

2. 협회와 시감위 분쟁조정

[16-7] 금융투자협회나 거래소 시장감시원회의 분쟁조정업무도 당사자의 신청이 있는 경우에 한정되는 자율조정절차로서 당사자가 동의하기 전에는 법적 구속력을 가지지 않는다(자본 286조 1항 2호, 377조 1항 10호).

제 3 절 분쟁해결절차의 법적 구속력 확보[10)]

Ⅰ. 의 의

분쟁해결절차의 법적 구속력은 첫째, 금융분쟁해결절차의 절차적 구속력 인정, [16-8]
둘째, 금융분쟁해결절차 진행 중 다른 절차로의 이행 금지, 셋째, 금융분쟁해결절차의 해결방안에 대한 수락의무의 부과, 넷째, 분쟁해결절차의 공시 등의 방법으로 확보될 수 있다.

Ⅱ. 절차적 구속력

영국에서는 금융옴부즈만(Financial Ombudsman Service)이 일정한 경우 금융업자 [16-9]
가 조정에 반드시 응해야 하는 강제관할권을 갖고 있고(FSMA section 226), 금융업자가 금융옴부즈만의 조정결정에 불복할 수 없기 때문에(FSMA section 228(5)), 금융옴부즈만에게 고도의 전문성 및 중립성이 요구된다. 이를 위해서 금융옴부즈만은 금융당국으로부터 독립되어 있다(FSMA section 225). 강제관할권은 첫째, 청구인(complaint)이 자격을 갖추고 있고, 옴부즈만절차에 따른 분쟁처리를 희망하고 있을 것, 둘째, 상대방(respondent)이 분쟁과 관련된 작위 또는 부작위 시에 금융업자(an authorised person)였을 것, 셋째, 분쟁과 관련된 작위 또는 부작위가 당해 행위와 관련하여 강제관할권규정이 유효할 때 이루어졌을 것의 세 가지 요건이 모두 갖추어진 경우에 인정된다(FSMA section 226(2)).[11)]

우리나라에서 금감원의 분쟁조정제도에 대해 일정한 요건 아래 법원의 관할권 [16-10]
을 배제하는 절차적 구속력을 부여할 수 있는가? 아래에서 설명할 편면적 구속력을 주장하는 견해는 절차적 구속력도 인정하자는 입장으로 이해된다. 그러나 헌법상 재

---

10) 영국과 호주 그리고 우리나라의 금융분쟁해결절차를 비교·분석한 것으로는 杉浦宣彦/徐熙錫/横井眞美子, 「金融ADR制度の比較法的考察－英國·豪州·韓國の制度を中心に」(金融廳金融研究研修センタ Discussion Paper, 2005. 8. 11).

11) 실제 금융옴부즈만이 취급하는 분쟁의 98%는 강제관할권 사건이다. Financial Ombudsman Service, Financial Services Authority & Office of Fair Trading, *Consumer complaints(emerging risks and mass claims)*(March 2010), p. 6.

판청구권에 관한 문제가 먼저 해결되어야 한다.

Ⅲ. 편면적 구속력

1. 외국의 사례

[16-11] 영국에서는 금융옴부즈만의 강제관할권에 따른 조정결정에 대해서 금융소비자는 거부할 수 있지만 금융업자는 거부할 수 없다(FSMA section 228(5)). 일본의 금융ADR은 지정분쟁해결기관과의 계약체결의무와 그 결정에 대한 존중의무 등을 통하여 금융업자에 대한 편면적 구속력이 인정되는 것과 동일한 효력이 있는 것으로 판단된다(금융상품거래법 156조의31의2).[12] 구체적으로 금융업자는 상담과 피해구제 절차와 함께 분쟁해결절차에 응할 의무가 부과되고 절차에서의 사정의 설명과 자료제출의 의무가 있다. 또한 일반적인 화해안에 대해서는 수락과 불수락의 선택이 가능하지만 금융업자는 이용자가 수락할 시 '특별조정안'에는 구속된다. 여기서 말하는 특별조정안은 금융소비자측이 수락하지 않는 경우, 소송을 제기하는 경우, 제기된 소송이 취하되지 않는 경우, 그 밖에 화해가 성립하는 경우를 제외하고 금융업자가 수락해야 하는 화해안을 말한다(금융상품거래법 156조의44 6항). 분쟁해결위원은 금융업자의 절차진행상황이나 금융소비자의 의향 등을 고려하여 특별조정안의 제시 여부를 판단할 수 있다. 특별조정안의 제시는 반드시 일반적인 화해안의 제시가 전치될 것을 요하는 것은 아니다. 그리고 분쟁당사자가 사업자인 경우 등 금융업자와의 정보격차가 적은 경우나 금융업자의 절차수행상황 등을 고려하여 일반화해안을 제시할 수도 있다고 한다. 분쟁해결절차의 응낙이나 특별조정안의 수락은 지정분쟁해결기관과 금융업자와의 계약에 기초한 것이므로 그 불이행이 바로 행정처분의 대상이 되는 것은 아니지만, 금융업자의 대응에 관하여 금융업자의 업무운영의 적정성을 확보하기 위해 필요하다고 인정되는 경우에는 감독상의 대응도 가능하다고 한다.

[16-12] 영국에서는 단일한 금융분쟁해결절차가 존재하기 때문에 지정 문제는 발생하지

---

12) 이하 일본 금융ADR의 편면적 구속력에 관한 논의는 中澤則夫/中島康夫,「金融分野における裁判外紛争解決制度(金融ADR制度)の概要」, 商事法務 No. 1876, 2009. 9. 15, 48면을 참조하였다.

않는다. 금융상품계약시 사전배포가 의무화되어 있는 주요사항설명서(Key Features Document)에 분쟁해결절차를 설명하게 하고 있다(COBS 13.3.1). 또한 금융상품의 판매시 또는 그 후 즉시 금융옴부즈만에 의한 분쟁해결절차의 대상이 될 수 있음을 알려야 한다(DISP 1.2.1R). 그리고 금융업자가 일정한 민원처리절차를 내부에 설정해야 한다고 규정하고 있다(DISP 1.2.). 2010년 개정된 FSMA는 각 금융업자 등이 (ⅰ)금융업수행에 요구되는 요건을 준수하고 있는지 여부를 조사하고, (ⅱ)그러한 준수불이행이 금융소비자에게 손해를 야기했는지 여부를 판단하고, (ⅲ)보상수단을 결정한 후 보상을 행하는 3단계로 구성되는 금융소비자보상절차(consumer redress scheme)를 둘 것을 강제하고 있다(FSMA, 404).

일본도 2009. 6 금융상품거래법, 은행법, 보험업법 등 금융관련법의 개정으로 [16-13] 금융분야에서의 재판외분쟁해결제도(금융ADR)의 수행주체로서 '지정분쟁해결기관제도'(금융상품거래법 5장의5)가 도입되어 금융기관에 대하여 지정분쟁해결기관과의 계약체결의무가 부과된다. 지정분쟁해결기관은 고충처리 · 분쟁해결절차를 실시하는 기관으로서 업종별로 주무대신이 지정한다. 금융업자는 적어도 하나의 지정분쟁해결기관과 분쟁해결절차의 응낙, 절차에서의 설명과 자료제출, 특별조정안의 수락 등의 내용을 규정한 절차실시기본계약을 체결하고, 절차실시기본계약의 상대방인 지정분쟁해결기관의 명칭 등을 공표하여야 한다(금융상품거래법 37조의7 2항). 그러나 일본에서는 편면적 구속력은 인정되지 않는다.

2. 법적 구속력 있는 분쟁해결절차의 구상

가. 금융분쟁해결절차의 독립성

금융분쟁해결절차는 행정형과 사법형, 민간형으로 구성할 수 있다. 금융분쟁해 [16-14] 결절차의 법적 구속력을 인정하지 않을 경우 행정형과 민간형이 모두 가능할 것으로 판단된다. 현행법상 행정형과 민간형의 금융분쟁조정기구가 존재하는 것은 이러한 의미에서 가능하다고 본다. 그러나 어떤 형태로든 당사자 중 일방의 불복가능성을 차단하는 의미에서의 법적 구속력을 부여할 경우 행정형의 금융분쟁해결절차는 사인간의 분쟁에 대한 종국적 해결수단의 부여로서 헌법상 행정과 사법의 분리에 관한 기본구성원리를 침해할 여지가 있다고 볼 수 있을까? 금융감독기관이 직접 분쟁조정기능을 수행하는 것이 우리 헌법상 가능할까? 어렵다고 생각하면 법적 구속력을 보유한 재판외 금융분쟁해결절차는 독립적인 제3자형 금융분쟁해결절차여야 한다. 그리고 현재의 금융감독체계와 동일하게 법적 구속력을 가지는 재판외 금융분쟁해결절차는 은행 · 금융투자 · 보험 등 모든 금융업을 대상으로 하고, 통일적인 기준을 적용할 수 있어야 한다는 등의 설계원칙도 생각해 볼 수 있을 것이다.

[16–15] 금융분쟁해결절차는 중립성과 공정성을 확보할 수 있는 체제로서, 금융에 관한 전문적 지식과 경험을 가진 자로 구성할 것, 그리고 분쟁해결절차의 실효성을 확보할 수 있는 장치를 구축할 것 등의 요건을 갖추도록 해야 할 것이다. 주로 법률가로 구성되는 전문조직으로 구성하는 것이 옳을 것이다.

나. 금융분쟁해결절차의 법적 효력

1) 문제의 소재

[16–16] 금융분쟁해결절차가 금융소비자 보호수단으로서의 제도적 기능을 수행하기 위해서는 당사자에 대한 일정한 형태의 법적 구속력을 인정하는 것이 필수적이다. 그러나 금융업자가 금융분쟁조정기구의 결정에 불복할 수 없도록 하는 편면적 구속력을 인정하면 금융업자가 분쟁조정에 합의하지 않을 가능성이 높다. 강제관할권에 해당하는 절차적 구속력을 인정하면 금융업자가 분쟁해결절차에 반드시 응해야 하는데 편면적 구속력을 함께 인정하게 되면 헌법상 재판청구권에 대한 침해 문제가 발생할 수 있다.

2) 헌법상 재판청구권 침해 여부

[16–17] 분쟁조정제도에 강제관할권과 편면적 구속력을 인정하면 결과적으로 금융회사 입장에서는 재판에 의한 분쟁해결을 사전에 제거하는 효과가 발생할 수 있으므로 금융회사의 재판청구권 보호라는 관점에서의 헌법적 고려는 반드시 필요하다. 이와 관련하여 교원징계재심위원회의 재심결정에 대하여 "교원에게만 행정소송을 제기할 수 있도록 하고 학교법인에게는 이를 금지한" 교원지위향상을 위한 특별법 10조 3항이 학교법인의 재판청구권을 침해한 것으로서 헌법에 위배된다는 헌법재판소 결정을 참고할 수 있다(헌법재판소 2006. 2. 23. 2005헌가7, 2005헌마1163(병합) 전원재판부). 이 결정

의 논리는 금융분쟁조정제도에서 금융소비자와 금융회사의 관계에도 그대로 적용될 수 있지 않을까? 모든 금융소비자가 아니라 일정한 기준에 따른 소액의 금융소비자로 한정할 경우에는 이러한 논의가 달리질 수 있을까?

그러나 일정한 금액 이하의 소액금융채권에 한정하여 그러한 의무를 부과하는 [16-18]
것은 헌법적 요청에 반하지 않을 것으로 판단된다. 소액금융채권은 일반소비자의 금융상품계약에 따른 채권으로서 그 금액한도는 현행 예금자보호법상 예금보험금액(5,000만원)이나 소액사건심판규칙상 소액사건기준금액인 3,000만원(1조의2) 등을 참고할 수 있을 것이다. 소액분쟁사건에서 '소액금융소비자의 이익보호'도 '금융기관의 재판청구권보호'에 버금가는 중요한 헌법적 가치라고 판단되므로 일정한 소액분쟁사건에 한하여 편면적 구속력을 인정하는 것은 가능할 것으로 본다. 또한 금융업자가 계약을 체결하고 있는 분쟁해결절차를 금융상품계약 체결시 금융소비자에게 설명할 것을 의무화하여 금융소비자의 분쟁해결절차에 대한 이용기회를 확보해 주어야 할 것이다. 그럼에도 불구하고 헌법상 법원의 최종적인 사법심사 가능성을 완전히 배제하는 재판외분쟁해결절차를 구성하는 것이 가능할지에 관하여 근본적인 의문이 남는 것은 부정할 수 없다.

제 4 절 금융소비자 보상기금[13)]

Ⅰ. 의 의

[16-19] 진입규제와 건전성 규제 그리고 금융소비자 보호를 포함한 영업행위규제를 대폭 강화해도 그 소비자보호효과가 실질적으로 발생하기 위해서는 문제가 된 금융업자의 금융규제위반으로 금융소비자가 입은 손해를 배상해 줄 수 있어야 할 것이다. 따라서 사후적 보호제도의 일환으로 금융소비자보상기금의 설치가 문제되는 것이다. 책임재산이 없는 경우의 금융분쟁해결제도는 의미가 없기 때문이다.

[16-20] 금융업자의 파산으로 인한 금융소비자의 손해는 금융업자의 규제준수 여부에 따라 첫째, 적법하게 영업행위를 하였으나 금융업자가 부실화 되어 파산한 경우 입게 될 금융소비자의 손해와 둘째, 금융업자의 설명의무 위반 등 금융규제위반행위로 인한 금융소비자의 손해의 두 가지로 나눌 수 있다. 전자의 경우 적법한 영업행위에 따른 손실은 금융소비자에게 귀속되므로 금융소비자의 손해는 금융업자가 금융소비자에게 지급해야 할 현금이나 증권의 잔여가치 정도가 될 것이다. 금융투자업자의 경우 자본시장법상 투자자의 예탁금(74조)과 예탁증권(75조)에 대한 별도예치규정을 두고 있어 특별한 문제가 발생할 가능성은 없다. 후자의 경우에는 금융업자의 금융규제위반에 따른 금융소비자의 손해배상청구권은 파산절차상 파산채권으로 취급되어 피해가 발생할 수 있다. 후자의 경우에 대비하여 적립된 기금을 '금융소비자보상기금'이라고 한다.

Ⅱ. 국내 도입 필요성

[16-21] 원본반환 내지 보전적 성격의 기금으로 예금보험제도가 유지되고 있는 한 금융소비자보상기금의 도입이 문제되는 것은 주로 금융투자상품을 판매한 경우에 한정될

13) 이하 금융소비자보상기금에 관한 논의는 정순섭 · 오승곤, "자본시장법상 투자자보호제도의 적정성에 관한 연구-사후적 투자자보호제도의 필요성과 타당성을 중심으로", 금융안정연구 제10권 제2호, 예금보험공사, 2009, 83면 이하의 내용에 기초한 것이다.

것이다. 자본시장법상 '금융투자상품'거래는 금융투자업자에 의한 투자자 자산의 분별관리의무가 정확하게 지켜지는 한 금융투자업자의 파산으로 금융소비자에게 손해를 미칠 가능성은 거의 없다는 점에서 일반적인 예금보험제도의 대상인 '예금'과는 전혀 다르다.

[16-22] 또한 자본시장법에서는 금융투자업자의 건전한 경영을 확보하기 위해 지배구조와 업무범위의 규제, 재무건전성 규제와 그 밖의 경영건전성 규제 장치를 두고 있다 (제2편 제8장). 금융소비자보상기금의 도입 논의는 건전성 규제의 수준과도 직접 관련된다.

[16-23] 금융소비자보상기금의 도입 필요성은 사전적 보호규제의 적정성과는 무관한 것이며, 그 실효성 확보에 관한 논의라고 할 수 있다. 사후적 보호장치로서의 금융소비자보상기금은 사전적 보호장치와 보완적인 관계에 있다고 보아야 할 것이다. 다만 위험상품인 금융투자상품거래에 대한 일반적인 '보험'제도의 도입이 금융소비자나 금융업자에게 과도한 위험인수동기를 부여할 가능성은 부인하기 어렵다. 그러나 복합금융상품에 대한 금융소비자들의 관심과 투자가 증대되는 상황에서 이들 상품에 대하여 금융투자업자의 설명의무위반 등으로 인한 손해를 금융소비자보상기금의 보상범위에 포함시켜 금융소비자들의 심리적 안정과 시장 활성화를 지원하는 것이 필요할 것이다.

[16-24] 최근 금융규제법 위반행위에 관하여 전통적인 형벌이나 행정제재를 보완하거나 대체하는 방식으로 과징금이 도입되고 있다. 이러한 과징금은 별다른 논의 없이 전액 국고로 귀속된다. 미국의 공정기금(fair fund)과 정확하게 일치하는 생각은 아니지만, 금융규제위반행위에 대한 과징금을 금융소비자보상기금과 같은 형식으로 적립하여 해당 금융규제위반으로 손해를 입은 피해자인 금융소비자의 구제에 사용하는 것은 충분히 검토해 볼 수 있을 것으로 생각한다. 과징금을 징벌적인 수준으로 높이는 접근에도 중요한 제도적 근거가 될 수 있을 것이다.

CHAPTER 17

국제금융제도

제 1 절 서 언[14)]

[17-1] 오늘날 금융시장에서는 전통적인 의미의 국경이 거의 의미를 상실한 상태라고 할 수 있다. 특히 외국환규제가 폐지된 대부분의 국가에서는 더욱 그러하다. 특히 금융회사들간의 금융거래는 국내금융과 국제금융을 구분하기 어려울 정도로 연결되어 있다. 우리나라는 아직 외국환규제가 유지되고 있지만 과거에 비하면 국제적인 금융거래가 매우 손쉽게 이루어지고 있음을 확인할 수 있다. 금융법을 공부할 때 국제금융제도라고 하면 일반적으로 IMF나 세계은행과 같은 국제금융기구를 중심으로 하는 경우가 많을 것이다. 그러나 금융거래법이나 금융규제법의 관점에서는 오히려 국제금융규제의 형성과정을 살펴보고, 역외금융센터의 법적 지위와 외국환거래법을 이해하는 것이 훨씬 유용할 것이라고 생각된다. 국제금융을 금융거래법적 관점에서 이해하기 위해서는 국제사법에 대한 연구가 필수적이다. 우리나라는 외국에 비하여 국제사법에 관한 연구가 상대적으로 부족한 것이 현실이다. 이하 차례대로 설명한다.

14) 정순섭, 은행, 제19장 국제은행규제; 정순섭, 자본, 제20장 국제자본시장규제.

제 2 절 국제금융규제의 형성

Ⅰ. 의의와 구조

각국의 국경을 넘어서 금융거래가 이루어지는 국제금융이 확대되면서 금융규제 [17-2] 의 국제적인 통일이 중요한 의미를 가지게 되었다. 국제금융에서의 금융규제를 각국에만 맡길 수 없는 것은 자국 금융산업의 국제경쟁력이라는 관점에서 규제완화를 선호할 수밖에 없는 현실적인 이유도 있다. 근본적으로 국제화한 금융시장을 각국의 영역내에서만 효력을 가지는 국내법으로 규제하는 것은 한계가 있을 수밖에 없다. 어떻게 해결할 것인가?

이를 위하여 첫째, 국제조약의 형태로 금융규제를 형성하고 국제무역기구와 같 [17-3] 은 국제금융기구를 설립하여 시행하는 방법을 생각할 수 있다. IMF가 국제통화제도와 같은 국제금융의 인프라를 형성하는 기본적인 역할을 수행하는 것은 그 예라고 할 수 있다. 그러나 국제금융규제 특히 금융거래법적 관점까지 모두 국제조약화하는 것은 매우 어려울 것이다. 둘째, 이에 국제금융기구를 중심으로 연성법(soft law)의 형태로 금융규제안을 권고하면 각국에서 이를 수용하여 국내법상 법적 구속력을 부여하는 방식이 이용되게 되었다. 그러나 이 역시 각국의 수용정도에 차이가 있어서 국제적으로 규제의 공백이나 차이가 발생하게 되었다. 셋째, 2008년 글로벌 금융위기 이후에 미국 등을 중심으로 자국의 금융규제의 역외적용을 강조하게 된 것은 이러한 연성법의 한계를 반영한 것이다. 이하 연성법방식과 역외적용에 관하여 설명한다.

Ⅱ. 연성법과 국제금융기구

국제적으로 통일적인 규제를 마련할 때 사용되는 전통적인 방법은 연성법이라 [17-4] 고 할 수 있다. 국제금융기구가 표준안을 권고하면 각국에서 국내법화하여 법적 구속력을 부여하는 것이다. 은행법상 자기자본비율규제는 대표적이다. 바젤은행감독위원회에서 표준안을 권고하면 금융위가 경영지도기준을 만들 때 이를 반영하는 것이다 ([8-100]).

[17-5] 이러한 기능을 수행하는 국제금융기구로는 업종별로 각국의 금융감독당국을 회원으로 하는 바젤은행감독위원회,[15] 국제증권감독기구(International Organization of Securities Commission, IOSCO),[16] 국제보험감독자협의회(International Association of Insurance Supervisors, IAIS)[17]가 있다. 금융안정위원회(Financial Stability Board, FSB)[18]는 업종별 기구가 아닌 점에서 훨씬 넓은 범위의 기능을 수행하고 있다. 따라서 이러한 기구에 적극적으로 참여하여 규제안 형성에 직접 참여하는 것은 금융외교라고 표현할 수 있을 정도의 중요성을 가진다.

[17-6] 2008년 글로벌 금융위기 이후에는 국제금융규제분야에서 주요20개국 정상회의(Group of 20, G20)를 중심으로 하는 국가단위의 개입이 두드러지게 나타나는 점을 확인할 수 있다. G20에서 일정한 사항의 분석과 연구를 국제금융기구에 의뢰하고 이를 각국에서 국내법화하여 시행하는 방식이다. 연성법의 한계를 극복하는 기능도 수행하고 있는 것으로 평가된다. 그러나 여전히 각국별로 시행의 속도에는 차이가 발견되는 것은 불가피한 것으로 보인다.

Ⅲ. 역외적용

[17-7] 국제금융규제의 형성을 위한 방법으로서 연성법모델은 표준안의 권고와 각국의 수용이라는 합의모델에 기초한 것으로서 매우 합리적인 과정으로 볼 수 있다. 그러나 특히 국가별로 큰 차이가 발견되는 각국의 금융환경과 자국이익에 대한 고려 등이 적용과정에 깊은 영향을 줄 수밖에 없다. 2008년 글로벌 금융위기 이후 특히 미국을 중심으로 자국의 금융회사가 국제금융기구의 권고안을 국내에서 시행하지 않거나 매우 완화된 형태로 수용한 국가로 이전하여 전체적으로 규제의 회피나 남용이 가능해졌다는 평가가 이루어지게 되었다. 이에 미국이나 EU 등을 중심으로 자국의 금융규제를 외국의 금융회사에도 적용하는 역외적용 움직임이 강하게 나타나게 되었다. 대표적으로 미국 도드-프랑크법의 볼커규칙은 미국에서 영업을 하거나 영업을 하는

15) <https://www.bis.org/bcbs/>.
16) <http://www.iosco.org/>.
17) <http://www.iaisweb.org/>.
18) <http://www.fsb.org/>.

영업소를 보유한 외국은행에도 적용하는 구조로 되어 있다. 또한 장외파생상품의 청산을 의무화하면서 자국 금융회사가 외국의 청산기관을 이용할 때도 자국의 청산기관규제를 충족하도록 요구하는 것도 같은 접근이라고 할 수 있다. 모두 자국 금융규제의 역외적용을 통하여 국제금융규제의 통일을 추구하려는 시도라고 평가된다.

예컨대 우리나라의 장외파생상품청산기관을 EU의 금융회사가 이용하여 장외파생상품을 청산한 경우를 살펴보자. 청산의 핵심은 상계를 통하여 상대방당사자에 대한 자산을 줄이려는 것으로서 자기자본비율계산에서 분모인 위험가중자산을 줄여 자기자본비율을 높이는 데서 출발한다. 이를 청산의 자산감축효과라고 한다. 외국금융회사가 그 본국법상 청산에 따른 자기자본비율규제상 자산감축효과와 같은 혜택을 보기 위해서는 청산기관이 본국법상 규제요건을 충족해야 하는 것이다. 2013.9.11. 장외파생상품거래청산업 인가(자본 323조의3; 동 시행령 318조의2)를 취득한 한국거래소는 미국과 일본의 등록유예나 면제, 유럽위원회의 상당성 판정 등을 통하여 이러한 요건을 충족하였다.[19) [17-8]

역외적용접근의 가장 큰 문제는 규제준수비용이다. 주요20개국만 생각해도 국제적인 금융회사는 20여개의 금융규제를 준수해야 한다는 결론이 된다. 이를 고려하여 외국의 금융규제가 자국의 금융규제에 상당하는 수준의 규제를 확보하고 있다는 규제대등성 또는 상당성 판단(equivalence test)를 통하여 실질적으로 자국의 규제를 면제하는 조치가 일반화되고 있다. 국제사법상 준거법선택원리를 참고하여 적용될 금융규제법을 선택할 수 있게 하자는 발상도 제시되고 있다. 그러나 영미법과 달리 대륙법계 국가의 국제사법은 공법이 아닌 사법만을 적용대상으로 한다. 따라서 국제사법적 발상을 참고하자는 주장이 이루어지는 것이다. [17-9]

19) 미국 CFTC의 CCP 등록유예(No－action Relief, 2014. 6.); 일본 금융청의 CCP 등록면제고시(2014. 6.); EU COMMISSION IMPLEMENTING DECISION (EU) 2015/2038 of 13 November 2015 on the equivalence of the regulatory framework of the Republic of Korea for central counterparties to the requirements of Regulation (EU) No 648/2012 of the European Parliament and of the Council on OTC derivatives, central counterparties and trade repositories.

제 3 절 금융중심지

[17-10] 국제금융을 설명할 때 역외금융센터(offshore financial centre)[20]를 빠뜨릴 수는 없다. 조세피난처(tax haven)나 자금세탁, 유령회사(paper company) 등의 용어와 결합되면서 부정적 의미가 주로 강조되기도 한다. 반대로 이를 긍정적으로 정의하면 금융허브 또는 금융중심지라는 용어가 사용되기도 한다. 금융중심지의 조성과 발전에 관한 법률은 금융중심지를 "다수의 금융기관들이 자금의 조달, 거래, 운용 및 그 밖의 금융거래를 할 수 있는 국내 금융거래 및 국제 금융거래의 중심지"라고 정의하고 있다(2조 1호). 서울과 부산이 금융중심지로 지정되어 있다. 제주도를 역외금융센터로 육성하자는 주장이 제기되기도 한다.

[17-11] 금융허브는 다양한 방식으로 설계할 수 있다. 현재 일반적으로 글로벌 금융허브(global financial hub), 역외 금융허브(offshore financial hub), 특화 금융허브(niche financial hub), 역외 기장센터(offshore booking center) 등 네 가지로 구분된다.[21] 첫째, 글로벌 금융허브는 뉴욕, 런던 등과 같이 국내 금융시장과의 통합 정도가 강하고 거의 모든 종류의 금융중개기능을 수행하는 곳을 말한다. 둘째, 역외 금융허브는 비거주자 간 금융거래를 유치하기 위해 조세혜택을 부여하는 등 국내 금융시장으로부터 격리된 별도의 금융시장을 의미한다. 더블린(Dublin)을 들 수 있다. 셋째, 특화 금융허브는 국내뿐만 아니라 주변국의 금융시장과 연계성이 높고, 이곳에서 제공되는 금융서비스는 특정 분야에 특화되어 있는 금융시장을 의미한다. 싱가포르(외환 · 자산운용), 보스턴(자산운용업), 시카고(선물) 등이 있다. 넷째, 역외기장센터는 예금대출 업무와 증권매매 등에 대한 기록 · 보관과 같이 자본의 유출입이 없이 기장업무만 수행하는 곳이다. 극히 낮은 세율이 적용되고, 회사설립이나 외국환규제가 거의 없어 조세피난처라고도 부른다. 케이만 군도, 바하마 등이 있다.

[17-12] 금융규제법의 관점에서 역외금융센터의 문제점은 위에서 살펴본 국제금융규제의 통일이라는 관점에서 제기된다. 국제금융기구가 권고한 금융규제안을 수용하지 않거나 매우 완화된 형태로 수용할 경우 국제적인 규제의 차이 또는 공백이 발생하

20) Peter Yeoh, The World of International Financial Centres: Opportunities, Concerns, and Regulations, Kluwer Law International, 2021.

21) <https://www.moef.go.kr/sisa/dictionary/detail?idx=688>.

게 되는 것이다. 엄격한 금융규제가 적용되는 국가의 금융회사도 역외금융센터로 알려진 지역이나 국가로 이전함으로써 규제의 회피나 남용이 가능해질 수 있는 것이다. 위에서 본 바와 같은 국내금융규제법의 역외적용 움직임은 이러한 바탕에서 시작된 것이다. 그러나 긍정적인 의미의 역외금융센터 또는 금융중심지를 육성하는 것도 충분히 가능하다. 국제적인 또는 국내적인 금융기능의 집중을 통하여 종합적인 혹은 특화된 금융분야에서의 금융중심지 역할을 조성할 수 있는 것이다. 역외금융센터라는 현상을 부정적인 것으로 볼 필요는 없다.

제 4 절 외국환규제[22)]

Ⅰ. 의의와 구조

외국환거래법은 금융법의 관점에서 가장 중요한 법률 중의 하나라고 할 수 있 [17-13]
다. 국제금융거래에서는 외국환거래법의 적용 여부가 반드시 검토되어야 한다는 점을 고려하면 독특한 현상이라고 할 수 있다. 외국환거래법상 외국환규제에 대해서는 외환관리, 외환통제, 외환규제 등의 용어가 혼용되고 있다. 외국환규제의 정의는 다양하게 이루어질 수 있다. 가장 좁은 의미로는 외화나 외화로 표시된 자산을 의미하는 외국환의 국제적 이동에 대한 정부의 통제나 제한을 말한다. 1930년대 초 금융위기에 따라서 전세계적으로 도입되기 시작한 외국환규제의 주요수단으로는 외국환수익의 징발, 자본수출의 금지, 보상 및 청산계약이 사용되었다.[23)]

외국환은 환거래에서 출발하는 개념이다. 환거래는 "격지자간의 자금의 이동업 [17-14]
무"를 말하고, 표시통화는 외화와 원화를 불문하며, 국제적으로 이루어지는 것을 '외국환'(foreign exchange), 외국환에 해당하지 않는 것을 '내국환'이라고 한다.[24)] 외국환거래법은 외국환을 국제적인 자금이동서비스를 위하여 이용되는 거래수단이라는 관

22) 이하 설명은 정순섭, "체계적 정합성 확보 및 이용자 편의 제고를 위한 외국환거래법령 · 규정 개편방안 연구", 기획재정부 연구보고서, 2022. 2. 28., 제2장에 기초한 것이다.

23) The U.K. Exchange Control: a Short History, Bank of England Quarterly Bulletin 1967 Q3, p. 245.

24) 정순섭, 은행, 390면.

점에서 "대외지급수단, 외화증권, 외화파생상품 및 외화채권"이라고 정의하고 있다(2조 1항 13호).

Ⅱ. 법 원

1. 문제의 의의

[17-15] 우리나라의 외국환규제를 위한 법원으로는 국제법으로 국제통화기금협정(Articles of Agreement of the International Monetary Fund(IMF))[25]과 경제협력개발기구에 관한 협약(Convention on the Organization for Economic Cooperation and Development(OECD))("OECD 협약")[26] 및 규약, 국내법으로 외국환거래법과 대외무역법, 외국인투자촉진법이 있다.

2. 국제조약

가. IMF 협정

[17-16] 우리나라는 1955. 8. 28. IMF에 가입할 때 대내외 경제여건 취약으로 경상거래상의 대외지급 제한을 잠정적으로 유지할 수 있는 IMF 협정 제14조의 적용을 받는 '제14조국' 지위를 유지하였다. 1980년대 중반 이후 국제수지 여건의 호전에 따라 대외거래 관련 외환규제를 완화하고, 1988. 11. 1.부터 IMF 협정 제8조가 적용되는 '제8조국'으로 이행하였다.[27] 따라서 IMF 협정은 외국환규제의 법원으로서 구속력을 가진다. IMF 협정, 특히 제8조는 외국환규제에 관한 회원국의 의무를 규정하고 있다.[28] IMF 협정 제8조국에 대해서는 경상거래의 대가지급제한 금지, 통화간 차별의 금지, 복수환율제의 금지, 외국인보유 자국통화에 대한 환전 보장의 4가지 추가적인 규제가 적용된다. 동 협정 제8조 제2절은 경상지급에 관한 제한의 부인(Avoidance of

---

25) [발효일 1955. 8. 26][다자조약, 제24호, 1955. 8. 27]. 1955.8.26. 가입.

26) [발효일 1961. 9. 30][다자조약, 제1358호, 1996. 12. 18]. 1996.12.12. 가입.

27) 한국은행, IMF내 우리나라의 지위 <https://www.bok.or.kr/portal/main/contents.do?menuNo=200415>(2022. 1. 31. 방문).

28) 이하 IMF 협정 조문은 법제처 국가법령정보에 따른 것임.

restrictions on current payments)을 규정하고 있다.

우리나라의 외국환거래법 위반행위의 사법상 효력과 관련하여 대법원은 외국환 관리법 제21조와 제23조를 위배한 자에 대한 처벌규정이 있어도 채권 지급에 관한 재무부장관 허가 등은 집행의 조건에 불과한 것이고 채권금액의 지급을 명하는 판결에서 고려될 사항은 아니므로 원심이 무조건의 지급을 명한 조처는 정당하다고 판단하였다.29) 그러나 대법원의 이러한 입장이 IMF 협정 제8조에 대한 검토를 기초로 한 것으로는 볼 수 없다. [17-17]

나. OECD 협약

경제협력개발기구는 "회원국의 경제성장과 금융안정을 촉진하고 세계경제발전에 기여"하고, "개도국의 건전한 경제성장에 기여"하며, "다자주의와 무차별주의에 입각한 세계무역의 확대에 기여"하는 것을 목적으로 한다(협약 제1조). 외국환규제와 관련하여 OECD 협약은 "재화 및 용역의 교환과 경상지불에 대한 장애를 축소 또는 폐지하며, 자본이동의 자유화를 유지, 확대하기 위한 노력을 계속"하는 것을 회원국의 의무로 규정하고 있다(협약 제2조(d)). 이를 위하여 1961. 12. 경상무역외거래 자유화규약(Code of Liberalisation of Current Invisible Operations - OECD/C(61)95)과 자본이동 자유화규약(Decision of the Council adopting the Code of Liberalisation of Capital Movements −OECD/C(61)96)을 제정하였다.30) 양 규약은 그 제1조에서 무역외거래와 자본이동에 대한 제한의 폐지를 규정하고 있다(Article 1(a)). 우리나라의 Statement 문안 제1조는 동 부속서를 포함한 Statement에 달리 표시되지 않는 한 한국은 OECD헌장에 대한 가입서를 기탁함으로써 기탁시 유효한 규범에 가입한다고 규정하면서, 일부 유보한 규범을 제외하고는 전반적인 OECD 규범을 수락한다는 입장을 표명하고 있다. [17-18]

3. 국내법

국내법상 외국환규제의 기본이 되는 법원은 외국환거래법과 동 시행령과 그에 [17-19]

29) 대법원 1975. 4. 22. 선고 72다2161 전원합의체 판결.
30) OECD, OECD Codes of Liberalisation: User's Guide, 2021; OECD, Introduction to the OECD Codes of Liberalisation of Capital Movements and Current Invisible Operations, 1995.

근거한 하위규정이다. 관련법령으로는 대외무역법과 외국인투자촉진법 및 그 하위규정을 들 수 있다. 그러나 외국환거래실무상으로는 각종 규정과 지침이 더 중요할 수도 있다. 유관법령으로는 한미행정협정, 한국은행법, 자본시장법, 남북교류협력에 관한 법률 등이 있다.

Ⅲ. 연 혁

[17-20] 우리나라의 외국환규제는 해방 이전 일본의 법제가 적용되다가 해방 이후 미군정을 거쳐 정부수립과 함께 우리의 외국환규제법규가 제정 시행되기에 이르렀다. 우리나라의 외국환규제는 첫째, 1960년대 이전 부족한 외화사정을 고려한 외환지급에 대한 규제, 둘째, 1961. 12. 외국환관리법 제정 이래 외환의 수입과 사용에 대한 관리, 셋째, 1999. 4. 시행된 외국환거래법은 외환거래에 대한 사후보고 및 건전성감독 위주의 사후관리를 각각 기본원칙으로 하였다.[31] 그 후 자본거래에 대한 원칙 허용·예외 규제의 도입, 개인의 외환거래 자유화, 자본거래 허가제 폐지 등이 이루어졌다. 그러나 2008. 10. 글로벌 금융위기로 외환자유화 추진 일정이 잠정 유보되어 현재에 이르고 있다.

Ⅳ. 외국환규제와 법적위험

[17-21] 현행 외국환규제는 자본거래와 그에 따른 지급 등에 관하여 신고를 요구하는 등의 방식으로 직접 개입하는 경우가 많다. 외국환거래법은 자본거래에 관하여 규제수단으로서 신고등을 규정하고 있다. 여기서 신고등은 “허가 · 신고수리 · 신고 · 확인 · 인정”을 말한다(외국환거래규정 1-2조 13호). 지급과 지급의 수령에 대해서는 허가(외국환거래법 15조; 동 시행령 29조)와 신고(16조; 동 시행령 30조, 17조; 동 시행령 31조) 등이 적용되고 있다. 법적 관점에서는 신고의무의 유무는 극히 실무적인 문제로서 큰 쟁점이 아닐 수 있지만, 금융거래를 하는 당사자의 관점에서는 외환당국에 신고를 해야

31) 정순섭, 은행, 573면.

하는지, 외환당국에서 신고를 수리해 줄 것인지 등은 거래의 성부를 좌우하는 결정적인 법적 위험이 될 수 있다. 자금인출시점을 정해두고 급박하게 전개되는 국제금융거래를 고려하면 이러한 문제는 매우 심각하게 나타날 수 있다. 그러나 외환정보의 집중이라는 외국환관리목적을 넘어서는 거래의 내용과 실질에 대한 개입은 쉽게 이해되지 않는 측면도 있다.

물론 외환당국의 입장에서는 대상거래가 외화대출인지 대출을 가장한 외화자금 [17-22]
의 유출인지를 판단하기 위하여 외국환규제목적상 거래의 법적 성질을 판단하기 위해 거래의 내용이나 실질에 관한 개입이 불가피하다고 생각할 수 있다. 외국환거래에서의 경제적 실질과 법적 형식의 문제이다. 특히 대상거래의 법적 형식과 경제적 실질이 다를 경우 그러한 필요성이 더욱 명확하게 다가올 것이다. 그러나 외국환규제는 공시주의에 기초한 외국환정보의 집중과 관리를 1차적 원칙으로, 비상상황에서의 국가개입권 보장을 2차적 원칙으로 해야 한다.

예컨대 가상자산을 국제적으로 이체할 경우 실질적으로 외화송금을 대체하는 [17-23]
수단으로 기능할 수 있다. 가상자산은 외국환거래법상 지급수단에는 포함되어 있지 않지만, 가상자산의 이체를 외국환규제목적상 지급으로 볼 것인지는 다른 문제이다. 일본법상 암호자산은 지급수단에 해당하지 않지만, 3,000만엔 상당 이상의 암호자산에 의한 타국으로의 지급이나 이전은 외국환 및 외국무역법상 지급 또는 지급의 수령에 해당하는 것으로 보아 보고의무 등의 대상이 되고 있다(동법 55조).[32] 따라서 일본에서는 암호자산에 의한 지급을 외국환 및 외국무역법상 '지급'으로 보고 있는 것이다. 국내에서는 명확한 해석이 이루어지고 있지 않다. 거래당사자의 관점에서 예측가능성을 보장하는 것은 다른 어떤 정책목적보다 우선해야 한다.

32) 中崎隆(編),『詳説 外為法・貿易関係法』, 中央経済社, 2021, 33면, 47면.

제 5 절 금융거래와 국제사법

Ⅰ. 의의와 구조

[17-24] 국제사법은 국제성 또는 섭외적 요소(foreign element)를 가진 금융거래에서 준거법과 재판관할을 정하는 기준을 규정하는 법률이다. 뉴욕 소재 기업과 서울 소재 기업 사이에 이루어진 금융거래에서 발생하는 법의 충돌과 법원 관할권의 충돌을 해소하기 위한 접근이다. 국제금융거래에서는 반드시 발생할 수밖에 없는 문제이다.

[17-25] 법의 충돌을 해소하기 위해서는 해당 법률문제에 관하여 어느 나라의 법률을 적용할 것인지를 정하는 기준이 필요하다. 계약의 준거법(governing law) 선택의 문제로서 당사자자치를 존중하여 당사자가 선택한 법률을 우선 적용하되 당사자가 선택한 법률이 없는 경우에는 가장 밀접한 관련을 가지는 법을 적용한다(국제사법 45조 · 46조). 전자를 주관적 연결, 후자를 객관적 연결이라고 한다. 또한 당사자는 일정한 법률관계로 말미암은 소에 관하여 국제재판관할의 합의를 할 수 있다(국제사법 8조 1항 본문).

[17-26] 가장 대표적인 국제금융거래계약서라고 할 수 있는 2002년 ISDA 마스터계약서는 준거법으로 영국법과 뉴욕주법을 그리고 재판관할로 런던과 뉴욕을 선택할 수 있는 규정을 두고 있다(13. Governing Law and Jurisdiction (a) Governing Law. (b) Jurisdiction). 물론 그 이외의 법이나 법원을 준거법이나 재판관할로 합의할 수도 있다. 그러나 장외파생상품거래의 경우 주로 영국의 법과 법원이 선택되는 것이 실무이다. 그 이유는 무엇보다도 장외파생상품거래를 포함한 국제금융거래의 중요한 선례가 이미 영국법 및 영국법원의 판례의 형태로 존재하기 때문에 예측가능성이 매우 높다는 점이다.

Ⅱ. 역외투자자문업자등의 특례[33)]

[17-27] 자본시장법상 외국금융회사는 국내에서 금융투자업을 영위하기 위해서는 국내

33) 상세한 논의는, 석광현 · 정순섭, "국제자본시장법의 서론적 고찰 – 역외적용 및 역외투자자문업자 등의 특례를 중심으로 –", 증권법연구 제11권 제2호, 2010, 27–82면.

에 영업소를 두고 금융투자업자로 인가를 받거나 등록을 해야 한다. 이 원칙에 대한 예외가 역외투자자문업자와 역외투자일임업자이다(자본 18조 2항 1호 단서). 역외투자자문업자나 역외투자일임업자는 외국에서 국내 거주자를 상대로 직접 영업을 하거나 통신수단을 이용하여 투자자문업 또는 투자일임업을 영위할 수 있다(자본 18조 2항 1호 단서).

역외투자자문업자 또는 역외투자일임업자에 대해서는 투자자 보호를 위하여 연 [17-28]
락책임자를 국내에 두어야 한다(자본 100조 2항)는 등의 규제가 적용된다. 이와 함께 역외투자자문업자 또는 역외투자일임업자는 국내 거주자와 체결하는 투자자문계약 또는 투자일임계약 내용에 그 계약에 대하여 국내법이 적용되고 그 계약에 관한 소송은 국내법원이 관할한다는 내용을 포함하여야 한다(자본 100조 3항). 준거법과 재판관할에 관한 특칙을 자본시장법이라는 금융규제법을 통하여 강제하고 있는 것이다. 물론 역외투자자문업자 또는 역외투자일임업자가 여기에 따르지 않을 경우 준거법이나 재판관할에 관하여 국제사법상 일반원칙이 적용되는지 아니면 자본시장법상 특칙에 따라 국내법이 준거법이 되고 국내법원의 재판관할이 인정되는 것인지에 대해서는 논의가 있다. 국제사법상 소비자계약의 관할(42조)과 소비자계약의 준거법(47조)에 관한 특칙과의 관계도 문제된다. 나아가 이론적으로는 금융규제법을 통하여 준거법이나 재판관할을 강제하는 것이 가능한지에 대해서도 논의가 있을 수 있다.

제5편 새로운 발전

CHAPTER 18

핀테크

제 1 절 서 언[1)]

금융분야에서 20세기 이후 가장 중요한 변화는 파생상품의 등장과 핀테크(fintech)[2)] 의 발전을 들 수 있다. 핀테크는 기술과 금융의 결합을 의미한다. 디지털금융 또는 금융의 디지털화와 같은 의미로 사용되기도 한다. 전통적으로 금융은 기술과 긴밀한 관련을 맺으면서 발전해 왔다. 파생상품으로 상징되는 현대 금융거래는 금융경제학의 이론적 성과와 함께 정보통신기술의 발전에 기반한 것이다. [18-1]

이러한 변화는 은행과 증권, 보험 등 금융업의 모든 분야에서 나타나지만, 특히 두드러진 변화는 지급분야에서 확인할 수 있다. 분산원장기술과 같이 국가단위로 운영되어 온 지급결제제도나 자본시장인프라와 같은 금융시장인프라에 활용하려는 시도도 나타나고 있다. 특히 금융규제법상 중요한 변화는 금융의 요소별 분해와 기능별 재결합, 금융업자 없는 금융업모델, 개별업자에 의한 인프라기능의 제공 등 종래의 기술로는 생각할 수 없었던 거래방법이나 서비스의 제공을 가능하게 하는 점이다. 이런 관점에서 핀테크는 금융규제의 패러다임 자체의 변화로 연결될 수 있다. 이러한 변화에는 다양한 요인이 영향을 미치고 있다. 특히 코비드 19도 중요하다. 이러한 변화는 전통적인 금융규제모델과의 충돌을 야기하기도 한다. 그러나 금융의 디지털화 [18-2]

1) 이하 설명은 정순섭, “기술발전과 금융규제법의 전망”, BFL 제107호, 2021, 6−28면에 기초한 것이다. 상세한 설명으로 박준 · 한민, 제16장 핀테크와 금융거래, 제17장 암호자산.

2) ‘핀테크’라는 용어 자체는 1993년 씨티가 설립한 ‘금융서비스기술컨소시엄’(Financial Services Technology Consortium)의 창설과 함께 사용되기 시작했다. Eilene Zimmerman, The Evolution of Fintech, New York Times, April 6, 2016. 우리나라에서는 2014년부터 본격적으로 사용되었다.

를 일시적인 현상으로 볼 수 있는 단계는 지났다.

[18-3] 핀테크는 금융소비자와 금융회사 그리고 금융감독기관의 관점에서 단순성과 편의성을 갖춘 저비용, 탈중개화한 금융서비스의 공급과 이용, 그리고 효율적인 감독정보의 수집과 분석을 가능하게 할 것으로 생각되고 있다. 그러나 이러한 발전이 금융시스템 위험을 촉발할 수 있다는 우려와 함께 금융소외나 정보보호 문제를 심화시킬 가능성도 부정할 수 없다. 따라서 핀테크규제는 혁신과 경쟁의 촉진과 동시에 그로부터 발생하는 위험의 관리라는 두 가지 과제에 노출된다.[3)]

[18-4] 영국, EU, 호주, 일본 등 각국은 이러한 변화에 대응하여 기술친화적인 금융법제를 구축하기 위한 노력을 시작했다. 금융규제법의 관점에서 핀테크분야의 또 하나의 특징은 국제적인 경쟁력 확보에 대한 관심이 직접적으로 강조되는 점이다. 우리나라의 금융혁신법도 "혁신적인 금융서비스의 개발과 발전을 촉진"하고 "금융서비스 관련 일자리 창출을 도모"하는 것을 직접 입법목적으로 규정한다(1조). 전통적인 금융규제의 관점과 함께 다양한 법규제의 정비에서 특히 고려해야 할 사항이다.

[18-5] 핀테크도 다양한 기준에 따라 구분할 수 있다. 이 책의 목적을 위하여 핀테크를 분류하면 첫째, 핀테크와 전통적인 금융업, 둘째, 블록체인과 금융, 셋째, 인공지능과 금융이 중요하다. 핀테크와 전통적인 금융업에서는 은행, 증권, 보험 등 금융업에서 새로운 디지털기술을 접목하는 과정과 사례를 설명한다. 블록체인과 금융은 분산원장기술을 금융상품의 제조와 유통, 특히 지급과 결제에 수용하는 것의 가능성과 타당성을 주로 살펴본다. 인공지능과 금융은 금융업에의 수용 가능성과 타당성이라는 정책문제와 함께 예컨대 전통적인 책임법리의 적용 가부가 주로 문제되고 있다. 이하 차례대로 살펴본다.

3) Wolf-Georg Ringe and Christopher Ruof, "Regulating Fintech in the EU: the Case for a Guided Sandbox", European Journal of Risk Regulation Vol.11, 2020, pp. 604-605.

제 2 절 핀테크와 전통적인 금융업

Ⅰ. 문제의 범위

핀테크는 전통적인 금융의 모든 분야에 영향을 미치고 있다. 이하 인터넷전문은행과 실명확인, 크라우드펀딩, 인슈어테크, 로보어드바이저를 대상으로 은행, 증권, 보험, 자산관리분야에서의 대표적인 핀테크 발전을 살펴본다. 지급분야에서의 중요한 발전이라고 할 수 있는 간편송금에 대해서는 이미 살펴보았다([2-103]). 가상자산이나 스테이블코인 그리고 CBDC에 대해서는 아래 제3절 블록체인과 금융 그리고 제10장 지급거래에서 설명하였다. [18-6]

Ⅱ. 인터넷전문은행과 실명확인

은행은 은행업을 전통적으로 지점이나 대리점과 같은 영업소를 이용하여 수행해 왔다. 이와 함께 비대면 영업방식으로서 초기의 폰뱅킹, PC뱅킹, 인터넷뱅킹, 모바일뱅킹 등 다양한 발전이 이루어져 왔다. 인터넷전문은행은 "은행업을 주로 전자금융거래(전금 2조 1호)의 방법으로 영위하는 은행"을 말한다(인터넷은행법 2조). 다양한 모델이 있을 수 있지만, 우리나라의 인터넷전문은행은 비대면으로 해결할 수 없는 문제의 해결을 위한 예외적인 경우를 제외하고는 적극적인 은행업 수행을 위한 오프라인의 대면영업점을 전혀 허용하지 않는 방식이다. [18-7]

인터넷전문은행에서는 전통적인 은행법상 금산분리관점에서의 동일인 주식소유한도 등도 문제되지만, 현실적으로 가장 중요한 과제는 실명확인문제였다. 우리나라는 금융실명법에서 대상 금융거래를 고객의 실명으로 할 것을 요구하고, 실명확인의무를 은행 등 금융회사에 부과하고 있다(금융실명법 3조 1항). 1997년 제정 이후 금융실명법은 금융회사 창구에서의 대면방식의 실명확인만을 인정해왔다.[4] 그러나 이 경 [18-8]

4) 대법원판결도 금융실명법이 시행된 후에는 "금융기관에 예금을 하고자 하는 자는 원칙적으로 직접 주민등록증과 인감을 지참하고 금융기관에 나가 자기 이름으로 예금을 하여야 하는 것"이라고 하여(대법원 2001. 12. 28. 선고 2001다17565 판결) 대면 확인을 전제로 하고 있었다.

우 인터넷전문은행은 존재할 수 없다.

[18-9] 그러나 금융실명법이 실명확인방법을 반드시 대면확인으로 한정한 것인지에 대해서는 의문이 있다. 실명확인제도의 취지가 차명계좌를 이용한 불법거래를 차단하는 데 있는 것이고 본질상 강제조사를 통한 실명확인을 요구하지 않는 이상 비대면 실명확인방식을 부정할 이유가 없을 것이다. 2015. 12. 비대면 확인방식도 허용되었다.[5] 물론 금융실명법상 비대면방식의 허용 여부와 남용의 가능성 등에 대해서도 논의가 있을 수 있다. 그러나 첫째, 현행 금융실명법이 대면확인만을 허용한다고 볼 법적 근거는 명확하지 않다. 둘째, 제3자의 고객명의탈취와 같은 남용가능성이 비대면 실명확인방법의 허용으로 확대되었다는 주장도 있다. 금융회사의 실명확인의무가 성실히 이행되었는지를 판단하는 것으로 해결될 수 있을 것으로 본다. 셋째, 현재 금융회사의 의무로 되어 있는 실명확인의무에 덧붙여 고객의 실명거래의무를 명시하는 방법도 고려해야 한다.[6]

Ⅲ. 크라우드펀딩

[18-10] 전통적인 금융기능을 이용한 자본조달은 은행으로부터 대출을 받거나 증권회사 등의 도움을 받아서 증권을 발행하는 두 가지 방식으로 이루어졌다. 은행대출이나 증권발행을 이용하는 것은 사업이 어느 정도 성숙되어 은행이나 투자자의 신뢰를 받을 수 있는 기업에 한정된다. 아직 사업이 성숙되지 못한 초기단계의 기업은 벤처캐피털 등을 통한 창업금융을 이용할 수 있다. 그러나 이러한 방식은 여전히 은행이나 증권회사 또는 창업금융회사와 같은 금융업자 또는 그에 준하는 자의 심사나 승인을 거쳐야 한다. 따라서 아직 사업 자체의 성숙을 말할 수 없는 스타트업의 경우 이러한 전통적인 금융기능을 이용할 수 없다. 이 경우 불특정 다수의 투자자들에게 온라인플랫폼을 통하여 후보기업의 현황과 전망을 소개하고 투자자들의 집단지성에 기초한

5) 이 경우에도 ① 신분증 사본 제출, ② 영상통화, ③ 접근매체전달시확인, ④ 기존계좌활용, ⑤ 그 밖에 이에 준하는 새로운 방식(바이오인증등) 중 2 이상의 수단으로 확인하는 것은 필수이다. 그 외에 ⑥ 타기관확인결과 활용(휴대전화 인증 등)과 ⑦ 다수의 개인정보 검증 중 한 가지 이상의 방법으로 추가적으로 확인할 것을 권고하고 있다. ⑥과 ⑦ 외에 은행이 자체적으로 본인 확인방식을 도입하는 것도 가능하다. 금융위, 비대면 실명확인 운영 현황 및 향후 계획, 2016. 5. 26.

6) 이준희, “인터넷전문은행 관련 법률적 쟁점에 관한 소고”, 기업법연구 제30권 제1호, 2016, 77−106면.

투자판단으로 자금공급이 이루어질 수 있는 구조가 유용할 수 있다. 이러한 금융형태를 크라우드펀딩(crowdfunding)이라고 한다. 실제 투자자가 자본을 제공하는 수단의 법적 구조에 따라 대출형과 증권형으로 나눌 수 있다. 그 밖에 기부형도 있지만 금융법상 문제는 발생하기 어렵다. 이하 대출형과 증권형을 살펴본다.

대출형 크라우드펀딩의 경우 차입자가 온라인플랫폼에서 대출을 신청하고 투자자는 차입자의 조건을 보고 그 플랫폼에서 자금을 제공한다. 이 경우 첫째, 투자자가 직접 대출하여 계속적 반복적으로 이익을 취할 경우에는 대출을 영업으로 하는 것이라는 지적도 가능하다. 둘째, 온라인플랫폼이 대출을 먼저하고 그 대출채권을 투자자들에게 소액으로 분산하여 양도할 경우에는 그 대출채권이 자본시장법상 채무증권에 해당할 가능성이 있다. 셋째, 현행 대부업법은 대부업자로부터 대출채권을 양도받을 수 있는 자를 금융회사 등으로 한정하고 있어 투자자들에게 양도할 수 없다는 지적도 가능하다. 이러한 법적 불확실성을 고려하여 온투법은 투자자의 투자금액과 차입자의 차입금액에 한도를 두는 것을 조건으로 첫째, 온라인플랫폼을 운용하는 온라인투자연계금융업자가 차입자에게 대출하고(연계대출), 그 대출채권 중 일정 비율의 원리금을 수취할 수 있는 원리금수취권만을 투자자들에게 양도하고, 투자자들은 그 원리금수취권에 대한 대가의 형태로 자금을 제공(연계투자)하고 그 비율에 해당하는 원리금을 수취하는 구조로 구성하고 있다. 온투법상 투자자는 연계투자를 하는 자로서 차입자가 아니라 온라인투자연계금융업자에게 자금을 제공하는 형태를 취함으로써 위 첫째 문제를 해결하였다. 둘째 문제와 관련하여 원리금수취권의 법적 성질에 대해서는 학계의 논의가 필요하지만, 자본시장법상 금융투자상품에는 해당하지 않는다고 규정(온투 3조 4항)하여 법적 위험은 제거하였다. 셋째, 대출채권 자체가 아니라 원리금수취권을 양도함으로써 위 셋째 문제도 해소하였다. [18-11]

증권형 크라우드펀딩의 경우 기업이 증권을 발행하고 투자자가 이를 취득하는 기본구조는 일반적인 증권과 동일하다. 그러나 첫째, 증권회사에 해당하는 역할을 수행하는 온라인플랫폼운용기업을 금융투자업자로 규제할 것인지와 둘째, 기업이 발행하는 증권에 대해서 자본시장법상 발행규제를 적용할 것인지의 두 가지가 먼저 문제된다. 온라인플랫폼운영기업을 금융투자업자로 규제하고 그 증권에 대하여 발행규제를 적용하면 높은 규제비용을 인하여 자본조달수단으로서의 경제적 의미를 상실하게 될 것이기 때문이다. 자본시장법은 첫째, 온라인플랫폼운용기업을 금융투자업자로 [18-12]

규제하되 온라인소액투자중개업자라는 규제단위를 신설하여 규제를 대폭 완화하였다. 원래대로 하면 투자중개업자로서 인가를 받아야 하고 자기자본요건을 30억이지만, 진입규제를 등록으로 완화하고 자기자본도 5억원으로 줄였다(자본 117조의4 1항, 2항 2호; 동 시행령 118조의4 1항). 둘째, 온라인소액투자중개업자를 통하여 일정한 금액 이하의 증권을 발행하는 경우에는 자본시장법상 공시규제를 포함한 발행규제를 적용하지 않는다(자본 117조의10 1항).

[18-13] 크라우드펀딩을 전통적인 대출이나 증권규제를 완화 또는 면제하면서 허용하는 것은 첫째, 투자자가 투자할 수 있는 금액과 차입자 또는 발행인이 조달할 수 있는 금액에 한도를 두어 위험한도를 두고 있는 점, 둘째, 차입자나 발행인의 업종을 제한함으로써 혁신기업이 사용할 수 있는 자본조달수단으로 특정하고 있는 점, 셋째, 발행공시 등의 면제는 법률상 대체적인 정보제공을 의무화하고 투자자들의 집단지성에 따른 판단에 의존하는 점 등을 근거로 하는 것이다. 그러나 현재 이루어지고 있는 크라우드펀딩 실무가 이러한 목적에 부합하는지는 주기적으로 평가해야 한다.

Ⅳ. 인슈어테크

[18-14] 핀테크의 보험에서의 적용을 인슈어테크(InsurTech)라고 한다. 여기에는 비교사이트, 보험중개의 디지털화, 보험의 교차판매, P2P보험, 온디맨드보험, 보험업무의 디지털화, 빅데이터분석 및 보험소프트웨어, IoT, 빅데이터 및 블록체인의 활용 등이 포함된다.[7] 자율주행자동차에 대한 부보가능성 등은 새로운 보험사고의 문제로서 인슈어테크와는 구별된다. 특히 금융규제구조에 영향을 미치는 것은 "동일 위험을 보장받는 그룹에 대해 실적에 따라 적립금을 환급하는 상품"을 말하는 P2P(Peer-to-Peer)보험이다.[8] 동일한 위험에 노출되어 있고 서로에 관하여 잘 알고 있는 사람들이 P2P방식으로 위험관리구조를 설계하면 판매수수료를 포함한 사업비와 보험사기를 포함한 보험계약자에 의한 도덕적 해이를 원천적으로 막을 수 있기 때문이다.

7) 吉澤卓哉,『インシュアテックと保険法: 新技術で加速する保険業の革新と法の課題』, 保険毎日新聞社, 2020, 1-32면(이하 "吉澤").

8) 금융위, 보험산업 신뢰와 혁신을 위한 정책방향 - 2021년 보험산업 금융위 업무계획 -, 2021. 3. 2.

이와 관련하여 P2P보험이 보험법 및 보험업법상 보험에 해당하는지 여부가 문제된다.[9] 현행법상 금융규제는 금융상품의 제조나 판매 또는 양 기능을 모두 수행하면서 규제의 수범주체가 되는 금융회사를 전제로 한다. 이러한 기능을 수행하는 금융회사가 없는 경우 현재의 금융규제모델은 작동할 수 없다. 그러나 판매비용을 포함한 사업비나 위험관리비용이 없거나 최소화될 수 있는 거래구조를 안정성을 갖추어 제공할 수 있다면 금지할 이유가 없다. 크라우드펀딩도 온라인플랫폼운영자를 온라인투자연계금융업자나 온라인소액투자중개업자라는 금융업자로 보아 규제를 구축하고 있다. 현재까지 알려진 P2P보험의 구조는 보험중개업자모델, 보험회사모델, 플랫폼제공자(Platform provider) 모델 등이 있다. [18-15]

V. 자산관리[10]

로보어드바이저(Robo-advisor)는 자산관리분야에서의 핀테크의 대표적인 사례이다. 단순하게 설명하면 인공지능을 활용하여 집합투자와 투자자문 또는 투자일임업무를 하려는 시도이다. 자본시장법은 '전자적 투자조언장치' 즉 "적격요건을 모두 갖춘 자동화된 전산정보처리장치"를 말한다(자본시행령 2조 6호 가목-다목). 현행법상 금융업은 원칙적으로 인력을 통하여 수행해야 한다. 집합투자업자와 투자자문업자 또는 투자일임업자는 투자운용인력(자본 85조 7호), 투자권유자문인력이나 투자운용인력(자본 98조 1항 3호)을 이용하여 집합투자업, 투자자문업, 투자일임업을 수행해야 한다. 예외적으로 전자적 투자조언장치를 활용하여 집합투자재산을 운용하거나(자본 85조 단서; 동 시행령 87조 1항 5호), 일반투자자를 대상으로 투자자문업 또는 투자일임업을 수행할 수는 있다(자본 98조 1항 단서; 동 시행령 99조 1항 1호의2). [18-16]

이와 관련하여 두 가지 문제가 있다. 첫째, 투자일임업의 경우 로보어드바이저를 이용하기 위해서는 투자자와의 비대면계약이 가능해야 한다. 자본시장법은 일정 [18-17]

9) 일본에는 영국의 Teambrella를 대상으로 "보험업법은 보험자가 존재하지 않는 상호구조제도를 염두에 두고 있지 않"으므로 보험업법의 적용대상이 아니라는 견해가 있다. 吉澤, 앞의 책, 77면. 국내에는 P2P 보험을 "상호보험의 이상적(理想的) 형태로 볼 수도 있고 일응 유사성을 갖는다"고 하고, "계약 측면에 있어서는 상법 제664조에 의거한 상법 보험편의 준용 여부 검토가 필요할 수 있다"는 견해가 있다. 김화중, "인슈어테크와 법적 쟁점 - P2P 보험의 출현과 제도적 시사점을 중심으로 -", 연세 글로벌 비즈니스 법학연구 제11권 제2호, 2019, 7면.

10) 상세한 설명은, 정순섭, 자본, 제3장 제10절 Ⅲ. 전자적 투자조언장치.

한 경우를 제외하고 투자일임업자가 대면으로 설명의무(금소 19조)를 이행하지 않는 행위를 불건전영업행위로 금지한다. 그러나 투자일임업자와 투자자가 일정한 요건을 갖춘 전자적 투자조언장치를 활용하여 투자일임계약을 체결하는 경우에는 예외적으로 허용된다. 둘째, 집합투자업자의 집합투자재산의 운용(운용지시)업무와 투자일임업자의 투자일임재산의 운용업무를 위하여 전자적 투자조언장치를 이용할 수 있는지와 관련하여 업무위탁에 해당되어 금지된다는 지적도 있을 수 있다. 본질적 업무에 대한 업무위탁은 금융투자업 인가나 등록을 한 자에 한정되기 때문이다. 이에 따라 일정한 요건을 갖추고 전자적 투자조언장치를 활용할 경우에는 본질적 업무에서 제외하여 업무위탁규제의 적용을 제한하고 있다.

제 3 절 블록체인과 금융[11)]

Ⅰ. 의의와 구조

1. 의 의

[18-18] 블록체인기술(blockchain technology)은 다양한 분야에 영향을 미치고 있다. 특히 이를 기반으로 하는 가상자산은 2008년 최초 등장한 이후 많은 관심의 대상이 되고 있다. 블록체인기술은 "참가자가 거래기록을 공유하고 검증할 수 있는 구조로서, 일정기간 내에 이루어진 모든 거래가 하나의 블록으로 기록되고, 그 블록이 체인과 같이 시계열로 순차추가되는 특색"을 가진다.[12)] 블록체인기술과 관련하여 ① 법적 분쟁 시 효율적 해결을 위한 탈중앙화시스템에서의 책임 소재, ② 개인정보 보호 등을 위해 블록체인상의 적합한 데이터 거버넌스(data governance) 확립, ③ 적정한 관리감독과 규제를 위한 법적 확실성 확보, ④ 블록체인이 범용화되기 위한 호환성 확보 방

11) 이하 설명은 정순섭, "블록체인과 금융", BFL 제108호, 2021, 6−34면에 기초한 것이다. 세부 인용은 원문을 참고하기 바란다.

12) 松尾元信, 「暗号資産に関する資金決済法´ 金融商品取引法等の改正―「情報通信技術の進展に伴う金融取引の多様化に対応するための資金決済に関する法律等の一部を改正する法律」の概要―」, 『金融法研究』 第36号, 2020, 5면.

안, ⑤ 위변조 방지를 위한 디지털 보안 확립, ⑥ 참여자 보호와 효율적인 관리감독을 위한 온체인상의 투명성 확립, ⑦ 신기술 도입이 가져올 일자리, 환경 등의 변화에 대한 대응 등이 주요쟁점으로 논의되고 있다.[13)]

특히 금융에 적용될 경우 블록체인기술의 장점으로는 첫째, 은행계좌와 별도 인 [18-19]
증절차의 부재, 환전 등 거래비용의 절감에 따른 거래의 편의성, 둘째, 중앙시스템의 부재에 따른 거래의 속도, 셋째, 은행계좌개설이 어려운 지역에서의 금융의 포용성을 강조하고 있다. 그러나 첫째, 일정한 네트워크에의 참여자로 한정됨에 따른 범용화의 곤란성, 둘째, 비트코인 등 가상자산에서 확인되는 가치의 변동성과 불확실성, 그리고 셋째, 익명성에 따른 법적 관리감독과 과세의 어려움은 극복되어야 할 과제이다.[14)]

블록체인의 기반기술은 첫째, 특정한 중앙 데이터나 정보 통제기관이 없이 개별 [18-20]
당사자가 모든 데이터베이스와 전체 역사에 접근성을 가지는 원칙적으로 분산된 데이터베이스, 둘째, 모든 노드가 정보를 저장하고 다른 모든 노드들에게 이를 전송할 수 있는 P2P전송, 셋째, 시스템에 접속할 수 있는 모든 당사자가 개별 거래를 볼 수 있는 익명성과 암호학을 이용한 투명성, 넷째, 모든 기록이 그 이전의 거래기록에 연결됨으로써 기록 자체를 변경할 수 없는 기록의 비가역성, 다섯째, 블록체인거래는 프로그램화되어 이용자들이 자동적으로 노드들 사이의 거래를 촉발시키는 알고리즘과 규칙을 정립할 수 있게 하는 계산논리의 5가지 원칙에 기초한다.[15)]

2. 구조와 책임

블록체인의 특수성으로는 첫째, 블록체인은 법률이 아닌 코드에 의한, 자발적 [18-21]
의사에 의한 지급제도의 구축 가능성을 열었다는 점에서 화폐법상 중대한 변화라고 할 수 있다. 코드에 의한 법률의 대체를 논의하기도 하지만 현행법체계 내에서 그 적용과 효력이 논의되어야 할 것이다.[16)] 둘째, 블록체인과 분산원장기술이 등록과

13) 2020.1. 개최된 OECD 블록체인전문가그룹(Blockchain Expert Policy Advisory Board) 1차 회의의 논의 내용이다. 곽상현, "블록체인 금융의 올바른 활용을 위하여", 나라경제 VOL.352, 2020, 62면(이하 "곽상현").

14) 곽상현, 61－62면.

15) Panagiotis Delimatsis, "When Disruptive Meets Streamline: International Standardization in Blockchain" in Daniel Kraus, Thierry Obrist and Olivier Hari(eds), Blockchains, Smart Contracts, Decentralised Autonomous Organisations and the Law, Edward Elgar, 2019, pp. 90－91.

16) 아직까지 국내에서 스마트계약(smart contract)에 관한 법적 논의는 매우 추상적인 형태로 이루어지고 있다.

분쟁상황에서 지식재산권의 보호와 등록을 위한 활용가능성을 제시하고 있다는 평가도 있다. 블록체인에 기반한 분산원장에 대해 법률 또는 그 적용범위를 벗어난 듯한 주장도 발견되지만 어디까지나 데이터베이스의 하나로서 법의 적용대상이 되어야 한다.

[18-22] 계약책임과 관련하여 특히 비트코인과 같은 공개형 분산원장환경에서는 서비스의 이행이 해당 시점에 접속한 자에 의존하고 개별적인 노드는 그 자체 본질적인 것이 아니므로 이용자를 알 수 없고, 이용자기반이 불안정하게 남아 있으므로 계약관계가 존재하지 않는다는 주장도 있다.[17] 잠재적으로 참가자의 다른 이용자에 대한 계약상 권리의 부여를 위한 의사의 부재를 이유로 분산원장환경은 법적 권리를 발생시키지 않는다는 것이다. 그러나 복잡한 사업환경에서는 사업주체들이 모든 참가자나 그 역할을 알 수 없는 경우가 많다. 분산원장은 원장운영에 참여하는 자에 따라 지속적으로 변화하는 복잡한 이용자네크워크와 계약관계를 발생시킨다. 참가자의 익명성이 집행을 잠재적으로 곤란하게 하지만 집합적으로 분산원장을 운용하는 개별당사자들의 행위가 법적으로 의미가 없다는 것을 의미하지는 않는다.[18]

[18-23] 분산원장 참여자는 불법행위책임의 주체가 될 수도 있다.[19] 다만 손해의 유형과 내용에 따라 참여자가 부담하는 주의의무의 내용과 책임의 범위는 달라질 수 있다. 같은 관점에서 분산원장참여자를 조합이나 그 밖의 법인격없는 단체로 볼 수 있는지도 문제된다. 참가자의 역할과 기능에 따라 판단이 달라질 수밖에 없다.

3. 논의의 방향

[18-24] 블록체인과 금융에 관한 논의는 첫째, 가상자산, 둘째, 지급수단, 셋째, 금융시장인프라의 세 가지로 구분할 수 있다. 이하에서는 가상자산을 토큰증권과 지급수단 그리고 그 밖의 가상자산으로 구분하여 설명한다. 지급수단으로서의 가상자산에 대해서는 제10장 지급거래에서 이미 설명하였으므로 여기서는 간단히 쟁점만을 요약한

17) Aaron Wright and Primavera De Filippi, "Decentralized Blockchain Technology and the Rise of Lex Cryptographia", March 12, 2015 <SSRN: https://ssrn.com/abstract=2580664 or http://dx.doi.org/10.2139/ssrn.2580664>.

18) 이상 논의는 Dirk Zetzsche, Ross Buckley, Douglas Arner and Anton Didenko, "Liabilities Associated with Distributed Ledgers: a Comparative Analysis", Jelena Madir, FinTech: Law and Regulation, Edward Elgar, 2019, p. 199.

19) Zetzsche, Buckley, Arner and Didenko, pp. 200–201.

다. 또한, 금융시장인프라에 대해서는 제15장 금융시장제도에서 설명하였다.

가상자산에 관한 각국의 입법례도 간략히 정리하는 것이 설명의 편의상 필요할 [18-25] 것으로 본다. 첫째, 미국은 증권법상 투자계약 개념을 근거로 투자자보호체계를 구성하고, 스테이블코인을 중심으로 지급수단규제를 검토하는 단계라고 할 수 있다. 둘째, EU는 금융상품에 대해서는 전통적인 금융상품규칙(MiFID II)[20]을, 그리고 전자화폐에 대해서는 전자화폐지침[21]을 적용하는 것을 전제로 암호자산규칙(MiCAR)[22]에서 스테이블코인에 대한 발행인 및 발행규제와 비증권형 가상자산에 대한 발행 및 유통규제체계를 구축하였다. 셋째, 일본은 자금결제법상 지급기능을 중심으로 암호자산에 대한 규제와 스테이블코인에 대한 규제를 도입하면서 증권에 해당할 경우에는 금융상품거래법을 적용하고, 암호자산의 판매에 대해서는 금융서비스제공법상 금융상품판매규제를 적용하는 체계로 되어 있다. 우리나라는 증권에 해당할 경우에는 자본시장법을, 그리고 전자화폐나 그 밖의 전자지급수단에 해당할 경우에는 전자금융거래법을 각각 적용하되, 비증권 가상자산에 대해서는 가상자산보호법을 제정하여 규제하려는 움직임이 나타나고 있다. 이하 토큰증권, 지급수단, 그 밖의 가상자산의 순서로 살펴본다.

Ⅱ. 토큰증권[23]

증권은 발행인에 대한 권리를 의미한다. 자본시장법은 발행인에 대한 권리의 종 [18-26] 류에 따라 채무증권, 지분증권, 수익증권, 파생결합증권, 투자계약증권, 증권예탁증권으로 구분한다. 비증권형 가상자산은 발행인이 없거나 발행인의 신용과 무관하게 가

20) DIRECTIVE 2014/65/EU OF THE EUROPEAN PARLIAMENT AND OF THE COUNCIL DIRECTIVE 2014/65/EU OF THE EUROPEAN PARLIAMENT AND OF THE COUNCIL of 15 May 2014 on markets in financial instruments and amending Directive 2002/92/EC and Directive 2011/61/EU.

21) Directive 2009/110/EC of the European Parliament and of the Council of 16 September 2009 on the taking up, pursuit and prudential supervision of the business of electronic money institutions amending Directives 2005/60/EC and 2006/48/EC and repealing Directive 2000/46/EC.

22) REGULATION OF THE EUROPEAN PARLIAMENT AND OF THE COUNCIL on markets in crypto–assets, and amending Regulations (EU) No 1093/2010 and (EU) No 1095/2010 and Directives 2013/36/EU and (EU) 2019/1937, 2020/0265 (COD) PE–CONS 54/22, Brussels, 3 May 2023. 유럽이사회가 승인한 안이다.

23) 상세한 설명은 우선 한서희, "디지털자산의 자본시장법상 규제에 관한 연구 –토큰증권을 중심으로–", 법학박사학위논문, 서울대학교 대학원, 2023. 8.

치가 결정되거나 상환의무 그 밖에 금전 그 밖의 재산적 가치의 지급의무가 없다. 그러나 증권으로서의 요건을 충족할 경우 증권으로 규제되어야 한다. 증권은 발행형태에 따라 전통적인 실물증권, 예탁증권, 전자등록증권으로 분류할 수 있다. 실물증권은 일정한 사항이 기재된 증권이나 증서를, 예탁증권은 실물증권을 혼장임치하고 그 임치물에 대한 공유지분을 기초로, 그리고 전자등록증권은 전자등록부에의 전자등록을 기초로 인정된다. 같은 맥락에서 분산원장방식으로 발행할 경우 토큰증권이라고 부르는 것이 옳다. 그리고 증권은 실물증권, 예탁증권, 전자등록증권, 그리고 토큰증권과 같은 발행형태를 불문하고 동일한 규제가 적용되어야 한다.[24)]

[18-27] 따라서 토큰증권에 관한 일차적인 논의는 전자증권법상 전자등록제도를 중심으로 할 수밖에 없다. 전자증권법은 증권의 발행에 관한 제도이기 때문이다. 전자증권법상 전자증권은 전자등록방식으로 발행된 증권을 말한다. 전자등록은 "주식등의 종류, 종목, 금액, 권리자 및 권리 내용 등 주식등에 관한 권리의 발생 · 변경 · 소멸에 관한 정보를 전자등록계좌부에 전자적 방식으로 기재하는 것"을, 그리고 전자등록주식등은 "전자등록계좌부에 전자등록된 주식등"을 말한다(전자증권법 2조 2호 · 4호). 그리고 전자증권법상 전자증권의 구조는 전자등록기관 - 계좌관리기관 - 투자자로 구성되는 이원체계이다.

[18-28] 그러면 전자증권법상 블록체인에 기반한 전자결제구조를 만들 수 있는가? 전자증권법은 전자등록의 기술적 기반을 한정하고 있지는 않으므로 가능하다. 다만 첫째, 계좌관리기관은 전자증권발행 및 결제에서 엄격한 규제의 대상으로서 다양한 법률상 의무의 대상이 되고 있다. 분산원장기반의 토큰증권발행제도를 구축할 때 계좌관리기관의 지위와 역할이 가장 중요하다. 둘째, 법률 자체를 전자등록기관 - 계좌관리기관 - 투자자의 이원체계에 블록체인구조를 어떻게 수용할 것인지, 또는 이러한 이원체계를 변경할 것인지가 중요한 입법과제이다. 셋째, 분산원장방식의 전자적 기록에 의하여 투자자의 증권에 대한 지배가능성이 확보될 수 있는지의 문제이다. 현재의 전자증권법상 전자등록제도에 인정되는 증권에 대한 지배가능성에 준하는 정도의 지배가능성을 인정할 수 있는지에 대한 평가의 문제이기도 하다. 분산원장방식의 결제제도를 도입한 미국, 독일, 스위스 등의 입법례가 존재하는 점을 고려할 수 있을 것이다. 특히 주식의 경우 의결권 행사 및 조세 부과와 관련하여 높은 수준의 투명성을 요구한다.

24) 금융위, 보도자료: 토큰 증권(Security Token) 발행 · 유통 규율체계 정비방안, 2023. 2. 3.

Ⅲ. 지급수단

비트코인은 처음 등장할 때 지급수단으로서의 기능을 강조했다. 이에 따라 비트코인을 비롯한 다양한 가상자산을 암호화폐(통화) 또는 가상화폐(통화)라고 부르기도 했다. 화폐법상 엄격히 제한되어야 할 화폐라는 용어가 매우 느슨하게 사용되어 혼란을 초래한 대표적인 사례라고 할 수 있다. 그러나 비트코인을 포함한 가상자산에 관하여 교환의 매개와 계산의 단위라는 지급수단으로서의 성격을 인정하기는 어렵다. 가치저장수단으로서의 기능은 인정되고 있다는 평가가 있는 정도이다. 다만 가상자산도 당사자들이 합의하여 지급수단으로 사용할 수는 있지만, 이를 이유로 지급수단으로서의 제도적 기능을 인정하지는 않는다. [18-29]

가상자산의 지급수단으로서의 성격과 관련하여 착오이체된 비트코인을 횡령죄나 배임죄의 대상으로 보호할 수 있는지도 문제되고 있다. 가상자산 권리자의 착오나 가상자산 운영 시스템의 오류 등으로 법률상 원인관계 없이 갑의 가상자산 전자지갑으로부터 가상자산이 이체된 경우, 가상자산을 이체받은 을이 이를 자신의 다른 계정으로 이체하여 재산상 이익을 취득하고 갑에게 손해를 가한 경우 가상자산에 대해 형법을 적용하면서 법정화폐와 동일하게 보호해야 하는지 여부가 문제된 사건이 있다. 검찰은 이 사건에서 주위적으로 횡령죄를 그리고 예비적으로 배임죄를 적용하였다. 1심과 원심은 비트코인이 재물에 해당하지 않는다는 이유로 횡령죄를 부정하였지만, 재산상 이익에는 해당한다고 하여 배임죄의 성립을 인정하였다. 이에 대해 대법원은 첫째, 비트코인도 재산상 이익에는 해당하지만 둘째, 비트코인을 법정화폐와 동일한 수준으로 보호할 필요가 없는 점에서 형법상 배임죄의 구성요건인 타인의 사무를 처리하는 자에는 해당하지 않는다고 판단하였다(대법원 2021. 12. 16. 선고 2020도9789 판결). 착오송금에 대해 횡령죄를 적용하는 기존의 대법원 판례의 논리를 그대로 적용할 수 없다는 취지로서 필요하면 계좌형태로 보관되는 자산에 대한 범죄를 별도로 규정할 필요가 있을 것이다.[25) [18-30]

오히려 지급수단으로서의 가상자산에 관한 논의는 스테이블코인(stable coin)이나 [18-31]

25) 이체자산 횡령죄를 신설(안 제360조의2)하여 재산적 가치가 있는 금융자산 또는 가상자산을 보관·관리하는 금융계좌 또는 가상자산주소에 법률이나 계약상 원인 없이 이체된 금융자산 또는 가상자산을 횡령하거나 반환을 거부한 행위를 범죄행위로 규정함으로써 형사상 처벌근거를 마련하려는 형법개정안이 국회에 제출되었다. 형법 일부개정법률안(의안번호 21205, 발의연월일: 2023. 4. 7., 이용우 의원 대표발의)[임기만료폐기].

중앙은행디지털화폐(central bank digital currency, CBDC)로 옮겨가고 있다. 스테이블코인은 가상자산의 지급수단으로서의 기능을 보완하기 위한 시도로서 법화나 국채와 같은 안전자산의 가치에 연동시키려는 것이다([10-25]). CBDC는 현금의 사용 비중이 급격히 줄어들면서 전통적인 현금을 대체하는 수단으로서 법화 자체를 디지털방식으로 발행하자는 것이다([10-14]-[10-18]).

Ⅳ. 가상자산[26)]

1. 의의와 구조

가. 의 의

[18-32] 현행법상 가상자산에 대한 법적 정의는 특정금융정보법과 가상자산법에서 확인할 수 있다. 특정금융정보법상 '가상자산'은 "경제적 가치를 지닌 것으로서 전자적으로 거래 또는 이전될 수 있는 전자적 증표 및 그에 관한 일체의 권리"를 말한다(2조 3호 본문). 이 정의는 매우 포괄적이어서 명시적으로 제외하는 규정을 두고 있다. 구체적으로 화폐 · 재화 · 용역 등으로 교환될 수 없는 전자적 증표 또는 그 증표에 관한 정보로서 발행인이 사용처와 그 용도를 제한한 것, 게임물의 이용을 통하여 획득한 유 · 무형의 결과물, 선불전자지급수단 및 전자화폐, 전자등록주식등, 전자어음, 전자선하증권, 거래의 형태와 특성을 고려하여 시행령으로 정하는 것은 제외한다(특정금융정보법 2조 3호 단서 가목-사목). 자산이라는 용어를 채택한 것은 화폐 또는 통화라고 할 경우 법화와의 혼동가능성이 있기 때문이다. 일본도 같은 취지에서 가상통화를 암호자산으로 변경하였다.

[18-33] 가상자산은 전자적 증표를 의미하는 점에서 현재의 법화인 은행권과 주화를 포함하지 않는다. 그러나 중앙은행디지털화폐(Central Bank Digital Currency, CBDC)가 발행될 경우에는 가상자산의 정의에 해당할 수 있다. 가상자산법에서는 "「한국은행법」에 따른 한국은행(이하 "한국은행"이라 한다)이 발행하는 전자적 형태의 화폐 및 그와

26) 이하 설명은 정순섭, "블록체인과 금융", BFL 제108호, 2021, 6-34면; 정순섭, "가상통화의 법률문제", BFL 제89호, 2018, 6-19면에 기초한 것이다.

관련된 서비스"를 가상자산의 정의에서 제외하고 있다(가상자산법 2조 1호 사목). 비대체형토큰(non-fungible token, NFT)을 포함하는지에 대해서도 논의가 있다. 현재의 가상자산은 특정한 제도적 기능을 염두에 둔 정의라고 할 수 없다. 따라서 "경제적 가치를 지닌 것으로서 전자적으로 거래 또는 이전될 수 있는 전자적 증표 및 그에 관한 일체의 권리"이기만 하면 모두 포함되어야 한다.

가상자산은 암호학적 방법을 사용하는 점에서 암호자산이라고 한다. 통계청에 [18-34] 서는 '암호화 자산'이라는 용어를 사용한다.[27] 그러나 특정금융정보법은 가상자산의 정의에서 특정한 기술적 기반을 요건으로 하고 있지 않다. 반드시 암호화기술을 사용해야 한다고 인식할 수 있어 가상자산의 범위가 지나치게 좁아지는 점을 고려한 것이다.[28]

가상자산에 대해서는 비트코인과 알트코인을 구분한다. 최초 비트코인이 등장 [18-35] 한 이후 다양한 종류의 블록체인 그 밖의 분산원장상의 코인이 개발되었다.[29] 비트코인을 대체한다는 의미에서 대체코인(alternative digital currency to Bitcoin, altcoin)이라고 한다. Ethereum (ETH), Ethereum Classic (ETC), Bitcoin Cash (BCH), Litecoin (LTC), Lisk (LSK), Monacoin (MONA) 등이 여기에 속한다. 특정금융정보법상 가상자산은 비트코인과 알트코인을 구별하지 않는다.

자금세탁방지에 관한 국제기구인 FATF(Financial Action Task Force)는 해당 시스 [18-36] 템을 관리하는 중앙관리자의 유무에 따라 중앙관리형과 비중앙관리형으로 구분한다. 비트코인은 대표적인 비중앙관리형이다. 특정금융정보법상 가상자산은 중앙관리형을 모두 포함하는 의미에서 '가상'이라는 용어를 사용하였다.[30] 마찬가지로 발행인의 유무도 불문한다. 따라서 개념상 특정금융정보법상 가상자산은 스테이블코인이나[31] 자산토큰화의 결과물인 토큰도 포함할 수 있다.

가상자산은 법화와의 교환가능성을 기준으로 환금형과 비환금형을 구분한 [18-37]

---

27) 블록체인기술 산업분류 고시[시행 2018. 9. 1.][통계청고시 제2018-269호, 2018. 7. 27., 제정].

28) 김지웅, "가상자산에 관한 개정 특정금융거래정보법에 대한 검토", BFL 제102호, 2020, 24-25면.

29) Syren Johnstone, "Taxonomies of Digital Assets: Recursive or Progressive?", Stanford Journal of Blockchain Law & Policy Vol.2, 2019, pp. 78-85.

30) 김지웅, 앞의 논문, 25면.

31) Craig Calcaterra, Wulf A. Kaal and Vadhindran Rao, "Stable Cryptocurrencies: First Order Principles", Stanford Journal of Blockchain Law & Policy Vol.3, 2020, pp. 62-82; Allison Christians and Mahwish Tazeem, "Facebook's Libra: The Next Tax Challenge for the Digital Economy", Stanford Journal of Blockchain Law & Policy Vol.3, 2020, pp. 228-256; 河合健,「暗号資産に関する実務上の法的課題」,『金融法研究』第36号, 2020, 18-23면(이하 "河合").

다.32) 특정금융정보법상 가상자산은 환금형이다. 대법원도 ① 비트코인은 경제적인 가치를 디지털로 표상하여 전자적으로 이전, 저장 및 거래가 가능하도록 한, 이른바 '가상화폐'의 일종인 점, ② 피고인은 음란물유포인터넷사이트를 운영하면서 사진과 영상을 이용하는 이용자 및 이 사건 음란사이트에 광고를 원하는 광고주들로부터 비트코인을 대가로 지급받아 재산적 가치가 있는 것으로 취급하였던 점을 근거로 "비트코인은 재산적 가치가 있는 무형의 재산"이라고 판단했다(대법원 2018. 5. 30. 선고 2018도3619 판결).

나. 법적 성질

[18-38] 가상자산에 관하여 법적으로 어떠한 권리를 인정할 것인가? 여기서는 물건에 해당하는지에 관한 논의만을 소개한다. 특히 비트코인을 대상으로 배타적 지배가능성이 있는 점을 근거로 하는 긍정설과 암호자산과 같은 전자정보는 물건으로 볼 수 없는 점을 근거로 하는 부정설이 대립된다. 외국에도 견해의 대립이 있지만, 물권이나 채권, 사원권, 지식재산권과 같은 재산권을 수반하지 않는다는 견해가 유력하다. 다양한 해석론이 시도되고 있으나 전통적인 민법 해석론상 가상자산을 물건으로 볼 수는 없다. 비공개키에 대한 지배를 통하여 일정한 재산적 가치를 확보할 수 있는 사실상태에 있을 뿐이다. 아래에서 보는 바와 같이 가상자산거래소를 통하여 이루어지는 거래는 대부분 가상자산 자체를 대상으로 하는 것이 아니라 가상자산거래소에 대한 채권적 반환청구권을 거래하는 것이다. 다만 입법으로 가상자산에 대해 어떤 법적 보호를 할 것인지는 입법정책의 문제이다.

다. 법적 구조

[18-39] 현재 이루어지는 가상자산거래의 법적 구조는 가상자산사업자를 통하는지 여부를 기준으로 구분되어야 한다. 여기서 가상자산사업자는 실무상 용어로서 "가상자산의 매도나 매수 또는 다른 가상자산과의 교환을 중개, 알선하거나 대행하는 행위를 영업으로 하는 자"를 말한다(특정금융정보법 2조 1호 하목). 실무상으로는 가상자산거래소라고 부르고 있다.

[18-40] 가상자산에 대해서는 탈중앙화된 구조로서 발행인이나 관리주체에 의한 자의적

32) FATF, Virtual Currencies Key Definitions and Potential AML/CFT Risks, June 2014, pp. 3–4.

인 유통이나 유통구조의 변경이 불가능한 점, 특정 관리주체의 서버상 시스템장애나 유지관리문제로 인한 시스템정지 등의 문제가 없는 점을 장점으로 강조하고 있다.[33] 그러나 현실적으로 가상자산이 거래되는 방식을 보면 가상자산거래소라는 이름의 중개기관이 개입하여 거래를 중개하고 시장을 조성한다. 따라서 가상자산거래소의 법적 지위가 문제된다.

[18-41] 현재 가상자산거래소를 통하여 이루어지고 있는 가상자산거래에서 이용자가 가상자산거래소와 체결한 계약의 법적 성질은 "비트코인의 보관과 관련한 법률관계는 물건의 보관을 전제로 한 민법상의 임치계약으로 볼 수는 없지만 이와 유사한 성질을 갖는 비전형계약에 해당"하므로, 이용자는 가상자산거래소에 대하여 대상 가상자산의 반환을 청구할 수 있는 채권적 반환청구권을 가진다(서울중앙지법 2022. 4. 14. 선고 2021가단5068564 판결(확정)). 따라서 자본시장법상 거래소와는 명백히 다른 구조를 취하고 있다. 이러한 관점에서 특정금융정보법에서는 용어 자체를 구분하여 '가상자산사업자'라고 부른다(6조－8조).

[18-42] 그동안 가상자산의 장점으로 강조되어 온 탈중앙화의 특징이 유지될 수 있는 것인지 근본적인 의문이 든다. 거래속도와 수수료 구조 등 현실적인 비용구조에 대해서도 엄밀한 이론적 분석과 평가가 이루어져야 할 것으로 본다. 가상자산의 거래와 관련하여 이루어지는 행위는 발행과 매매체결, 판매 등으로서 금융상품거래에서 확인되는 것과 거의 동일하다. 가상자산의 위험으로는 이해상충, 부정거래행위, 고객자산보호 등을 들고 있다. 이해상충은 특히 동일한 기관이 발행과 매매체결, 결제 등의 기능을 모두 수행할 경우에 가장 심각해진다. 부정거래행위로는 미공개중요정보이용행위나 시세조종이 모두 가능하다. 이러한 위험도 전통적인 금융상품거래에서 발견되는 것과 거의 동일하다. 가상자산에 대해서도 전통적인 금융상품규제와 '동일 행위 － 동일 위험 － 동일 규제'라는 원칙의 적용을 주장하는 것은 기능별규제와 위험중심규제의 관점에서는 당연한 것이다.[34]

33) 西村, 840면.
34) 대표적으로, FSB, International Regulation of Crypto－asset Activities: A Proposed Framework － Questions for Consultation, 11 October 2022.

2. 가상자산 이용자 보호 등에 관한 법률의 구조

[18-43] 국회는 오랜 논의 끝에 자본시장법상 증권이 아닌 가상자산에 관하여 2단계로 입법을 진행하기로 하고 1단계로 가상자산 이용자 보호 등에 관한 법률을 제정하였다. 동법은 특정금융정보법상 가상자산의 정의를 원용하면서 CBDC는 제외하고, 증권성을 띤 가상자산에 대해서는 자본시장법을 우선적용하는 것으로 규정하였다. 특히 자본시장법과의 관계는 당연하지만 우리 금융법체계상 매우 중요한 입법판단으로 평가한다. 그 내용은 첫째, 가상자산 이용자 자산의 보호, 둘째, 불공정거래의 금지, 셋째, 가상자산사업자에 대한 금융당국의 감독 · 검사의 세 부분으로 구성된다. 다음 단계입법은 가상자산 발행과 공시 등을 규정할 예정이라고 한다.

[18-44] 첫째, 가상자산 이용자 자산의 보호와 관련하여 고객 예치금의 예치 · 신탁, 고객 가상자산의 분리보관 및 동일종목 · 동일수량 보유, 고객 가상자산 중 일정 비율 이상을 인터넷과 분리하여 보관, 해킹 · 전산장애 등의 사고에 대비한 보험 · 공제 가입 또는 준비금의 적립, 그리고 가상자산 거래기록의 생성 · 보관 등에 관하여 규정하고 있다.

[18-45] 둘째, 불공정거래의 금지와 관련하여 미공개중요정보 이용행위, 시세조종행위, 부정거래행위를 금지하고 이에 대한 실효성 확보수단으로 형벌과 손해배상책임(집단소송), 그리고 금융위의 과징금과 같은 행정제재를 규정하고 있다. 그 밖에 가상자산사업자의 자기발행 가상자산의 거래제한과 가상자산시장을 개설 · 운영하는 가상자산사업자의 이상거래 감시의무 등도 규정하고 있다.

[18-46] 셋째, 가상자산사업자에 대한 금융당국의 감독 · 검사에 관한 사항과 불공정거래행위 등에 대한 조사 · 조치 권한을 규정하고 있다. 이와 함께 역외적용을 규정하여 동법의 적용범위를 효과주의에 따라 확대하고 있다.

3. 가상자산에 대한 법적 평가와 향후 과제

[18-47] 가상자산에 관한 1단계 입법은 가상자산을 합법적인 거래수단으로 인정한 것이다. 카지노칩과 같은 자금세탁우려가 있는 것을 모두 대상으로 포함하는 특정금융정보법상 가상자산입법과는 법제도적 의미가 전혀 다르다. 특히 가상자산의 발행과 공

시 등을 내용으로 하는 2단계 입법이 완료될 경우 이러한 의의는 더욱 명확해질 것이다. 따라서 그 다음 입법과제로서 가상자산 보유자의 재산권 행사를 위한 법제도가 갖추어져야 한다. 예컨대 가상자산을 담보로 제공하고 대출을 받을 수 있는지, 신탁업자가 신탁재산으로 수탁할 수 있는지 등 다양한 현실적 수요에 부응할 수 있어야 한다. 이러한 문제에 대한 입법적 대응을 위해서는 가상자산의 사법상 성질을 포함한 구체적 논의가 진행되어야 한다.[35)]

제 4 절 인공지능과 금융

인공지능을 이용한 금융거래는 로보어드바이저를 제외하고는 아직 사업모델을 검토하는 단계라고 할 수 있다. 인공지능을 활용한 금융거래에서 금융규제의 수범주체는 누구인가? 당연히 금융업자이다. 로보어드바이저는 물적 설비에 해당한다. 따라서 인공지능을 이용한 금융상품판매에도 금융소비자법상 적합성원칙이나 설명의무와 같은 판매규제가 동일하게 적용된다. 인공지능를 활용하여 판매규제를 준수하는 구체적인 방식이 문제될 것이다.[36)] [18-48]

현행법은 착오에 의한 계약 취소와 같은 법리의 적용에서 자연인을 기준으로 주관적 요소를 판단한다. 따라서 계약상대방이 인공지능을 이용하여 계약을 체결한 경우 착오와 상대방의 착오를 이용하려는 의사를 판단하는 대상의 확정이 필요하게 된다. 이러한 문제를 확인할 수 있는 것으로 당사자 중 일방이 인공지능을 이용하여 계약을 체결한 경우 거래소 증권시장이나 파생상품시장에서의 착오주문에 따라 체결된 거래를 주문자의 착오를 이유로 취소할 수 있는지 여부에 관한 논의가 있다. 법원은 착오주문에 의하여 체결된 매매의 상대방이 알고리즘거래를 한 경우와 그렇지 않은 경우를 구분하여 착오법리를 적용하고 있다. 전자의 경우에는 “피고의 호가가 우 [18-49]

35) UK Law Commission, Digital assets Consultation paper, Law Com No 256, 28 July 2022; UNIDROIT, DRAFT UNIDROIT PRINCIPLES ON DIGITAL ASSETS AND PRIVATE LAW, Digital Assets and Private Law Public Consultation UNIDROIT 2023 Study LXXXII, January 2023.

36) 박상철, “금융AI의 활용과 금융소비자 보호: 차별금지, 설명요구권, 6대 판매규제 준수를 중심으로”, BFL 제107호, 2021, 29−53면.

연히 발생할지도 모르는 H증권의 착오를 이용할 목적으로 사전에 마련된 것이라고 단정할 수 없"다고 판단했고(대법원 2023. 4. 27. 선고 2017다227264 판결), 후자의 경우에는 자연인을 통한 일반적인 거래와 동일하게 판단하고 있다(대법원 2014. 11. 27. 선고 2013다49794 판결).[37)]

향후 전자인격(electronic person)의 인정 여부나 책임법리 등에 대해서는 상세한 논의가 이루어질 것으로 기대한다.

37) 가상자산거래와 관련하여 '자동화되었지만 자율적이지 않은 판단시스템'(deterministic systems)의 경우에는 선의 여부를 프로그래밍시점의 프로그래머를 기준으로 판단하고, '진정한 자율형시스템'(truly autonomous systems)에 대해서는 접근이 달라져야 한다고 판단한 싱가폴 법원의 판결은 의미가 있다. B2C2 Ltd v Quoine Pte Ltd [2019] SGHC(I) 3.

CHAPTER 19

금융과 위험의 관리

제1절 서 언

금융은 다양한 위험을 수반한다. 금융법은 이러한 위험의 관리를 주된 내용으로 한다. 신용위험(credit risk)은 금융거래의 상대방이나 금융상품의 발행인이 채무를 불이행함으로써 손실을 입을 위험이다. 채무불이행위험 또는 거래상대방위험이라고 한다. 금융상품이나 그 기초자산 등의 가격변동으로 손실을 입을 위험을 시장위험(market risk)이라고 한다. 가격위험이라고도 한다. 유동성위험(liquidity risk)은 자금부족으로 거래상대방에게 손실을 입힐 위험을 말한다. 결제위험(settlement risk)은 결제를 불이행함으로써 거래상대방에게 손실을 입힐 위험이다. 운영위험(operational risk)은 금융회사 등의 운영체계에 문제가 발생할 위험을 말한다. 법적위험(legal risk)은 법률상 이유로 계약의 효력이 인정되지 않거나 제재의 대상이 될 위험을 말한다. 시스템위험(systemic risk)은 개별금융회사의 채무불이행이 다른 금융회사로 전파되어 금융시스템 전체를 파탄시킬 위험을 말한다. [19-1]

이 밖에 금융법상 새로운 관심의 대상이 되고 있는 위험으로는 새로운 기술의 발전 및 기술의 실패와 관련된 기술위험(technology risk)과 기후변화에 따른 기후위험(climate risk)을 들 수 있다. 금융규제에서 법과 윤리의 문제는 금융법상 새로운 화두이다.[38] 기업문화도 강조되고 있다.[39] 이하 전통적으로 법률가들의 주된 관심사항이 [19-2]

38) Dan Awrey, William Blair and David Kershaw, "Between Law and Markets: Is There a Role for Culture and Ethics in Financial Regulation?", Delaware Journal of Corporate Law Vol.38, 2013, pp. 191－245. 기본적인 교재로, Costanza A. Russo, Rosa M. Lastra and William Blair(eds), Research Handbook on Law and Ethics in Banking and Finance, Edward Elgar, 2019. UK Finance and Linklaters LLP, Ethics in Banking and

되어 온 법적 위험과 신용위험, 그리고 새로운 위험인 기술위험 그리고 기후위험을 정리한다.

제 2 절 법적 위험관리

Ⅰ. 문제의 소재

[19-3] 법적 위험의 관리는 금융회사의 첫 번째 과제이다.[40] 법적위험이라는 용어가 표준적인 위험관리의 일환으로 논의되기 시작한 것은 영국에서 지방자치단체의 장외파생상품거래를 할 수 있는 권리능력을 부정한 판결[41]이 계기가 되었다. 그 당시 누구도 법적위험의 원인이 될 것이라고 생각하지 않았던 권리능력의 부재를 이유로 거래가 무효화된 것은 어떤 의미에서는 충격이었다. 이 판결의 결과로 약 400여건의 장외파생상품거래가 무효화되었고, 200여건 이상의 소송이 진행되었다고 알려져 있다.

[19-4] 이러한 위험을 관리하기 위하여 공적규제와 함께 다양한 위험관리장치가 존재한다. 첫째, 법적 확실성을 확보함으로써 법적 위험 자체를 제거하거나 최소화하는 장치로서 행정적 해결과 사법적 해결 그리고 입법적 해결을 생각할 수 있다. 특히 금융규제샌드박스가 중요하다. 둘째, 자율규제도 특히 그 시장에서의 표준적인 실무관행의 정립 등의 역할을 통하여 법적 위험의 관리에 기여하고 있다. 셋째, 내부통제는 그 금융회사 내부에서 법적 위험의 관리를 수행하는 제도적 장치이다. 내부통제는 금융규제법상 금융회사가 구축해야 할 제도의 하나로 도입된 것으로서 회사법상 이사의 감시의무에 근거한 내부통제구축과는 차원이 다르다. 특히 준법감시나 감사기능과의 구별이 중요하다. 넷째, 전문가의견의 법적 의미도 살펴볼 필요가 있다. 이하 행정적 해결과 자율규제 그리고 내부통제에 대하여 간략히 설명한다.

Finance, 2019.

39) FCA, Transforming Culture in Financial Services, Discussion Paper DP18/2, March 2018.

40) Roger McCormick, Legal Risk in the Financial Markets 2nd ed, Oxford University Press(January 29, 2011.

41) Hazell v Hammersmith and Fulham LBC [1992] 2 AC 1.

Ⅱ. 행정적 해결

1. 구 조

금융거래에서 입법에 의한 법제도 정비와 금융시장의 발전속도의 차이에 따라 [19-5]
법적 불확실성은 불가피하게 발생하게 된다. 이를 해소하는 방법으로는 행정적 해결과 사법적 해결, 그리고 입법적 해결을 들 수 있다.42) 사법적 해결, 특히 대법원판결은 매우 높은 수준의 법적 구속력을 확보할 수 있지만, 소송이 제기되어야 개입할 수 있다는 한계가 존재한다. 입법적 해결은 법적 구속력 측면에서는 완전하지만, 입법 본래의 기능상 상당한 시간과 비용이 소요되는 사회적 합의과정을 요한다는 점이 한계로 작용한다. 그러나 이러한 과정은 입법 본래의 기능상 당연한 요청이지 문제라고 하기는 어렵다. 이하 행정적 해결에 대해서 살펴본다.

2. 행정적 해결

법적 불확실성에 대하여 시장참여자인 금융회사나 금융소비자의 입장에서 손쉽 [19-6]
게 이용할 수 있는 방안은 행정적 해결이다. 금융당국에 문제가 되는 법령의 의미를 해석해 달라고 요청하는 것이다. 법령해석과 함께 비조치의견서도 같은 취지이다. 최근에는 행정적 해결을 상시적인 제도로 규정한 금융규제샌드박스(regulatory sandbox)도 도입되었다.

첫째, 법령해석은 전통적인 행정청의 유권해석기능에 따라 소관법령의 구체적 [19-7]
의미를 해석하는 것이다. 비조치의견서는 여기서 조금 더 나아가 금융회사가 수행하려고 하는 거래 등 특정한 사실관계를 전제로 법령의 적용 여부와 제재 등의 조치 여부를 회신하는 문서를 말한다. 비조치의견서는 새로운 금융상품 개발, 새로운 사업영역 진출 등 향후 계획하고 있는 행위 중 기존 법령으로는 적법 여부를 판단하기 어려운 경우 유용한 수단이다.43) 다만 이러한 권한은 행정청의 의견으로서 법원을 구속할 수는 없다.

42) 정순섭, 은행, 168–170면.
43) <https://better.fsc.go.kr/fsc_new/page/selectPage.do?stNo=11&muNo=76&muGpNo=75>.

[19-8] 둘째, 규제샌드박스는 다양한 분야에 존재하지만,44) 여기서 설명하는 것은 금융혁신법상 금융규제샌드박스이다. 금융규제샌드박스는 혁신금융사업자지정(혁신 16조 · 17조 등)과 신속확인(혁신 24조)으로 구성된다.45) 금융혁신법상 혁신금융사업자지정은 다른 규제샌드박스에서의 실증특례와 임시허가의 성격을 모두 가지고 있다. 새로운 기술발전에 따라 개발되었지만, 기존의 금융규제상으로는 허용되지 않는 사업모델이나 영업방법 등은 별도 입법이 이루어지기 전에는 운영할 수 없다. 금융혁신법은 별도 입법이 이루어지기 전이라도 혁신금융사업자로 지정되면 일정한 제한적인 조건을 붙여서 기존 금융규제법에서 허용하지 않는 사업모델이나 영업방법 등을 시험적으로 운영해 볼 수 있도록 한다(혁신금융사업자지정제도). 구체적으로 새로운 사업모델 등과 충돌하는 기존 금융규제법의 일부 또는 전부의 적용을 배제하는 방식으로 특례를 인정한다. 영국과 같이 금융당국의 일반적인 규제면제 또는 유예권한이 인정되는 국가에서 시작된 제도를 특별법을 통하여 도입한 것이다.46) 다만 금융규제샌드박스는 일시적 특례(최장 4년)에 불과하므로 허용하는 입법이 이루어지지 않으면 업무를 계속할 수 없다.

Ⅲ. 자율규제

[19-9] 자율규제는 법령상 규제의 준수방법이 불명확한 경우에 업계공통으로 준수방법을 표준화하여 제공하는 등의 방법으로 법적 위험을 최소화할 수 있다. 예컨대 금융투자협회의 표준투자권유준칙(자본 50조 3항), 전국은행연합회의 은행권 표준내부통제기준, 생명보험협회의 생명보험 금융소비자보호 표준 내부통제기준, 손해보험협회의

---

44) 현재 규제샌드박스는 ① 정보통신 진흥 및 융합 활성화 등에 관한 특별법 일부개정('19. 1. 17. 시행), ② 산업융합촉진법 일부개정('19. 1. 17. 시행), ③ 금융혁신법 제정('19. 4. 1. 시행), ④ 규제자유특구 및 지역특화발전특구에 관한 규제특례법 전부개정('19. 4. 17. 시행), ⑤ 행정규제기본법('19. 7. 17. 시행)에서 규정하고 있다. 행정규제기본법은 규제전환의 기본방향과 원칙을 규정하고, 개별 4법은 분야별 규제특례부여방식과 사후책임확보방안 등을 규정하고 있다. 스마트시티형 규제샌드박스는 스마트도시법 개정('20. 2. 27.), 연구개발특구는 연구개발특구법 개정('20. 12. 10.)으로 도입하였다. 규제 샌드박스 <https://www.korea.kr/special/policyCurationView.do?newsId=148857563#L2>.

45) 김원순, "「금융혁신지원 특별법」상 금융규제샌드박스 제도에 대한 소고(小考) – 혁신 친화적 금융규제체계의 정립 –", 홍익법학 제22권 제2호, 2021, 27–75면.

46) 정순섭, "기술 발전과 금융규제 –이른바 '규제 샌드박스(regulatory sandbox)'의 한국법상 구상과 가능성", BFL 제85권, 2017, 6–15면.

방문판매 모범규준과 같은 모범규준이나 각종 가이드라인이 그러한 역할을 수행하고 있다. 이러한 모범규준 등은 법적 근거를 가진 경우도 있고 그렇지 않은 경우도 있지만, 그 자체로서는 단순한 권고사항에 불과하다. 각 금융회사의 내부규정으로 수용됨으로써 비로소 법적 구속력을 가지게 된다. 그러나 각 금융업협회가 이러한 모범규준 등의 작성과정에서 금융당국과의 협의, 법률전문가의 자문 등의 과정을 거치게 될 것이므로 금융회사가 규제준수체계를 형성하는 데 큰 기여를 하게 된다. 금융규제에서 원칙중심규제를 도입할 경우 이러한 모범규준은 개별 금융회사의 규제준수역량 확보에 중요한 가이드라인이 될 수 있을 것이다.

Ⅳ. 내부통제

내부통제도 "건전한 회사경영의 확립을 위해 법령준수를 포함한 위험관리체제의 구축과 당해 체제가 충분히 기능하고 있는지 여부를 감독하는 절차와 체제"로서 회사의 건전한 경영을 사전적으로 담보하기 위한 핵심적인 절차로 이해되고 있다 ([8−52]−[8−78]). [19-10]

Ⅴ. 전문가의견

법률의견서나 회계법인의 자문의견서와 같은 전문가의견도 법적 위험의 관리에 기여한다. 물론 이러한 전문가의견서에 의존하여 금융회사의 이사가 경영상 의사를 결정한 경우에도 그것만으로 이사의 의무를 다한 것으로는 볼 수 없다. 신용평가회사의 신용등급을 활용하는 것도 마찬가지이다. 그러나 이사로서의 의무를 수행하는 절차 중의 하나로서 다양한 검토를 거치는 의미를 가진다. [19-11]

제 3 절 신용위험의 관리

Ⅰ. 의의와 구조

[19-12] 신용위험의 관리를 위하여 전통적인 민법상 인적 담보와 물적 담보 이외에 다양한 절차와 수단이 사용되고 있다. 전통적인 담보라는 용어 대신에 신용위험관리라고 표현한 것도 이러한 취지를 반영한 것이다. 전통적으로 담보에 요구되는 기능도 특히 피담보채무의 신용위험액에 비례한 담보물의 증감이나 담보물의 재사용을 중심으로 확대되고 있다. 또한 신용파생상품을 이용하거나 컴포트레터와 같은 유사담보도 활용되고 있다.

Ⅱ. 담보에 요구되는 기능의 변화와 담보구조[47)]

[19-13] 전통적인 담보구조는 첫째, 대출 등의 금융거래를 할 때 채무자가 담보를 제공하고 만기까지 원리금 상환에 따른 피담보채무의 감소와 무관하게 원래의 담보를 그대로 유지하는 것이 일반적이다. 둘째, 담보권자인 채권자가 그 담보물을 재사용할 수 없이 그대로 보유하는 것이 실무관행이었다. 그러나 최근 특히 장외파생상품과 같은 신종금융거래에서 많이 활용되는 담보구조는 첫째, 피담보채무의 증감에 따라 담보물도 증감시키고, 둘째, 담보권자인 채권자가 그 담보물을 자기의 거래를 위한 담보물로 사용할 수 있게 하는 것이 새로운 표준으로 요구되기 시작하였다. 우리나라에서도 이러한 수요의 변화를 고려하여 담보제도의 변화를 시장에서 스스로 찾기 시작했다.

[19-14] 이러한 새로운 담보수요에 부응하기 위하여 마련된 것이 첫째, 담보물인 유가증권을 담보설정자인 채무자가 담보권자인 채권자에게 소비대차하고, 둘째, 피담보채무에 관하여 채무불이행 등 담보실행사유가 발생하면 피담보채무인 채권자의 채무자에 대한 금전채권과 채무자가 채권자에 대하여 가지는 담보물인 유가증권의 소비대차계약상 반환채권을 상계할 수 있는 약정을 하는 것이다. 첫째의 담보물인 유가증권

47) 정순섭, "신종금융거래의 담보화에 관한 연구", 증권법연구 제4권 제1호, 2003, 145-175면.

에 대한 소비대차구조를 통하여 담보권자는 유가증권을 피담보채무의 변동에 따라 증감시키거나 자기 유가증권으로서 사용할 수 있고, 둘째의 상계약정을 통하여 담보로서의 효과를 달성할 수 있게 되는 것이다. 소비대차와 상계의 예약을 결합하는 방식이라고 설명할 수 있다. 채무자인 담보설정자에 대하여 회생절차가 개시되거나 파산선고가 이루어진 경우에는 채무자회생법상 특칙에 의하여 동법상 제한을 받지 않고 담보권을 실행할 수 있게 된다(회생 120조 3항 4호, 336조).

Ⅲ. 신용파생상품의 활용

신용파생상품의 준거자산을 다른 금융거래로 설정하면 신용파생상품은 보증과 [19-15] 실질적으로 동일한 기능을 수행할 수 있다. 이러한 구조를 활용하여 신용연계증권을 발행하여 신용위험을 분산하여 전가하는 것도 가능하다. 신용위험관리를 위하여 파생상품을 활용하기 시작한 것은 현대금융거래에서의 중요한 발전이라고 할 수 있다. 다만 신용파생상품거래의 법적 효력은 확보되어 있어야 한다.

Ⅳ. 유사담보제도의 도입48)

법률상 제한이나 회계처리상 부담 등으로 인하여 법률상 엄격한 의미의 보증을 [19-16] 사용하기 어려운 경우도 있을 수 있다. 예컨대 정부가 타인의 채무에 보증하기 위해서는 국회의 동의를 받아야 하고, 모회사가 자회사의 채무를 보증하기 위해서는 다양한 재무비율관리상 불편함이 따를 수 있기 때문이다. 따라서 법률상 정확한 의미의 보증에는 해당하지 않지만 그와 유사한 효과를 발생시킬 수 있는 유사보증이 활용되고 있다. 컴포트레터(comfort letter)가 대표적이다. 국내에서도 그 법적 효력이 문제된 사례가 있다(대법원 2014. 7. 24. 선고 2010다58315 판결).49) 간단히 정리하면 다음과 같다.

48) 정순섭, "신종금융거래의 담보화에 관한 연구", 증권법연구 제4권 제1호, 2003, 145-175면.
49) 이 판결의 평석으로, 김연학, "컴포트레터(Letter of Comfort)에 기한 채무불이행책임 -대상판결: 대법원 2014. 7. 24. 선고 2010다58315 판결-", BFL 제70호, 2015, 85-106면.

[19-17] 컴포트레터는 일반적으로 정부나 모회사에 의하여 발행되고, 그 내용으로는 자회사 등에 대한 지분 비율의 확인, 자회사 등이 체결하는 계약에 대한 인식 및 승인, 자회사 등의 자력 또는 이행능력을 뒷받침할 방침의 선언 등을 담고 있다. 이 경우에 쟁점은 "보증의 의사를 추단할 문구"가 있는지 여부이다. 그러한 문구를 확인할 수 없다면 보증으로서의 법적 구속력은 없다.50) 그럼에도 불구하고 컴포트레터에는 보증으로서의 "법적 구속력은 없지만 보장하는 모회사 등의 명예나 신용을 고려한 이행을 기대하여" 활용되는 것이다. 다만 발행경위 등을 종합적으로 고려하여 "발행인이 컴포트레터를 교부함으로써 수취인이 거래에 응하도록 적극적으로 유인하고, 수취인은 이에 의하여 형성된 발행인의 신용에 대한 합리적인 신뢰를 바탕으로 계약의 체결에 이른 점 등이 인정된다면 경우에 따라서는 모회사 등은 채무불이행으로 인한 손해배상책임을 부담할 수도 있"다.51)

제 4 절 기술위험의 관리

Ⅰ. 의의와 구조

[19-18] 기술위험(technology risk)은 금융회사의 업무수행의 기반이 되고 있는 각종 기술의 실패로 인하여 발생할 수 있는 손실위험을 말한다. 기술위험은 운영위험의 하위단위로서 IT위험이나 사이버위험이라고도 부를 수 있다. 이러한 기술위험에 대응하여 금융회사의 건전성을 확보하고 금융소비자를 보호하기 위하여 이루어지는 규제를 금융보안이라고 한다. 특히 금융의 디지털화에 따라 기술위험은 점차 높아지고 있다. 기술발전에 따라 다양한 성과와 함께 부작용 또는 남용사례도 늘고 있지만, 법제가 적시에 따라가지 못하는 시차가 존재하는 것이다.

[19-19] 기술위험은 주로 사이버공격이나 암호탈취 등을 중심으로 논의되고 있다. 나아

50) 같은 취지: 서울행정법원 2016. 1. 15. 선고 2014구합62708 판결; 서울행정법원 2016. 1. 15. 선고 2014구합55830 판결 등.

51) 이 판결의 평석으로, 김연학, "컴포트레터(Letter of Comfort)에 기한 채무불이행책임 －대상판결: 대법원 2014. 7. 24. 선고 2010다58315 판결－", BFL 제70호, 2015, 85－106면.

가 인공지능과 같은 기술적 발전에 따른 당사자간의 책임소재가 문제될 경우에 전통적인 법리로는 대응하지 못하는 상황도 발생할 수 있다. 예컨대 자율주행자동차나 로보어드바이저가 이용자에게 손해를 발생시켰을 때 행위자의 고의나 과실과 같은 주관적 요건을 어떻게 누구를 대상으로 판단할 것인지와 같은 문제를 말한다. 이에 대해서는 제18장 제4절 인공지능과 금융에서 간략히 언급하였으므로 추가적으로 설명하지는 않는다. 그러나 이러한 문제는 이 책에서 말하는 기술위험에는 포함되지 않는다. 이하 일반적인 기술위험을 대상으로 회사법상 이사의 의무와 금융보안법제를 차례대로 정리한다.

Ⅱ. 금융보안

기술위험도 회사법상 그 기술을 적용하고 있는 회사의 이사의 감시의무에 따른 [19-20]
내부통제구축의무의 대상인 기업위험에 속한다.[52] 따라서 금융회사의 경우에는 당연히 지배구조법상 내부통제제도의 적용대상이 된다.

금융규제법상 기술위험은 금융보안법제의 적용대상이다. 현재 우리나라를 포함 [19-21]
한 많은 국가에서는 아직 금융보안의 개념과 목적이 명확하지 않다.[53] 그러나 다양한 해킹이나 정보탈취 사례가 반복되면서 금융보안법제에 대한 인식이 정립되고 있다. 예컨대 EU는 디지털운영복원성법(The Digital Operational Resilience Act, DORA)을 2023년 채택하여 2025년 초 시행예정이다.[54] 동법은 기술위험이 금융회사의 건전성에 영향을 미칠 수 있다는 인식을 전제로, 운영위험 관리를 위한 종래의 자본금규제에서 나아가 사고에 대응한 위험관리, 사고보고, 운영복원성검사 및 제3당사자 모니

52) 박세화, "준법 및 윤리 경영을 위한 내부통제의 새로운 과제 –사기, 사이버 위험 등의 집중 관리 및 기업집단의 내부통제체제를 중심으로–", 선진상사법률연구 제79호, 2017, 125–128면; 윤승영, "기업지배구조 관점에서 바라본 내부통제와 기업의 정보보안 – 미국의 논의를 중심으로 –", 기업법연구 제30권 제1호, 2016, 9–37면; Mary E. Galligan and Kelly Rau, COSO In the Cyber Age: Report Offers Guidance on Using Frameworks to Assess Cyber Risk, Research Commissioned by COSO, January 2015, p. 14.

53) 금융보안에 관한 기본적인 설명으로는, 김홍선, 『보이지 않는 위협 : 66가지 이야기로 풀어낸 사이버 보안의 전장』, 한빛미디어, 2023.

54) Regulation (EU) 2022/2554 of the European Parliament and of the Council of 14 December 2022 on digital operational resilience for the financial sector and amending Regulations (EC) No 1060/2009, (EU) No 648/2012, (EU) No 600/2014, (EU) No 909/2014 and (EU) 2016/1011, OJ L 333, 27.12.2022, pp. 1–79.

터링 등의 규칙을 포함하고 있다.

[19-22] 호주에서 금융업자의 사이버위험에 대한 의무의 정도와 내용이 다투어진 판결이 있다. 법원에서는 금융업자에게 자신은 물론 그의 지명대표자(appointed representative)들에 대한 적정한 사이버보안조치를 취할 의무가 모두 인정되었다.55) 구체적으로는 호주의 2001년 회사법상 금융업자는 그 인가의 대상인 효율적이고, 정직하며 공정한 금융업무 제공에 필요한 모든 조치를 하고, 적정한 위험관리체제를 보유할 의무에 위반하였다는 것이다(section 912A(1)(a)(h)).

[19-23] 그러나 금융규제 일반에서와 마찬가지로 "사이버보안위험을 0으로 줄일 수는 없지만, 적정한 사이버보안서류작성과 수용할 수 있는 수준으로의 통제를 통하여 사이버보안위험을 중대하게 줄일 수는 있다."56) 현재 국내에서도 금융보안에 대해서는 금융회사 등이 전사적 차원에서 보안을 준수하고, 리스크 기반의 자율보안체계를 구축할 수 있도록 규율체계를 개선하는 보안 거버넌스 개선, 목표·원칙중심, 사후책임중심으로 규제를 전환하는 보안규제 정비, 금융보안 전문기관이 금융회사 등의 보안체계를 검증하고 컨설팅할 수 있도록 지원 기능을 강화하는 관리·감독의 선진화를 중심으로 논의가 진행되고 있다.57)

55) Australian Securities Investments Commission v RI Advice Group Pty Ltd [2002] FCSA 496,
56) Australian Securities Investments Commission v RI Advice Group Pty Ltd [2002] FCSA 496,
57) 금융위, 보도자료: 급변하는 IT 환경에 탄력적으로 대응할 수 있도록 금융보안 규제 선진화를 추진하겠습니다. 2022. 12. 26.

제 5 절 기후위험의 관리

Ⅰ. 의의와 구조

기후변화에 따른 위험은 금융업에 새로운 위험으로 등장하고 있다. 특히 기후위험을 금융규제의 대상인 금융위험으로 볼 것인지가 먼저 정리되어야 한다.58) 기후위험은 주로 환경법의 영역에서 논의되어 왔고, 금융규제의 대상으로 인식되지는 않았다. 그러나 최근 그 위험이 더욱 명확화, 현실화되면서 경제의 지속가능성에 관한 우려를 넘어서 금융회사에 대한 직접적인 위험요소의 하나로 인식되기 시작했다. 이와 관련하여 기후위험을 정의하고 이를 금융위험으로 인식할 것인지 여부와 그렇게 인식할 경우의 규제상 접근이 준수가능한 기준으로 제시되어야 한다. [19-24]

2022. 12. 발표된 금감원의 개정 기후리스크 관리 지침서는 기후위험을 "기상이변에 따른 물리적 피해나 저탄소경제로의 전환과정에서 발생하는 경영악화 등이 금융부문으로 파급될 위험"이라고 정의한다(동 지침 2조 6항). 기후위험은 물리적 위험(physical risk)과 이행위험(transition risk)으로 구분된다. 물리적 위험은 "태풍, 홍수 또는 폭염과 같은 이상기후의 증가와 장기적 기후패턴의 변화에 따라 발생하는 경제적 비용과 금융손실"을 의미하며, 기상현상 및 광범위한 환경 변화에 따른 영향으로 발생한다(동 지침 2조 7항). 이행위험은 "저탄소 경제로 급격하게 전환하면서 발생할 수 있는 금융손실"을 의미하며, 공공정책의 변화, 급진적인 기술 개발, 고객 및 투자자의 선호 변화 등 지속가능한 경제로의 조정 과정에서 발생한다(동 지침 2조 8항). [19-25]

기후위험에서의 물리적 위험과 이행위험은 금융회사에 대해 신용위험이나 시장위험 또는 운영위험과 같은 금융위험으로 나타나게 된다. 이러한 금융위험은 주로 금융회사의 건전성에 영향을 주게 될 것이다. 나아가 기후변화는 금융안정에 대한 위협요인으로서59) 시스템위험의 원인이 될 수도 있다. [19-26]

58) FSB, Supervisory and Regulatory Approaches to Climate−related Risks: Final report, 13 October 2022; Rodrigo Coelho and Fernando Restoy, The regulatory response to climate risks: some challenges, FSI Briefs No 16, 17 February 2022. US President's Executive Order on Climate−Related Financial Risk, MAY 20, 2021.

59) Tina Emambakhsh, Margherita Giuzio, Luca Mingarelli, Dilyara Salakhova and Martina Spaggiari, "Climate−related risks to financial stability", Financial Stability Review, May 2022, pp. 101−112.

Ⅱ. 금융의 역할

[19-27] 종래 금융법은 이러한 기후변화에 따른 위험의 감축을 위하여 책임투자(responsible investment, RI)나 대주책임(lender liability)을 통하여 환경친화적인 투자를 유도하거나 은행을 포함한 대주(lender)의 환경책임을 부과하는 방식으로 접근해 왔다. 기관투자자나 은행을 환경위험관리를 위한 수단으로 활용하려는 간접적인 방식이라고 할 수 있다. 그러나 이제 그러한 접근만으로는 기후위험에 대한 적극적인 대안이 될 수 없는 점은 명확하다. 기후위험 특히 이행위험은 금융회사의 건전성에 직접 영향을 미칠 수 있다. 따라서 현재는 국내외에서 기후위험을 금융위험의 하나로 인식하고 건전성 규제를 중심으로 위험관리방안을 구축하고 있다.

Ⅲ. 금융규제상 대응

[19-28] 금융규제상으로는 여전히 환경정보의 공시나 회계처리 그리고 자산분류(taxonomy) 등에 관한 논의가 주로 이루어지고 있다. 아직 건전성규제를 포함한 금융감독의 구체적 과정에 대해서는 논의가 많지 않다. 이와 관련한 국제적인 논의는 바젤은행감독위원회와 금융안정위원회 등이 감독원칙을 제시하는 단계이다.[60] 그러한 논의의 핵심은 기업지배구조, 내부통제체제, 자본 및 유동성의 적정성, 위험관리절차, 모니터링과 보고, 신용위험의 종합적 관리, 은행 건전성 규제감독, 감독기관의 책임, 권한과 역할 등 금융감독 전반에 걸쳐 기후위험을 반영하는 것이다. 결국 구체적인 자기자본 규제안이 도출되어야 할 것이다.[61]

60) Basel Committee on Banking Supervision, Principles for the Effective Management and Supervision of Climate-related Financial Risks, June 2022; Supervisory and Regulatory Approaches to Climate-related Risks: Final report, 13 October 2022.

61) Bank of England, Report on Climate-related Risks and the Regulatory Capital Frameworks, 13 March 2023.

판례색인

[대법원]

[지방법원]

[헌법재판소]

사항색인

ㅇ

기타

[저자약력]

정 순 섭

서울대 법대 사법학과(법학사)
호주 멜버른대학교 대학원(법학박사)
금융위원회 비상임위원 역임
전 은행법학회, 금융정보학회, 금융소비자학회 회장
현재 금융연구포럼 회장
서울대 법학전문대학원 교수

주요 저서

신탁법(지원출판사, 2021)
은행법(지원출판사, 2017)
자본시장법(박영사, 2023, 공저)
자본시장법 기본판례(소화, 2021, 공저)

금 융 법

2023년 8월 30일 제1판 1쇄 발행
2024년 9월 1일 제1판 2쇄 발행

저 자 정 순 섭
발행인 임 권 규
발행처 弘 文 社

05855 서울시 송파구 송파대로 167 테라타워 B동 802호
등록 1993. 6. 24. 제1-1543호
TEL. 712-5311(代) FAX. 716-5311

값 39,000원

ISBN 978-89-7770-752-8 93360